Introducción a la Macroeconomía Computacional

Anelí Bongers   Trinidad Gómez   José L. Torres

Serie en Metodología Económica

VERNON PRESS

www.vernonpress.com

En América:
Vernon Press
1000 N West Street,
Suite 1200, Wilmington,
Delaware 19801
United States

En el resto del mundo:
Vernon Press
C/Sancti Espiritu 17,
Malaga, 29006
Spain

Serie en Metodología Económica

Depósito legal: MA 47-2019

ISBN: 978-84-17332-02-0

También disponible:
ISBN: 978-1-62273-600-3 (Tapa dura)

Diseño de portada de Vernon Press, usando elementos creados por starline/Freepik.

Indice

Prefacio

Uno de los instrumentos principales con los que cuenta la macroeconomía actual para el análisis del comportamiento de una economía consiste en la resolución y simulación numérica de modelos de equilibrio general dinámicos estocásticos. Esta tipología de modelos, que están basados en la micro-fundamentación de las decisiones que toman los distintos agentes económicos, que se suponen racionales, se han convertido en el eje principal del análisis macroeconómico actual, teniendo dos características principales. En primer lugar, se trata de modelos dinámicos con variables *forward-looking*, esto es variables futuras en términos esperados que se supone se determinan en un contexto de expectativas racionales. En segundo lugar, se trata de modelos en los cuales la determinación de las variables macroeconómicas se fundamenta en el análisis microeconómico y en un contexto de equilibrio general. De forma paralela, existe otra tipología de modelos macroeconómicos dinámicos, también en un contexto de expectativas racionales, pero que no están microfundamentados, sino que tienen como base modelos basados en el enfoque tradicional IS-LM y la curva de Phillips o en desarrollos más actuales que incorporan reglas de política monetaria y una demanda agregada microfundamentada. Tanto una tipología de modelos como la otra, pueden ser representados a través de un sistema de ecuaciones dinámico, que está compuesto por un conjunto de ecuaciones que pueden ser calculadas numéricamente de una forma relativamente sencilla. Sin embargo, al margen de la mayor o menor complejidad que presentan este tipo de modelos dinámicos a un nivel teórico, el principal problema con el que nos encontramos para su enseñanza a los alumnos de Grado en Economía o para aquellos que quieran introducirse en esta rama de la modelización macroeconómica, es que no tienen una solución explícita, por lo que únicamente pueden ser resueltos de forma numérica o recurrir al análisis gráfico a través de los diagramas de fases, lo que supone una importante barrera para su incorporación al contenido de las asignaturas de macroeconomía avanzada a nivel de Grado. Este tipo de modelización a nivel teórico hace que la interrelación entre la macroeconomía actual y las herramientas de computación numéricas sea muy estrecha, lo que hace necesario introducir un nuevo enfoque que incluya a ambos elementos en el aprendizaje de la macroeconomía. Incluso la enseñanza de modelos macroeconómicos dinámicos simples, no microfundamentados, requiere el uso de instrumentos de análisis relativamente complejos, tal y como trabajar con sistemas de ecuaciones en diferencias o ecuaciones diferenciales. En todos esos casos, la estrategia habitual a niveles introductorios consiste en aplicar el análisis gráfico, a través de la construcción del diagrama de fases, como instrumento básico para la realización de análisis macroeconómico. No obstante, incluso la utilización del diagrama de fases supone un cierto nivel de dificultad, al tiempo que presenta ciertas limitaciones. Todos estos elementos hacen que el esquema de análisis macroeconómico que se utiliza por parte de la mayoría de autoridades económicas, tanto gobiernos como bancos centrales, organismos internacionales, y centros de investigación, no sea conocido por los graduados en economía, lo cual resulta muy llamativo por cuanto la enseñanza de la macroeconomía en las Universidades a nivel de grado va un paso por detrás de su utilización a nivel académico y en su aplicación práctica en el mundo real.

Sin embargo, resulta factible introducir de una manera relativamente comprensible los modelos macroeconómicos dinámicos así como la resolución de los mismos en términos numéricos a un nivel básico. De hecho, los desarrollos que vamos a realizar parten de la idea de introducir un nuevo enfoque para la enseñanza de la macroeconomía, que permita, a través de técnicas relativamente fáciles de implementar y comprensibles a niveles introductorios, la resolución numérica de estos modelos y su utilización para el análisis del comportamiento dinámico de una economía. Si bien para llevar a cabo este marco de análisis se hace necesario conocer herramientas informáticas que pueden llegar a ser complejas, en la práctica los modelos macroeconómicos pueden ser computados con herramientas de cálculo numérico simples. Así, una hoja de cálculo contiene herramientas que pueden ser usadas de forma sencilla en la resolución numérica de cualquier tipología de modelos macroeconómicos dinámicos. Este marco de análisis ofrece una nueva perspectiva para la enseñanza de la macroeconomía a un nivel de grado, ya que permite el uso flexible de los modelos dinámicos para su aplicación al análisis macroeconómico, al tiempo que supone una introducción a los métodos de resolución numérica. Todo ello se puede realizar con herramientas computacionales accesibles y que son ampliamente conocidas, utilizando como soporte una hoja de cálculo. Esta es la estrategia que vamos a seguir en este manual.

Tal y como hemos indicado anteriormente, en términos generales podemos distinguir dos tipologías de modelos usados en el análisis macroeconómico. En primer lugar, modelos dinámicos simples que no tienen una fundamentación microeconómica, pero que utilizan expectativas racionales. Un ejemplo de estos modelos es el de desbordamiento o sobrerreacción del tipo de cambio o bien el modelo IS-LM-Curva de Phillips tradicional. En segundo lugar, los modelos basados en el denominado modelo de Equilibrio General Dinámico, tanto estocástico como determinista, o modelo de crecimiento óptimo de Ramsey, que constituyen el marco teórico de referencia que se emplea en el análisis macroeconómico actual, el cual no tiene una solución cerrada y, por tanto, solo puede resolverse utilizando métodos numéricos. Esto hace que la macroeconomía computacional sea una pieza clave en el análisis económico actual y resulte necesario un cambio de enfoque en la forma en la que se introduce a los alumnos en el análisis macroeconómico.

Partiendo de estos esquemas de modelización a nivel teórico, el objetivo del presente manual es realizar una introducción, al nivel más básico posible, a la macroeconomía computacional y a la resolución de los modelos macroeconómicos microfundamentados de equilibrio general dinámico que se utilizan en el análisis macroeconómico actual. La idea fundamental consiste en mostrar que es relativamente asequible resolver un modelo macroeconómico dinámico, sea microfundamentado o no, usando herramientas que están al alcance de todos, sin necesidad de aprender programas o lenguajes informáticos de cierta complejidad, que limitan la aplicación práctica y la comprensión de dichos marcos teóricos. Este manual comprende una serie de ejercicios de computación, usando diferentes desarrollos teóricos y que se dividen en tres partes: Modelos Dinámicos Básicos, Introducción al Equilibrio General Dinámico y Crecimiento Económico. El objetivo es resolver diferentes modelos teóricos muy sencillos pero utilizando técnicas de resolución numéricas y de computación. Computación quiere decir que vamos a utilizar un ordenador para resolver estos modelos teóricos y que dicha resolución se va a llevar a cabo de forma numérica. Todos los modelos que vamos a estudiar los resolvemos y computamos en un entorno determinista, si bien su resolución en un entorno estocástico no plantea mayores problemas, ya que la hoja de cálculo utilizada contiene herramientas para la incorporación de variables aleatorias. No obstante, consideramos que el entorno determinista es mucho más ilustrativo a efectos de aprendizaje que un entorno estocástico, por lo que no hemos considerado relevante introducir el componente estocástico de los modelos estudiados.

La primera parte de modelos dinámicos básicos, incluye una serie de ejercicios numéricos utilizando modelos dinámicos lineales simples. En el capítulo 1 se realiza un ejercicio de un modelo general, que no representa a ningún modelo macroeconómico concreto, basado en un sistema compuesto por dos ecuaciones en diferencias. Este ejercicio tiene como objetivo fijar los conceptos fundamentales que vamos a utilizar a continuación, así como presentar el marco de análisis que podemos utilizar en la resolución numérica de este tipo de modelos. A continuación, en el capítulo 2, presentamos una versión dinámica del modelo IS-LM. El modelo IS-LM constituye el marco teórico básico que se utiliza en la enseñanza de la macroeconomía a niveles intermedios. En este caso se trata de una versión dinámica del mismo, donde existe un proceso de ajuste en el nivel de precios a lo largo del tiempo (la curva de Phillips). Para cerrar esta primera parte, el capítulo 3 presenta el modelo de Dornbusch de sobrerreacción del tiempo de cambio. En este caso de trata de un modelo para una economía abierta que permite explicar la respuesta del tipo de cambio nominal ante una perturbación monetaria.

La segunda parte está compuesta por cinco capítulos. En el capítulo 4 presentamos el problema básico del consumidor en términos de la decisión consumo-ahorro. Este análisis constituye una pieza fundamental en los modelos dinámicos de equilibrio general que se utilizan en el análisis macroeconómico actual. El capítulo 5 introduce en el problema anterior la decisión consumo-ocio, incluyendo el ocio como un argumento adicional en la función de utilidad, a partir del cual se obtiene la oferta de trabajo. El capítulo 6 vuelve a analizar la decisión de consumo-ahorro por parte de los consumidores pero introduciendo al gobierno en dicho análisis, con el objetivo de estudiar cómo cambia la decisión de los consumidores en función de los tipos impositivos y de las cotizaciones a la seguridad social. El capítulo 7 estudia la decisión de inversión de las empresas a través del modelo de la Q de Tobin. Para cerrar esta parte, en el capítulo 8 presentamos una versión muy simple del modelo dinámico de equilibrio general, considerando de forma conjunta el comportamiento de los consumidores y de las empresas.

La última parte está centrada en el análisis de modelos de crecimiento económico. Realizamos dos tipos de análisis. En primer lugar, en el capítulo 9 llevamos a cabo una resolución numérica del modelo de crecimiento exógeno de Solow, que constituye el esquema básico para estudiar el comportamiento a largo plazo de una economía. Finalmente, en el capítulo 10 presentamos el modelo de crecimiento óptimo de Ramsey. En este caso, el análisis es similar al del modelo dinámico de equilibrio general presentado anteriormente, pero introduciendo como variable adicional el crecimiento de la población.

Tal y como veremos, la resolución numérica del modelo de equilibrio general dinámico es relativamente sencilla y puede realizarse en una hoja de cálculo. Esta variedad de modelos macroeconómicos microfundamentados la podemos resolver siguiendo dos enfoques alternativos. En primer lugar, podemos resolverlos utilizando la herramienta "Solver" de Excel, que permite la maximización de una función objetivo sujeta a determinadas restricciones. En segundo lugar, podemos resolverlos directamente usando una aproximación lineal a las ecuaciones no-lineales del modelo en términos de las desviaciones respecto al estado estacionario, lo que permite calcular de forma sencilla los valores propios asociados al sistema y utilizarlos para calcular numéricamente el reajuste en expectativas ante una perturbación cuando la solución es del tipo punto de silla, de forma similar al procedimiento que utilizaríamos en los modelos dinámicos más tradicionales no microfundamentados.

El programa informático que hemos utilizado para la resolución de ejercicios en este manual ha sido Excel® de Microsoft®. Excel es una hoja de cálculo, similar a otras como puede ser Calc de Open Office. Las ventajas de una hoja de cálculo es que son fáciles de manejar, ampliamente utilizadas y conocidas por una gran cantidad de usuarios, al tiempo que tienen una capacidad elevada para realizar una gran variedad de operaciones de cálculo. Barreto (2015) presenta una serie de argumentos de por qué Excel es una herramienta adecuada para la enseñanza de la macroeconomía, indicando que las hojas de cálculo presentan importantes ventajas a la hora de comunicar ideas y de presentar datos estadísticos a los estudiantes.[1] De hecho las hojas de cálculo son un recurso que está siendo cada vez más utilizado en la enseñanza de la economía, siendo ejemplos Strulik (2004)[2], Gilbert y Oladi (2011)[3] y Del Rey y Silva (2012)[4]. Más recientemente Barreto (2016) propone un conjunto de hojas de cálculo para la enseñanza de la macroeconomía a niveles introductorios e intermedios.[5] Otro manual de macroeconomía que ofrece la simulación en Excel de los modelos estudiados es el de Carlin y Soskice (2015).[6] Un manual con diferentes ejemplos de economía computacional donde también se utilizan otros programas informáticos, al margen de hojas de cálculo, es Kendrick, Mercado y Amman (2006).[7]

Finalmente, hemos incorporado una serie de apéndices, con algunos conceptos matemáticos básicos que resultan necesarios para el análisis realizado. Estos apéndices también incluyen una serie de programas, donde se resuelven los diferentes modelos tanto en MATLAB®, como en DYNARE, que constituyen herramientas computacionales usadas habitualmente en el análisis macroeconómico. Para aquellos que quieran utilizar su Smartphone o su tableta para la resolución de modelos de equilibrio general dinámico estocásticos, véase Blake (2012).[8]

Anelí, Trinidad y José Luis
Málaga, Octubre de 2018

---

[1] Barreto, H. (2015). Why Excel?, *Journal of Economic Education*, 46(3), 300-309.

[2] Strulik, H. (2004). Solving Rational Expectations Models Using Excel, *Journal of Economic Education*, 35(3): 269-283.

[3] Gilbert, J. y Oladi, R. (2011). Excel Models for International Trade Theory and Policy: An Online Resource, *Journal of Economic Education*, 42(1): 95.

[4] Del Rey, E. y Silva, J. I. (2012). Oferta de trabajo y análisis impositivo con el ordenador: tutorial y actividad práctica. *e-pública Revista electrónica sobre la enseñanza de la Economía Pública*, 11: 1-10.

[5] Barreto, H. (2016). *Teaching Macroeconomics with Microsoft Excel*. Cambridge University Press.

[6] Carlin, W. y Soskice, D. (2015). *Macroeconomics: Institutions, Instability, and the Financial System*. Oxford University Press.

[7] Kendrick, D. M., Mercado, P. R. y Amman, H. M. (2006). *Computational Economics*. Princeton University Press.

[8] Blake, A. P. (2012). DSGE modeling on iPhone/iPad using SpaceTime. *Computational Economics*, 40(4): 313-332.

Parte I

Sistemas dinámicos básicos

1

Introducción a los sistemas dinámicos computacionales

1.1 Introducción

En términos generales, un modelo macroeconómico puede escribirse como un sistema de ecuaciones dinámicas: un sistema de ecuaciones diferenciales si el modelo se define en tiempo continuo o bien como un sistema de ecuaciones en diferencias si lo definimos en tiempo discreto. El enfoque temporal utilizado depende del tipo de análisis a realizar con el mismo. A nivel teórico es habitual desarrollar los distintos modelos macroeconómicos en tiempo continuo, lo que permite aplicar determinados instrumentos de análisis, como puede ser el diagrama de fases, para así obtener una representación gráfica del modelo a partir de la cual poder realizar análisis de perturbaciones. Sin embargo, si nuestro objetivo es la resolución numérica de estos modelos, entonces el enfoque a utilizar sería el de tiempo discreto. En este caso, el modelo macroeconómico vendría definido como un sistema de ecuaciones en diferencias. En cualquier caso, ambas especificaciones serían equivalentes y nos llevarían a resultados similares, si bien la especificación exacta de cada ecuación puede ser diferente en ambos contextos temporales. El conjunto de ecuaciones que integran un modelo va a estar compuesto por tres elementos: variables endógenas, variables exógenas y parámetros. Dados unos valores para los parámetros, que tienen que ser calibrados o estimados, y dados unos valores para las variables exógenas, que se suponen vienen dados, podemos calcular numéricamente el valor correspondiente de las variables endógenas, que son las variables que va a determinar el modelo. Por otra parte, la resolución numérica requiere el uso de formas funcionales concretas que determinen la relación entre dichos elementos, por lo que se hace necesario disponer de una forma funcional específica de cada ecuación.

En este primer capítulo vamos a llevar a cabo un ejercicio de computación simple con el objetivo de ilustrar cómo podemos utilizar un ordenador para realizar simulaciones numéricas de diferentes modelos macroeconómicos. Para ello vamos a utilizar una herramienta relativamente fácil de usar y ampliamente conocida como es una hoja de cálculo. En particular, vamos a usar la hoja de cálculo Excel de Microsoft Office, aunque también podríamos usar otras hojas de cálculo similares, como puede ser Calc de Open Office. En diversos apéndices incluimos ejercicios similares pero usando otras herramientas habitualmente utilizadas en el análisis macroeconómico, como puede ser MATLAB, o bien a través de herramientas diseñadas específicamente para la resolución de modelos macroeconómicos dinámicos con expectativas racionales, como puede ser DYNARE. La idea fundamental de este primer capítulo consiste en mostrar cómo resolver o simular numéricamente un sistema dinámico en tiempo discreto y poner de manifiesto que se trata de una tarea relativamente sencilla.

Resolver numéricamente este tipo de sistemas dinámicos tiene importantes ventajas a la hora de realizar diferentes análisis sobre los efectos de distintas perturbaciones sobre la economía. En primer lugar, permite la obtención de las sendas temporales de las variables endógenas ante una determinada perturbación, es decir, permite conocer cómo reacciona cada variable macroeconómica ante una perturbación representada por un cambio en las variables exógenas. Esto es lo que se conoce como función impulso-respuesta o dinámica de transición, un instrumento ampliamente utilizado en el análisis macroeconómico. Así, basta con realizar una representación gráfica del valor de cada variable como función del tiempo para apreciar su comportamiento dinámico ante un determinado cambio en el entorno económico. En segundo lugar, permite realizar ejercicios de sensibilidad, estudiando el comportamiento del modelo en función del valor de los distintos parámetros. Así, una vez resuelto el modelo y computado numéricamente, solo es necesario cambiar el valor de un determinado parámetro para observar cómo la economía se ve alterada, tanto en términos de su equilibrio como de su dinámica. Esto significa que podemos simular las distintas trayectorias de las variables endógenas ante una determinada perturbación en las variables exógenas, condicionado a un determinado valor de los parámetros del modelo.

En este primer capítulo vamos a simular numéricamente el modelo de carrera armamentística de Richardson. Se trata de un modelo compuesto por dos ecuaciones en diferencias que representan el comportamiento a lo largo del tiempo de dos países, potencialmente enemigos, y de sus decisiones sobre el stock de armamento de cada uno de ellos en relación al stock de armamento del otro país. La elección de este modelo obedece a varios factores. En primer lugar, se trata de un modelo muy popular tanto en ciencias políticas como en economía (utilizado, por ejemplo, en microeconomía para analizar el comportamiento de un duopolio en un contexto dinámico). En segundo lugar, se trata de un modelo con una estructura muy sencilla, por lo que resulta fácil de entender. Por último, se trata de un modelo en el cual, dependiendo del valor de los parámetros, se obtienen los dos tipos de soluciones a las que podemos llegar en un modelo macroeconómico: estabilidad global (cuando todas las trayectorias nos llevan al equilibrio) o punto de silla (cuando solo algunas pocas trayectorias nos llevan al equilibrio, mientras que las restantes nos alejan de él). En el segundo apartado presentamos una breve descripción de las ecuaciones en diferencias así como la notación del sistema dinámico que vamos a resolver en tiempo discreto. En la sección tercera presentamos un ejemplo de sistema dinámico, el cual vamos a simular numéricamente. La sección cuarta muestra la resolución numérica de dicho sistema dinámico realizada en Excel, describiéndose todos los elementos que deben introducirse en la hoja de cálculo para obtener la solución numérica del mismo. La sección quinta utiliza la hoja de cálculo construida anteriormente para analizar los efectos de una determinada perturbación, es decir, un cambio en las variables exógenas. Finalmente, en la sección sexta se realiza un análisis similar pero en términos de un cambio en el valor de los parámetros. A esto es a lo que se denomina análisis de sensibilidad. En el caso particular del modelo que estamos analizando, el análisis de sensibilidad tiene especial relevancia, ya que el sistema puede cambiar de una solución con estabilidad global a una solución de punto de silla.

1.2   Un modelo en términos dinámicos

En términos generales, un modelo macroeconómico lo podemos escribir como un sistema de ecuaciones que está compuesto por un conjunto de ecuaciones en diferencias:

$$\Delta \mathbf{X}_t = F(\mathbf{X}_t, \mathbf{Z}_t) \tag{1.1}$$

donde $\mathbf{X}_t$ es un vector de variables endógenas que suponemos de dimensión n, $\mathbf{Z}_t$ es un vector de variables exógenas de dimensión m, y $F(\cdot)$ es una función matemática particular. El símbolo Δ indica variación respecto al tiempo, tal que:

$$\Delta \mathbf{X}_t = \mathbf{X}_{t+1} - \mathbf{X}_t \tag{1.2}$$

es decir, la variación en el momento t la definimos como la diferencia entre el valor de la variable en el momento $t+1$ y su valor en el periodo anterior, t.[1] De este modo, el

---

[1] Otra forma también utilizada para definir las variaciones de las variables en el momento t es:

$$\Delta \mathbf{X}_t = \mathbf{X}_t - \mathbf{X}_{t-1}$$

El uso de una especificación u otra depende de si el valor de la variable lo definimos al principio del periodo o al final del mismo. Ambas especificaciones no son equivalentes, dando lugar a resultados diferentes.

valor de las variables endógenas en el momento t sería igual a su valor en el periodo anterior más su tasa de variación durante dicho periodo, por lo que podríamos definir:

$$\mathbf{X}_t = \mathbf{X}_{t-1} + \Delta\mathbf{X}_{t-1} \tag{1.3}$$

La expresión (1.1) nos indica que la variación respecto al tiempo de nuestro vector de variables endógenas es una función del valor de dichas variables endógenas y del valor de las variables exógenas. De este modo, lo que nos va a indicar este sistema de ecuaciones es cómo se mueven las variables endógenas a lo largo del tiempo en función de los cambios que se produzcan en las variables exógenas.[2]

Como paso previo, vamos a proceder a aplicar logaritmos a todas las variables (exceptuando las que vienen definidas en términos porcentuales, como puede ser el tipo de interés). Por tanto definimos:

$$\mathbf{x}_t = \ln\mathbf{X}_t \tag{1.4}$$

De este modo tendríamos que la tasa de crecimiento para cada una de las variables sería:

$$\Delta x_t \;=\; x_{t+1} - x_t = \ln X_{t+1} - \ln X_t = \ln\left(\frac{X_{t+1}}{X_t}\right) \tag{1.5}$$

$$=\; \ln\left(1 + \frac{X_{t+1} - X_t}{X_t}\right) \simeq \frac{X_{t+1} - X_t}{X_t} \tag{1.6}$$

es decir, la variación con respecto al tiempo en términos logarítmicos es equivalente a la tasa de crecimiento de las variables, lo cual resulta muy útil, ya que en la mayoría de los casos nuestro interés se va a centrar en conocer cómo es la tasa de crecimiento de las variables macroeconómicas. Así, a la tasa de crecimiento del nivel de producción la denominamos crecimiento económico, a la tasa de crecimiento de los precios la denominamos inflación, etc.

Inicialmente vamos a trabajar con sistemas de ecuaciones en diferencias lineales. En la práctica, muchas de las ecuaciones que integran los modelos macroeconómicos, principalmente los modelos macroeconómicos microfundamentados, son ecuaciones no lineales. El sistema de ecuaciones en diferencias podemos suponer que es lineal o bien

---

[2] Alternativamente, el sistema de ecuaciones puede excribirse como:

$$\mathbf{X}_{t+1} = G(\mathbf{X}_t, \mathbf{Z}_t)$$

que se conoce como forma normal (véase el Apéndice A). No obstante, para hacer equivalente el análisis al que se lleva a cabo en tiempo continuo en el cual las ecuaciones se especifican en términos de la derivada con respecto al tiempo de las variables endógenas, que es la forma adoptada habitualmente en el análisis macroeconómico, hemos optado por llevar a cabo todos los análisis con la representación dada por la especificación (1.1).

construir una aproximación lineal al mismo en el caso en el que las ecuaciones iniciales sean no lineales y escribirlo como:

$$\Delta \mathbf{x}_t = A\mathbf{x}_t + B\mathbf{z}_t \tag{1.7}$$

donde A es una matriz $n \times n$, B es una matriz $n \times m$ y $\mathbf{z}_t$ es el vector de variables exógenas $m \times 1$. Si bien el vector de variables exógenas lo especificamos como una función del tiempo, en la práctica es una constante, excepto cuando se produce una perturbación determinada exógenamente que afecta a su valor. El hecho de definir a las variables exógenas como una función del tiempo tiene únicamente como objetivo diferenciarlas de los parámetros del modelo, que también son constantes.

A efectos ilustrativos vamos a suponer que $n = 2$, es decir, nuestro modelo estaría compuesto por dos ecuaciones en diferencias y dos variables endógenas. El análisis sería similar si el número de ecuaciones en el sistema es mayor. En concreto, el sistema típico con el que vamos a trabajar es el siguiente:

$$\begin{bmatrix} \Delta x_{1,t} \\ \Delta x_{2,t} \end{bmatrix} = A \begin{bmatrix} x_{1,t} \\ x_{2,t} \end{bmatrix} + B\mathbf{z}_t \tag{1.8}$$

siendo

$$A = \begin{bmatrix} a_{11} & a_{12} \\ a_{21} & a_{22} \end{bmatrix} \tag{1.9}$$

y donde la dimensión de la matriz B dependerá del número de variables exógenas incluidas en el vector $\mathbf{z}_t$.

1.3 Un ejemplo de sistema dinámico: El modelo de carrera armamentística de Richardson

Antes de proceder a la resolución numérica de distintos modelos macroeconómicos, comenzamos por la definición de un sistema dinámico general que no se corresponde con ningún modelo macroeconómico concreto. Se trata del modelo de carrera de armamentos, desarrollado por Lewis Fry Richardson (1881-1953) en 1919.[3] Este modelo representa dos países, que son potencialmente enemigos, y donde la variable endógena es el stock de armamento de cada uno de ellos, por lo que resulta muy intuitivo de entender su comportamiento. Dependiendo del valor de los parámetros la solución del modelo viene determinada por la existencia de estabilidad global o por un punto de silla, siendo los dos tipos de soluciones que nos encontraremos en los modelos macroeconómicos que vamos a estudiar con posterioridad.

---

[3]Richardson, L. F. (1919). *The mathematical psychology of war*. W. Hunt: Oxford. Richardson, L. F. (1935a). Mathematical psychology of war. *Nature*, 135: 830-831. Richardson, L. F (1935b). Mathematical psychology of war. Letter to the Editor. *Nature*, 136: 1025.

El modelo de carrera de armamentos de Richardson podemos definirlo a través del siguiente sistema dinámico lineal, en el cual tenemos dos variables endógenas ($x_{1,t}$, $x_{2,t}$) y dos variables exógenas ($z_{1,t}$, $z_{2,t}$) y que en notación matricial lo definimos como:

$$\begin{bmatrix} \Delta x_{1,t} \\ \Delta x_{2,t} \end{bmatrix} = \underbrace{\begin{bmatrix} -\alpha & \beta \\ \gamma & -\delta \end{bmatrix}}_{A} \begin{bmatrix} x_{1,t} \\ x_{2,t} \end{bmatrix} + \underbrace{\begin{bmatrix} \theta & 0 \\ 0 & \eta \end{bmatrix}}_{B} \begin{bmatrix} z_{1,t} \\ z_{2,t} \end{bmatrix} \tag{1.10}$$

donde la matriz A representa la matriz de coeficientes asociados a las variables endógenas y la matriz B los coeficientes asociados a las variables exógenas. Las variables endógenas representan el stock de armamento de cada país (países 1 y 2), mientras que las variables exógenas representan a cualquier factor que afecte a la decisión sobre el stock de armamento en cada uno de los países. Todos los parámetros, representados por letras griegas, se definen en términos positivos.

Por tanto, las ecuaciones que definen el comportamiento a lo largo del tiempo de las dos variables endógenas son las siguientes:

$$\Delta x_{1,t} = -\alpha x_{1,t} + \beta x_{2,t} + \theta z_{1,t} \tag{1.11}$$

$$\Delta x_{2,t} = \gamma x_{1,t} - \delta x_{2,t} + \eta z_{2,t} \tag{1.12}$$

Este modelo describe las funciones de reacción de cada país respecto a la decisión sobre armamento del otro. Así, observando el signo de los parámetros de la matriz A, encontramos que la dinámica del stock de armamento en un país depende negativamente de su propio stock de armamento y positivamente del stock de armamento del otro país. El parámetro β representa cómo reacciona el país 1 ante el stock de armamento del país 2, mientras que el parámetro γ indica cómo reacciona el país 2 ante el stock de armamento del país 1.

Estructura del modelo de carrera de armamentos	
Función de reacción del país 1	$\Delta x_{1,t} = -\alpha x_{1,t} + \beta x_{2,t} + \theta z_{1,t}$
Función de reacción del país 2	$\Delta x_{2,t} = \gamma x_{1,t} - \delta x_{2,t} + \eta z_{2,t}$
Variación del stock de armamento país 1	$\Delta x_{1,t} = x_{1,t+1} - x_{1,t}$
Variación del stock de armamento país 2	$\Delta x_{2,t} = x_{2,t+1} - x_{2,t}$

A continuación, vamos a definir dos conceptos que van a resultar fundamentales en todo en análisis que vamos a realizar con posterioridad: en primer lugar, la definición de equilibrio, que lo definimos como el estado estacionario, y en segundo lugar, la definición de estabilidad del sistema, que nos va a indicar cómo son las trayectorias de las variables respecto al punto de estado estacionario.

1.3.1   Definición de equilibrio: el Estado Estacionario

El concepto de equilibrio que vamos a usar en el análisis dinámico se denomina Estado Estacionario. Mientras que en un análisis estático el concepto de equilibrio típicamente hace relación a una situación en la cual la oferta de una determinada variable es igual a su demanda (vaciado de un mercado), en el análisis dinámico el concepto de equilibrio hace relación a una situación en la cual las variables económicas se mantienen estables en el tiempo (su variación temporal es nula, por lo que son constantes). El valor de las variables en Estado Estacionario, que denotamos por una barra horizontal sobre la variable, por tanto, vendría definido por aquella situación en la cual la variación respecto al tiempo de dichas variables fuese igual a cero.

$$\bar{\mathbf{x}}_t \Longrightarrow \Delta\mathbf{x}_t = f(\mathbf{x}_t, \mathbf{z}_t) = 0 \Longrightarrow f(\bar{\mathbf{x}}_t, \mathbf{z}_t) = 0 \tag{1.13}$$

Esto significa que el estado estacionario de una economía, viene dado por un vector de ceros de dimensión n, para cada una de las variaciones temporales de las variables endógenas ($\Delta\mathbf{x}_t = 0$).

Para obtener el estado estacionario de nuestro sistema, calculamos el vector de ceros para nuestro vector de variaciones respecto al tiempo. Esto significa que la matriz A multiplicada por el vector de variables endógenas tiene que ser igual al negativo de la matriz B por el vector de variables exógenas. En esta situación, el vector de variables endógenas se correspondería con su valor de estado estacionario, tal que:

$$\begin{bmatrix} \Delta x_{1,t} \\ \Delta x_{2,t} \end{bmatrix} = \begin{bmatrix} 0 \\ 0 \end{bmatrix} \Longrightarrow A \begin{bmatrix} \bar{x}_{1,t} \\ \bar{x}_{2,t} \end{bmatrix} = -Bz_t \tag{1.14}$$

Despejando el vector de variables en estado estacionario obtenemos la siguiente expresión que nos permite calcular el valor de cada variable endógena en equilibrio:

$$\begin{bmatrix} \bar{x}_{1,t} \\ \bar{x}_{2,t} \end{bmatrix} = -A^{-1}Bz_t \tag{1.15}$$

bajo el supuesto de que la matriz A es no singular, es decir, $Det(A) \neq 0$, para que exista su inversa (es decir, suponemos que el $rango(A) = 2$). Como podemos comprobar el estado estacionario de cada variable es un número, es decir, es una constante, que depende de los parámetros de las matrices A y B, y del valor de las variables exógenas. Por tanto, alteraciones de las variables exógenas o de los parámetros contenidos en las matrices A y B provocan cambios en el valor de estado estacionario de las variables endógenas, dependiendo por tanto el equilibrio macroeconómico de estos elementos. En el ejemplo particular que estamos analizando tendríamos que:

$$A = \begin{bmatrix} -\alpha & \beta \\ \gamma & -\delta \end{bmatrix}, \qquad B = \begin{bmatrix} \theta & 0 \\ 0 & \eta \end{bmatrix}, \qquad z_t = \begin{bmatrix} z_{1,t} \\ z_{2,t} \end{bmatrix} \tag{1.16}$$

Calculando la inversa de la matriz A resulta:

$$A^{-1} = \frac{1}{\alpha\delta - \gamma\beta} \begin{bmatrix} -\delta & -\beta \\ -\gamma & -\alpha \end{bmatrix} \tag{1.17}$$

por lo que el estado estacionario, usando la definición dada por (1.15), vendría dado por:

$$\begin{bmatrix} \bar{x}_{1,t} \\ \bar{x}_{2,t} \end{bmatrix} = -\frac{1}{\alpha\delta - \gamma\beta} \begin{bmatrix} -\delta & -\beta \\ -\gamma & -\alpha \end{bmatrix} \begin{bmatrix} \theta & 0 \\ 0 & \eta \end{bmatrix} \begin{bmatrix} z_{1,t} \\ z_{2,t} \end{bmatrix} \tag{1.18}$$

Multiplicando las matrices anteriores resulta que el valor de las variables en estado estacionario viene dado por las siguientes expresiones:

$$\bar{x}_{1,t} = \frac{\delta\theta}{\alpha\delta - \gamma\beta} z_{1,t} + \frac{\beta\eta}{\alpha\delta - \gamma\beta} z_{2,t} \tag{1.19}$$

$$\bar{x}_{2,t} = \frac{\gamma\theta}{\alpha\delta - \gamma\beta} z_{1,t} + \frac{\alpha\eta}{\alpha\delta - \gamma\beta} z_{2,t} \tag{1.20}$$

Como podemos comprobar, el valor resultante es un número, dado que únicamente depende de las variables exógenas y de los parámetros del modelo, que a su vez son todos números. Obviamente, si cambia el valor de las variables exógenas, también va a cambiar el valor de estado estacionario de las variables endógenas. Otro tanto ocurriría si se altera el valor de los parámetros. Por último, nótese que para obtener un estado estacionario en este modelo, tiene que cumplirse que $\alpha\delta - \gamma\beta \neq 0$, puesto que en caso contrario el determinante de la matriz A sería 0.

1.3.2   La estabilidad del Sistema

Las propiedades dinámicas del sistema de ecuaciones resulta fundamental a la hora de determinar cómo son las trayectorias de las distintas variables endógenas cuando se produce una determinada perturbación que afecta a los valores de las variables exógenas, dado que dichas trayectorias pueden ser convergentes o divergentes respecto a la situación de estado estacionario. A continuación, indicamos el procedimiento que vamos a utilizar para estudiar la estabilidad del sistema. Para realizar el análisis de estabilidad del sistema y conocer cómo van a ser las trayectorias de las variables en relación al estado estacionario, debemos calcular las raíces (valores propios) asociadas a la matriz de las variables endógenas, que denominamos λ. La estabilidad es una propiedad importante del sistema por cuanto nos dice, dada una perturbación que nos lleva a una determinada situación de desequilibrio, cómo son las trayectorias temporales que van a seguir las distintas variables para alcanzar el nuevo estado estacionario.

Para realizar el análisis de estabilidad de nuestro sistema de dos ecuaciones diferenciales tenemos que resolver una ecuación de segundo grado que la obtenemos de igualar a cero el determinante de la matriz de coeficientes asociados a las variables endógenas menos la matriz identidad multiplicada por λ. De este modo, calcularíamos:

$$Det\,[A - \lambda I] = 0 \tag{1.21}$$

donde I es la matriz identidad, siendo:

$$I = \begin{bmatrix} 1 & 0 \\ 0 & 1 \end{bmatrix} \tag{1.22}$$

Por tanto, volviendo al sistema definido en (1.10), dada la matriz A, tendríamos

$$Det \begin{bmatrix} -\alpha & \beta \\ \gamma & -\delta \end{bmatrix} - \lambda \begin{bmatrix} 1 & 0 \\ 0 & 1 \end{bmatrix} = Det \begin{bmatrix} -\alpha - \lambda & \beta \\ \gamma & -\delta - \lambda \end{bmatrix} = 0 \tag{1.23}$$

Calculando el determinante, agrupando términos e igualando a cero, llegamos a la siguiente ecuación de segundo grado:

$$\lambda^2 + \lambda(\alpha + \delta) + (\alpha\delta - \gamma\beta) = 0 \tag{1.24}$$

o equivalentemente

$$\lambda^2 - tr(A)\lambda + Det(A) = 0 \tag{1.25}$$

donde $tr(A)$ es la traza de la matriz A. Resolviendo, obtenemos que las raíces (valores propios) van a ser las siguientes:

$$\lambda_1, \lambda_2 = \frac{-(\alpha + \delta) \pm \sqrt{(\alpha + \delta)^2 - 4(\alpha\delta - \gamma\beta)}}{2} \tag{1.26}$$

La estabilidad del sistema va a depender de los valores resultantes para los valores propios, λ_1, λ_2. En particular, la estabilidad del sistema va a depender del valor del módulo de los valores propios más la unidad, según que este resulte mayor o menor que la unidad (véase el Apéndice A para una descripción de las condiciones de estabilidad necesarias). Estos valores propios pueden ser reales o complejos, dependiendo del signo de $(\alpha + \delta)^2 - 4(\alpha\delta - \gamma\beta)$. Si su valor es positivo, entonces los valores propios serían números reales. Por el contrario, si su valor es negativo, entonces tendríamos números complejos. No obstante, en este modelo concreto, este último caso no se va a producir, puesto que $(\alpha+\delta)^2 - 4(\alpha\delta - \gamma\beta) = \alpha^2 + \delta^2 + 2\alpha\delta - 4\alpha\delta + 4\gamma\beta = (\alpha - \delta)^2 + 4\gamma\beta$, que siempre es mayor o igual a 0.

En el caso de que las raíces sean reales, el módulo, es decir, el valor absoluto, se define como:

$$M\acute{o}dulo(\lambda + 1) = |\lambda + 1| \tag{1.27}$$

En el caso en que las raíces sean complejas, esto es, $\lambda = a \pm bi$, entonces el módulo se definiría como:[4]

$$Módulo(\lambda + 1) = \sqrt{(a + 1)^2 + b^2} \tag{1.28}$$

El sistema mostraría estabilidad global, esto es, todas las trayectorias convergen al estado estacionario, si $|\lambda_1 + 1| < 1$ y $|\lambda_2 + 1| < 1$, en el caso de que los valores propios sean números reales. Si los valores propios son números complejos, $\lambda = a \pm bi$, entonces tendría que cumplirse que $\sqrt{(a + 1)^2 + b^2} < 1$. Si, por el contrario el módulo de una de las raíces más uno es superior a la unidad, por ejemplo, $|\lambda_1 + 1| < 1$ y $|\lambda_2 + 1| > 1$, entonces la solución presentaría un punto de silla, donde existirían trayectorias tanto convergentes como divergentes. Finalmente, si resulta que $|\lambda_1 + 1| > 1$ y $|\lambda_2 + 1| > 1$, para el caso de raíces reales, o bien $\sqrt{(a + 1)^2 + b^2} > 1$, para el caso de raíces complejas, entonces el sistema presentaría inestabilidad global, donde todas las trayectorias serían divergentes respecto al estado estacionario.

1.4   Resolución numérica

A continuación vamos a proceder a resolver numéricamente el sistema de ecuaciones en diferencias definido anteriormente usando una hoja de cálculo (en particular, Excel). Tal y como vamos a comprobar, el procedimiento es relativamente simple, dado que únicamente tenemos que simular numéricamente el valor de las ecuaciones dinámicas que componen el modelo para un determinado número de periodos. Para ello necesitamos dar previamente valores tanto a los parámetros del sistema como a las variables exógenas. Habitualmente, disponemos de información sobre el valor de las variables exógenas. Respecto a los parámetros, estos tienen que ser estimados o bien calibrados. El fichero que vamos a utilizar en primer lugar se denomina "**IMC-1-1.xls**" y su estructura aparece reflejada en la Figura 1.1. Vamos a describir a continuación cómo construimos dicha hoja de cálculo.

Para la resolución numérica del modelo necesitamos dos bloques de información numérica: el valor de los parámetros y el valor inicial de las variables exógenas. Si queremos realizar análisis de perturbaciones, también sería necesario indicar el valor final (el nuevo valor) de las variables exógenas. El primer paso consiste en dar valores a los parámetros del modelo (indicados por letras griegas en minúsculas). Obviamente, la propia dinámica del sistema dependerá de estos valores, por lo que en secciones posteriores procederemos a analizar los efectos de cambios en los mismos, que es a lo que denominamos análisis de sensibilidad. A la hora de elegir los valores de los parámetros hemos de tener en cuenta tanto su significado, así como las restricciones

---

[4]Si trasladamos el número complejo $\lambda = a \pm bi$ a un punto en un plano cartesiano, podemos comprobar, usando el teorema de Pitágoras, que el valor absoluto de este número complejo es igual a la distancia euclídea desde el origen del plano a dicho punto.

	A	B	C
1	EJERCICIO 1: Ejemplo de sistema dinámico		
2			
3	Variables endógenas	Variación respecto al tiempo	
4	x_1	Δx_1	
5	x_2	Δx_2	
6			
7	Parámetros		
8	Alpha	0,50	
9	Beta	0,25	
10	Gamma	0,25	
11	Delta	0,50	
12	Theta	1,00	
13	Ita	1,00	
14			
15	Variables exógenas	Valor Inicial	Valor Final
16	z_1	1	1
17	z_2	1	1
18			
19	Estado Estacionario	EE Inicial	EE Final
20	Estado Estacionario x_1	4,00	4,00
21	Estado Estacionario x_2	4,00	4,00
22			
23	Valores propios	Parte real	Parte imaginaria
24	λ_1	-0,25	0,00
25	λ_2	-0,75	0,00
26			
27	Condición Estabilidad		
28	Módulo $(1+\lambda_1)$	0,750	
29	Módulo $(1+\lambda_2)$	0,250	

Tiempo	x_1	x_2	Δx_1	Δx_2
0	4,000	4,000	0,000	0,000
1	4,000	4,000	0,000	0,000
2	4,000	4,000	0,000	0,000
3	4,000	4,000	0,000	0,000
4	4,000	4,000	0,000	0,000
5	4,000	4,000	0,000	0,000
6	4,000	4,000	0,000	0,000
7	4,000	4,000	0,000	0,000
8	4,000	4,000	0,000	0,000
9	4,000	4,000	0,000	0,000
10	4,000	4,000	0,000	0,000
11	4,000	4,000	0,000	0,000
12	4,000	4,000	0,000	0,000
13	4,000	4,000	0,000	0,000
14	4,000	4,000	0,000	0,000
15	4,000	4,000	0,000	0,000
16	4,000	4,000	0,000	0,000
17	4,000	4,000	0,000	0,000
18	4,000	4,000	0,000	0,000
19	4,000	4,000	0,000	0,000
20	4,000	4,000	0,000	0,000
21	4,000	4,000	0,000	0,000
22	4,000	4,000	0,000	0,000
23	4,000	4,000	0,000	0,000
24	4,000	4,000	0,000	0,000
25	4,000	4,000	0,000	0,000
26	4,000	4,000	0,000	0,000
27	4,000	4,000	0,000	0,000
28	4,000	4,000	0,000	0,000
29	4,000	4,000	0,000	0,000
30	4,000	4,000	0,000	0,000

Figura 1.1: Estructura de la hoja de cálculo IMC-1-1.xls.

sobre los mismos que pueden derivarse de la estabilidad del sistema. De hecho, tal y como comprobaremos con posterioridad, las propiedades dinámicas de este modelo y la estabilidad del mismo dependen del valor de estos parámetros. La Tabla 1.1 muestra los valores seleccionados, de forma arbitraria, para los distintos parámetros (aunque hemos de decir que estos valores han sido seleccionados para que el sistema presente estabilidad global).

Tabla 1.1: Calibración de los parámetros del modelo

Símbolo	Definición	Valor
α	Elasticidad de $\Delta x_{1,t}$ respecto a $x_{1,t}$	0,50
β	Elasticidad de $\Delta x_{1,t}$ respecto a $x_{2,t}$	0,25
γ	Elasticidad de $\Delta x_{2,t}$ respecto a $x_{1,t}$	0,25
δ	Elasticidad de $\Delta x_{2,t}$ respecto a $x_{2,t}$	0,50
θ	Elasticidad de $\Delta x_{1,t}$ respecto a $z_{1,t}$	1,00
η	Elasticidad de $\Delta x_{2,t}$ respecto a $z_{2,t}$	1,00

A continuación se hace necesario contar con los valores para las variables exógenas. En este caso, tenemos dos variables exógenas y sus valores (Tabla 1.2), también los vamos a fijar de manera arbitraria.

Tabla 1.2: Calibración de las variables exógenas

Variable	Definición	Valor
z_1	Variable que afecta positivamente a $x_{1,t}$	1
z_2	Variable que afecta positivamente a $x_{2,t}$	1

Una vez determinados estos valores podemos proceder a calcular el valor numérico de las variables endógenas en estado estacionario y a calcular los valores propios asociados a este sistema. Usando las expresiones (1.19) y (1.20) calculadas anteriormente y sustituyendo los valores dados en las Tablas 1.1 y 1.2, resulta:

$$\bar{x}_{1,t} = \frac{0,5 \times 1}{0,5 \times 0,5 - 0,25 \times 0,25} \times 1 - \frac{0,25 \times 1}{0,5 \times 0,5 - 0,25 \times 0,25} \times 1 = 4$$

$$\bar{x}_{2,t} = \frac{0,25 \times 1}{0,5 \times 0,5 - 0,25 \times 0,25} \times 1 + \frac{0,5 \times 1}{0,5 \times 0,5 - 0,25 \times 0,25} \times 1 = 4$$

En la Figura 1.1 se muestra la estructura de la hoja de cálculo que hemos construido para la resolución numérica de este sistema dinámico en la cual aparecen diferentes bloques de información necesarios. Como podemos comprobar el valor del parámetro α, que lo hemos denominado "Alpha" aparece en la celda "B8". El valor del parámetro β, que hemos denominado "Beta" aparece en la celda "B9". El valor asignado a γ, que hemos denominado "Gamma", viene dado en la celda "B10". El valor del parámetro δ, que hemos denominado "Delta" aparece en la celda "B11". El parámetro θ, que hemos denominado "Theta", se define en la celda "B12". Finalmente, el valor del parámetro η, que hemos denominado "Ita" aparece en la celda "B13".

Un elemento de gran utilidad consiste en redefinir el nombre de las celdas, con el objeto de que el valor que asignamos a cada parámetro esté definido en términos de su propio nombre. Así, por ejemplo, si situamos el cursor en la celda "B8", observamos que dicha celda toma como nombre de referencia "Alpha". Para introducir un determinado nombre simplemente tenemos que situar el cursor en la ventana arriba a la izquierda donde sale el indicador de celda, e introducir en el mismo el nombre que deseemos. Con esto conseguimos varias cosas: las fórmulas que tenemos que introducir van a quedar más claras y más fáciles de interpretar, evitamos el uso continuo del símbolo "$" para fijar el valor de una determinada celda y, lo más importante, evitamos cometer errores. Alternativamente, Excel cuenta con una opción para administrar los nombres de las celdas. Dentro de "Fórmulas", disponemos de la opción "Administrador de nombres", en el cual podemos introducir nuevos nombres, modificarlos o eliminarlos.

A continuación definimos el valor de las variables exógenas. En este caso, definimos el valor inicial, correspondiente al momento 0 y al estado estacionario inicial, y el valor final, correspondiente al momento 1 y al nuevo estado estacionario. Una perturbación a estas variables vendría representada por un valor final diferente al inicial. Dichos valores aparecen en las columnas "B" y "C", en las filas 16 y 17. En el caso de que no se produzca ninguna perturbación, los valores de la columna "B" serán los mismos que los de la columna "C". Como podemos comprobar, el valor dado a la variable exógena z_1, en el momento inicial es de 1, que aparece en la celda "B16". Por su parte el valor dado a la variable exógena z_2 en el momento inicial es de 1 y aparece reflejado en la celda "B17". Inicialmente, estos mismos valores también aparecen en las celdas "C16" y "C17", que se correspondería con su valor final. Así, si queremos realizar un análisis de perturbación, únicamente tendríamos que cambiar alguno de estos valores.

La información referente a los valores propios del sistema y la condición de estabilidad del mismo aparecen en las filas "24", "25", "28" y "29". Las filas "24" y "25" muestran los valores de las raíces (valores propios) del sistema. En la columna "B" aparece la parte real de los valores propios, mientras que en la columna "C", se muestra la parte imaginaria. Si situamos el cursor en la celda "B24", aparece la siguiente expresión:

```
=SI((Alpha+Delta)^2-4*(Alpha*Delta-Gamma*Beta)>0;
     (-(Alpha+Delta)+RAIZ((Alpha+Delta)^2-
4*(Alpha*Delta+Gamma*Beta)))/2;(-(Alpha+Delta))/2)
```

que es un condicional en términos de que el valor del coeficiente que se encuentra dentro de la raíz cuadrada sea positivo o no, expresión que se deriva de la (1.25). Si dicho valor es positivo, entonces las raíces son reales, y sus valores aparecerían en la parte real. En el caso en el que dicho coeficiente sea negativo, entonces la raíz tendrá parte imaginaria, y la parte real simplemente se obtiene como resultado de dividir por 2 el negativo del coeficiente asociado a λ en la expresión (1.24). Por su parte, si situamos el cursor en la celda "C24", la expresión que aparece es:

```
=SI((Alpha+Delta)^2-4*(Alpha*Delta-Gamma*Beta)>0; 0;
  +RAIZ(-((Alpha+Delta)^2-4*(Alpha*Delta-Gamma*Beta)))/2)
```

De nuevo, utilizamos un condicional en términos del signo del coeficiente que se encuentra dentro de la raíz cuadrada. En el caso en el que el coeficiente sea positivo, entonces la parte imaginaria es cero. En caso contrario, calcularíamos la raíz cuadrada del negativo de dicho coeficiente. En la celda "B25" aparece la expresión equivalente para la parte real del otro valor propio, mientras que en la celda "C25" aparece su parte imaginaria.

Finalmente, las celdas "B28" y "B29" muestran la condición de estabilidad del sistema. Tal y como se ha definido en el Apéndice A, el sistema sería estable si el valor del módulo del valor propio más uno se encuentra dentro del círculo unitario. Si situamos el cursor en la celda "B28", la expresión que aparece es la siguiente:

```
=SI(C24=0;ABS(1+B24);RAIZ((1+B24)^2+C24^2))
```

Esta expresión es otro condicional que indica que si la raíz no tiene parte imaginaria, esto es, (`C24=0`), entonces el modulo es el valor absoluto de su parte real más la unidad, (`ABS(1+B24)`). En caso contario, es decir, cuando la raíz sea imaginaria, entonces el modulo se calcularía como (`RAIZ((1+B24)^2+C24^2)`). Tal y como podemos observar, el valor que aparece en la celda "B28" es 0,75, que es la parte real del primer valor propio más la unidad, mientras que en la celda "B29", el valor que aparece es 0,25, esto es, la parte real del segundo valor propio más la unidad. En efecto, si sustituimos los valores de los parámetros que aparecen en la Tabla 1.1 en la expresión (1.26), obtenemos que:

$$\lambda_1 = \frac{-1 + \sqrt{1^2 - 1,75}}{2} = -0,25$$

$$\lambda_2 = \frac{-1 - \sqrt{1^2 - 1,75}}{2} = -0,75$$

esto es, las dos raíces son reales y negativas. Si sumamos uno a ambas raíces, el resultado que obtenemos es 0,75 y 0,25, valores ambos inferiores a la unidad, lo que nos indica que el sistema muestra estabilidad global, es decir, todas las trayectorias nos llevarían al estado estacionario.

Seguidamente, definimos el bloque que nos permite obtener la solución numérica del modelo para las variables endógenas en cada momento del tiempo. En la columna "E" hemos representado el tiempo, comenzando por 0, que sería la situación de estado estacionario inicial. El índice temporal 1 es el que vamos a utilizar como referente del momento en el que se produce una determinada perturbación. Para construir esta columna simplemente tenemos que introducir un número y sumarle 1 al valor de la celda correspondiente a la fila anterior. Así, por ejemplo, si situamos el cursor en la celda "E5" observamos que aparece la siguiente fórmula, `=E4+1`, que indica el valor de la fila anterior más una unidad.

A continuación, las columnas "F" y "G", presentan el valor de las variables en cada momento del tiempo, mientras que las columnas "H" y "I" muestran su variación en el tiempo. Los primeros valores de las variables, los hemos obtenido calculando el valor de las variables en estado estacionario, dados los valores de las variables exógenas y del valor de los parámetros. Estos valores aparecen calculados en las celdas "B20" y "B21", respectivamente. En efecto si situamos el cursor en la celda "B20", observamos que en la ventana superior aparece la siguiente expresión:

```
=Theta*Delta/(Alpha*Delta-Gamma*Beta)*z1_0
 +Beta*Ita/(Alpha*Delta-Gamma*Beta)*z2_0
```

que se corresponde con la expresión (1.19). Por su parte, si situamos el cursor sobre la celda "B21", observamos que la fómula que contiene dicha celda es:

```
=Theta*Gamma/(Alpha*Delta-Gamma*Beta))*z1_0
  +Alpha*Ita/(Alpha*Delta-Gamma*Beta))*z2_0
```

que se corresponde con la expresión (1.20). A estos valores los hemos denominado **x1bar_0** y **x2bar_0**, respectivamente. Las celdas "F3" y "G3", son precisamente dichos valores, que se corresponden con el equilibrio (estado estacionario inicial) del sistema.

Las siguientes celdas de las columnas "F" y "G" se obtienen simplemente sumando al valor de la variable en el periodo anterior su variación correspondiente, dado que:

$$x_t = x_{t-1} + \Delta x_{t-1}$$

Así, la celda "F4", contiene la expresión =F3+H3. Esta fórmula se aplica a toda la columna "F". Así, por ejemplo, después de copiar la expresión anterior, la celda "F5" tiene que contener la expresión =F4+H4. La misma estructura tiene la columna "G" correspondiente a la segunda variable endógena. En este caso, la celda "G4" contiene la expresión =G3+I3 y así sucesivamente en las siguientes filas de esta columna.

Por último, las filas "H" e "I" indican las variaciones de las variables endógenas en cada momento del tiempo, que vienen dadas por las ecuaciones en diferencias que definen el sistema dinámico planteado. La fila "H" calcula las variaciones de la variable endógena 1. Si situamos el cursor sobre la celda "H3" observamos que contiene la expresión:

```
=-Alpha*F3+Beta*G3+Theta*z1_0
```

donde **F3** hace referencia al valor de la primera variable endógena, **G3** hace referencia al valor de la segunda variable endógena y **z1_0** es el valor de la variable exógena 1 en el momento inicial, lo que es equivalente a la ecuación en diferencias para la primera variable exógena:

$$\Delta x_{1,t} = -\alpha x_{1,t} + \beta x_{2,t} + \theta z_{1,t} \tag{1.29}$$

Por su parte, la celda "H4", contiene la siguiente expresión:

```
=-Alpha*F4+Beta*G4+Theta*z1_1
```

en la cual la variable exógena 1, **z1_1**, es la correspondiente al momento en el cual se produce la perturbación. Esta expresión es la que copiaríamos en las siguientes celdas de esta columna.

De forma equivalente la columna "I" calcula las variaciones de la variable endógena 2, teniendo la misma estructura. La ecuación en diferencias correspondiente a este variable es:

$$\Delta x_{2,t} = \gamma x_{1,t} - \delta x_{2,t} + \eta z_{2,t} \tag{1.30}$$

Si situamos el cursor en la celda "I3", observamos que la expresión que aparece es:

```
=Gamma*F3-Delta*G3+Ita*z2_0
```

que es exactamente la ecuación anterior referida al periodo $t = 0$. Por su parte, si situamos el cursor en la celda "I4", la expresión que aparece es:

```
=Gamma*F4-Delta*G4+Ita*z2_1
```

en la cual la variable exógena 2 es la correspondiente a la nueva situación una vez que se ha producido la perturbación en el momento $t = 1$. Esta expresión es la que copiaríamos en las siguientes celdas de la columna "I".

Finalmente, construimos en la hoja de cálculo gráficos que representen el valor de cada una de las variables endógenas en función del tiempo. En la hoja de cálculo que hemos construido hemos fijado un valor de 30 periodos. Como podemos comprobar en las figuras que se han realizado en la misma hoja de cálculo, obtenemos un valor constante para las dos variables endógenas, dado que el sistema está en estado estacionario. Esta representación gráfica la podemos usar para comprobar que todos los cálculos que hemos realizado en la hoja de Excel son correctos, ya que en cada momento del tiempo cada variable endógena toma el mismo valor, indicando que el sistema dinámico se encuentra en reposo (estado estacionario). En el apéndice B se muestra cómo sería la simulación de este modelo en MATLAB, mientras que en el Apéndice C presentamos el código correspondiente en DYNARE.

1.5 Cambio en el valor de las variables exógenas: Análisis de perturbaciones

Uno de los análisis macroeconómicos más utilizados en la práctica consiste en estudiar el comportamiento de las variables endógenas a lo largo del tiempo ante un cambio en alguna de las variables exógenas. Esto es lo que se denomina análisis de perturbaciones, que consiste en, partiendo de una situación de equilibrio inicial, introducir un cambio en el entorno del sistema, representado por las variables exógenas, y estudiar cómo se comportan las variables endógenas a lo largo del tiempo ante dicho cambio, así como determinar el nuevo estado estacionario. Una vez resuelto numéricamente el sistema presentado anteriormente, a continuación vamos a analizar los efectos de una perturbación consistente en el cambio en el valor de una variable exógena. En este contexto computacional que estamos desarrollando este análisis es muy fácil de realizar, ya que únicamente tenemos que cambiar el valor de la variable exógena seleccionada en la dirección que se quiera y automáticamente la hoja de cálculo se actualizará con los nuevos valores para las variables, su nuevo estado estacionario y la representación gráfica de la dinámica. De hecho, esta es la principal ventaja de resolver numéricamente este tipo de sistemas dinámico en una hoja de cálculo. Una vez disponemos de la simulación numérica del modelo, basta con realizar el cambio deseado y automáticamente la hoja de cálculo se actualiza, calculando la nueva solución en términos del estado estacionario así como la trayectoria de ajuste de las variables con respecto al mismo.

En concreto, vamos a suponer que la variable exógena 1 aumenta y pasa a tomar un valor de 2. Para realizar este análisis únicamente tenemos que cambiar el valor de la celda "C16" en la hoja de cálculo "**IMC-1-1.xls**". Si en lugar de poner un valor de 1, introducimos un valor de 2, podemos observar que la hoja cambia de forma automática, representando los efectos de dicha perturbación. Si lo que queremos es estudiar los efectos de un cambio en la variable exógena 2, entonces cambiaríamos el valor de la celda "C17". También podemos analizar los efectos de dos perturbaciones simultáneas, cambiando los valores tanto de la variable exógena 1 como de la exógena 2, es decir, cambiando de forma simultánea los valores de las celdas "C16" y "C17".

En primer lugar, podemos observar que ahora el estado estacionario es diferente. Antes de la perturbación el valor de estado estacionario era de 4 para las dos variables endógenas. Ahora podemos comprobar que el valor de las variables endógenas en el nuevo estado estacionario es de 6,67 y 5,33, respectivamente. De este modo, obtenemos una estimación directa de los efectos de esta perturbación en el largo plazo, resultando en un aumento en el stock de armamento para los dos países, aunque en mayor medida para el país 1. La perturbación analizada está representando un aumento en la variable exógena que afecta a la dinámica de la primera ecuación. En el contexto de este modelo, la podemos interpretar como la existencia de un gobierno más belicista o de un aumento en relación a las preferencias respecto a la seguridad nacional. Este cambio pone en marcha una carrera de armamentos entre los dos países, ya que la perturbación provoca que el país 1 aumente su stock de armamento, a lo que el país 2 responde también con un aumento de su stock de armamento, dando lugar a una respuesta por parte del país 1, y así sucesivamente.

La dinámica de transición del estado estacionario inicial al estado estacionario final para cada país viene representada en la Figura 1.2. Tal y como podemos observar, el aumento inicial en el stock de armamento del país 1 lleva aparejado también un aumento en el stock de armamento del país 2, repitiéndose dicho comportamiento hasta alcanzar el nuevo valor de equilibrio en el largo plazo. Al principio la respuesta es muy elevada, disminuyendo la tasa a la que aumentan ambas variables conforme se acerquen al nuevo estado estacionario. Tal y como podemos observar, la variable 1 comienza a aumentar en respuesta a la perturbación. Ante el aumento inicial de la variable 1, la variable 2 también comienza a aumentar, dado que la dinámica de esta segunda variable depende positivamente del valor de la primera. El aumento en la variable 2 hace que el aumento en la variable 1 vaya siendo menor con el tiempo, dada la relación negativa entre la dinámica de la primera variable y el valor de la segunda variable. Tal y como podemos observar, ambas variables van convergiendo de forma gradual hacia el nuevo estado estacionario, que se encuentra en unos valores superiores a los iniciales, dado el efecto positivo sobre ambas variables de esta perturbación. El nuevo estado estacionario se alcanza aproximadamente en torno al periodo 15, a partir del cual las variables vuelven a mantenerse prácticamente constantes. La característica principal de estas trayectorias es que son monótonas, moviéndose las variables gradualmente hacia el nuevo estado estacionario y, disminuyendo su velocidad de ajuste a medida que se aproximan al mismo.

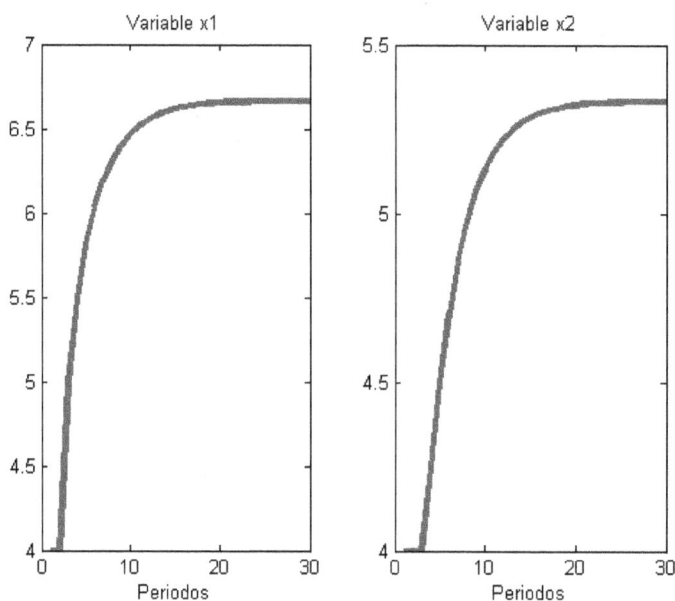

Figura 1.2: Funciones impulso-respuesta (dinámica de transición) ante un cambio en la variable exógena z_1.

Las representaciones gráficas realizadas anteriormente ilustran las denominadas funciones impulso-respuesta o dinámica de transición, que constituyen una de las herramientas más utilizadas en el análisis macroeconómico actual para analizar las consequencias de distintas perturbaciones que afectan a la economía. Así, uno de los aspectos más importantes que nos interesan del funcionamiento de una economía, consiste en calcular cómo las diferentes variables macroeconómicas reaccionan ante una determinada perturbación. Esto nos permite conocer cómo es el efecto de impacto, es decir, el efecto sobre cada variable macroeconómica de la perturbación de forma inmediata, junto con su evolución en momentos del tiempo posteriores, que va a depender de cuáles sean los efectos que dicha perturbación ha producido sobre el resto de variables macroeconómicas. El cálculo de estas funciones de impulso-respuesta resulta vital para el diseño de las políticas económicas y para anticipar cuáles van a ser los efectos a lo largo del tiempo de una determinada perturbación que afecte a la economía.

1.6 Cambio en el valor de los parámetros: Análisis de sensibilidad

Otro ejercicio de gran interés que podemos realizar directamente con la resolución numérica del sistema dinámico planteado consiste en estudiar cuáles son los efectos de los valores de los parámetros sobre la dinámica del sistema y el equilibrio del modelo. A este ejercicio es a lo que se denomina análisis de sensibilidad, ya que nos indica cómo reacciona el sistema en función del valor de los parámetros del mismo. En los modelos macroeconómicos aparece una gran cantidad de parámetros de preferencias, tecnológicos, de ajuste o elasticidades, parámetros que muchas veces son difíciles de estimar o calibrar de forma exacta. En este contexto, analizar las propiedades del modelo respecto a diferentes valores posibles de estos parámetros resulta de gran interés para su validación como una herramienta útil para el análisis macroeconómico.

En el sistema dinámico que estamos estudiando nos encontramos con dos grupos de parámetros: los asociados a las variables exógenas y los asociados a las variables endógenas. El valor de los parámetros asociados a las variables exógenas (los que conforman la matriz B) van a determinar el efecto de impacto de la perturbación, es decir, cómo se ven afectadas las variables endógenas inicialmente ante un cambio en alguna de las variables exógenas. Por el contrario, la dinámica del sistema, es decir, cómo cambian las variables endógenas a lo largo del tiempo una vez se ha producido el efecto de impacto de la perturbación, viene determinado por el valor de los parámetros asociados a estas variables (los parámetros de la matriz A). Tal y como se ha indicado anteriormente, los modelos macroeconómicos que se usan en el análisis macroeconómico actual únicamente pueden ser resueltos en términos numéricos, por lo que los resultados están condicionados por los valores usados para el conjunto de parámetros. Estos valores pueden determinarse bien a través de un proceso de calibración, o bien a través de la estimación econométrica de los mismos, o una combinación de ambos métodos. Si bien muchos de estos parámetros pueden ser calibrados o estimados de una manera relativamente exacta, la calibración o estimación de otros parámetros es más imprecisa, por lo que se hace necesario realizar un análisis de sensibilidad para estudiar el comportamiento del modelo ante diferentes valores de estos parámetros.

El ejercicio de cambios en los parámetros que vamos a realizar, también va a servir para ilustrar una importante propiedad de este modelo. Con los parámetros calibrados anteriormente, el sistema presentaba estabilidad global, con todas las trayectorias siendo convergentes al estado estacionario. Sin embargo, para otro conjunto de parámetros, este mismo modelo puede dar lugar a una solución de punto de silla. En concreto, vamos a realizar ambos ejercicios, lo que nos va a permitir introducir ciertos elementos diferenciadores en el análisis que hemos de aplicar dependiendo de si la solución del modelo sea de punto de silla o bien presente estabilidad global.

1.6.1 Cambio en los parámetros: Estabilidad global

Para llevar a cabo este primer análisis de sensibilidad, vamos a suponer que se produce la misma perturbación que hemos analizado anteriormente, pero ahora vamos a cambiar el valor del parámetro α. Para ello, únicamente tenemos que cambiar el valor de la celda "B8", en la hoja de cálculo **IMC-1-1.xls**. En lugar de suponer que su valor es 0,5, como hemos hecho anteriormente, vamos a suponer que su valor es de 0,7. Este cambio hace que ambos países sean asimétricos, teniendo ahora ambos un estado estacionario diferente, dado que el país 1 responde en mayor medida ante el stock de armamento del país 2, que lo que lo hace el país 2 respecto al país 1. Este cambio afecta tanto al valor de las variables en estado estacionario como a la dinámica que van a seguir las variables endógenas ante una determinada perturbación, dado que es un parámetro asociado al conjunto de variables endógenas (perteneciente a la matriz A). En este caso, hemos de tener en cuenta cómo la variación en este parámetro afecta a la estabilidad del sistema, ya que podemos encontrarnos con situaciones en las cuales el nuevo valor nos lleve a una situación explosiva.

Si calculamos los nuevos valores propios asociados a este sistema obtenemos que:

$$\lambda_1 = \frac{-1,3 + \sqrt{1,3^2 - 4 \times (1,3 - 0,0625)}}{2} = -0,33$$

$$\lambda_2 = \frac{-1,3 - \sqrt{1,3^2 - 4 \times (1,3 - 0,0625)}}{2} = -0,87$$

Dado que el módulo de las raíces más la unidad son inferiores a la unidad en ambos casos (tomarían valores de 0,67 y 0,13, respectivamente), el sistema sigue mostrando estabilidad global. Este cambio en el parámetro α supone un comportamiento diferente del modelo. En primer lugar, tal y como podemos observar, el valor de las

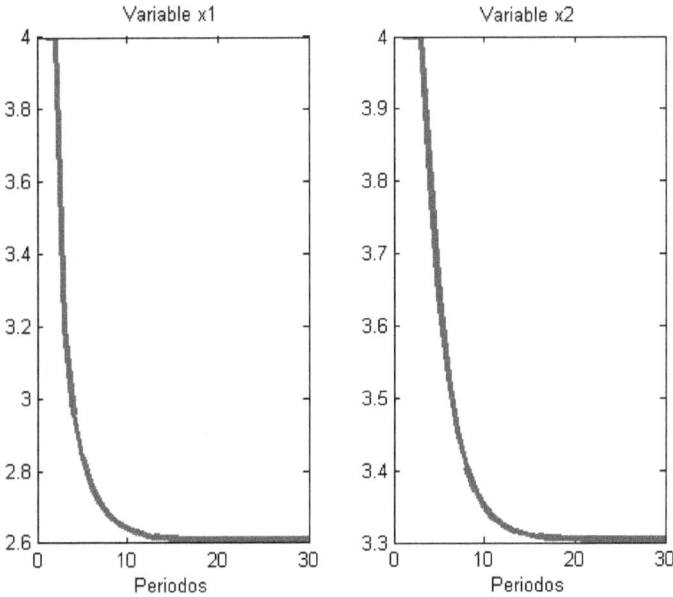

Figura 1.3: Análisis de sensibilidad: Efectos de un aumento en el valor del parámetro α.

variables en el estado estacionario cambia respecto a la situación anterior. En efecto, el valor de las variables en estado estacionario depende del valor de los parámetros (y del valor de las variables exógenas), por lo que si alteramos el valor de los mismos obtenemos un valor de estado estacionario diferente para las variables endógenas. Así, ahora el estado estacionario inicial toma un valor de 2,61 para la variable endógena 1 y de 3,30 para la variable endógena 2. Es decir, el stock de armamento para ambos países disminuye como consecuencia de alterar este parámetro.

El parámetro α representa la sensibilidad que tiene el país 1 respecto a su propio stock de armamentos. Cuanto mayor sea su valor, menor es el stock de armamento del país 1, ya que la variación en dicho stock depende negativamente de su valor. Por tanto, como secuencia del aumento en este valor hemos de esperar que el stock de armamento en el país 1 sea menor que en la situación inicial. Por otra parte, dada la reducción en el stock de armamento del país 1, el país 2 también va a reducir su propio stock de armamento. No obstante, el nuevo equilibrio es asimétrico, dado que los parámetros ya no son iguales para ambos países. El nuevo estado estacionario nos llevará a una situación donde el stock de armamento del país 2 es superior al del país 1. La Figura 1.3 muestra la dinámica de las variables endógenas ante la misma perturbación que hemos analizado en la sección anterior. Tal y como podemos observar, la dinámica de transición de ambas variables es similar a la obtenida anteriormente, si bien el cambio en el valor del parámetro influye en la velocidad de ajuste hacia el nuevo estado estacionario.

1.6.2   Cambio en los parámetros: Punto de silla

Finalmente, vamos a proponer otro conjunto de parámetros, para los cuales el sistema muestra una solución de punto de silla. En tal caso, van a existir tanto trayectorias convergentes como divergentes (explosivas) respecto al estado estacionario. El principal elemento diferencial que nos vamos a encontrar respecto a la situación de estabilidad global es la existencia de una trayectoria, denominada senda estable, que nos lleva directamente al estado estacionario y a la que converge cualquier otra trayectoria que sea estable. De hecho, cada estado estacionario está en este caso asociado a una senda estable, por lo que ante una perturbación que da lugar a la existencia de un nuevo estado estacionario, la estabilidad del sistema solo está garantizada si las variables endógenas se mueven hasta alcanzar esta nueva senda estable. En concreto, vamos a suponer que una de las variables endógenas sufre un reajuste instantáneo en su valor cuando se produce una perturbación, hasta alcanzar la nueva senda estable, momento a partir del cual todas las variables endógenas se van reajustando siguiendo dicha senda estable hasta alcanzar el nuevo estado estacionario.

Las Tablas 1.3 y 1.4 muestran los nuevos valores para los parámetros y las variables exógenas del modelo que hemos seleccionado para la realización de este ejercicio. Como podemos observar en la Tabla 1.3, ahora los parámetros β y γ, son mayores que los parámetros α y δ. Por otra parte, y dados estos nuevos valores de los parámetros, para que el valor de las variables endógenas en estado estacionario sea positivo, se hace necesario que las variables exógenas tomen un valor negativo. En concreto, hemos supuesto que ambas variables exógenas toman un valor de -1.

Tabla 1.3: Calibración alternativa de los parámetros del modelo

Símbolo	Definición	Valor
α	Elasticidad de $\Delta x_{1,t}$ respecto a $x_{1,t}$	0,25
β	Elasticidad de $\Delta x_{1,t}$ respecto a $x_{2,t}$	0,50
γ	Elasticidad de $\Delta x_{2,t}$ respecto a $x_{1,t}$	0,50
δ	Elasticidad de $\Delta x_{2,t}$ respecto a $x_{2,t}$	0,25
θ	Elasticidad de $\Delta x_{1,t}$ respecto a $z_{1,t}$	1,00
η	Elasticidad de $\Delta x_{2,t}$ respecto a $z_{2,t}$	1,00

Tabla 1.4: Calibración alternativa de las variables exógenas

Variable	Definición	Valor
z_1	Variable que afecta directamente a $x_{1,t}$	-1
z_2	Variable que afecta directamente a $x_{2,t}$	-1

De nuevo, utilizando las expresiones (1.19) y (1.20) y sustituyendo los valores dados en las Tablas 1.3 y 1.4, resulta que el estado estacionario vendría dado por:

$$\bar{x}_{1,t} = \frac{0,25}{0,25 \times 0,25 - 0,5 \times 0,5} \times (-1) + \frac{0,5}{0,25 \times 0,25 - 0,5 \times 0,5} \times (-1) = 4$$

$$\bar{x}_{2,t} = \frac{0,5}{0,25 \times 0,25 - 0,5 \times 0,5} \times (-1) + \frac{0,1 \times 2}{0,25 \times 0,25 - 0,5 \times 0,5} \times (-1) = 4$$

El fichero que vamos a utilizar para realizar este ejercicio numérico se denomina **"IMC-1-2.xls"** y su estructura es similar al de la hoja utilizada anteriormente **"IMC-1-1.xls"**, excepto por el hecho de que hemos de calcular el salto que se produce en las variables para alcanzar la senda estable, como consecuencia de la existencia de un punto de silla. En este caso podemos observar que el sistema tiene un valor propio igual a -0,75 (celda "B24") y otro igual a 0,25 (celda "B25"). En efecto, si sustituimos los valores de los parámetros que aparecen en la Tabla 1.3 en la expresión (1.26), obtenemos que:

$$\lambda_1 = \frac{-0,5 - \sqrt{0,5^2 - 4 \times (0,0625 - 0,25)}}{2} = -0,75$$

$$\lambda_2 = \frac{-0,5 + \sqrt{0,5^2 - 4 \times (0,0625 - 0,25)}}{2} = 0,25$$

y si sumamos uno a ambas raíces, el resultado es 0,25 y 1,25 (celdas "B28" y "B29"), respectivamente, con lo cual el resultado es menor a 1, en un caso, y superior a 1 en el otro, resultando que el estado estacionario del sistema es un punto de silla, esto es, existen trayectorias divergentes y trayectorias convergentes respecto a dicho punto estacionario (véase el Caso I.c del Apéndice A).

La solución del sistema de ecuaciones lineales que estamos resolviendo se puede expresar de la siguiente forma:

$$\begin{bmatrix} x_{1,t} \\ x_{2,t} \end{bmatrix} = v_1(\lambda_1 + 1)^t a_1 + v_2(\lambda_2 + 1)^t a_2 + \begin{bmatrix} \bar{x}_{1,t} \\ \bar{x}_{2,t} \end{bmatrix} \qquad (1.31)$$

donde v_1 y v_2 son los vectores propios asociados a λ_1 y λ_2, respectivamente. Además, a_1 y a_2 son constantes cuyos valores dependen de las condiciones iniciales del sistema. Sustituyendo los valores correspondientes a los valores propios y los valores de estado estacionario calculados anteriormente resulta:

$$\begin{bmatrix} x_{1,t} \\ x_{2,t} \end{bmatrix} = v_1(0,25)^t a_1 + v_2(1,25)^t a_2 + \begin{bmatrix} 4 \\ 4 \end{bmatrix} \qquad (1.32)$$

De acuerdo con la expresión anterior, para cualquier valor de a_1 y si $a_2 = 0$, tenemos que

$$\begin{bmatrix} x_{1,t} \\ x_{2,t} \end{bmatrix} = v_1(0,25)^t a_1 + \begin{bmatrix} 4 \\ 4 \end{bmatrix} \qquad (1.33)$$

con lo cual las variables tenderán hacia el punto estacionario, a medida que el tiempo aumenta puesto que el término $v_1(0,25)^t a_1$ tenderá a cero. Estas serán las únicas trayectorias convergentes (para los distintos valores de a_1) al punto estacionario, y constituye la denominada senda estable, que es única.

Por otra parte, considerando $a_1 = 0$ y cualquier valor de a_2 tenemos

$$\begin{bmatrix} x_{1,t} \\ x_{2,t} \end{bmatrix} = v_2(1,25)^t a_2 + \begin{bmatrix} 4 \\ 4 \end{bmatrix} \tag{1.34}$$

que tiende a infinito a medida que el tiempo crece. En general, y siempre que $a_2 \neq 0$, las trayectorias solución del sistema se alejarán del punto estacionario.

La senda estable

Dados los valores propios del sistema obtenidos anteriormente, el estado estacionario de este modelo resulta ser un punto de silla. Como ya hemos indicado, esto implica la existencia de trayectorias tanto convergentes como divergentes al estado estacionario. En este caso, hemos visto que hay una única senda estable dada, en términos generales, por

$$\begin{bmatrix} x_{1,t} \\ x_{2,t} \end{bmatrix} = v_1(\lambda_1 + 1)^t a_1 + \begin{bmatrix} \bar{x}_{1,t} \\ \bar{x}_{2,t} \end{bmatrix} \tag{1.35}$$

siendo λ_1 el valor propio para el que $\lambda_1 + 1$ es menor que 1, y v_1 un vector propio asociado al mismo. A partir de dicha expresión, tenemos que en el siguiente periodo, $t+1$, la solución del sistema puede definirse como:

$$\begin{bmatrix} x_{1,t+1} \\ x_{2,t+1} \end{bmatrix} = v_1(\lambda_1 + 1)(\lambda_1 + 1)^t a_1 + \begin{bmatrix} \bar{x}_{1,t} \\ \bar{x}_{2,t} \end{bmatrix} \tag{1.36}$$

con lo cual, restando ambas expresiones resulta,

$$\begin{bmatrix} \Delta x_{1,t} \\ \Delta x_{2,t} \end{bmatrix} = \lambda_1 v_1(\lambda_1 + 1)^t a_1 \tag{1.37}$$

siendo $\Delta x_{1,t} = x_{1,t+1} - x_{1,t}$, y $\Delta x_{2,t} = x_{2,t+1} - x_{2,t}$. Por otra parte, a partir de la expresión (1.35), obtenemos que:

$$v_1(\lambda_1 + 1)^t a_1 = \begin{bmatrix} x_{1,t} - \bar{x}_{1,t} \\ x_{2,t} - \bar{x}_{2,t} \end{bmatrix} \tag{1.38}$$

por lo que sustituyendo en la expresión (1.37), llegamos finalmente a:

$$\begin{bmatrix} \Delta x_{1,t} \\ \Delta x_{2,t} \end{bmatrix} = \lambda_1 \begin{bmatrix} x_{1,t} - \bar{x}_{1,t} \\ x_{2,t} - \bar{x}_{2,t} \end{bmatrix} \tag{1.39}$$

lo cual nos indica las trayectorias de las variables en función de sus desviaciones con respecto al punto de estado estacionario y el valor propio cuyo valor más uno sea inferior a la unidad. Al valor propio λ_1 se le conoce como tasa de convergencia ya que representa la tasa a la que las trayectorias solución convergen hacia el estado estacionario sobre la senda estable.

Ajuste hacia la senda estable

El ajuste instantáneo ante una perturbación viene determinado por el grado de flexibilidad al ajuste de las distintas variables. En el caso particular del modelo que estamos estudiando, ambas variables son en principio flexibles, dado que representan al gasto en armamento de un país que es una variable que decide el gobierno y éste puede cambiar su valor de forma instantánea. Supongamos que la variable exógena $z_{1,1}$ aumenta y pasa a tomar el valor de -0,5. Para llevar a cabo el análisis, introducimos este valor en la celda "C16" de la hoja de cálculo **"IMC-1-2.xls"**.

En primer lugar podemos observar que ahora el estado estacionario es diferente, siendo el valor de las variables endógenas en dicho estado de 3,33 y 2,67, respectivamente (celdas "C20" y "C21"). En segundo lugar, las columnas "H" e "I" ahora ya no son cero a partir del instante 1, lo que indica que el sistema está en movimiento como consecuencia de la perturbación. Vamos a suponer que ante cualquier perturbación, la variable $x_{1,t}$ es la que va a reaccionar más rápidamente (el desarrollo se podría hacer de forma análoga si se supone que es la otra variable). De la expresión (1.37), obtenemos que la senda estable viene definida por la siguiente trayectoria:

$$\Delta x_{1,t} = \lambda_1 (x_{1,t} - \bar{x}_{1,t}) \tag{1.40}$$

Por su parte, la ecuación dinámica del modelo para las variaciones de esta variable endógena es:

$$\Delta x_{1,t} = -\alpha x_{1,t} + \beta x_{2,t} + \theta z_{1,t} \tag{1.41}$$

El efecto a corto plazo de dicha perturbación sobre $\Delta x_{1,t}$ lo podemos cuantificar igualando ambas expresiones, tal que:

$$-\alpha x_{1,t} + \beta x_{2,t} + \theta z_{1,t} = \lambda_1 (x_{1,t} - \bar{x}_{1,t}) \tag{1.42}$$

y despejando $x_{1,1}$ resulta,

$$x_{1,t} = -\frac{\beta}{\alpha + \lambda_1} x_{2,t} - \frac{\theta}{\alpha + \lambda_1} z_{1,t} + \frac{\lambda_1}{\alpha + \lambda_1} \bar{x}_{1,t} \tag{1.43}$$

indicando el nuevo valor de la variable endógena 1, en el instante de la perturbación, para que el sistema se sitúe en la senda estable. Esta expresión es la que se ha introducido en la celda "F4" para obtener $x_{1,1}$ igual a 2 y así llevar al sistema a la senda estable de manera que se alcance el estado estacionario, lo cual se consigue a partir del periodo 8. En efecto, si situamos el cursor en la celda "H4", la expresión que aparece es:

```
=(Beta/(Alpha+Lambda1))*G4+(1/(Alpha+Lambda1))*z1_1
        +(Lambda1/(Alpha+Lambda1))*x1bar_1
```

que es exactamente la expresión (1.43). De manera análoga se podría hacer si la perturbación afectara a $z_{2,1}$ o a ambas, $z_{1,1}$ y $z_{2,1}$, y considerando que la variable $x_{1,t}$ es la más flexible y, por tanto, cuantificando la variación instantánea en dicha variable, de acuerdo con la expresión anterior.

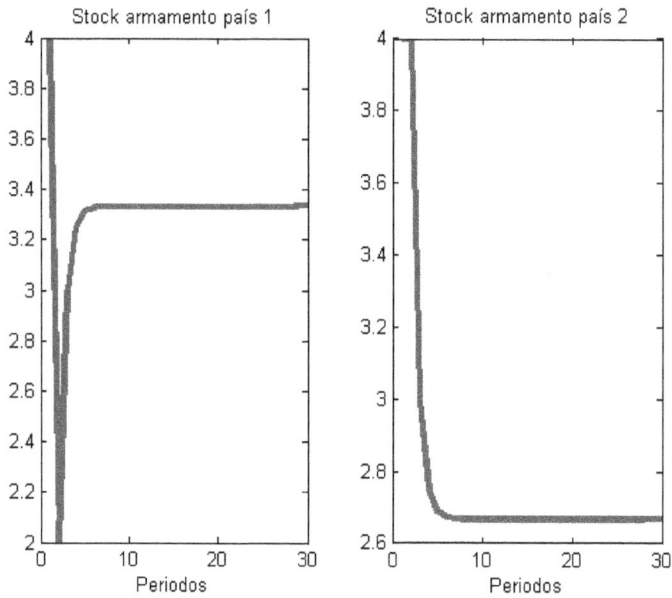

Figura 1.4: Efectos de una alteración en z_1 con solución de punto de silla.

La Figura 1.4 muestra la trayectoria dinámica del modelo ante dicha perturbación. Tal y como podemos observar, el stock de armamento en el país 1 disminuye de forma instantánea en el momento en el que se produce dicha perturbación, con el objeto de alcanzar la nueva senda estable asociada al nuevo estado estacionario. Con posterioridad, dicho stock aumenta, produciéndose un efecto rebote (una sobrerreacción), hasta alcanzar su nuevo estado estacionario, al mismo tiempo que el país 2 también va disminuyendo progresivamente su stock de armamento. El elemento principal en esta respuesta viene dado por el reajuste instantáneo de la variable 1, ajuste que lleva al sistema hasta la senda estable. A continuación ambas variables van cambiando (la 1 aumentando y la 2 disminuyendo) a lo largo de dicha senda estable, hasta finalizar en el nuevo estado estacionario. Solo si se produce dicho ajuste inicial en la variable 1, el sistema converge al nuevo estado estacionario.

Ejercicios

1. Utilizando la hoja de cálculo **"IMC-1-1.xls"**, analice los efectos de una disminución en la variable exógena $z_{2,t}$. Especifique los efectos dinámicos sobre las variables endógenas, así como sus efectos a largo plazo (nuevo estado estacionario).

2. Qué condiciones tienen que cumplirse para que el stock de armamento de cada país converja a cero.

3. Analice los efectos de una disminución simultánea y en la misma cuantía de las variables exógenas $z_{1,t}$ y $z_{2,t}$, utilizando la hoja de cálculo **"IMC-1-1.xls"**. Qué efectos tiene tanto en el largo plazo como en la transición al nuevo estado estacionario.

4. Utilizando la hoja de cálculo **"IMC-1-2.xls"**, compruebe qué ocurre si $\alpha = 1$. Porqué obtenemos dicho resultado.

5. Utilizando la hoja de cálculo **"IMC-1-2.xls"**, analice los efectos de una disminución en la variable exógena $z_{2,t}$. Especifique los efectos dinámicos sobre las variables endógenas, así como sus efectos a largo plazo (nuevo estado estacionario). Replique el mismo análisis realizado anteriormente pero ahora suponga que la variable que se ajusta de forma instantánea a la senda estable es la variable $x_{2,t}$. Construya la nueva hoja de cálculo correspondiente a este ejercicio.

2

El modelo IS-LM dinámico

2.1 Introducción

En este capítulo vamos a resolver numéricamente una versión dinámica del modelo IS-LM o de Demanda Agregada y utilizar dicho marco de análisis para el estudio de los efectos de distintas perturbaciones que afectan a la economía. El modelo IS-LM estático, también conocido como modelo de Hicks-Hansen (John Richard Hicks, 1904-1989; Alvin Hansen, 1887-1975), continúa constituyendo el núcleo central de la enseñanza de la macroeconomía a nivel introductorio/intermedio en los Grados de Economía y Empresa. Aunque en la actualidad sería más apropiado el uso de un modelo tipo IS-RM, con una regla de política monetaria, que se adapta mejor a la modelización del funcionamiento del mercado de dinero, esta especificación aún es poco utilizada en la práctica de la enseñanza de la macroeconomía, por lo que hemos optado por utilizar la versión más tradicional que resulta ampliamente conocida.

Si bien el modelo IS-LM presenta una gran cantidad de limitaciones al tratarse de un modelo estático y que no está microfundamentado (aunque la microfundamentación de la curva IS puede realizarse de forma muy sencilla), también produce resultados de interés a nivel macroeconómico. No obstante, el modelo que vamos a resolver es una versión dinámica, con propiedades muy distintas al tradicional IS-LM estático con precios fijos. Pasar de una versión estática a una dinámica en términos de Oferta Agregada-Demanda Agregada resulta relativamente sencillo, para lo cual necesitamos especificar la dinámica que siguen tanto los precios como el nivel de producción. Así, en el marco teórico que vamos a desarrollar los precios no son fijos, sino que varían en el tiempo, aunque mostrando cierta rigidez, por lo que su ajuste no es instantáneo ante una determinada perturbación. De hecho, en el ejercicio que vamos a llevar a cabo en este capítulo se muestra la neutralidad monetaria en el largo plazo, si bien a corto y medio plazo una perturbación de carácter nominal tiene efectos reales sobre la economía, como resultado de la rigidez en el ajuste de los precios. Así pues, este modelo sería similar al modelo del Nuevo Consenso Macroconómico (*New Concensus Macroeconomics*), aunque en nuestro caso especificamos una función LM para definir el mercado de dinero a través de la consideración de un agregado monetario, en lugar de especificar una regla de política monetaria basada en la fijación del tipo de interés.

El modelo IS-LM dinámico parte, al igual que su versión estática, de la existencia de dos mercados: el mercado de dinero y el mercado de bienes y servicios. El equilibrio macroeconómico vendría representado por la existencia de equilibrio en ambos mercados de forma simultánea. Además suponemos que tanto el nivel de precios como el nivel de producción son variables rígidas, que se ajustan de forma gradual ante un desequilibrio. El modelo supone que las variaciones en los precios dependen de la diferencia del nivel de producción respecto a su nivel potencial, lo que sería equivalente a la curva de Phillips, mientras que las variaciones en el nivel de producción dependen de las diferencias entre la demanda agregada y el nivel de producción. Es decir, la inflación depende de que exista sobreproducción en la economía, mientras que la producción se ajusta en función del nivel de demanda. Estos nuevos elementos dan lugar a un modelo que, manteniendo los elementos fundamentales del tradicional modelo IS-LM estático, va a generar resultados más realistas e interesantes.

El esquema de análisis que vamos a utilizar para resolver este modelo es el mismo que el desarrollado en el capítulo anterior, pero ahora aplicado a un sistema dinámico que tiene contenido económico. Para resolver computacionalmente estos modelos vamos a seguir utilizando la hoja de cálculo Excel. Como alternativas, en el apéndice D se muestra el código en MatLab para realizar este mismo ejercicio, mientras que en el apéndice E se muestra el correspondiente código en Dynare. Nuestro objetivo es obtener una solución numérica para las variables endógenas del modelo, y calcular la senda temporal de las diferentes variables de la economía cuando se produce una determinada perturbación, que puede consistir en un cambio tanto en las variables endógenas como exógenas, en contraposición al diagrama de fases que obtenemos cuando resolvemos dichos modelos de forma analítica. Tal y como veremos a continuación, este modelo presenta una solución con estabilidad global.

La estructura del resto del capítulo es la siguiente. En la sección segunda presentamos la resolución del modelo en términos analíticos. En la sección tercera presentamos la calibración del modelo y la descripción de la hoja de cálculo correspondiente al mismo, junto con el cálculo del valor de las variables en estado estacionario y el correspondiente análisis de estabilidad. La sección cuarta presenta el análisis de perturbaciones llevado a cabo con el modelo resuelto numéricamente. En particular, estudiamos los efectos a lo largo del tiempo de un aumento en la cantidad de dinero, calculándose las funciones impulso respuesta para cada una de las variables. Finalmente, en la sección quinta, presentamos un análisis de sensibilidad del modelo ante una alteración en el valor de uno de los parámetros. En particular, vamos a cambiar el valor de uno de los parámetros tal que los valores propios sean imaginarios, para de este modo obtener un comportamiento asintótico en las trayectorias de las variables hacia el estado estacionario.

2.2 El modelo IS-LM dinámico

El modelo IS-LM o modelo de Hicks-Hansen constituye un marco teórico estándar de análisis macroeconómico en un contexto estático. Parte de definir el equilibrio macroeconómico en una economía cerrada a partir de la existencia de dos mercados: el mercado de bienes y servicios, y el mercado de dinero. El equilibrio en el mercado de bienes y servicios se define a través de la igualdad entre inversión, I, y ahorro, S, (I=S), de ahí el nombre de curva IS para definir a la función que representa las combinaciones de nivel de producción y tipo de interés que determinan el equilibrio en este mercado. En el caso del mercado de dinero, la condición es que la demanda de dinero o liquidez, L, sea igual a la cantidad de dinero, M, (L=M), resultando en la función denominada LM, que nos indica las combinaciones de nivel de producción y tipo de interés que determinan el equilibrio en este mercado. Aunque el modelo que vamos a desarrollar aquí es una versión dinámica del modelo IS-LM, presenta importantes diferencias con respecto a su versión estática. Así, el modelo IS-LM estándar es un modelo estático, donde el supuesto fundamental es que los precios son constantes. Esto no es así en el modelo que vamos a estudiar aquí, en el cual la dinámica de los precios, es decir, su variabilidad a lo largo del tiempo, juega un papel fundamental en la determinación del comportamiento de la economía. Para ello, únicamente tenemos que incorporar una ecuación representando a la curva de Phillips a la especificación estática tradicional. Por otra parte, en esta versión dinámica la demanda agregada es una función de la expectativas de inflación, expectativas que tampoco están presentes en el modelo IS-LM estándar. Estos dos elementos, junto con la consideración del tiempo, hace que este modelo, a pesar de su simplicidad, sea mucho más potente que el modelo IS-LM estático a la hora de explicar el comportamiento de una economía.

Vamos a suponer que la estructura de nuestra economía viene dada por el siguiente sistema de ecuaciones:

$$m_t - p_t = \psi y_t - \theta i_t \tag{2.1}$$

$$y_t^d = \beta_0 - \beta_1(i_t - \Delta p_t^e) \tag{2.2}$$

$$\Delta p_t = \mu(y_t - y_t^n) \tag{2.3}$$

$$\Delta y_t = \upsilon(y_t^d - y_t) \tag{2.4}$$

donde m es el logaritmo de la cantidad de dinero, p el logaritmo del nivel de precios, y^d, el logaritmo del nivel de demanda, y el logaritmo del nivel de producción, y^n el logaritmo del nivel de producción potencial, i el tipo de interés nominal. El símbolo Δ define la variación de la variable correspondiente entre dos periodos, siendo:

$$\Delta p_t = p_{t+1} - p_t \tag{2.5}$$

$$\Delta y_t = y_{t+1} - y_t \tag{2.6}$$

Como podemos comprobar, este modelo lo hemos definido en tiempo discreto, dado que vamos a resolverlo numéricamente. No obstante, su estructura es exactamente equivalente a la correspondiente en tiempo continuo.[1] Nótese que al suponer que todas las variables vienen definidas en términos logarítmicos (excepto el tipo de interés nominal), Δy_t es a lo que denominamos crecimiento del PIB y Δp_t es a lo que denominamos inflación.

La ecuación (2.1) es la condición de equilibrio en el mercado de dinero, donde los saldos reales, $m_t - p_t$ (recordemos nuevamente que las variables vienen definidas en términos logarítmicos), dependen positivamente del nivel de producción y negativamente del tipo de interés nominal. La ecuación (2.2) representa la demanda agregada de la economía, que depende positivamente del gasto público (o del componente autónomo de la misma), que suponemos es una variable exógena, y negativamente del tipo de interés real. El tipo de interés real viene representado por la aproximación a la ecuación de Fischer y se obtiene como la diferencia entre el tipo de interés nominal y la tasa de inflación esperada.

Al margen de las dos ecuaciones de equilibrio para los dos mercados considerados, el modelo también está compuesto por dos ecuaciones dinámicas que nos indican el comportamiento de dos variables endógenas (nivel de precios y nivel de producción) a lo largo del tiempo. Así la ecuación (2.3) nos indica cómo se mueven los precios en el tiempo en función de las diferencias entre el nivel de producción y el nivel de producción potencial. Esta ecuación sería una versión de la curva de Phillips. Si el nivel de producción es mayor al potencial, entonces dicha ecuación es positiva, por lo que los precios aumentan (inflación positiva). Por el contrario, si el nivel de producción es inferior al potencial, la ecuación tendría signo negativo, indicando que los precios disminuirían. Finalmente, la ecuación (2.4) es similar, mostrando la dinámica del nivel de producción. Así, esta expresión nos indica cómo se mueve el nivel de producción de la economía (la tasa de crecimiento de la economía) ante diferencias entre la oferta y la demanda agregada. Si el nivel de demanda agregada es superior al nivel de producción, la expresión tomaría un valor positivo, indicando que el nivel de producción aumenta. Por el contrario, si el nivel de producción es superior a la demanda, entonces la expresión tomaría un valor negativo, por lo que disminuiría el nivel de producción de la economía.

---

[1]Esto no siempre tiene que ser así, ya que existen casos en los cuales las ecuaciones de un modelo en tiempo discreto difieren de las equivalentes en tiempo continuo.

Estructura del modelo IS-LM dinámico	
Mercado de dinero	$m_t - p_t = \psi y_t - \theta i_t$
Mercado de bienes y servicios	$y_t^d = \beta_0 - \beta_1(i_t - \Delta p_t^e)$
Ajuste de los precios	$\Delta p_t = \mu(y_t - y_t^n)$
Ajuste de la producción	$\Delta y_t = \upsilon(y_t^d - y_t)$
Inflación	$\Delta p_t = p_{t+1} - p_t$
Variación en la producción	$\Delta y_t = y_{t+1} - y_t$

Todos los parámetros se definen en términos positivos. El parámetro ψ representa la elasticidad de los saldos reales respecto al nivel de producción. θ es la semi-elasticidad de la demanda de dinero respecto al tipo de interés nominal. Es una semi-elasticidad porque todas las variables del modelo vienen definidas en términos logarítmicos, excepto el tipo de interés, que al ser un porcentaje no le podemos aplicar logaritmos, ya que es como si estuviese en dicho término. El parámetro β_1 representa la elasticidad del nivel de demanda agregada respecto al tipo de interés real, mientras que β_0 es el componente autónomo de la demanda agregada, que vamos a suponer que refleja el gasto público. El parámetro μ nos indica la velocidad de ajuste de los precios ante diferencias entre el nivel de producción y el nivel de producción potencial. Por último, el parámetro υ nos indica la velocidad de ajuste del nivel de producción ante diferencias entre el nivel de demanda agregada y el nivel de producción de la economía.

Tal y como podemos comprobar, el modelo está identificado, ya que contamos con cuatro variables endógenas (producción, precios, demanda agregada y tipo de interés nominal), para un total de cuatro ecuaciones. Por otra parte, el modelo incluye un total de tres variables exógenas (componente autónomo de la demanda agregada que lo interpretamos como gasto público, β_0, cantidad de dinero, m, y nivel de producción potencial, y^n). Para resolver analíticamente este modelo, como paso previo a su resolución numérica, vamos a proceder de forma similar a como lo haríamos en el caso de que nuestro objetivo fuese su representación gráfica a través del diagrama de fases, obteniendo un sistema de dos ecuaciones en diferencias, en términos del nivel de precios y del nivel de producción. Estas dos ecuaciones, cuya representación gráfica daría lugar al diagrama de fases del modelo, son las que van a determinar la evolución de la economía a lo largo del tiempo. Para obtener estas dos ecuaciones, en primer lugar tenemos que resolver para el resto de variables endógenas. Estas variables endógenas, para las cuales tenemos que resolver, son el tipo de interés nominal y el nivel de demanda agregada. Para ello utilizamos las expresiones (2.1) y (2.2). Para obtener el tipo de interés nominal, despejamos de la ecuación (2.1):

$$i_t = -\frac{1}{\theta}(m_t - p_t - \psi y_t) \tag{2.7}$$

obteniéndose el valor del tipo de interés nominal en función de las variables endógenas que vamos a calcular (precios y producción) y de las variables exógenas (cantidad de dinero).

A continuación, vamos a resolver para el nivel de demanda agregada. Tal y como podemos comprobar en la ecuación (2.2), en la demanda agregada aparece como variable el tipo de interés nominal. Como éste ya lo tenemos calculado, lo que hacemos es sustituir (2.7) en (2.2), de forma que obtenemos:

$$y_t^d = \beta_0 - \frac{\beta_1 \psi}{\theta} y_t + \frac{\beta_1}{\theta}(m_t - p_t) + \beta_1 \Delta p_t^e \qquad (2.8)$$

La expresión anterior no es una solución, dado que aún no podemos calcular el valor de la demanda agregada. En efecto, en la parte derecha de la ecuación aparece un término que, a priori, es desconocido. Se trata de las expectativas de inflación en el futuro. Este término aparece como consecuencia del cálculo del tipo de interés real. El tipo de interés real es una variable no conocida, dado que depende de la inflación que existirá al final del periodo de maduración al que esté referido el tipo de interés nominal correspondiente. Esto quiere decir que la demanda agregada tampoco es conocida excepto en términos esperados, ya que va a depender de las expectativas de inflación.

Por tanto, tenemos que resolver el término de expectativas, que en nuestro contexto va a ser muy sencillo. Para resolver las expectativas suponemos que estas son racionales. Eso quiere decir que la esperanza matemática de la inflación es igual a la inflación más un ruido blanco. Por otra parte, vamos a suponer que no existe incertidumbre, por lo que estaríamos en un contexto de previsión perfecta. Esto quiere decir que el ruido blanco, el término de error, de las expectativas racionales siempre es cero, por lo que el valor esperado de una variable en el futuro es el valor actual. En este caso la inflación esperada es simplemente la inflación actual ($\Delta p_t = \Delta p_t^e$). Por tanto, la ecuación que determina la demanda agregada de la economía sería:

$$y_t^d = \beta_0 - \frac{\beta_1 \psi}{\theta} y_t + \frac{\beta_1}{\theta}(m_t - p_t) + \beta_1 \Delta p_t \qquad (2.9)$$

Para obtener las dos ecuaciones dinámicas que van a determinar el comportamiento de nuestra economía, tenemos que sustituir en las ecuaciones de ajuste de las variables endógenas de referencia (nivel de precios y nivel de producción) el resto de variables endógenas, esto es el tipo de interés y el nivel de demanda agregada, que hemos obtenido anteriormente. En el caso de la ecuación dinámica para el nivel de precios, no aparecen dichas variables, por lo que esta primera ecuación es exactamente igual a la que proporciona el modelo (ecuación 2.3):

$$\Delta p_t = \mu(y_t - y_t^n) \qquad (2.10)$$

A continuación, obtenemos la ecuación dinámica para el nivel de producción. Para ello sustituimos el valor obtenido para la demanda agregada en la ecuación dinámica del nivel de producción:

$$\Delta y_t = v \left[\beta_0 - (\frac{\beta_1 \psi}{\theta} + 1) y_t + \frac{\beta_1}{\theta} (m_t - p_t) + \beta_1 \Delta p_t \right] \tag{2.11}$$

Como podemos observar, en la ecuación anterior aparece la inflación, es decir, la variación temporal de los precios. El valor de la inflación viene dado por la ecuación de ajuste de los precios. Por tanto, tenemos que sustituir la ecuación (2.3) en la expresión anterior, obteniendo:

$$\Delta y_t = v \left[\beta_0 - (\frac{\beta_1 \psi}{\theta} + 1) y_t + \frac{\beta_1}{\theta} (m_t - p_t) + \beta_1 \mu (y_t - y_t^n) \right] \tag{2.12}$$

Operando para agrupar términos y calcular el parámetro asociado a cada una de las variables endógenas de referencia y a las variables exógenas resulta:

$$\Delta y_t = v \left[\beta_0 + (\beta_1 \mu - \frac{\beta_1 \psi}{\theta} - 1) y_t + \frac{\beta_1}{\theta} (m_t - p_t) - \beta_1 \mu y_t^n \right] \tag{2.13}$$

En resumen, el modelo IS-LM dinámico, puede definirse en términos de las siguientes dos ecuaciones en diferencias:

$$\Delta p_t = \mu (y_t - y_t^n) \tag{2.14}$$

$$\Delta y_t = v \left[\beta_0 + (\beta_1 \mu - \frac{\beta_1 \psi}{\theta} - 1) y_t + \frac{\beta_1}{\theta} (m_t - p_t) - \beta_1 \mu y_t^n \right] \tag{2.15}$$

En notación matricial tendríamos:

$$\begin{bmatrix} \Delta p_t \\ \Delta y_t \end{bmatrix} = \underbrace{\begin{bmatrix} 0 & \mu \\ \frac{-v\beta_1}{\theta} & v(\beta_1 \mu - \frac{\beta_1 \psi}{\theta} - 1) \end{bmatrix}}_{A} \begin{bmatrix} p_t \\ y_t \end{bmatrix}$$

$$+ \underbrace{\begin{bmatrix} 0 & 0 & -\mu \\ v & \frac{v\beta_1}{\theta} & -v\beta_1\mu \end{bmatrix}}_{B} \begin{bmatrix} \beta_0 \\ m_t \\ y_t^n \end{bmatrix} \tag{2.16}$$

donde A es la matriz de parámetros asociados al vector de variables endógenas y B es la matriz de parámetros asociados al vector de variables exógenas.

2.3   Calibración del modelo

Tal y como hemos visto en el capítulo anterior, para poder resolver numéricamente
un modelo necesitamos previamente el valor de los parámetros y de las variables
exógenas, así como contar con una forma funcional específica de las distintas funciones
que integran las ecuaciones del modelo. Esto es lo que se conoce como calibración o
estimación del modelo. Por otra parte, ya hemos partido de suponer unas formas
funcionales específicas, tanto para la demanda de dinero y la demanda agregada,
como para el ajuste en precios y nivel de producción. Para la resolución numérica
de este ejercicio vamos a suponer los valores para los parámetros que aparecen
reflejados en la Tabla 2.1. Estos valores se obtienen o bien de la realización de
estimaciones econométricas o bien de la calibración de los mismos en función de
los datos. Por ejemplo, para estimar la semi-elasticidad del tipo de interés y la
elasticidad de la demanda de dinero podemos estimar econométricamente la ecuación
de demanda de dinero tomando como variable a explicar los saldos reales y como
variables explicativas el nivel de producción y el tipo de interés nominal. El valor de
los coeficientes estimados de dicha ecuación para una determinada economía serían los
valores correspondientes a θ y ψ. Otra forma de calcular los parámetros del modelo
consiste en la calibración de los mismos tal que la estructura teórica se adapte a los
datos estadísticos. Así, se trataría de utilizar las variables macroeconómicas para
determinar algunos ratios importantes que permitan inferir el valor de los parámetros
usando las distintas ecuaciones del modelo. En la actualidad el enfoque más utilizado
es la calibración de los parámetros o bien utilizar los dos métodos de forma simultánea.
Los valores de los parámetros pueden ser muy diferentes de una economía a otra,
reflejando las características de las mismas en términos de la velocidad de ajuste de
las distintas variables, tecnología o preferencias.

Tabla 2.1: Valores de los parámetros

Símbolo	Definición	Valor
ψ	Elasticidad de $m_t - p_t$ respecto a la producción	0,05
θ	Semi-elasticidad del tipo de interés	0,5
β_1	Elasticidad de la y_t^d al tipo de interés	50
μ	Velocidad de ajuste de los precios	0,01
v	Velocidad de ajuste del nivel de producción	0,2

A continuación, debemos determinar el valor inicial de las variables del modelo
(endógenas y exógenas), correspondientes al punto de estado estacionario de partida.
En primer lugar, determinamos el valor de las variables exógenas en el momento inicial,
que aparecen reflejadas en la tabla 2.2. Estos valores son totalmente arbitrarios, pero
hemos de tener de alguna manera en cuenta el significado económico de cada variable.

Tabla 2.2: Valores de las variables exógenas

Variable	Definición	Valor
m_0	Cantidad de dinero	100
β_0	Componente autónomo de la y_t^d	2.100
y_0^n	Nivel de producción potencial	2.000

Dados los valores de los parámetros y de las variables exógenas, en términos numéricos tendríamos que las dos ecuaciones en diferencias para los precios y el nivel de producción serían:

$$\Delta p_t = 0,01 \times (y_t - 2.000)$$

$$\Delta y_t = 0,2 \times [2.100 - 5,5 \times y_t + 100 \times (100 - p_t) - 0,5 \times 2.000]$$

En términos matriciales el sistema resultante sería:

$$\begin{bmatrix} \Delta p_t \\ \Delta y_t \end{bmatrix} = \begin{bmatrix} 0 & 0,01 \\ -20 & -1,1 \end{bmatrix} \begin{bmatrix} p_t \\ y_t \end{bmatrix} + \begin{bmatrix} 0 & 0 & -0,01 \\ 0,2 & 20 & -0,1 \end{bmatrix} \begin{bmatrix} 2.100 \\ 100 \\ 2.000 \end{bmatrix}$$

Una vez determinados los valores de los parámetros y de las variables exógenas, a continuación procedemos a determinar el valor de las variables endógenas en el momento inicial, tal que la variación de cada variable sea cero, por lo que el valor de las variables endógenas coincidirá con su valor de estado estacionario. Por tanto, para calcular dicho valor, recurrimos a la definición de estado estacionario.

2.3.1 Estado Estacionario

Para calcular el valor inicial de equilibrio (el estado estacionario) de las variables endógenas de nuestra economía, podemos utilizar directamente el sistema dinámico obtenido anteriormente para las dos variables endógenas de referencia, que en este caso son el nivel de precios y el nivel de producción. Recordemos que esto se calcula simplemente igualando a cero las ecuaciones dinámicas del sistema, indicando que la variación en el tiempo es nula, por lo que las variables serían constantes periodo a periodo. Utilizando el modelo en notación matricial, el vector las variables en estado estacionario vendría definido como:

$$\begin{bmatrix} \overline{p}_t \\ \overline{y}_t \end{bmatrix} = -A^{-1} B \mathbf{z}_t$$

donde, para el modelo que estamos resolviendo resulta:

$$A = \begin{bmatrix} 0 & \mu \\ \frac{-\upsilon\beta_1}{\theta} & \upsilon(\beta_1\mu - \frac{\beta_1\psi}{\theta} - 1) \end{bmatrix}, \quad B = \begin{bmatrix} 0 & 0 & -\mu \\ \upsilon & \frac{\upsilon\beta_1}{\theta} & -\upsilon\beta_1\mu \end{bmatrix}, \quad \mathbf{z}_t = \begin{bmatrix} \beta_0 \\ m_t \\ y_t^n \end{bmatrix}$$

Comenzamos invirtiendo la matriz A. Para ello, en primer lugar calculamos la adjunta de la matriz A, siendo:

$$adj(A)= \begin{bmatrix} v(\beta_1\mu - \frac{\beta_1\psi}{\theta} - 1) & \frac{v\beta_1}{\theta} \\ -\mu & 0 \end{bmatrix}$$

Su traspuesta es:

$$adj(A)'= \begin{bmatrix} v(\beta_1\mu - \frac{\beta_1\psi}{\theta} - 1) & -\mu \\ \frac{v\beta_1}{\theta} & 0 \end{bmatrix}$$

siendo su determinante:

$$| A | = \frac{v\beta_1\mu}{\theta}$$

por lo que el negativo de la inversa de A es:

$$-A^{-1}= -\frac{\theta}{v\beta_1\mu} \begin{bmatrix} v(\beta_1\mu - \frac{\beta_1\psi}{\theta} - 1) & -\mu \\ \frac{v\beta_1}{\theta} & 0 \end{bmatrix}$$

o bien:

$$-A^{-1}= \begin{bmatrix} -\theta + \frac{\psi}{\mu} + \frac{\theta}{\beta_1\mu} & \frac{\theta}{v\beta_1} \\ -\frac{1}{\mu} & 0 \end{bmatrix}$$

Por tanto, obtenemos que:

$$\begin{bmatrix} \overline{p}_t \\ \overline{y}_t \end{bmatrix} = -A^{-1}B\mathbf{z}_t = \begin{bmatrix} -\theta + \frac{\psi}{\mu} + \frac{\theta}{\beta_1\mu} & \frac{\theta}{v\beta_1} \\ -\frac{1}{\mu} & 0 \end{bmatrix} \begin{bmatrix} 0 & 0 & -\mu \\ v & \frac{v\beta_1}{\theta} & -v\beta_1\mu \end{bmatrix} \begin{bmatrix} \beta_0 \\ m_t \\ y_t^n \end{bmatrix}$$

y multiplicando las matrices $-A^{-1}B$ se obtiene:

$$\begin{bmatrix} \overline{p}_t \\ \overline{y}_t \end{bmatrix} = \begin{bmatrix} \frac{\theta}{\beta_1} & 1 & -\psi - \frac{\theta}{\beta_1} \\ 0 & 0 & 1 \end{bmatrix} \begin{bmatrix} \beta_0 \\ m_t \\ y_t^n \end{bmatrix}$$

Resolviendo obtenemos las siguientes expresiones que definen el estado estacionario de la economía:

$$\overline{p}_t = \frac{\theta\beta_0}{\beta_1} + m_t - (\psi + \frac{\theta}{\beta_1})y_t^n$$

$$\overline{y}_t = y_t^n$$

Tal y como podemos comprobar, el valor de estado estacionario del nivel de precios depende positivamente del gasto público y de la cantidad de dinero, mientras que depende negativamente del nivel de producción potencial. Por su parte, el nivel de producción en estado estacionario resulta ser igual al nivel de producción potencial. Por tanto, en nuestro caso, utilizando la calibración del modelo, resulta que en términos numéricos el sistema que representa a la economía viene dado por los siguientes valores:

$$
\begin{bmatrix} \bar{p}_t \\ \bar{y}_t \end{bmatrix} = - \begin{bmatrix} 0 & 0,01 \\ -20 & -1,1 \end{bmatrix}^{-1} \begin{bmatrix} 0 & 0 & -0,01 \\ 0,2 & 20 & -0,1 \end{bmatrix} \begin{bmatrix} 2.100 \\ 100 \\ 2.000 \end{bmatrix} =
$$

$$
= \begin{bmatrix} 0,5/50 & 1 & -0,05 - 0,5/50 \\ 0 & 0 & 1 \end{bmatrix} \begin{bmatrix} 2.100 \\ 100 \\ 2.000 \end{bmatrix} = \begin{bmatrix} 1 \\ 2.000 \end{bmatrix}
$$

es decir, el nivel de precios de equilibrio inicial (por ejemplo, en el momento $t = 0$) es $\bar{p}_0 = 1$ y el nivel de producción de equilibrio inicial es $\bar{y}_0 = 2.000$, que coincide con el valor de la producción potencial. Una vez obtenidos estos valores, podemos utilizar las distintas ecuaciones para calcular el resto. Así, por ejemplo, podemos utilizar la ecuación (2.7) para calcular el valor del tipo de interés nominal que corresponde al equilibrio estacionario. Sustituyendo los valores correspondientes en dicha expresión resulta:

$$
\bar{i}_0 = -\frac{1}{0,5}(100 - 1 - 0,05 \times 2.000) = 2
$$

por lo que el valor inicial de equilibrio del tipo de interés nominal es 2. A continuación, ya podemos calcular el valor de equilibrio inicial para la demanda agregada, sustituyendo los valores conocidos en la ecuación (2.2), de lo que resulta que:

$$
\bar{y}_0^d = \beta_0 - \beta_1(i_0 - \Delta p_0) = 2.100 - 50 \times 2 = 2.000
$$

dado que si suponemos la existencia de equilibrio el nivel de precios sería constante ($\Delta p_0 = 0$), es decir $\bar{y}_0^d = 2.000$, exactamente la misma cantidad que el nivel de producción inicial. Para comprobar finalmente que dichos valores son los correspondientes al estado estacionario podemos calcular las variaciones del nivel de precios y del nivel de producción que deberían ser cero. En efecto, si sustituimos los valores conocidos en la ecuación (2.3) obtendríamos:

$$
\Delta p_0 = 0,01 \times (2.000 - 2.000) = 0
$$

Y finalmente, si hacemos lo mismo en la ecuación (2.4) el resultado sería:

$$
\Delta y_0 = 0,2 \times (2.000 - 2.000) = 0
$$

2.3.2   Análisis de estabilidad

A la hora de fijar el valor de los anteriores parámetros tenemos que asegurarnos que cumplen determinadas condiciones para que cuando el sistema reciba una perturbación, vuelva a una situación de estado estacionario (véase el Apéndice A respecto a las condiciones de estabilidad del sistema). En el caso particular de este modelo, vamos a obtener una solución con estabilidad global, por lo que todas las trayectorias serían convergentes al estado estacionario.

La estabilidad del sistema se determina calculando, $|A - \lambda I| = 0$, donde A es la matriz de parámetros definida anteriormente, λ representa los valores propios e I es la matriz identidad, siendo:

$$I = \begin{bmatrix} 1 & 0 \\ 0 & 1 \end{bmatrix} \tag{2.17}$$

En nuestro caso tendríamos:

$$Det \begin{bmatrix} 0 & \mu \\ \frac{-v\beta_1}{\theta} & v(\beta_1\mu - \frac{\beta_1\psi}{\theta} - 1) \end{bmatrix} - \lambda \begin{bmatrix} 1 & 0 \\ 0 & 1 \end{bmatrix} = \tag{2.18}$$

$$Det \begin{bmatrix} -\lambda & \mu \\ \frac{-v\beta_1}{\theta} & v(\beta_1\mu - \frac{\beta_1\psi}{\theta} - 1) - \lambda \end{bmatrix} = 0 \tag{2.19}$$

Calculando las raíces de la matriz de coeficientes asociados a las variables endógenas obtenemos la siguiente expresión:

$$\lambda_1, \lambda_2 = \frac{v(\beta_1\mu - \frac{\beta_1\psi}{\theta} - 1) \pm \sqrt{\left[v(\beta_1\mu - \frac{\beta_1\psi}{\theta} - 1)\right]^2 - \frac{4v\beta_1\mu}{\theta}}}{2}$$

Hemos de tener en cuenta que si el término $\beta_1\mu - \frac{\beta_1\psi}{\theta} - 1$ es positivo, entonces las dos raíces son también positivas ($\lambda_1 > 0, \lambda_2 > 0$).[2] En este caso todas las trayectorias son explosivas, ya que el módulo mas la unidad estaría fuera del círculo unitario, $|\lambda_1 + 1| > 1$ y $|\lambda_2 + 1| > 1$, por lo que este término no puede ser negativo, ya que no

---

[2]Al calcular $|A - \lambda I| = 0$ obtendríamos una ecuación de segundo grado del tipo:

$$a\lambda^2 + b\lambda + c = 0 \tag{2.20}$$

siendo sus raíces:

$$\lambda_1, \lambda_2 = \frac{-b \pm \sqrt{b^2 - 4ac}}{2a} \tag{2.21}$$

El signo de las dos raíces va a depender, por un lado del signo del coeficiente inmediatamente anterior a la raíz cuadrada ($-b$) y, por otro lado, del signo que aparece dentro de la raíz cuadrada. Así, podemos comprobar que el primer término dentro de la raíz cuadrada simplemente es el coeficiente anterior a dicha raíz pero elevado al cuadrado (b^2). Por tanto, si el segundo término de la raíz cuadrada fuese cero ($c = 0$), entonces tendríamos que al resolver la raíz cuadrada nos quedaría:

convergeríamos al estado estacionario. Si por el contrario $\beta_1\mu - \frac{\beta_1\psi}{\theta} - 1$ es negativo entonces las dos raíces son negativas ($\lambda_1 < 0, \lambda_2 < 0$), siendo todas las trayectorias convergentes hacia el estado estacionario, siempre que el módulo de los valores propios más uno sean inferiores a la unidad, es decir, $|\lambda_1 + 1| < 1$ y $|\lambda_2 + 1| < 1$, esto es, tiene que cumplirse que $\lambda_1, \lambda_2 > -2$. Por tanto, este término tiene que ser negativo, ya que es la única situación en la cual el modelo puede ser estable. Sustituyendo los valores dados en la Tabla 2.1, tenemos que:

$$\beta_1\mu - \frac{\beta_1\psi}{\theta} - 1 = 50 \times 0,01 - \frac{50 \times 0,05}{0,5} - 1 = -5,5$$

por lo que los parámetros seleccionados cumplen esta condición. A continuación, procedemos a verificar si el coeficiente dentro de la raíz cuadrada es positivo o negativo:

$$\left[v(\beta_1\mu - \frac{\beta_1\psi}{\theta} - 1)\right]^2 - \frac{4v\beta_1\mu}{\theta} \lesseqgtr 0$$

Sustituyendo los valores calibrados de los parámetros obtenemos que:

$$-1,1^2 - 0,8 > 0$$

por lo que los valores propios van a ser números reales. Finalmente, si calculamos el valor de las raíces obtenemos:

$$\lambda_1 = \frac{v(\beta_1\mu - \frac{\beta_1\psi}{\theta} - 1) + \sqrt{\left[v(\beta_1\mu - \frac{\beta_1\psi}{\theta} - 1)\right]^2 - \frac{4v\beta_1\mu}{\theta}}}{2} = -0,23$$

$$\lambda_2 = \frac{v(\beta_1\mu - \frac{\beta_1\psi}{\theta} - 1) - \sqrt{\left[v(\beta_1\mu - \frac{\beta_1\psi}{\theta} - 1)\right]^2 - \frac{4v\beta_1\mu}{\theta}}}{2} = -0,87$$

que como podemos comprobar, son ambas negativas y mayores que -2, por lo que este sistema muestra estabilidad global y los módulos de las raíces más la unidad correspondientes son 0,77 y 0,13, que son ambos inferiores a uno, por lo que el sistema muestra estabilidad global (véase Apéndice A).

$$\lambda_1, \lambda_2 = \frac{-b \pm \sqrt{b^2}}{2a} = \frac{-b \pm b}{2a} \tag{2.22}$$

por lo que resultaría que una de las raíces sería nula: $\lambda_1 = -b/a$; $\lambda_2 = 0$. Por tanto, la clave está en el signo que aparece en la raíz cuadrada, que es el que nos va a decir si al resolver la raíz cuadrada, el resultado es mayor o menor que el coeficiente anterior a la misma. Si el signo dentro de la raíz cuadrada es positivo, el resultado de resolver dicha raíz cuadrada es superior al coeficiente anterior a la misma y lo contrario sucedería si el signo dentro de la raíz cuadrada fuese negativo.

	A	B	C	D	E	F	G	H	I	J	K
1	EJERCICIO 2: El modelo IS-LM dinámico										
2					Tiempo	p	y	yd	i	Δp	Δy
3	Variables endógenas	Variación respecto al tiempo			0	1,00	2000,00	2000,00	2,00	0,00	0,00
4	p: Nivel de precios	Δp: Inflación			1	1,00	2000,00	2000,00	2,00	0,00	0,00
5	y: Nivel de producción	Δy: Crecimiento económico			2	1,00	2000,00	2000,00	2,00	0,00	0,00
6	yd: Nivel de demanda				3	1,00	2000,00	2000,00	2,00	0,00	0,00
7	i: Tipo de interés nominal				4	1,00	2000,00	2000,00	2,00	0,00	0,00
8					5	1,00	2000,00	2000,00	2,00	0,00	0,00
9	Parámetros				6	1,00	2000,00	2000,00	2,00	0,00	0,00
10	Psi		0,05		7	1,00	2000,00	2000,00	2,00	0,00	0,00
11	Theta		0,5		8	1,00	2000,00	2000,00	2,00	0,00	0,00
12	Beta1		50		9	1,00	2000,00	2000,00	2,00	0,00	0,00
13	Mi		0,01		10	1,00	2000,00	2000,00	2,00	0,00	0,00
14	Ni		0,2		11	1,00	2000,00	2000,00	2,00	0,00	0,00
15					12	1,00	2000,00	2000,00	2,00	0,00	0,00
16	Variables exógenas	Valor Inicial	Valor Final		13	1,00	2000,00	2000,00	2,00	0,00	0,00
17	m: Cantidad de dinero	100	100		14	1,00	2000,00	2000,00	2,00	0,00	0,00
18	Beta0: Gasto público	2100	2100		15	1,00	2000,00	2000,00	2,00	0,00	0,00
19	Ypot: Nivel de producción potenc	2000	2000		16	1,00	2000,00	2000,00	2,00	0,00	0,00
20					17	1,00	2000,00	2000,00	2,00	0,00	0,00
21	Estado Estacionario	EE Inicial	EE Final		18	1,00	2000,00	2000,00	2,00	0,00	0,00
22	Estado estacionario de p	1,00	1,00		19	1,00	2000,00	2000,00	2,00	0,00	0,00
23	Estado estacionario de y	2000	2000		20	1,00	2000,00	2000,00	2,00	0,00	0,00
24					21	1,00	2000,00	2000,00	2,00	0,00	0,00
25	Valores propios	Parte real	Parte imaginaria		22	1,00	2000,00	2000,00	2,00	0,00	0,00
26	λ_1	-0,23	0,00		23	1,00	2000,00	2000,00	2,00	0,00	0,00
27	λ_2	-0,87	0,00		24	1,00	2000,00	2000,00	2,00	0,00	0,00
28					25	1,00	2000,00	2000,00	2,00	0,00	0,00
29	Condición Estabilidad				26	1,00	2000,00	2000,00	2,00	0,00	0,00
30	Módulo $(1+\lambda_1)$	0,770			27	1,00	2000,00	2000,00	2,00	0,00	0,00
31	Módulo $(1+\lambda_2)$	0,130			28	1,00	2000,00	2000,00	2,00	0,00	0,00
32					29	1,00	2000,00	2000,00	2,00	0,00	0,00
33					30	1,00	2000,00	2000,00	2,00	0,00	0,00

Figura 2.1: Estructura de la hoja de cálculo IMC-2.xls: Modelo IS-LM dinámico.

2.4 Resolución numérica

Una vez definidos los valores de las variables exógenas y de los parámetros, ya podemos proceder a la resolución numérica del modelo. La Figura 2.1 muestra la hoja en Excel del modelo resuelto numéricamente, correspondiente al fichero "IMC-2.xls", donde aparecen los diferentes conjuntos de información que necesitamos: definición de las variables, determinación del valor de los parámetros, determinación del valor de las variables exógenas y cálculo del estado estacionario. A continuación aparecen los valores de cada una de las variables endógenas en cada periodo así como un gráfico de las mismas para observar su senda temporal.

Tal y como podemos observar, las columnas "F", "G", "H" e "I" muestran el valor de cada una de las variables endógenas (precios, producción, demanda y tipo de interés nominal) en cada momento del tiempo. Los valores calibrados de los parámetros aparecen en las celdas "B10" a "B14". Los valores de las variables exógenas aparecen en las celdas "B17", "B18" y "B19", que hemos denominado "m_0", "Beta0_0" e "ypot_0", respectivamente. Los valores de estado estacionario iniciales aparecen en las celdas "B22" y "B23". Las celdas "C22" y "C23" muestran el nuevo estado estacionario en el caso en el que se produzca una perturbación (cambio en las variables exógenas). El valor de los valores propios viene dado en las filas 26 y 27. En las celdas "B26" y B27" se muestra la parte real, mientras que la parte imaginaria se muestra en las celdas "C26" y "C27". Finalmente, el módulo de las raíces se muestra en las celdas "B30" y "B31".

Si situamos el cursor en la celda "F3" aparece la expresión:

$$\texttt{=(Theta*Beta0\_0)/Beta1+m\_0-(Psi+Theta/Beta1)*ypot\_0}$$

que es simplemente la expresión correspondiente al valor de estado estacionario inicial del nivel de precios. Alternativamente, podríamos introducir simplemente la referencia a la celda "B22", en la que tenemos calculado el correspondiente valor de estado estacionario. Las restantes filas de esta columna simplemente contienen el valor del nivel de precios en el momento anterior más el cambio producido en dicho nivel de precios. Así, la celda "F4", contiene la expresión =F3+J3, donde "F3" hace referencia al nivel de precios del periodo anterior y "J3" al cambio en el nivel de precios. Esta expresión se copia en las restantes filas de dicha columna.

Por su parte, si situamos el cursor en la celda "G3" ésta contiene la expresión:

$$\texttt{=ypot\_0}$$

esto es, el valor de estado estacionario inicial del nivel de producción que se corresponde con el nivel de producción potencial. Alternativamente, podemos simplemente introducir la celda "B23". En la celda "G4", aparece la expresión =G3+K3 en la que definimos el nivel de producción de cada periodo como el anterior más el cambio experimentado en el mismo. La columna "H" contiene los valores de la demanda agregada. Si nos situamos en la celda "H3", observamos que aparece la expresión:

$$\texttt{=Beta0\_0-Beta1*(I3-J3)}$$

que se corresponde con la ecuación de demanda agregada del modelo, en el cual la demanda agregada depende negativamente del tipo de interés real, que hemos definido como la diferencia entre el tipo de interés nominal y la inflación. Esta misma expresión aparece en las siguientes celdas de esta columna. La columna "I" contiene los valores del tipo de interés nominal. Así, la celda "I3" contiene la siguiente expresión:

$$\texttt{=-1/Theta*(m\_0-F3-Psi*G3)}$$

que es la ecuación resultante de despejar el tipo de interés de la ecuación de demanda de dinero. Si nos situamos en la celda "I4", la expresión que aparece es:

$$\texttt{=-1/Theta*(m\_1-F4-Psi*G4)}$$

que hace referencia a la nueva cantidad de dinero a partir del momento 0. Esta expresión es la misma que aparece en las siguientes filas de esta columna.

Finalmente, las columnas "J" y "K" muestran las variaciones de los precios y del nivel de producción, es decir, definen el valor de la inflación y el crecimiento de la producción en cada periodo. En este caso debemos introducir las correspondientes ecuaciones que determinan el comportamiento de ambas variables. Si nos situamos en la celda "J3" vemos que contiene la expresión:

$$\texttt{=Mi*(G3-ypot\_0)}$$

mientras que la celda "J4" contiene la expresión:

$$\texttt{=Mi*(G4-ypot\_1)}$$

siendo esta misma expresión la que aparece en las siguientes celdas, dado que es posible que queramos analizar los efectos de una alternación en el nivel de producción potencial de la economía. Por su parte, si nos situamos en la celda "K3", observamos que contiene la expresión:

$$\texttt{=Ni*(H3-G3)}$$

que se corresponde con la ecuación dinámica del nivel de producción. Como observamos en la hoja de cálculo podemos introducir la expresión inicial dada por el modelo, ya que también vamos a calcular en cada momento del tiempo el valor correspondiente de la demanda agregada. Si todos los cálculos son correctos, las columnas "J" y "K", donde aparece el cambio de cada variable, deben ser ceros.

2.5 Análisis de perturbaciones: Efectos de un aumento en la cantidad de dinero

Una vez obtenida una solución numérica del modelo, a continuación vamos a utilizar dicha solución para analizar cuáles serían los efectos de una perturbación que supone un cambio en alguna de las variables del modelo, usando para ello la hoja de cálculo con la que hemos resuelto el modelo. Esto nos permitirá calcular el valor de las variables endógenas en cada momento del tiempo y, por tanto, obtener la dinámica temporal de cada una de ella. Al realizar este ejercicio en una hoja de cálculo el resultado que vamos a obtener es la respuesta temporal de cada variable ante una perturbación. Esto es lo que se denomina el análisis impulso-respuesta o trayectoria dinámica de transición cuando la perturbación da lugar a la existencia de un nuevo estado estacionario.

En concreto, vamos a suponer que en el momento $t = 1$ se produce un aumento en la cantidad de dinero, pasando de un valor de $m_0 = 100$ a un valor de $m_1 = 101$. Se trata de una perturbación de carácter nominal, y tal y como obtendremos a partir de la resolución numérica del modelo, es una perturbación que no va a tener efectos reales en el largo plazo, pero si a corto y medio plazo. Para realizar este ejercicio únicamente hemos de cambiar el valor de la celda "C17" y automáticamente obtendremos los resultados en la hoja de cálculo de forma automática. Esto es así porque hemos referenciado las expresiones a partir del momento 1 respecto a los nuevos valores de las exógenas, con el objetivo de realizar análisis de perturbación. Así, en este caso concreto podemos analizar los efectos de cambios (aumentos o disminuciones) en la cantidad de dinero, cambios en el gasto público y cambios en el nivel de producción potencial, sin necesidad de alterar la estructura de la hoja de cálculo. También es posible simular perturbaciones que sean combinaciones de cambios en dos o más variables exógenas de forma simultánea. En nuestro caso, nos vamos a centrar en analizar los efectos de un aumento en la cantidad de dinero. Se trata de una perturbación de carácter nominal y, por tanto, a largo plazo no va a tener efectos reales. Esto es lo que se conoce como principio de neutralidad monetaria. Así, una alteración en la cantidad de dinero, en el largo plazo, no va a afectar al nivel de producción (variables reales), por lo que hemos de esperar que el estado estacionario para esta variable no cambie. Solo las variables nominales van a verse afectadas en el largo plazo (como por ejemplo, el nivel de precios), por lo que si aumenta la cantidad de dinero es de esperar que, en el largo plazo, también se produzca un aumento en el nivel de precios.

Sin embargo, el elemento de importancia en este ejercicio es que esta perturbación nominal sí que va a tener efectos reales tanto a corto como a medio plazo. Esto es debido a la rigidez en el ajuste del nivel de precios. Durante este periodo de ajuste del estado estacionario inicial al final, el aumento de la liquidez tiene efectos positivos sobre el nivel de demanda agregada de la economía, lo que a su vez altera el nivel de producción. Por tanto, esta perturbación nominal tiene efectos reales en la economía mientras ésta se encuentra en transición del estado estacionario inicial al final, debido a la rigidez en el ajuste de los precios a su nuevo valor de equilibrio. El aumento en la cantidad de dinero no se ve cancelado por un aumento equivalente en el nivel de precios de forma instantánea. Esto solo ocurriría si los precios fuesen flexibles. En este caso el ajuste de la economía sería instantáneo, ya que la variación en la cantidad de dinero se transmitiría instantáneamente a variación en los precios.

La dinámica de la transición es como sigue. El aumento de la cantidad de dinero en el periodo 1 provoca una disminución instantánea del tipo de interés nominal. Así, en la simulación del modelo el tipo de interés nominal pasa de 2 a un valor de 0. Como consecuencia de esta disminución en el tipo de interés la demanda agregada aumenta. Así, ésta pasa de un valor de 2.000 a un valor de 2.100. Este aumento de la demanda agregada va a provocar que el nivel de producción aumente en el siguiente periodo, lo que a su vez provoca ahora un aumento en el tipo de interés nominal. Por otra parte, el aumento del nivel de producción en el periodo 2 va a dar lugar a que los precios también aumenten en dicho periodo. La forma más fácil de observar estos efectos es construyendo un gráfico que represente la senda temporal de cada variable.

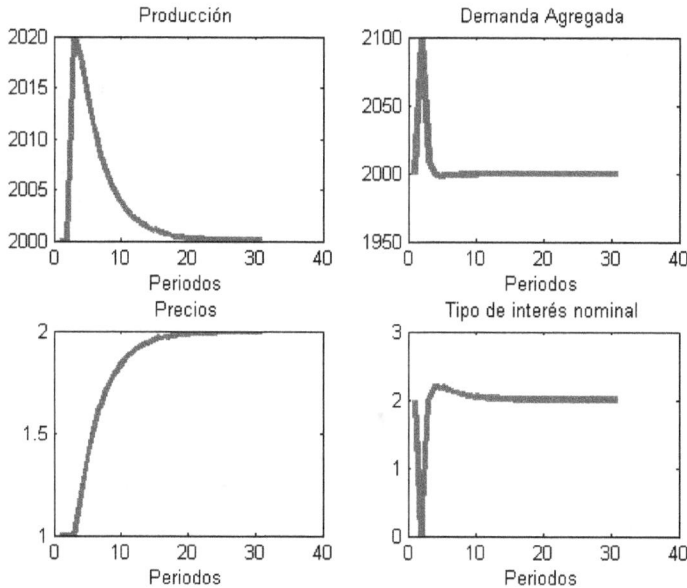

Figura 2.2: Funciones impulso-respuesta: Aumento en la cantidad de dinero.

La evolución de las distintas variables endógenas en su fase de transición hacia el nuevo estado estacionario se puede observar muy fácilmente a través de un gráfico que represente a cada variable en función del tiempo. La Figura 2.2 muestra la senda temporal de las cuatro variables endógenas del modelo. Como podemos observar el nivel de precios va aumentando paulatinamente en el tiempo hasta alcanzar el nuevo estado estacionario. En este caso no se producen fluctuaciones en el nivel de precios y sigue la misma tendencia, es decir, aumenta indicando que siempre estamos en una situación de sobreproducción. Por el contrario el nivel de producción experimenta un aumento inicial para posteriormente ir disminuyendo hasta alcanzar el nuevo estado estacionario. El aumento en la cantidad de dinero aumenta la liquidez de la economía, iniciándose una etapa de expansión económica. En este caso, el nivel de producción aumenta inicialmente indicando la existencia de un exceso de demanda, pero posteriormente disminuye indicando lo contrario, esto es, un exceso de oferta. Por otra parte vemos que el ajuste inicial en el nivel de producción es significativo, lo que implica que hemos supuesto un valor de su velocidad de ajuste que puede ser excesivamente elevado. Por su parte, el comportamiento de la demanda agregada y del tipo de interés muestran que ambas variables tienen un elevado nivel de flexibilidad. El tipo de interés nominal es una variable flexible, que disminuye de forma instantánea ante el aumento en la cantidad de dinero. Esta disminución en el tipo de interés nominal también supone una disminución instantánea en el tipo de interés real lo que provoca a su vez un aumento en la demanda agregada. No obstante, el aumento siguiente en el nivel de producción hace que el tipo de interés nominal vuelva a aumentar, provocando el movimiento en sentido contrario en la demanda agregada.

La conclusión más importante que podemos extraer del análisis realizado es que una expansión en la cantidad de dinero (perturbación de carácter nominal), tiene efectos reales sobre el nivel de producción de una economía debido al ajuste gradual en el nivel de precios. A largo plazo el único efecto es que el aumento en la cantidad de dinero se traslada a un mayor nivel de precios, exactamente en la misma cantidad, mientras que el valor de estado estacionario del resto de variables no se altera. Estos efectos no se producirían bajo el supuesto de que los precios fuesen flexibles, siendo el ajuste instantáneo en este caso. Sin embargo, si suponemos que los precios son rígidos y no se ajustan instantáneamente a su nuevo valor de equilibrio, entonces resulta que el resto de variables se desvían de su estado estacionario. En este caso concreto, el aumento de la cantidad de dinero se transforma en una expansión de la economía, a través de la disminución en el tipo de interés nominal y un aumento en la demanda agregada.

A largo plazo podemos observar que todas las variables endógenas del modelo, excepto el nivel de precios, vuelven a sus valores iniciales. Así, podemos observar que el tipo de interés nominal vuelve a su nivel inicial, una vez que los precios se han ajustado completamente. Compárese con lo que ocurriría si los precios fuesen totalmente flexible. En este caso ninguna de las otras variables experimentaría variación alguna ante la variación en la cantidad de dinero, cambiando únicamente el nivel de precios de forma instantánea.

2.6 Análisis de sensibilidad: Efectos de un cambio en la elasticidad de la demanda de dinero respecto al nivel de producción

Por último, vamos a realizar un análisis de sensibilidad alterando alguno de los parámetros del modelo para estudiar cómo la dinámica que siguen las diferentes variables ante una determinada perturbación se ve alterada en función del valor de dichos parámetros. En concreto vamos a estudiar cómo cambia la respuesta del modelo si variamos el parámetro ψ, que representa la elasticidad de la demanda de dinero ante una variación en el nivel de producción. En particular, vamos a suponer que el valor de este parámetro cambia de 0,05 a 0,01, por lo que únicamente tenemos que introducir el nuevo valor en la celda "B10". Al cambiar el valor de este parámetro también cambia el valor de las variables en estado estacionario. En concreto, al alterar este parámetro varía el valor de estado estacionario del nivel de precios, no variando el nivel de producción en estado estacionario dado que hemos supuesto que es igual al nivel de producción potencial. La característica principal de este cambio es que ahora los valores propios del sistema van a ser números complejos, si bien se mantiene la propiedad de estabilidad global. Así, si calculamos el valor del coeficiente dentro de la raíz cuadrada con los nuevos parámetros, obtenemos que:

$$\left[\upsilon(\beta_1\mu - \frac{\beta_1\psi}{\theta} - 1) \right]^2 - \frac{4\upsilon\beta_1\mu}{\theta}$$

$$= \left[0,2 \times \left(50 \times 0,01 - \frac{50 \times 0,01}{0,5} - 1 \right) \right]^2 - \frac{4 \times 0,2 \times 50 \times 0,01}{0,5} = -0,71$$

es decir, el coeficiente resultante dentro de la raíz cuadrada es negativo, por lo que los valores propios asociados serían números complejos. En efecto, tal y como podemos comprobar en la hoja de cálculo, ahora la parte real de las raíces es -0,15, para las dos, mientras que su parte imaginaria es de 0,42 y -0,42, es decir, $\lambda = -0,15 \pm 0,42i$. Esto hace que el módulo más la unidad de las dos raíces sea el mismo e igual a 0,95 ($\sqrt{(-0,15 + 1)^2 + 0,42^2} = 0,948$), lo que sigue garantizado la existencia de estabilidad global, al ser inferiores a la unidad.

La dinámica que vamos a observar ahora, bajo la misma perturbación (aumento en la cantidad de dinero de 100 a 101) es muy diferente al anterior. La causa de este diferente comportamiento proviene del hecho de que ahora los valores propios son imaginarios, generando trayectorias de ajuste de las variables de carácter asintótico y que llevan a las variables a moverse alrededor del nuevo estado estacionario no convergiendo al mismo de forma directa.

Esta variación en el valor de los parámetros y en el de los valores propios asociados, provoca que ahora la dinámica sea más compleja que la observada anteriormente para esta misma perturbación, generando movimientos oscilatorios (fluctuaciones cíclicas) en las variables. Así, el que los módulos de los valores propios más la unidad sean inferiores a uno nos indica que el sistema converge a su nuevo estado estacionario. Por otra parte, la existencia de raíces complejas nos estaría indicando que la trayectoria hacia el nuevo estado estacionario es oscilatoria, con una senda para las distintas variables que estaría fluctuando alrededor de su valor de estado estacionario. Por tanto, ahora estaríamos pasando de un tipo de desequilibrio a otro, con las variables unas veces por debajo de su valor de estado estacionario y otras veces por encima de dicho valor. Nótese que si los precios aumentan por encima de su valor de estado

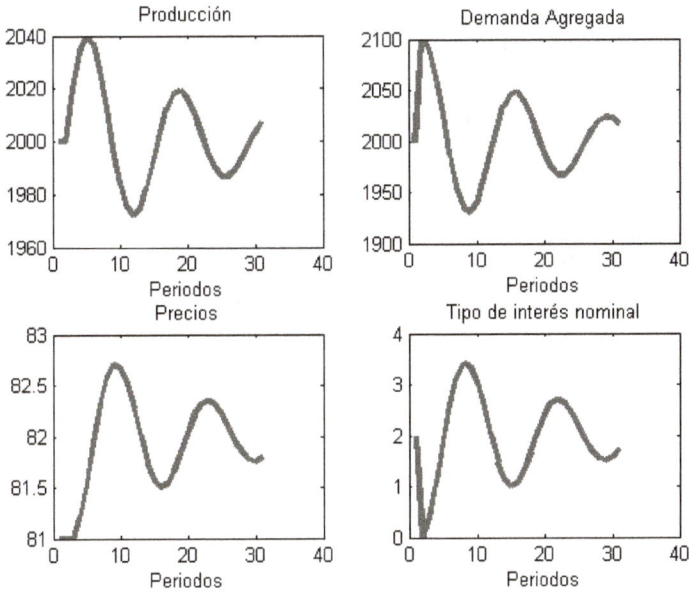

Figura 2.3: Funciones impulso-respuesta: Aumento en la cantidad de dinero con $\psi = 0,01$.

estacionario esto significa que estamos en una situación de sobreproducción, mientras que si disminuyen estamos en una situación de infraproducción. Ambas situaciones se van alternando, lo que provoca que tanto el nivel de producción, como la demanda agregada y el tipo de interés nominal se encuentren unos periodos por encima de su valor de estado estacionario, mientras que en otros periodos ocurre lo contrario.

En este caso los efectos de la perturbación nominal a corto y medio plazo generan fluctuaciones cíclicas, por lo que su efecto sobre la producción son tanto positivos como negativos, dependiendo del periodo temporal de referencia (véase Figura 2.3). Así, ahora el aumento en la cantidad de dinero genera inicialmente una expansión económica, caracterizada por un aumento en el nivel de demanda agregada y producción, y una disminución en el tipo de interés nominal. Sin embargo, transcurrido un tiempo, los efectos se tornan negativos, aumentando el tipo de interés nominal y disminuyendo tanto la demanda agregada como el nivel de producción. Esto viene provocado por unas oscilaciones en el nivel de precios, con valores superiores a su nivel de estado estacionario. Estos movimientos se repiten a lo largo del tiempo (fases expansivas y de contracción), pero con una amplitud cada vez menor. En este caso vemos que, pasados 30 periodos, el ajuste al nuevo estado estacionario es todavía incompleto, lo que hace que la transición hacia el nuevo estado estacionario sea más lenta. También resulta importante indicar que estas fluctuaciones alrededor del estado estacionario no están sincronizadas para las distintas variables, lo que hace que la respuesta de la economía ante una perturbación sea aún más compleja. Así, durante determinados periodos podemos observar una relación positiva entre dos variables, mientras que dicha relación se torna negativa en otros periodos, como consecuencia de que estas fluctuaciones cíclicas no se producen en el mismo momento del tiempo para todas las variables. Finalmente, este ejercicio nos sirve para ilustrar que el modelo IS-LM dinámico es capaz de generar fluctuaciones cíclicas provocadas tanto por cambios tecnológicos (alteraciones en el nivel de producción potencial) como por cambios de política económica (cambios en el gasto público o cambios en la cantidad de dinero).

Ejercicios

1. Utilizando la hoja de cálculo "**IMC-2.xls**", estudie cuáles son los efectos de un aumento en el gasto público, representado por β_0. En concreto, suponga que el gasto público aumenta en 100 unidades. Para ello cambie el valor de la celda "C18" de 2100 a 2200. Qué nos dice el modelo IS-LM dinámico acerca de los efectos de una política fiscal expansiva.

2. Estudie cuáles son los efectos de un aumento en el nivel de producción potencial. Suponga, por ejemplo, que el nivel de producción potencial pasa a tomar un valor de 2.050. Utilice la hoja de cálculo "**IMC-2.xls**" para determinar los efectos de este cambio. Para ello cambie el valor correspondiente en la celda "C20".

3. Repita el ejercicio llevado a cabo en el texto (aumento de la cantidad de dinero), pero suponiendo que los precios son más flexibles. Para ello tiene que aumentar el valor del parámetro de ajuste en la ecuación de los precios, v. Qué sucede a medida que aumentamos el valor de este parámetro.

4. Utilizando el modelo desarrollo, suponga que la función de demanda agregada depende negativamente del tipo de interés nominal:

$$y_t^d = \beta_0 - \beta_1 i_t$$

Resuelva el modelo y construya la hoja de cálculo correspondiente. Analice los efectos de un aumento en la cantidad de dinero y compare los resultados con los obtenidos en el texto. Explique porqué se obtienen estos resultados.

5. Cómo sería la dinámica de ajuste de la economía si alteramos el valor del parámetro μ. ¿Afecta el valor de este parámetro al valor de las variables en estado estacionario?

3

El desbordamiento del tipo de cambio

3.1 Introducción

Uno de los modelos dinámicos con expectativas racionales no microfundamentados más conocidos y estudiados en macroeconomía y, en particular, en economía internacional, es el modelo de sobrerreacción o desbordamiento del tipo de cambio desarrollado por Rudiger Dornbusch (1942-2002) y publicado en 1976.[1] Este modelo es una extensión dinámica del modelo de Mundell-Fleming (Robert Alexander Mundell, 1932-; John Marcus Fleming, 1911-1976), o modelo IS-LM para una economía abierta, el cual intenta explicar las importantes fluctuaciones observadas del tipo de cambio nominal como consecuencia del abandono del sistema de Bretton Woods por parte de los países desarrollados y del comienzo de un sistema de tipos de cambio flotantes. Se trata de un modelo para una economía abierta pequeña con perfecta movilidad de capitales a nivel internacional. El objetivo principal de este modelo es intentar explicar la elevada volatilidad del tipo de cambio respecto a la variabilidad observada en otras variables macroeconómicas cuando los precios son rígidos y, en particular, describir el fenómeno de la sobrerreacción o desbordamiento del tipo de cambio nominal ante una perturbación monetaria debido a la diferente velocidad de ajuste existente en el mercado de bienes y servicios, respecto a la del mercado de dinero.

El modelo IS-LM dinámico que hemos resuelto numéricamente en el capítulo anterior presentaba una característica importante: todas las trayectorias eran convergentes al estado estacionario. Es decir, el modelo presentaba estabilidad global. Sin embargo, en el modelo que vamos a resolver en este capítulo nos vamos a encontrar

---

[1] Dornbusch, R. (1976). Expectations and Exchange Rate Dynamics. *Journal of Political Economy*, 84(6): 1161–1176.

con un sistema dinámico que presenta una solución del tipo punto de silla, es decir, con trayectorias convergentes al estado estacionario y con trayectorias divergentes respecto al mismo, de forma similar al modelo de carrera de armamentos que hemos estudiado en el capítulo 1. En este caso, para la resolución numérica de este modo hemos de tener en cuenta la existencia de una senda estable asociada a cada estado estacionario a la cual se ajustan las variables que muestran una elevada flexibilidad ante una determinada perturbación. El modelo de sobrerreacción del tipo de cambio presenta dicha solución en punto de silla, lo que permite explicar el fenómeno de la sobrerreacción del tipo de cambio como el ajuste del mismo para alcanzar la senda estable. En particular, este modelo lo vamos a definir en términos de dos ecuaciones en diferencias: una para el tipo de cambio nominal, que es una variable totalmente flexible, y otra ecuación para el nivel de precios, que suponemos se trata de una variable rígida.

El modelo de Dornbusch consiste básicamente en una versión del modelo IS-LM dinámico para una economía abierta. Para ello vamos a introducir el concepto de una economía abierta pequeña. El hecho de suponer que es una economía pequeña implica que las variables del exterior son consideradas como exógenas. Si no hacemos este supuesto, entonces las variables del exterior no podrían ser consideradas como exógenas, ya que se verían afectadas por el comportamiento de esta economía. Con el supuesto de economía pequeña nos estamos asegurando que nuestra economía no tiene capacidad para afectar la determinación de las variables del resto del mundo. Seguimos considerando la existencia de dos mercados: el mercado de bienes y servicios y el mercado de dinero, al igual que en modelo IS-LM para una economía cerrada, pero que ahora van a estar relacionados con sus equivalentes en el exterior. En una economía abierta tenemos dos relaciones de equilibrio a nivel internacional, que van a relacionar a nuestra economía con el resto del mundo. Estas relaciones de equilibrio internacionales conectan ambos mercados domésticos con sus equivalentes en el exterior. La relación de equilibrio entre los mercados de dinero nacional y del exterior viene determinada a través de la Paridad No Cubierta de Intereses, la cual establece que las expectativas de depreciación del tipo de cambio nominal son iguales a la diferencia entre el tipo de interés nominal nacional y el del exterior. La relación de equilibrio entre los mercados de bienes y servicios nacional y del exterior viene determinada por la Paridad del Poder Adquisitivo, la cual establece que el tipo de cambio nominal es igual a la diferencia entre el nivel de precios nacional y el del exterior. Dada la existencia de rigideces en el ajuste de los precios, la Paridad del Poder Adquisitivo únicamente se cumple en el largo plazo.

La rigidez en el ajuste de los precios va a provocar el fenómeno de la sobrerreacción del tipo de cambio. Así, ante un aumento en la cantidad de dinero, el tipo de cambio aumenta de forma instantánea a un valor superior a su nuevo valor de estado estacionario, para a continuación ir disminuyendo progresivamente a medida que se ajustan los precios. En efecto, el aumento en la cantidad de dinero provoca de forma inmediata una disminución del tipo de interés nacional, por lo que dada la paridad no cubierta de intereses, se produce una apreciación del tipo de cambio nominal, por lo que éste disminuye. Sin embargo, a largo plazo, el aumento de la cantidad de dinero nos llevará a un nivel de precios mayor, por lo que el tipo de cambio también será más elevado. Para que la disminución en el tipo de cambio sea compatible con un mayor valor de mismo en el largo plazo, tiene que producirse una sobrerreacción inicial en el tipo de cambio alcanzando un valor superior a su nuevo valor de estado estacionario, para posteriormente ir disminuyendo hasta alcanzar su nuevo valor de equilibrio.

La estructura del resto del capítulo es la siguiente. En la segunda sección presentamos los fundamentos teóricos del modelo de sobrerreacción del tipo de cambio. La sección tercera muestra la calibración del modelo. La sección cuarta presenta la resolución numérica del modelo junto con la descripción de la hoja de cálculo preparada a tal efecto. La sección quinta analiza los efectos de un aumento en la cantidad de dinero, presentando el fenómeno de la sobrerreacción del tipo de cambio. Finalmente, en la sección sexta se realiza un análisis de sensibilidad cambiando el valor de los parámetros del modelo.

3.2 La sobrerreacción del tipo de cambio: El modelo de Dornbusch

El modelo de la sobrerreacción del tipo de cambio viene a resolver uno de los puzzles económicos de mayor relevancia en el ámbito de las economías abiertas que se produjo con el fin del sistema de Bretton Woods y el inicio de los regímenes de tipos de cambio flotantes, modelo que fue desarrollado por Dornbusch en los años setenta. El puzzle a resolver es el siguiente: Si atendemos a lo que nos dice la paridad del poder adquisitivo, resulta que un aumento en la cantidad de dinero provocaría un aumento en el nivel de precios y por tanto un aumento en el tipo de cambio nominal en el largo plazo, dada la relación entre el equilibrio en el mercado de bienes y servicios nacional con el equivalente del exterior. Por el contrario, si observamos el comportamiento resultante de la paridad no cubierta de intereses, obtenemos que el aumento en la cantidad de dinero provocaría una disminución en el tipo de interés nominal y por tanto una disminución en el tipo de cambio nominal, dada la relación de equilibrio entre el mercado de dinero nacional y el del exterior. Este efecto se produciría durante todo el proceso de ajuste hacia el nuevo estado estacionario. Por tanto, de la paridad no cubierta de intereses obtendríamos que el aumento en la cantidad de dinero provocaría una disminución permanente en el tipo de cambio nominal. El problema reside en cómo es posible que, dado un aumento en la cantidad de dinero, el tipo de cambio nominal tiene que estar disminuyendo durante toda la fase de transición de un estado estacionario a otro, pero a largo plazo tiene que aumentar respecto a su valor inicial. Para resolver este enigma económico, vamos a utilizar un modelo dinámico simple de economía abierta, que nos va a permitir analizar cómo son los efectos dinámicos de dicha perturbación monetaria sobre el tipo de cambio nominal.

La estructura de la economía viene dada por las siguientes cuatro ecuaciones:

$$m_t - p_t = \psi y_t - \theta i_t \tag{3.1}$$

$$y_t^d = \beta_0 + \beta_1(s_t - p_t + p_t^*) - \beta_2 i_t \tag{3.2}$$

$$\Delta p_t = \mu(y_t - y_t^n) \tag{3.3}$$

$$\Delta s_t^e = i_t - i_t^* \tag{3.4}$$

donde m es el logaritmo de la cantidad de dinero, p el logaritmo del nivel de precios, y el logaritmo del nivel de producción, i el tipo de interés nominal, y^d, el logaritmo del nivel de demanda, s el logaritmo del tipo de cambio, y^n el logaritmo del nivel de producción potencial, p^*, el logaritmo del nivel de precios del exterior e i^* el tipo de interés nominal del exterior. El símbolo Δ define la variación de la variable correspondiente entre dos periodos. s^e representa el valor esperado del tipo de cambio, esto es, las expectativas sobre el valor futuro del tipo de cambio. Dado que vamos a resolver el modelo en un contexto de previsión perfecta y bajo el supuesto de que las expectativas son racionales, entonces tenemos que $s^e = s$.

La primera ecuación (3.1) es la demanda de dinero, donde la demanda de saldos reales depende positivamente del nivel de producción y negativamente del tipo de interés nominal. Como podemos observar, esta condición de equilibrio para el mercado de dinero no cambia respecto a la que tendríamos en una economía cerrada. La segunda ecuación (3.2) es la demanda agregada de una economía abierta, que se ve alterada, ya que hemos de considerar la demanda exterior de bienes nacionales. Cuando definimos la demanda agregada de una economía, ésta viene determinada por la demanda de los bienes que se producen en dicha economía, es decir, no sólo se considera el componente interno sino también el componente externo (las exportaciones netas). Como podemos comprobar la demanda agregada de una economía abierta depende positivamente del tipo de cambio real, definido como las desviaciones de la paridad del poder adquisitivo, y que refleja el nivel de competitividad exterior vía precios de la economía. Por otra parte, suponemos que la demanda agregada depende negativamente del tipo de interés nominal, en lugar de depender negativamente del tipo de interés real que sería lo correcto. En este caso hemos hecho una simplificación, debido a que los resultados no van a verse alterados si en lugar del tipo de interés real consideramos el tipo de interés nominal, si bien esto no lo sabemos a priori. Las otras dos ecuaciones son ecuaciones dinámicas que nos indican como se ajustan los precios, esto es, la curva de Phillips, (ecuación 3.3) y la ecuación de ajuste del tipo de cambio nominal (ecuación 3.4), que viene representada por la paridad no cubierta de intereses (la relación entre el equilibrio del mercado de dinero nacional y el del exterior).

Tal y como podemos comprobar, el sistema de ecuaciones contiene 5 variables endógenas: Nivel de precios nacionales, nivel de producción, tipo de interés nominal, nivel de demanda y tipo de cambio nominal. Por otra parte tenemos 5 variables exógenas: cantidad de dinero, gasto público, nivel de precios del exterior, nivel de producción potencial y tipo de interés del exterior. Si bien el número de variables exógenas incluidas en el modelo puede ser cualquiera (su valor viene predeterminado), el número de variables endógenas tiene que coincidir con el número de ecuaciones disponibles. En el modelo que estamos resolviendo tenemos 5 variables endógenas, pero consta de solo 4 ecuaciones, por lo que el modelo no estaría identificado. Ante esta estructura de la economía, o bien falta una ecuación adicional o bien sobra una variable endógena para poder obtener una solución a este modelo. En principio, deberíamos incluir una nueva ecuación, que nos permita determinar la variable endógena para la cual no tenemos especificado su comportamiento que es el nivel de producción. Es decir, necesitaríamos una nueva ecuación que en este caso sería la oferta agregada. La otra posibilidad es simplificar y eliminar la variable endógena que no viene determinada, es decir, el nivel de producción. Así, podemos suponer que el nivel de producción es siempre igual al potencial ($y_t = y_t^n$).

Estructura del modelo de sobrerreacción del tipo de cambio	
Mercado de dinero	$m_t - p_t = \psi y_t - \theta i_t$
Mercado de bienes y servicios	$y_t^d = \beta_0 + \beta_1(s_t - p_t + p_t^*) - \beta_2 i_t$
Ajuste de los precios	$\Delta p_t = \mu(y_t^d - y_t^n)$
Paridad no cubierta de intereses	$\Delta s_t = i_t - i_t^*$
Producción	$y_t = y_t^n$
Inflación	$\Delta p_t = p_{t+1} - p_t$
Tasa de depreciación del tipo de cambio	$\Delta s_t = s_{t+1} - s_t$

Vamos a utilizar este último supuesto. Como podemos comprobar, el nivel de producción que aparece en la demanda de dinero ahora sería el nivel de producción potencial. Por su parte, el nivel de producción también aparecía en la ecuación de ajuste del nivel de precios. Sin embargo, si consideramos que este nivel de producción es igual al potencial la ecuación de ajuste de los precios sería cero, por lo que el nivel de precios sería constante. Como en este caso la producción de la economía es constante, la única variable que afectaría a los precios serían las diferencias entre el nivel de demanda y el nivel de producción potencial. Por tanto, redefinimos el comportamiento de los precios en función de esta diferencia, reflejando la existencia de exceso de demanda o exceso de oferta en el mercado de bienes y servicios. Otra posibilidad sería suponer que la demanda agregada es siempre igual al nivel de producción ($y_t^d = y_t^n$), lo que nos permitiría eliminar una de ellas, pero los resultados continuarían siendo los mismos. Por tanto, bajo estos supuestos, el sistema de ecuaciones sería:

$$m_t - p_t = \psi y_t^n - \theta i_t \tag{3.5}$$

$$y_t^d = \beta_0 + \beta_1(s_t - p_t + p_t^*) - \beta_2 i_t \tag{3.6}$$

$$\Delta p_t = \mu(y_t^d - y_t^n) \tag{3.7}$$

$$\Delta s_t = i_t - i_t^* \tag{3.8}$$

A continuación calculamos las ecuaciones en diferencias para las variables de referencia, que son el nivel de precios y el tipo de cambio nominal. Despejamos el tipo de interés nominal de la ecuación (3.5):

$$i_t = -\frac{1}{\theta}(m_t - p_t - \psi y_t^n) \tag{3.9}$$

Sustituimos (3.9) en (3.6) y obtenemos la demanda agregada de la economía:

$$y_t^d = \beta_0 + \beta_1(s_t - p_t + p_t^*) + \frac{\beta_2}{\theta}(m_t - p_t - \psi y_t^n) \tag{3.10}$$

Sustituyendo esta ecuación en la expresión (3.7) obtenemos la ecuación dinámica para el nivel de precios:

$$\Delta p_t = \mu\beta_0 + \mu\beta_1 s_t + \mu\beta_1 p_t^* - \mu(\beta_1 + \frac{\beta_2}{\theta})p_t + \frac{\mu\beta_2}{\theta}m_t - \mu(\frac{\psi\beta_2}{\theta} + 1)y_t^n \tag{3.11}$$

Por su parte, sustituyendo la ecuación (3.9) en la expresión (3.8), obtenemos la ecuación dinámica para el tipo de cambio nominal, una vez que hemos aplicado previsión perfecta y eliminado las expectativas resulta ser:

$$\Delta s_t = -\frac{1}{\theta}(m_t - p_t - \psi y_t^n) - i_t^* \tag{3.12}$$

En notación matricial, el sistema dinámico podemos escribirlo como:

$$\begin{bmatrix} \Delta p_t \\ \Delta s_t \end{bmatrix} = \underbrace{\begin{bmatrix} -\mu(\beta_1 + \frac{\beta_2}{\theta}) & \mu\beta_1 \\ \frac{1}{\theta} & 0 \end{bmatrix}}_{A} \begin{bmatrix} p_t \\ s_t \end{bmatrix} +$$

$$\underbrace{\begin{bmatrix} \mu & \frac{\mu\beta_2}{\theta} & -\mu(\frac{\psi\beta_2}{\theta} + 1) & 0 & \mu\beta_1 \\ 0 & -\frac{1}{\theta} & \frac{\psi}{\theta} & -1 & 0 \end{bmatrix}}_{B} \begin{bmatrix} \beta_0 \\ m_t \\ y_t^n \\ i_t^* \\ p_t^* \end{bmatrix} \tag{3.13}$$

donde A es la matriz de coeficientes asociados a las variables endógenas y B es la matriz de coeficientes asociados a las variables exógenas.

3.3 Calibración del modelo

Para obtener una solución numérica de este modelo, a continuación vamos a calibrar los parámetros del modelo y las variables exógenas. En primer lugar, asignamos valores numéricos a los parámetros. La Tabla 3.1 muestra los valores seleccionados para los parámetros del modelo. Estos parámetros reflejan elasticidades entre distintas variables o la velocidad de ajuste de determinadas variables. Dichos valores se han seleccionado de forma arbitraria, pero tienen que cumplir determinadas propiedades para garantizar la estabilidad del sistema y ser consistentes con la definición de las distintas variables que integran el modelo.

Tabla 3.1: Calibración de los parámetros

Símbolo	Definición	Valor
ψ	Elasticidad de la demanda de dinero	0,05
θ	Semi-elasticidad del tipo de interés	0,5
β_1	Elasticidad de y_t^d ante el tipo de cambio real	20
β_2	Elasticidad de y_t^d ante el tipo de interés	0,1
μ	Velocidad de ajuste de los precios	0,01

Por su parte, la Tabla 3.2 presenta los valores de las variables exógenas en el momento inicial, donde podemos observar que el modelo incluye un total de 5 variables exógenas, dos de ellas determinando el valor de variables del exterior. Esto es así porque al aplicar el supuesto de una economía pequeña, todas las variables del exterior son exógenas.

Tabla 3.2: Valores iniciales de las variables exógenas

Variable	Definición	Valor
m_0	Cantidad de dinero	100
β_0	Componente autónomo de la demanda agregada	500
y_0^n	Nivel de producción potencial	2.000
p_0^*	Nivel de precios del exterior	0
i_0^*	Tipo de interés nominal del exterior	3

Una vez determinado el valor de los parámetros y de las variables exógenas, podemos proceder al cálculo del estado estacionario y de las condiciones de estabilidad del sistema (valores propios).

3.3.1 Estado Estacionario

A partir del sistema dinámico para el nivel de precios y el tipo de cambio nominal obtenido anteriormente y aplicando el procedimiento descrito en los capítulos anteriores, calcularíamos el estado estacionario como:

$$\begin{bmatrix} \overline{p}_t \\ \overline{s}_t \end{bmatrix} = -A^{-1}B\mathbf{z}_t$$

donde, para este modelo, resulta:

$$A = \begin{bmatrix} -\mu(\beta_1 + \frac{\beta_2}{\theta}) & \mu\beta_1 \\ \frac{1}{\theta} & 0 \end{bmatrix}, \quad B = \begin{bmatrix} \mu & \frac{\mu\beta_2}{\theta} & -\mu(\frac{\psi\beta_2}{\theta}+1) & 0 & \mu\beta_1 \\ 0 & -\frac{1}{\theta} & \frac{\psi}{\theta} & -1 & 0 \end{bmatrix}, \quad \mathbf{z}_t = \begin{bmatrix} \beta_0 \\ m_t \\ y_t^n \\ i_t^* \\ p_t^* \end{bmatrix}$$

siendo la inversa de la matriz A:

$$A^{-1} = \begin{bmatrix} 0 & \theta \\ \frac{1}{\mu\beta_1} & \frac{\beta_1\theta+\beta_2}{\beta_1} \end{bmatrix}$$

Resultando que:

$$-A^{-1}B = \begin{bmatrix} 0 & 1 & -\psi & \theta & 0 \\ -\frac{1}{\beta_1} & 1 & \frac{(1-\beta_1\psi)}{\beta_1} & \frac{\beta_1\theta+\beta_2}{\beta_1} & -1 \end{bmatrix}$$

Por tanto, multiplicando la matriz anterior por el vector de variables exógenas, el valor de las variables en estado estacionario vendría dado por las siguientes expresiones:

$$\overline{p}_t = m_t - \psi y_t^n + \theta i_t^* \tag{3.14}$$

$$\overline{s}_t = m_t - \frac{\beta_0}{\beta_1} + \left[\frac{1-\psi\beta_1}{\beta_1}\right] y_t^n + \frac{\theta\beta_1+\beta_2}{\beta_1} i_t^* - p_t^* \tag{3.15}$$

Sustituyendo el valor correspondiente a los parámetros y a las variables exógenas obtenemos que los valores de estado estacionario para el nivel de precios y el tipo de cambio nominal son:

$$\overline{p}_t = 100 - 0,05 \times 2000 + 0,5 \times 3 = 1,50$$

$$\overline{s}_t = 100 - \frac{500}{20} - \left[\frac{1-0,05 \times 20}{20}\right] \times 2000 + \frac{0,5 \times 20 + 0,1}{0,1} \times 3 - 0 = 76,52$$

3.3.2   Análisis de estabilidad

A continuación, procedemos a estudiar la condición de estabilidad del sistema. Tal y como hemos indicado anteriormente, en el caso de este modelo vamos a obtener un punto de silla. Recordemos que la estabilidad del sistema se determina calculando, $|A - \lambda I| = 0$, por lo que tendríamos:

$$Det \begin{bmatrix} -\mu(\beta_1 + \frac{\beta_2}{\theta}) - \lambda & \mu\beta_1 \\ \frac{1}{\theta} & 0 - \lambda \end{bmatrix} = 0 \tag{3.16}$$

a partir de la cual obtenemos:

$$\lambda^2 + \lambda \left[\beta_1\mu + \frac{\beta_2\mu}{\theta} \right] - \frac{\beta_1\mu}{\theta} = 0 \tag{3.17}$$

Resolviendo, resulta que las raíces serían las siguientes:

$$\lambda_1, \lambda_2 = \frac{-(\beta_1\mu + \frac{\beta_2\mu}{\theta}) \pm \sqrt{\left[(\beta_1\mu + \frac{\beta_2\mu}{\theta})\right]^2 + \frac{4\beta_1\mu}{\theta}}}{2} \tag{3.18}$$

Como podemos observar, en este caso, independientemente de los valores seleccionados de los parámetros, el término que queda dentro de la raíz cuadrada es siempre positivo, es decir, los valores propios siempre van a ser números reales. Sustituyendo los valores de la Tabla 3.1 obtenemos que:

$$\lambda_1 = \frac{-(20 \times 0,01 + \frac{0,1\times0,01}{0,5}) - \sqrt{\left[(20 \times 0,01 + \frac{0,1\times0,01}{0,5})\right]^2 + \frac{4\times20\times0,01}{0,5}}}{2} = -0,74$$

$$\lambda_2 = \frac{-(20 \times 0,01 + \frac{0,1\times0,01}{0,5}) + \sqrt{\left[(20 \times 0,01 + \frac{0,1\times0,01}{0,5})\right]^2 + \frac{4\times20\times0,01}{0,5}}}{2} = 0,54$$

Tal y como podemos observar, si a las raíces le sumamos la unidad, resulta en un valor de 0,26 (que es mayor que 1), y 1,54 (que es menor que la unidad), por lo que obtenemos una solución de punto de silla (véase Apéndice A). Esto significa que determinadas trayectorias son convergentes hacia el equilibrio mientras que otras trayectorias son divergentes. El hecho de que este modelo tenga como solución un punto de silla en sus trayectorias, introduce un nuevo elemento a considerar en su resolución numérica, ya que este tipo de solución implica la existencia de una senda estable, a la cual converge de forma instantánea la variable flexible, que en este caso es el tipo de cambio nominal. Por tanto, se hace necesario especificar donde se sitúa dicha senda estable (que es una ecuación adicional al modelo) para poder calcular la dinámica del modelo de pasar de un estado estacionario a otro.

3.4   Resolución numérica

La Figura 3.1 muestra cómo sería la estructura propuesta de la hoja de cálculo correspondiente a este modelo, **"IMC-3.xls"**. La construcción de la misma es similar a la realizada en el caso del modelo resuelto en el capítulo anterior, excepto por varios elementos diferenciadores. En el apéndice F tenemos el código correspondiente a este modelo resuelto en DYNARE. En este caso tenemos una solución de punto de silla, dado que una de las raíces más la unidad es menor que uno mientras que para la otra es mayor que uno. Es decir, la raíz menor que uno nos acercaría al nuevo estado estacionario, mientras que la raíz mayor que uno nos alejaría de él. En este caso cuando se produce una perturbación debemos tener en cuenta la reacción a la misma del tipo de cambio nominal que es una variable totalmente flexible y que está determinada fundamentalmente por las expectativas de su evolución futura. Así, cuando hemos resuelto el modelo analíticamente hemos visto que justo en el momento en que se produce, por ejemplo, un aumento en la cantidad de dinero, el tipo de cambio aumenta de forma instantánea hasta alcanzar la senda estable. Este aumento instantáneo en el tipo de cambio está provocado por un reajuste al alza de las expectativas sobre su valor futuro. Adicionalmente, la dinámica que va a seguir el tipo de cambio a lo largo del tiempo también viene condicionada por sus expectativas.

Tal y como podemos observar, las columnas "F", "G", "H" e "I" muestran el valor de cada una de las variables endógenas (precios, tipo de cambio nominal, demanda agregada y tipo de interés nominal) en cada momento del tiempo. Los valores calibrados de los parámetros aparecen en las celdas "B10" a "B14". Los valores de las variables exógenas aparecen en las celdas "B17" a "B21", que hemos denominado "m_0", "iext_0", "Beta0_0", "pext_0" y "ypot_0", respectivamente. Los valores de estado estacionario iniciales aparecen en las celdas "B23" y "B24". Las celdas "C24" y "C25" muestran el nuevo estado estacionario en el caso en el que se produzca una perturbación (cambio en las variables exógenas). El valor de los valores propios viene dado en las filas 28 y 29. En las celdas "B28" y B29" se muestra la parte real, mientras que la parte imaginaria se muestra en las celdas "C28" y "C29". Finalmente, el módulo de las raíces se muestra en las celdas "B32" y "B33".

Si situamos el cursor en la celda "F3" aparece la expresión:

```
=pbar_0
```

que es simplemente la expresión correspondiente al valor de estado estacionario inicial del nivel de precios. Las restantes filas de esta columna simplemente contienen el valor del nivel de precios en el momento anterior más el cambio producido en dicho nivel de precios. Así, la celda "F4", contiene la expresión =F3+J3, donde "F3" hace referencia al nivel de precios del periodo anterior y "J3" al cambio en el nivel de precios. Esta expresión se copia en las restantes filas de dicha columna.

EJERCICIO 3: El desbordamiento del tipo de cambio		
Variables endógenas	*Variación respecto al tiempo*	
p: Nivel de precios	Δp: Inflación	
s: Tipo de cambio nominal	Δy: Crecimiento económico	
yd: Nivel de demanda		
i: Tipo de interés nominal		
Parámetros		
Psi	0,05	
Theta	0,5	
Beta1	20	
Beta2	0,1	
Mi	0,01	
Variables exógenas	*Valor Inicial*	*Valor Final*
m: Cantidad de dinero	100	100
i*: Tipo de interés nominal del exterior	3	3
Beta0: Gasto público	500	500
p*: Nivel de precios del exterior	0	0
ypot: Nivel de producción potencial	2000	2000
Estado Estacionario	*EE Inicial*	*EE Final*
p_ee0	1,50	1,50
s_ee0	76,52	76,52
Valores propios	*Parte real*	*Parte imaginaria*
λ_1	-0,74	0,00
λ_2	0,54	0,00
Condición Estabilidad		
Módulo $(1+\lambda_1)$	0,26	
Módulo $(1+\lambda_2)$	1,54	

Tiempo	p	s	yd	i	Δp	Δs
0	1,50	76,52	2000,00	3,00	0,00	0,00
1	1,50	76,52	2000,00	3,00	0,00	0,00
2	1,50	76,52	2000,00	3,00	0,00	0,00
3	1,50	76,52	2000,00	3,00	0,00	0,00
4	1,50	76,52	2000,00	3,00	0,00	0,00
5	1,50	76,52	2000,00	3,00	0,00	0,00
6	1,50	76,52	2000,00	3,00	0,00	0,00
7	1,50	76,52	2000,00	3,00	0,00	0,00
8	1,50	76,52	2000,00	3,00	0,00	0,00
9	1,50	76,52	2000,00	3,00	0,00	0,00
10	1,50	76,52	2000,00	3,00	0,00	0,00
11	1,50	76,52	2000,00	3,00	0,00	0,00
12	1,50	76,52	2000,00	3,00	0,00	0,00
13	1,50	76,52	2000,00	3,00	0,00	0,00
14	1,50	76,52	2000,00	3,00	0,00	0,00
15	1,50	76,52	2000,00	3,00	0,00	0,00
16	1,50	76,52	2000,00	3,00	0,00	0,00
17	1,50	76,52	2000,00	3,00	0,00	0,00
18	1,50	76,52	2000,00	3,00	0,00	0,00
19	1,50	76,52	2000,00	3,00	0,00	0,00
20	1,50	76,52	2000,00	3,00	0,00	0,00
21	1,50	76,52	2000,00	3,00	0,00	0,00
22	1,50	76,52	2000,00	3,00	0,00	0,00
23	1,50	76,52	2000,00	3,00	0,00	0,00
24	1,50	76,52	2000,00	3,00	0,00	0,00
25	1,50	76,52	2000,00	3,00	0,00	0,00
26	1,50	76,52	2000,00	3,00	0,00	0,00
27	1,50	76,52	2000,00	3,00	0,00	0,00
28	1,50	76,52	2000,00	3,00	0,00	0,00
29	1,50	76,52	2000,00	3,00	0,00	0,00
30	1,50	76,52	2000,00	3,00	0,00	0,00

Figura 3.1: Estructura de la hoja de cálculo IMC-3.xls. Modelo de sobrerreacción del tipo de cambio.

Por su parte, si situamos el cursor en la celda "G3" ésta contiene la expresión:

```
=sbar_0
```

esto es, el valor de estado estacionario inicial del tipo de cambio nominal. A continuación, aparece una celda un tanto especial, la "G4", que definiremos en el siguiente apartado. En la celda "G5", aparece la expresión =G4+K4 en la que definimos el tipo de cambio nominal cada periodo como el anterior más el cambio experimentado en el mismo. La columna "H" contiene los valores de la demanda agregada. Si nos situamos en la celda "H3", observamos que aparece la expresión:

=Beta0_0+Beta1*(G3-F3+pext_0)+(Beta2/Theta)*(m_0-F3-Psi*ypot_0)

que se corresponde con la ecuación de demanda agregada del modelo, en el cual la demanda agregada depende negativamente del tipo de interés real, que hemos definido como la diferencia entre el tipo de interés nominal y la inflación. Esta misma expresión aparece en las siguientes celdas de esta columna. La columna "I" contiene los valores del tipo de interés nominal. Así, la celda "I3" contiene la siguiente expresión:

=-1/Theta*(m_0-F3-Psi*ypot_0)

que es la ecuación resultante de despejar el tipo de interés de la ecuación de demanda de dinero. Si nos situamos en la celda "I4", la expresión que aparece es:

$$\texttt{=-1/Theta*(m\_1-F4-Psi*ypot\_1)}$$

que hace referencia a la nueva cantidad de dinero a partir del momento 0. Esta expresión es la misma que aparece en las siguientes filas de esta columna.

Finalmente, las columnas "J" y "K" muestran las variaciones de los precios y del nivel de producción, es decir, definen el valor de la inflación y el crecimiento de la producción en cada periodo. En este caso debemos introducir las correspondientes ecuaciones que determinan el comportamiento de ambas variables. Si nos situamos en la celda "J3" vemos que contiene la expresión:

$$\texttt{=Mi*(H3-ypot\_0)}$$

mientras que la celda "J4" contiene la expresión:

$$\texttt{=Mi*(H4-ypot\_1)}$$

siendo esta misma expresión la que aparece en las siguientes celdas, dado que es posible que queramos analizar los efectos de una alternación en el nivel de producción potencial de la economía. Por su parte, si nos situamos en la celda "K3", observamos que contiene la expresión:

$$\texttt{=I3-iext\_0}$$

que se corresponde con la ecuación dinámica del nivel de producción. Como observamos en la hoja de cálculo podemos introducir la expresión inicial dada por el modelo, ya que también vamos a calcular en cada momento del tiempo el valor correspondiente de la demanda agregada. Si todos los cálculos son correctos, las columnas "J" e "K", donde aparece el cambio de cada variable, deben ser ceros en el estado estacionario inicial.

3.4.1   La senda estable

En el caso de que exista una solución de punto de silla entonces existe la denominada senda estable, que es una trayectoria que nos lleva directamente al estado estacionario. En este caso, la dinámica de la economía para pasar de un estado estacionario a otro consiste en ajustarse de forma instantánea hacia la senda estable. Una vez alcanzada la misma le economía se mueve a lo largo de la misma hasta alcanzar el nuevo estado estacionario. Esta senda estable puede calcularse como una trayectoria que está asociada al valor propio cuyo módulo más 1 sea inferior a la unidad. Así, en términos matemáticos, las trayectorias que definen la senda estable puede calcularse a través del siguiente sistema dinámico:

$$\begin{bmatrix} \Delta p_t \\ \Delta s_t \end{bmatrix} = \lambda_1 \begin{bmatrix} p_t - \overline{p}_t \\ s_t - \overline{s}_t \end{bmatrix} \qquad (3.19)$$

En términos generales, podemos escribir la senda estable como la solución al siguiente sistema:

$$\begin{bmatrix} \Delta p_t \\ \Delta s_t \end{bmatrix} = v_1(\lambda_1 + 1)^t a_1 + v_2(\lambda_2 + 1)^t a_2 \qquad (3.20)$$

para $a_1 = 1$ y $a_2 = 0$, y donde v son los vectores propios asociados al sistema. Cuando se produce una perturbación, la economía "salta" hacia una única senda estable, representada por el anterior sistema. Esto se debe a que estamos suponiendo que los agentes son racionales y estamos en un contexto de previsión perfecta. Por tanto, este "salto" refleja un ajuste en las expectativas de los agentes que va a provocar un reajuste instantáneo en alguna de las variables del sistema.

3.4.2   Cálculo del reajuste de expectativas

Tal y como hemos indicado anteriormente, una de las características de este modelo es que tiene una solución del tipo punto de silla. Esto significa que existen tanto trayectorias que nos llevan al estado estacionario como trayectorias que nos alejan permanentemente del mismo. En esta situación existe una senda estable, a la cual se mueven las variables flexibles cuando se produce una perturbación. En el caso particular de este modelo, la variable flexible es el tipo de cambio, mientras que hemos supuesto que el nivel de precios es una variable rígida a los cambios. Por tanto, cuando se produce una perturbación, se produce un reajuste instantáneo en la variable flexible, esto es, en el tipo de cambio nominal, que viene provocada por un reajuste en sus expectativas sobre su valor futuro. Este reajuste en las expectativas se traslada de forma instantánea a su valor actual. Si los agentes en los mercados de divisas esperan que en el futuro el tipo de cambio será mayor, entonces reajustas al alza sus expectativas sobre el tipo de cambio futuro, lo que se traducirá en un aumento en el tipo de cambio. Este reajuste en las expectativas no podemos calcularlo directamente a partir de las ecuaciones del modelo, ya que hemos aplicado el supuesto de previsión perfecta, de tal manera que hemos supuesto que los cambios esperados en las variables son iguales a los cambios actuales.

El primer elemento diferenciador que tenemos que introducir es el correspondiente al valor del tipo de cambio en el momento en el que se produce la perturbación, es decir, en la celda "G4". Tal y como hemos descrito anteriormente, en el momento en el que se produce la perturbación, el tipo de cambio experimenta un cambio instantáneo como consecuencia del reajuste de las expectativas. El salto que se produce en el tipo de cambio en el corto plazo, y el causante del fenómeno de la sobrerreacción, es necesario que lo calculemos en términos cuantitativos para que podamos obtener la solución numérica del modelo. Para ello partimos de la ecuación dinámica del tipo de cambio:

$$\Delta s_t = -\frac{1}{\theta}(m_t - p_t - \psi\overline{y}_t) - i_t^*$$

Paralelamente, podemos definir las trayectorias estables respecto al tipo de cambio, que están asociadas a la raíz que al sumar 1 resulta en un número menor que 1 (λ_1):

$$\Delta s_t = \lambda_1(s_t - \overline{s}_t)$$

Como podemos comprobar, ambas ecuaciones dan como resultado la variación respecto al tiempo del tipo de cambio nominal, por lo que podemos igualar ambas ecuaciones en el momento en el que se produce la perturbación ($t = 1$):

$$\lambda_1(s_1 - \overline{s}_1) = -\frac{1}{\theta}(m_1 - p_1 - \psi\overline{y}_1) - i_1^*$$

Despejando el valor del tipo de cambio resulta el siguiente valor para el tipo de cambio nominal:

$$s_1 = \frac{-(m_1 - p_1 - \psi\overline{y}_1)}{\theta\lambda_1} - \frac{i_1^*}{\lambda_1} + \overline{s}_1 \tag{3.21}$$

expresión que introduciríamos en la celda "G4", tal que dicha celda contendría la expresión:

```
=-(m_1-F4-Psi*ypot_1)/(Theta*Lambda1)-iext_1/Lambda1+sbar_1
```

La celda "G5" contendría la expresión:

```
=G4+K4
```

indicando que el valor correspondiente al tipo de cambio en un periodo sería el del periodo anterior más su variación. Esta expresión es la que aparece en las siguientes filas de la columna. Nótese, que los resultados serían equivalentes si introducimos la expresión:

```
=Lambda1*(G4-sbar_1)
```

la cual representa los movimientos del tipo de cambio a lo largo de la senda estable, siendo una proporción de la diferencia entre el valor del tipo de cambio y su valor de estado estacionario.

El otro cambio que hemos de tener en cuenta es la dinámica del tipo de cambio nominal. Así, la columna "J" contiene la ecuación de ajuste para el nivel de precios. Sin embargo, la columna "K" contiene la trayectoria del tipo de cambio en términos de sus desviaciones respecto al estado estacionario. Es decir, representa el movimiento del tipo de cambio a lo largo de su senda estable. Si nos situamos en la celda "K3", observamos que la expresión que aparece es:

```
=I3-iext_0
```

esto es, la diferencia entre el tipo de interés nacional y el tipo de interés del exterior, que en estado estacionario tiene que ser cero.

3.5 Análisis de perturbaciones: Efectos de un aumento en la cantidad de dinero

Vamos a continuación a utilizar el modelo resuelto anteriormente para calcular los efectos de un aumento en la cantidad de dinero e ilustrar el fenómeno de la sobrerreacción del tipo de cambio ante dicha perturbación.

De la expresión (3.21) anterior, obtenemos que la variación del tipo de cambio respecto a la cantidad de dinero (esto permite conocer el ajuste en las expectativas y el efecto en el corto plazo) viene dada por:

$$\Delta s_1 = \frac{-1}{\theta \lambda_1}(m_1 - m_0) + (\overline{s}_1 - \overline{s}_0) \tag{3.22}$$

donde el subíndice de tiempo 0 se refiere al estado inicial y 1 al estado final. Dada la relación entre el tipo de cambio nominal y la cantidad de dinero (se mueven exactamente en la misma cuantía en el largo plazo, tal y como podemos comprobar en la definición del tipo de cambio nominal en estado estacionario, dado por la expresión 3.15), resulta que:

$$(\overline{s}_1 - \overline{s}_0) = (m_1 - m_0) \tag{3.23}$$

Sustituyendo en la expresión anterior tenemos:

$$\Delta s_1 = \frac{-1}{\theta \lambda_1}(m_1 - m_0) + (m_1 - m_0) > (m_1 - m_0) \tag{3.24}$$

Como podemos comprobar, la variación en el tipo de cambio nominal es positiva y superior a la unidad, dado que $|\lambda_1 + 1| < 1$, lo que indica que una determinada variación en la cantidad de dinero provoca un aumento instantáneo más que proporcional del tipo de cambio nominal. Este cambio instantáneo es precisamente a lo que denominamos sobrerreacción (o desbordamiento) del tipo de cambio nominal.

Para computar numéricamente los efectos de la anterior perturbación, vamos a suponer que la cantidad de dinero pasa de un valor 100, en el periodo 0, a un valor de 101 en el periodo 1. Para ello únicamente tenemos que cambiar el valor correspondiente en la celda "C18" en la hoja de cálculo e inmediatamente observaremos los nuevos valores de estado estacionario, así como la trayectoria dinámica para cada una de las variables. Como podemos comprobar el tipo de cambio aumenta de forma instantánea, al igual que disminuye el tipo de interés y aumenta la demanda agregada. En este ejemplo concreto, el tipo de cambio ha pasado de tener un valor de 76,52 a aumentar hasta 80,21, para posteriormente ir disminuyendo hasta situarse en un valor de 77,52, un punto superior al valor inicial dado que la cantidad de dinero también ha aumentado un punto y se cumple la paridad del poder adquisitivo en el largo plazo. En efecto, podemos comprobar que dado que la cantidad de dinero ha aumentado en una unidad, la expresión anterior resulta en:

$$\Delta s_1 = \frac{-1}{\theta \lambda_1} + 1 \qquad (3.25)$$

y sustituyendo los valores correspondientes a λ_1 y θ, resulta en:

$$\Delta s_1 = \frac{-1}{0,5 \times (-0,74)} + 1 = 3,70 \qquad (3.26)$$

Si sumamos esta cantidad al valor inicial para el tipo de cambio, 76,52, obtenemos un valor de 80,22, que se corresponde exactamente con el valor que alcanza el tipo de cambio en el momento en el que se produce el aumento en la cantidad de dinero.

La Figura 3.2 muestra la dinámica de las variables endógenas ante esta perturbación. En primer lugar, ante el aumento en la cantidad de dinero los precios comienzan a aumentar de forma gradual, hasta alcanzar su nuevo nivel de equilibrio, superior en un punto al inicial (exactamente en la misma medida en la que aumenta la cantidad de dinero). El tipo de cambio experimenta un aumento inicial, alcanzando un valor muy por encima de su valor de estado estacionario. Esto es consecuencia del reajuste de expectativas sobre la tasa de depreciación del tipo de cambio. El aumento en la cantidad de dinero va a provocar un aumento a largo plazo en el tipo de cambio, lo que se traduce en un aumento de las expectativas de depreciación y, por tanto, un aumento instantáneo en el mismo. Una vez se produce este efecto de impacto, a continuación el tipo de cambio toma la dirección contraria, disminuyendo de forma progresiva hasta alcanzar el nuevo estado estacionario.

La demanda agregada también experimenta un aumento inicial para posteriormente disminuir hasta su valor inicial de estado estacionario. Esto es debido a que la perturbación que estamos estudiando es de carácter nominal, por lo que no tiene efectos reales en el largo plazo. Así, el nivel de demanda agregada será el mismo que existía antes de la perturbación. Sin embargo, el aumento en el tipo de cambio provoca un aumento de la competitividad exterior vía precios, aumentando la demanda agregada, efecto que va eliminándose conforme aumenten los precios. Dado que a largo plazo los precios van a aumentar en la misma medida en la que aumenta el tipo de cambio nominal, esto significa que a largo plazo el nivel de competitividad exterior vía precios de la economía vuelve a su valor inicial, por lo que el estado estacionario de la demanda agregada no cambia.

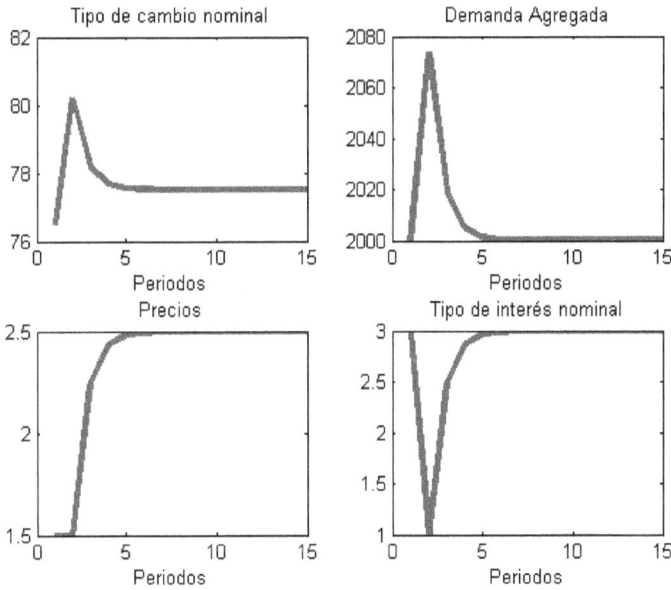

Figura 3.2: El fenómeno del desbordamiento del tipo de cambio. Efectos de un aumento en la cantidad de dinero.

El tipo de interés nominal disminuye inicialmente de forma proporcional al aumento en la cantidad de dinero, para ir aumentando posteriormente de forma gradual. Este movimiento en el medio plazo del tipo de interés nominal es similar al que experimenta el nivel de precios. Así, a medida que los precios van aumentando, el equilibrio en el mercado de dinero provoca un aumento en el tipo de interés nominal, reajustándose a la baja las expectativas de depreciación del tipo de cambio nominal.

En resumen, en el largo plazo, observamos que tanto el nivel de precios como el tipo de cambio nominal aumentan en la misma cantidad en la que lo hace la cantidad de dinero. Por su parte, observamos que tanto la demanda agregada como el tipo de interés nominal, vuelven al mismo valor que tenían inicialmente, una vez se ha producido el ajuste en el nivel de precios.

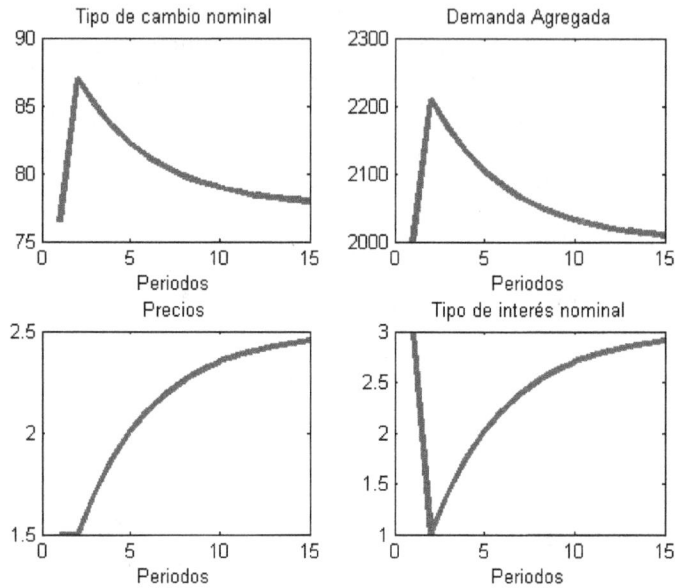

Figura 3.3: Análisis de sensibilidad: Dinámica ante un aumento en la cantidad de dinero con $\mu = 0,001$.

3.6 Análisis de Sensibilidad: Efectos de un cambio en la velocidad de ajuste del nivel de precios

Finalmente podemos realizar un análisis de sensibilidad para estudiar cómo el fenómeno del desbordamiento del tipo de cambio se ve afectado por el valor de los parámetros. Así, podemos cambiar los diferentes parámetros del modelo, tanto los que representan elasticidades como los de velocidad de ajuste, y estudiar como cambios en estos parámetros afectan al comportamiento del tipo de cambio en el corto plazo. En concreto, vamos a suponer que el parámetro que representa la velocidad de ajuste de los precios, μ, pasa de tomar un valor de 0,01 a un valor de 0,001. Esto es, suponemos que los precios se ajustan más lentamente. Para ello, únicamente tenemos que cambiar el valor correspondiente a este parámetro en la celda "B14", manteniendo la misma perturbación que hemos analizado previamente.

La Figura 3.3 muestra la función impulso-respuesta de las distintas variables del modelo ante la misma perturbación analizada en el apartado anterior. Tal y como podemos observar, continúa produciéndose el fenómeno de la sobrerreacción del tipo de cambio ante el aumento en la cantidad de dinero, aumentando inicialmente por encima de su nuevo valor de estado estacionario. Como podemos comprobar, el nuevo valor de estado estacionario no se ve alterado, siendo similar al obtenido en el ejemplo anterior. Esto es debido a que el parámetro cuyo valor estamos alterando es un parámetro que representa la velocidad de ajuste en los precios, no afecta al estado estacionario de esta economía, por lo que los efectos en el largo plazo no cambian. El estado estacionario si que cambiaría si alteramos otro parámetro que afecte a la determinación del equilibrio tanto en el mercado de dinero como en el mercado de bienes y servicios. En términos generales, obtenemos la misma respuesta dinámica para las distintas variables, pero ahora podemos observar que la transición al nuevo estado estacionario es más lenta. Esto es debido a que ahora los precios se ajustan más lentamente al alza, lo que hace que también el resto de variables experimenten un comportamiento más suave en su ajuste.

Ejercicios

1. Utilizando la hoja de cálculo "**IMC-3.xls**", estudie cuáles son los efectos de un aumento en el gasto público, representado por β_0. En concreto, suponga que el gasto público aumenta en 100 unidades. ¿Se produce en este caso el fenómeno de la sobrerreacción del tipo de cambio?

2. Suponga que se produce un cambio tecnológico y aumenta el nivel de producción potencial (por ejemplo en un 5%). Utilice la hoja de cálculo "**IMC-3.xls**" para estudiar los efectos de dicha perturbación sobre la economía. Cómo es la dinámica de transición al nuevo estado estacionario.

3. Qué efectos tiene un aumento en el parámetro θ. A medida que este parámetro es más elevado, cómo es el fenómeno de la sobrerreacción del tipo de cambio.

4. Resuelva y construya la correspondiente hoja de cálculo para el modelo planteado pero ahora definiendo la demanda agregada como función del tipo de interés real.

5. Resuelva y construya la hoja de cálculo correspondiente eliminando el supuesto de que el nivel de producción es exógeno e introduciendo una ecuación que determine la oferta agregada de la economía.

Parte II

Introducción al equilibrio general dinámico

4

La elección intertemporal consumo-ahorro

4.1 Introducción

Uno de los problemas básicos en economía y que tiene importantes implicaciones para la modelización macroeconómica consiste en determinar la elección óptima de consumo-ahorro por parte de los consumidores. De hecho, este es un problema básico y fundamental en la construcción de los modelos macroeconómicos dinámicos de equilibrio general microfundamentados que se utilizan en el análisis macroeconómico actual. Estos modelos consideran como uno de los agentes económicos en una economía a los consumidores o familias. Estos agentes toman decisiones sobre determinadas variables, tanto económicas como de otra índole, para maximizar su función objetivo, que es a la que denominamos función de utilidad. Esta función de utilidad puede depender de un amplio conjunto de variables, la principal de las cuales es el consumo. Suponemos que estos agentes son racionales y que maximizan su función de utilidad a lo largo de todo su ciclo vital. También suponemos que los mercados de capitales son perfectos, es decir, el ahorro del agente puede ser positivo (posicion acreedora) o negativo (posición deudora), en cada momento del tiempo. A partir de este problema de decisión, determinamos de forma simultánea dos de las variables macroeconómicas más relevantes para explicar el comportamiento de una economía: el nivel de consumo, que es el principal componente de la demanda agregada en términos cuantitativos, y el nivel de ahorro, que va a determinar el nivel de inversión y, por tanto, el proceso de acumulación de capital y la producción futura.

En este capítulo vamos a centrarnos en el problema básico al que se enfrenta un consumidor (o familia) representativo a la hora de determinar su nivel de consumo óptimo a lo largo de su ciclo vital, que constituye el primer bloque que integra cualquier modelo macroeconómico microfundamentado y da lugar a una de las ecuaciones principales de los mismos: la senda óptima de consumo, que al mismo tiempo también representa la decisión óptima de ahorro. La función objetivo que este agente va a maximizar es la que denominamos función de utilidad, y vamos a suponer que esta utilidad es instantánea y únicamente depende del nivel de consumo del periodo, por lo que es aditivamente separable en el tiempo. De este modo, obtenemos la decisión consumo-ahorro de este agente económico, decisión que tiene carácter intertemporal, ya que a través de la decisión de ahorro el agente puede separar su perfil de consumo de su perfil de renta periodo a periodo, determinando sus niveles de consumo futuro a partir de su decisión de ahorro actual. Para ello vamos a resolver numéricamente un problema simple en tiempo discreto, en el cual el objetivo del consumidor es el de maximizar su nivel de utilidad o felicidad a lo largo de toda su vida que suponemos es finita, representada por una función de utilidad instantánea que depende únicamente de su nivel de consumo en cada periodo, sujeta a la restricción presupuestaria a la que se enfrenta. Es decir, el individuo maximiza la sumatoria de utilidades para cada periodo de su ciclo vital, pero descontando utilizadas futuras al ponderar en mayor medida la utilidad actual frente a las utilidades futuras. Un aspecto importante de este problema es que la solución que vamos a obtener no es un determinado nivel de consumo para el periodo en el que toma la decisión, sino que la solución resultante es una senda de consumo óptimo a lo largo de toda la vida de este agente económico, en la que los consumos de los diferentes periodos están relacionados unos a otros a través del ahorro.

El problema básico de la elección intertemporal del consumidor es un problema lo suficientemente sencillo como para poder ser resuelto usando una hoja de cálculo. Si bien se trata de un problema de optimización dinámica, una hoja de cálculo como Excel contiene herramientas que son lo suficientemente potentes como para resolver este tipo de problemas, siempre que el problema a resolver venga definido en tiempo discreto, la vida del individuo sea finita, el número de periodos no muy elevado y la forma funcional de la utilidad no muy compleja. Para resolver computacionalmente el problema del consumidor vamos a utilizar la herramienta "Solver" de Excel. Esta herramienta es muy fácil de usar, incorporando un algoritmo de tipo Newton que nos permite resolver problemas sistemas de ecuaciones no excesivamente complejos.

La estructura del resto del capítulo es la siguiente. En la segunda sección presentamos el problema básico del consumidor, en tiempo discreto y suponiendo que la vida de este agente es finita, donde la renta salarial es una variable exógena. En la sección tercera presentamos la estructura de la hoja de cálculo en la que resolveremos numéricamente este problema, así como la descripción de la herramienta "Solver" de Excel y la calibración de los parámetros del modelo. La sección cuarta estudia cómo cambia la decisión del agente ante una variación en una variable exógena. La sección quinta presenta un análisis de sensibilidad, cambiando alguno de los parámetros del modelo. Por último, en la sección sexta presentamos la solución al problema utilizando una forma funcional alternativa para la utilidad instantánea.

4.2 La decisión consumo-ahorro en tiempo discreto y con vida finita

En esta sección vamos a presentar el problema básico del consumidor en tiempo discreto y su resolución en términos analíticos. Suponemos la existencia de un consumidor que vive T periodos y cuya función de utilidad, que denotamos por $U(\cdot)$, depende del consumo del periodo, $U(C_t)$, donde C_t es el consumo en el periodo t. Esta función de utilidad cumple una serie de propiedades, principalmente que se trata de una función creciente del consumo, es decir, su derivada respecto al consumo es positiva, $U_C(C_t) > 0$, y que su segunda derivada respecto al consumo es negativa, $U_{CC}(C_t) < 0$. Así, suponemos que es una función estrictamente creciente, estrictamente cóncava y dos veces diferenciable. Las características anteriores nos indican que la función de utilidad es creciente en el consumo, es decir, cuanto mayor es el nivel de consumo del individuo mayor es su nivel de felicidad. Por su parte, la función es cóncava, indicando que conforme aumente el consumo la utilidad del individuo aumenta pero cada vez lo hace en menor cuantía. Esto significa que la utilidad marginal del consumidor es decreciente. La concavidad de la función de utilidad proviene directamente de las propias características que presenta el ser humano respecto a la satisfacción que le provoca el consumo de un determinado bien conforme aumentamos la cantidad consumida del mismo.

El problema de maximización de este consumidor se resuelve en un contexto intertemporal. Esto significa que su objetivo es maximizar su nivel de utilidad, no sólo en un determinado momento del tiempo, sino a lo largo de todo su ciclo vital. Por tanto, el problema que resolverían los individuos sería el de maximizar la sumatoria de la utilidad instantánea a lo largo de toda su vida. Sin embargo, hemos de tener en cuenta otra característica del ser humano que va a tener importantes consecuencias respecto a la toma de decisiones económicas: la impaciencia. Esta característica hace referencia al hecho de que no valoramos la utilidad por igual en diferentes momentos del tiempo. De hecho, valoramos más la utilidad en el momento actual que la utilidad en cualquier momento futuro, esto es, somos impacientes. Aunque en los modelos dinámicos macroeconómicos de equilibrio general microfundamentados se introduce el supuesto de que los individuos tienen vida infinita (en referencia al periodo temporal que usan para tomar decisiones económicas, dado que tienen descendencia y se preocupan por el bienestar de la misma), salvo en la variante de generaciones solapadas, en nuestro contexto vamos a suponer que los individuos viven un determinado número de periodos finito, esto es, tienen vida finita. Esto supone la introducción de una condición final para el problema de maximización en la cual la cantidad de activos financieros acumulados tiene que ser cero, para que la utilidad sea máxima. Finalmente, para que el problema sea sencillo de resolver, suponemos que la función de utilidad es aditivamente separable en el tiempo, es decir, la utilidad en cada periodo únicamente depende del consumo realizado en dicho periodo, excluyendo la existencia de hábitos de consumo.

La maximización de la función de utilidad está sujeta a una restricción presupuestaria que debe cumplirse periodo a periodo. Dicha restricción presupuestaria vendría dada por:

$$C_t + B_t = (1 + R_{t-1})B_{t-1} + W_t \tag{4.1}$$

donde B_t es el stock de ahorro o cantidad de activos financieros (que puede ser positivo o negativo) en el periodo actual, R_{t-1} es el tipo de interés aplicado a los activos financieros (ahorro) en el periodo anterior y que vamos a suponer es una variable que se determina de forma exógena y W_t es la renta del individuo del periodo que también suponemos se determina de forma exógena. La parte derecha nos indica los ingresos del indiviuo mientras que la parte izquierda representa los usos (los gastos). Nótese que dicha restricción presupuestaria es una ecuación en diferencias, que nos indica cómo evoluciona en el tiempo la cantidad de activos financieros. Así, la restricción presupuestaria la podemos reescribir como:

$$\Delta B_t = R_{t-1}B_{t-1} + W_t - C_t \tag{4.2}$$

donde hemos definido $\Delta B_t = B_t - B_{t-1}$.

Por otra parte, en el problema de maximización hemos de considerar otras dos restricciones adicionales para poder resolverlo. La primera se refiere a la cantidad de activos financieros (stock de ahorro) con el que cuenta el individuo en el periodo inicial, $t = 0$. Esta cantidad puede ser positiva o cero. En nuestro caso vamos a suponer que $B_{-1} = 0$, por lo que la cantidad de activos financieros en el periodo $t = 0$ es equivalente al ahorro realizado en dicho periodo, $B_0 = W_0 - C_0$. En segundo lugar, la cantidad de activos financieros en el periodo final, B_T, que para obtener un máximo se requiere que sean cero. Es decir, el individuo, para maximizar su nivel de utilidad, selecciona una senda de consumo y ahorro tal que en el último periodo de su ciclo vital su stock de activos financieros sea nulo. Por tanto, consideramos que $B_T = 0$.

Cuando el consumidor toma su decisión de consumo-ahorro en un momento dado del tiempo a lo largo de su ciclo vital, no conoce la corriente futura de la renta ni la senda correspondiente al tipo de interés. Tampoco conoce cuál va a ser la duración de su ciclo vital. Esto implica que el problema se resuelve en términos esperados, dadas unas expectativas acerca de la renta y del tipo de interés de los periodos futuros, desde el momento en el que toma la decisión hasta el momento T. Tal y como hemos hecho en los capítulos anteriores, suponemos que las expectativas son racionales, y resolvemos el problema bajo el supuesto de que existe previsión perfecta, por lo que el individuo conoce en cada momento del tiempo toda la corriente de ingresos que va a obtener a lo largo de su vida (el error que comete es aleatorio), la corriente de tipos de interés, que la función de utilidad únicamente depende del consumo que realiza el individuo en cada periodo y que su ciclo vital es finito (y es conocido, es decir, conoce el valor de T). Así, dada la corriente de renta y del tipo de interés, que suponemos son variables exógenas en este problema simple junto con el número de periodos de su ciclo vital, el agente decidirá en cada periodo qué parte de su riqueza destina a consumo y qué parte destina a ahorro. La restricción presupuestaria indica que el gasto total del individuo (la parte izquierda de la ecuación) tiene que ser igual a los ingresos totales (la parte derecha). Los gastos vienen dados por la suma del consumo más el stock de ahorro, $C_t + B_t$, es decir, con los recursos disponibles podemos hacer dos cosas: o los consumimos en el presente o los guardamos para ser consumidores en el futuro. Los ingresos totales del individuo, que representan los recursos disponibles, vienen dados por su renta, por el ahorro acumulado hasta el periodo anterior y por la rentabilidad de dichos ahorros.

El stock de activos financieros (que corresponde con el volumen de ahorro) que mantiene el individuo en cada momento del tiempo puede ser positivo o negativo, indicando que el individuo mantiene una posición acreedora o deudora, respectivamente. En el primer caso el agente estaría desplazando renta presente hacia el futuro. En el segundo caso el agente estaría desplazando renta futura hacia el presente. Trasladar renta del presente al futuro siempre es posible. Basta con no gastarla y ahorrarla. Sin embargo, trasladar renta futura al presente resulta algo más complicado y se requiere la colaboración de los mercados financieros. En el problema que vamos a resolver vamos a suponer que los mercados de capitales son perfectos, es decir, no existen restricciones a la liquidez que impidan traer la renta futura deseada al presente y, por tanto, el individuo puede utilizar el ahorro para separar el nivel de consumo de cada periodo respecto a la renta de dicho periodo.

Por último, y tal y como hemos indicado anteriormente, un elemento clave en el problema de maximización de utilidad por parte de los consumidores en un contexto intertemporal es el hecho de que la utilidad no es valorada por igual en diferentes momentos del tiempo. Esto significa que los individuos descuentan la utilidad futura respecto al momento actual, es decir, una unidad de utilidad futura tiene una valoración menor que una unidad de utilidad actual. Esta tasa de descuento depende de lo que denominamos tasa de preferencia subjetiva intertemporal, θ, que es positiva ($\theta > 0$). Este parámetro nos indica en cuánto valora el agente su utilidad futura en comparación con su utilidad actual. Cuanto mayor sea el valor de esta preferencia intertemporal, menor es la valoración de su utilidad futura en términos de su utilidad actual (más impaciente es el agente). Esto significa que el problema del consumidor consiste en maximizar la sumatoria de utilidades en términos descontados, donde el factor de descuento intertemporal vendría dado por:

$$\beta = \frac{1}{1+\theta} \tag{4.3}$$

donde $\theta > 0$ es la tasa de preferencia subjetiva intertemporal y, por tanto, resulta que $\beta < 1$. El valor que se usa habitualmente en los modelos macroeconómicos para la tasa de descuento intertemporal, es de $\beta = 0,97$, para el caso de datos anuales y de $\beta = 0,99$ para el caso de datos trimestrales. Esto significa que la tasa de preferencia intertemporal tendría un valor de $\theta = 0,0309$ en el caso de datos anuales y de $\theta = 0,0101$ para el caso de datos con frecuencia trimestral.

Estructura del problema del consumidor	
Función de utilidad	$U = U(C_t)$
Restricción presupuestaria	$C_t + B_t = (1 + R_{t-1})B_{t-1} + W_t$
Stock de activos inicial	$B_{-1} = 0$
Stock de activos final	$B_T = 0$

Teniendo en cuenta todos estos elementos, el problema del consumidor quedaría especificado como sigue:

$$\max_{\{C_t\}_{t=0}^T} E_t \sum_{t=0}^T \frac{U(C_t)}{(1+\theta)^t} = \max_{\{C_t\}_{t=0}^T} E_t \sum_{t=0}^T \beta^t U(C_t) \tag{4.4}$$

sujeto a:

$$C_t + B_t = (1 + R_{t-1})B_{t-1} + W_t \tag{4.5}$$

$$B_{-1} = 0 \tag{4.6}$$

$$B_T = 0 \tag{4.7}$$

donde T es el número de periodos de vida del individuo y donde E_t es la esperanza matemática, es decir, el valor esperado de la corriente futura de utilidades en términos descontados. A la hora de resolver este problema, vamos a suponer que existe previsión perfecta, lo que significa que tenemos información sobre el valor futuro de todas las variables. Esto hace que podamos eliminar directamente la esperanza matemática del problema a maximizar.

Dado que la función objetivo es cóncava y puesto que la ecuación dinámica representando la restricción presupuestaria es lineal, podemos asegurar que los puntos que satisfacen las condiciones de Lagrange son máximos globales del problema. De la resolución de este problema obtenemos que el consumidor selecciona un plan óptimo de consumo en cada uno de los periodos de su vida de forma simultánea. Esto es, al tiempo que decide su nivel de consumo en el periodo $t = 0$, el agente también decide de forma simultánea su nivel de consumo para todos los periodos siguientes, determinando su senda óptima de consumo, tal que determinaría la senda:

$$C_0^0, C_1^0, C_2^0, C_3^0, C_4^0, ...C_T^0 \qquad (4.8)$$

donde todos los niveles de consumo para los diferentes periodos han sido decididos en el momento 0. Así, si suponemos que no existe incertidumbre sobre el valor de las variables futuras, el problema el consumidor resulta en maximizar, en el caso de vida finita, la siguiente sumatoria de utilidades:

$$\max_{\{C_t\}_{t=0}^T} U(C_0) + \beta U(C_1) + \beta^2 U(C_2) + \beta^3 U(C_3) + ... + \beta^T U(C_T) \qquad (4.9)$$

Para resolver el problema del consumidor definimos la siguiente función auxiliar de Lagrange:

$$\mathcal{L} = \sum_{t=0}^T \left[\beta^t U(C_t) - \lambda_t (C_t + B_t - W_t - (1 + R_{t-1})B_{t-1}) \right] \qquad (4.10)$$

A la hora de definir la función de Lagrange hemos de tener en cuenta que la restricción presupuestaria, que es una ecuación en diferencias para el stock de activos financieros, vendría definida para cada periodo y, por tanto, su incorporación a la función de Lagrange resulta en los siguientes términos para t y $t+1$:

$$... - \lambda_t \left[C_t + B_t - W_t - (1 + R_{t-1})B_{t-1} \right]$$
$$-\lambda_{t+1} \left[C_{t+1} + B_{t+1} - W_{t+1} - (1 + R_t)B_t \right] - ... \qquad (4.11)$$

Resolviendo el anterior problema encontramos que las condiciones de primer orden, para $t = 0, 1, 2, ...T$, son las siguientes:

$$\frac{\partial \mathcal{L}}{\partial C_t} = \beta^t U'(C_t) - \lambda_t = 0 \qquad (4.12)$$

$$\frac{\partial \mathcal{L}}{\partial B_t} = -\lambda_t + \lambda_{t+1}(1 + R_t) = 0 \qquad (4.13)$$

$$\frac{\partial \mathcal{L}}{\partial \lambda_t} = C_t + B_t - W_t - (1 + R_{t-1})B_{t-1} = 0 \qquad (4.14)$$

Despejando el multiplicador de Lagrange, λ_t, de la primera condición de primer orden (4.12), que representa el precio "sombra" del consumo (nótese que es igual a la utilidad marginal en términos descontados), y sustituyendo dicho valor en la segunda condición de primer orden (4.13), tanto para su valor en t como para su valor en $t+1$, obtenemos:

$$-\beta^t U_C(C_t) + \beta^{t+1} U_C(C_{t+1})(1 + R_t) = 0 \qquad (4.15)$$

y operando resulta:

$$U_C(C_t) = \beta(1 + R_t)U_C(C_{t+1}) \tag{4.16}$$

expresión que nos indica cómo es la senda óptima de consumo del individuo a lo largo del tiempo, resultado de la comparación de las utilidades marginales obtenidas en dos periodos, dadas unas preferencias intertemporales y un tipo de interés real que indica el coste (positivo o negativo) de trasladar renta de un periodo a otro.

Solución al problema del consumidor	
Senda óptima de consumo	$U_C(C_t) = \beta(1 + R_t)U_C(C_{t+1})$
Variación activos financieros	$B_t = (1 + R_{t-1})B_{t-1} + W_t L_t - C_t$

El estado estacionario vendría dado por aquel valor para el nivel de consumo que se mantiene constante en el tiempo. Así, si $C_t = C_{t+1} = \overline{C}$, entonces resulta que $U_C(\overline{C}) = \beta U_C(\overline{C})(1 + R_t)$, implicando que el valor de estado estacionario para el tipo de interés vendría dado por:

$$\overline{R} = \frac{1 - \beta}{\beta} = \frac{1 - \frac{1}{1+\theta}}{\frac{1}{1+\theta}} = \theta \tag{4.17}$$

es decir, en estado estacionario el tipo de interés sería igual a la tasa de preferencia subjetiva intertemporal. Si se cumple esta condición, entonces la senda óptima de consumo implicaría un nivel de consumo igual para todos los periodos.

4.2.1 Ejemplo: función de utilidad logarítmica

Para resolver numéricamente el problema del consumidor planteado anteriormente, necesitamos definir que forma funcional específica tiene la función de utilidad. En nuestro caso vamos a suponer que la función de utilidad tiene forma logarítmica, que es una forma funcional muy utilizada en la práctica por su simplicidad. En este caso, el problema del consumidor vendría dado por:

$$\max_{\{C_t\}_{t=0}^{T}} \sum_{t=0}^{T} \beta^t \ln C_t \tag{4.18}$$

sujeto a la restricción presupuestaria y condiciones inicial y final. El problema a resolver, utilizando la función auxiliar de Lagrange, sería:

$$\mathcal{L} = \sum_{t=0}^{T} \left[\beta^t \ln C_t - \lambda_t(C_t + B_t - W_t - (1 + R_{t-1})B_{t-1}) \right] \tag{4.19}$$

Las condiciones de primer orden son las siguientes:

$$\frac{\partial \mathcal{L}}{\partial C_t} \quad : \quad \beta^t \frac{1}{C_t} - \lambda_t = 0 \tag{4.20}$$

$$\frac{\partial \mathcal{L}}{\partial B_t} \quad : \quad -\lambda_t + \lambda_{t+1}(1 + R_t) = 0 \tag{4.21}$$

$$\frac{\partial \mathcal{L}}{\partial \lambda_t} \quad : \quad C_t + B_t - W_t - (1 + R_{t-1})B_{t-1} = 0 \tag{4.22}$$

Dado que la función de utilidad es cóncava, las condiciones necesarias también son suficientes para obtener un máximo global. Despejando el valor del multiplicador de Lagrange de la primera condición de primer orden (4.20) y sustituyendo en la segunda condición de primer orden (4.21), obtenemos:

$$\beta^t \frac{1}{C_t} = \beta^{t+1} \frac{1}{C_{t+1}}(1 + R_t) \tag{4.23}$$

y operando resulta:

$$C_{t+1} = \beta(1 + R_t)C_t \tag{4.24}$$

indicando la relación entre el nivel de consumo en el periodo $t + 1$ con el consumo en t, estando dicha relación determinada por el parámetro de preferencias β, el tipo de interés real y la forma funcional específica utilizada para la utilidad.

Solución al problema del consumidor Función de utilidad logarítmica	
Senda óptima de consumo	$C_{t+1} = \beta(1 + R_t)C_t$
Variación activos financieros	$B_t = (1 + R_{t-1})B_{t-1} + W_t L_t - C_t$

4.3 Resolución numérica

Para computar numéricamente el anterior problema vamos a utilizar la herramienta "Solver" de Excel, que permite resolver de forma fácil problemas relativamente sencillos de optimización dinámica como el que estamos planteando. Esta herramienta, que viene incorporada a Excel como un complemento, resuelve problemas de programación lineal, así como sistemas de ecuaciones, tanto lineales como no lineales, utilizando diferentes métodos. En el apéndice F presentamos como sería este problema en MATLAB, utilizando la función "fsolve".

El fichero de Excel que vamos a utilizar en este caso es "**IMC-4-1.xls**". La Figura 4.1 muestra la estructura del fichero correspondiente. Como podemos observar, en este caso sólo necesitamos un parámetro: la tasa de descuento intertemporal, β. Además necesitamos determinar dos variables exógenas: el tipo de interés real, R, así como

	A	B	C	D	E	F	G	H	I
1	**EJERCICIO 4.1: La decisión consumo-ahorro**								
2				Periodo	Consumo	Renta	Ahorro	Utilidad	
3	*Parámetros*			0	11,49	10,00	-1,49	1,06	
4	Beta	0,97		1	11,37	10,00	-2,89	1,02	
5				2	11,25	10,00	-4,19	0,99	
6	*Variables exógenas*			3	11,13	10,00	-5,40	0,95	
7	Tipo de interés	0,02		4	11,01	10,00	-6,51	0,92	
8				5	10,89	10,00	-7,53	0,89	
9				6	10,77	10,00	-8,46	0,86	
10				7	10,66	10,00	-9,29	0,83	
11				8	10,55	10,00	-10,02	0,80	
12				9	10,44	10,00	-10,65	0,77	
13				10	10,33	10,00	-11,19	0,75	
14				11	10,22	10,00	-11,63	0,72	
15				12	10,11	10,00	-11,97	0,70	
16				13	10,00	10,00	-12,22	0,67	
17				14	9,90	10,00	-12,36	0,65	
18				15	9,79	10,00	-12,40	0,63	
19				16	9,69	10,00	-12,33	0,61	
20				17	9,59	10,00	-12,16	0,58	
21				18	9,48	10,00	-11,89	0,56	
22				19	9,38	10,00	-11,51	0,55	
23				20	9,28	10,00	-11,03	0,53	
24				21	9,18	10,00	-10,43	0,51	
25				22	9,09	10,00	-9,73	0,49	
26				23	8,99	10,00	-8,91	0,47	
27				24	8,89	10,00	-7,98	0,46	
28				25	8,80	10,00	-6,94	0,44	
29				26	8,70	10,00	-5,78	0,43	
30				27	8,61	10,00	-4,51	0,41	
31				28	8,52	10,00	-3,12	0,40	
32				29	8,43	10,00	-1,62	0,38	
33				30	8,35	10,00	0,00	0,37	
34				Suma				20,41	
35									

Figura 4.1: Estructura de la hoja de cálculo IMC-4-1.xls. Decisión consumo-ahorro.

el nivel de renta, W. Tanto la tasa de descuento intertemporal como el tipo de interés son factores determinantes de la senda óptima de consumo, junto con la forma funcional particular de la función de utilidad, tal y como hemos obtenido de forma analítica. En realidad el tipo de interés real es una variable que puede cambiar a lo largo del tiempo. No obstante, por ahora vamos a suponer que esta variable exógena se mantiene constante. Por otra parte, también hemos de especificar la renta salarial del individuo en cada periodo de su vida, que la hemos supuesto exógena. En este ejercicio vamos a suponer que la renta es constante para todos los periodos. Los valores que hemos fijado son un factor de descuento intertemporal de 0,97, que aparece en la celda "B4", mientras que en la celda "B7" aparece el tipo de interés real del 2% ($R = 0,02$), mientras que $W = 10$.

Las variables que necesitamos definir para resolver este problema son las siguientes. La columna "D" es el índice de tiempo, mientras que la columna "E" que presentará los valores del consumo, que es la variable que tenemos que calcular. Es decir, la solución a nuestro problema aparecería en esta columna. Vamos a suponer que el individuo vive desde el momento 0 hasta el periodo 30 ($T = 30$). La columna "F" es la renta, que la suponemos dada y constante periodo a periodo, la columna "G" es el ahorro que se obtiene como la diferencia entre el consumo y la renta de cada periodo y finalmente la columna "H" muestra la satisfacción obtenida por el individuo en función del consumo en términos actualizados.

Para resolver el ejercicio utilizando la herramienta "Solver" de Excel operamos como sigue. En primer lugar rellenamos con valores ficticios la columna correspondiente al consumo (columna "E"). Esto es lo que se conoce como "semilla", y serán los valores iniciales que el algoritmo utilice para obtener la solución al problema planteado. Estos valores iniciales, deberían ser lo más cercanos posibles a la solución final. Cuanto más cercanos estén de la solución final, más fácil será para el ordenador calcular la solución correcta. Por el contrario, si los valores iniciales que proponemos son muy diferentes de la solución final podríamos encontrarnos el caso en que el algoritmo que resuelve nuestro sistema de ecuaciones no es capaz de encontrar la solución al problema de maximización planteado. Es importante tener en cuenta que estos valores ficticios que vamos a proporcionar inicialmente no pueden ser muy diferentes de la solución final. Estos son los valores que el programa va a utilizar para calcular la primera solución al problema (un valor para la sumatoria de utilidades descontadas), que obviamente no va a ser la solución definitiva (el valor máximo). A partir de aquí, y en un proceso iterativo, el algoritmo va cambiando estos valores iniciales obteniendo nuevas soluciones hasta alcanzar el valor definitivo. El Apéndice G muestra de forma esquemática el funcionamiento básico de este tipo de algoritmos (tipo Newton) para resolver un sistema de ecuaciones.

A continuación establecemos el nivel de renta del individuo en cada periodo. En nuestro caso hemos supuesto que el nivel de renta es de 10 unidades en cada periodo a lo largo de toda la vida del individuo. La columna "G" muestra el ahorro, en términos del stock de activos financieros. El ahorro del primer periodo es simplemente la diferencia entre el nivel de consumo y el nivel de renta en dicho periodo. Así, si situamos el cursor en la celda "G3", aparece la expresión:

$$=F3-E3$$

es decir, la renta salarial (columna "F") menos el consumo (columna "E") en el periodo 0. Por el contrario si nos situamos en la celda "G4" vemos que la expresión que aparece es:

$$=(1+Rbar)*G3+F4-E4$$

es decir, es la rentabilidad generada por los ahorros realizados hasta el periodo anterior más la renta del periodo menos el consumo del periodo. Las siguientes filas de esta columna contienen esta misma expresión. Es decir, es la rentabilidad bruta del ahorro realizado hasta el periodo anterior más el nuevo ahorro del periodo.

Finalmente la columna "H" presenta el valor de la utilidad descontada en cada periodo. Si nos situamos en la celda "H3" aparece la expresión:

$$=Beta\char`^D3*LN(E3)$$

que es la valoración de la utilidad en el periodo 0, es decir, el logaritmo del consumo multiplicado por el factor de descuento intertemporal elevado al índice de tiempo correspondiente a dicho periodo. Por último en la celda "H54" aparece la sumatoria de las utilidades descontadas, que es el valor que tenemos que maximizar. Una vez disponemos de esta información, a continuación vamos a la herramienta "Solver" e introducimos los datos correspondientes al problema que queremos resolver. En nuestro caso, la celda objetivo es la "H34", cambiando las celdas de las variables desde la "E3" a la "E33" y sujeto a la restricción de que la celda "G33" tiene que ser mayor o igual que cero. Una vez realizados estos pasos, podemos ejecutar la herramienta "Solver", presionando el botón de "Resolver", y obtendremos la solución para la senda óptima de consumo en la columna "E"

Para ejecutar el "Solver" de Excel para resolver nuestro problema de maximización tenemos que ir en el menú principal a "Herramientas" o bien a "Datos", dependiendo de la versión de Excel que estemos utilizando, y seleccionar "Solver" y nos aparecerá la ventana que se muestra en la Figura 4.2. La herramienta "Solver" puede no venir incorporada directamente en el menú de Excel, por lo que probablemente tengamos que instalarla. Si la herramienta solver no está instalada, entonces tenemos que ir a "Archivo", "Opciones" y "Complementos", para instalar dicha herramienta, o bien ir al Botón de Office y seleccionar "Opciones de Excel", "Complementos" y seleccionar "Solver" para su instalación, dependiendo de la versión que estemos usando.

Al seleccionar "Solver" nos aparece una ventana de diálogo en la hoja de cálculo con el título "Parámetros de Solver". El primer elemento que aparece en la ventana de diálogo de "Solver" es "Celda objetivo:" o "Establecer objetivo:". Esta opción hace referencia al valor de la función objetivo del problema que queremos resolver. En nuestro caso hará referencia a la utilidad total del individuo a lo largo de su vida. En concreto, sería la suma descontada de la utilidad que obtiene el individuo en cada periodo de su vida.

A continuación aparece la instrucción "Valor de la celda objetivo:" en la que existen tres opciones: "Máximo", "Mínimo" y "Valores de:". Estas opciones hacen referencia al tipo de problema que queremos resolver. Si queremos maximizar el valor de la celda objetivo seleccionaríamos "Máximo". Si lo que queremos es minimizar un determinado problema entonces seleccionaríamos la opción "Mínimo". Por el contrario, si lo que queremos es que alcance un determinado valor, introduciríamos dicho valor en la opción "Valores de:". En nuestro caso el problema que queremos resolver consiste en la maximización de la utilidad del consumidor, por lo que seleccionaríamos la opción "Máximo", que es precisamente la opción que viene marcada por defecto.

Seguidamente aparece la instrucción "Cambiando las celdas". Aquí tenemos que introducir las celdas en las que Excel va a calcular la variable objetivo, esto es, el nivel de consumo periodo a periodo. En las celdas que indiquemos en este apartado es donde la hoja de cálculo va a presentar la solución al problema que queramos resolver.

Figura 4.2: La herramienta "Solver" de Excel.

En nuestro caso concreto, vamos a obtener el nivel de consumo en cada periodo que maximiza la utilidad total del individuo a lo largo de su vida. Para la construcción del problema tenemos que proponer un valor tentativo para estas celdas.

Finalmente aparece la instrucción "Sujetas a las siguientes restricciones:". En este apartado debemos de introducir las restricciones a las que está sujeto el problema que queremos resolver. La restricción con la que va a contar nuestro problema es que la cantidad de activos financieros (ahorro) del individuo al final de su vida tiene que ser cero ($B_T = 0$).

A la derecha del cuadro de diálogo de "Solver" aparece una pestaña denominada "Opciones...". Si pinchamos en dicha pestaña aparece el cuadro de diálogo reflejado en la Figura 4.3. De nuevo, el formato exacto de este cuadro de diálogo depende de la versión de Excel que estemos utilizando. Este cuadro permite cambiar diferentes parámetros, tales como el tiempo máximo de cálculo, el número de iteraciones, la precisión, la tolerancia y la convergencia. También incluye otras opciones adicionales. En nuestro caso es importante seleccionar la opción "Adoptar no negativos". Esto es así, porque dado el problema que vamos a resolver, el consumo de un individuo no puede ser negativo ningún periodo. Por último, existen opciones en relación con la estimación, cálculo de derivadas y respecto al algoritmo de búsqueda de la solución. No obstante, hemos de indicar que los cuadros de diálogo del "Solver" pueden ser muy diferentes dependiendo de la versión de Excel que estemos utilizando. Una vez

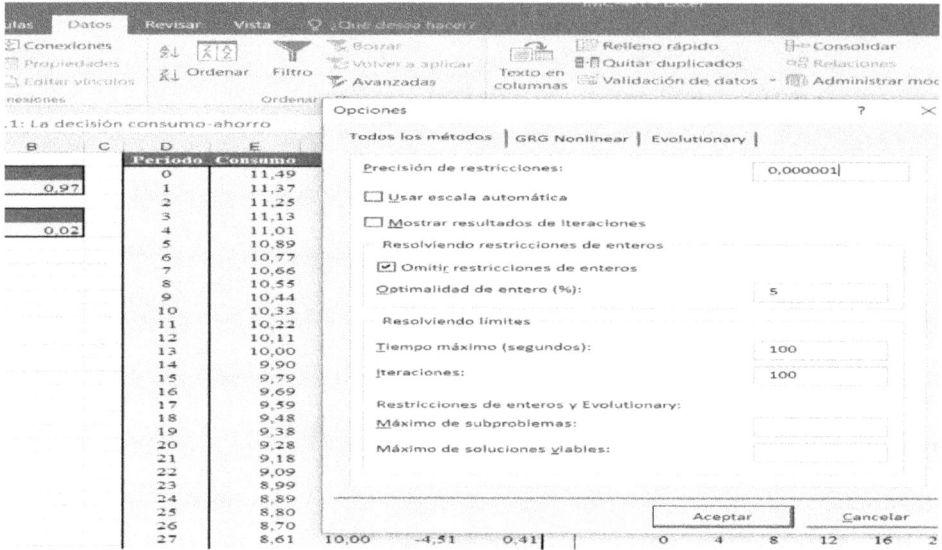

Figura 4.3: Menú de opciones de la herramienta "Solver" de Excel.

lo tenemos todo, simplemente le damos a la pestaña "Resolver" y automáticamente obtenemos la solución al problema (si Excel no ha encontrado ningún problema para resolverlo). Excel determinará los valores del nivel de consumo para cada periodo tal que la sumatoria de las utilidades descontadas sea la máxima posible.

La Figura 4.4 muestra las sendas temporales de las diferentes variables resultantes de resolver el anterior problema de maximización. Tal y como podemos observar, la senda óptima de consumo tiene pendiente negativa, indicando que el consumidor prefiere tener un nivel de consumo elevado en los primeros periodos de su ciclo vital e ir disminuyendo su consumo a lo largo del tiempo. Este resultado es consecuencia directa de los valores calibrados para el tipo de interés y el factor de descuento. Si comparamos esta senda del consumo con la evolución temporal de la renta vemos que el individuo redistribuye la renta que obtiene en cada periodo a lo largo de todo su ciclo vital, teniendo un nivel de consumo superior a su renta en los periodos iniciales, mientras que el consumo es inferior a su nivel de renta en los periodos finales. De este modo observamos como el agente puede separar su decisión de consumo periodo a periodo, respecto a la renta obtenida en dicho periodo para así maximizar su utilidad.

El hecho de que la senda temporal de consumo tenga pendiente negativa obedece al hecho de que el tipo de interés real es superior a la tasa de preferencias intertemporales. Así, en este ejercicio hemos supuesto que el tipo de interés es del 2% mientras que la tasa de preferencia intertemporal, θ, es de 0,031, dado que $\beta = 1/(1+\theta) = 0,97$. Esto va a provocar que el coste de endeudarse sea reducido en relación al descuento de su utilidad futura, por lo que el ahorro será negativo durante los primeros periodos de su vida. De hecho, observamos que el stock de activos financieros es siempre negativo durante el ciclo vital de este individuo, es decir, el individuo está siempre endeudado a lo largo de su vida. El ahorro resulta negativo hasta la mitad de su vida (periodo 15), indicando que el agente se está trayendo renta futura para realizar consumo durante estos primeros periodos de su ciclo vital. A partir de dicho periodo, el ahorro se torna positivo, disminuyendo su stock de deuda, hasta alcanzar un nivel cero en el último periodo. El Apéndice F muestra cómo sería la resolución de este mismo problema del consumidor en Matlab y en Dynare.

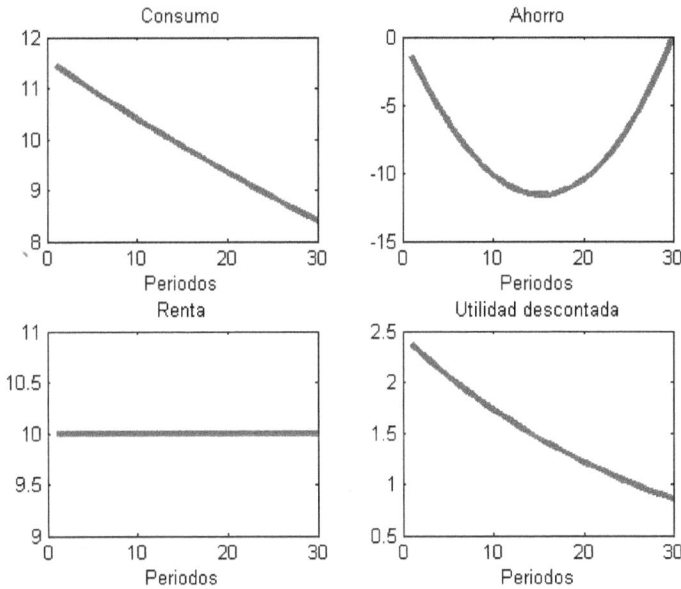

Figura 4.4: Sendas óptimas de consumo y ahorro en el problema básico del consumidor.

4.4   Análisis de perturbaciones: Cambio en la renta

A continuación vamos a realizar diferentes ejercicios en relación a cómo se ve alterada la decisión consumo-ahorro ante variaciones en las variables exógenas. En concreto vamos a suponer diferentes estructuras para la renta. En primer lugar, vamos a suponer que el salario que obtiene el individuo no es una constante sino que varía a lo largo de su ciclo vital. En segundo lugar, vamos a suponer que el individuo únicamente obtiene renta salarial durante una parte de su vida (su vida laboral es inferior a su ciclo vital), por lo que durante los periodos finales de su ciclo vital (periodo de jubilación), la renta salarial que obtiene es cero. La idea de estos ejercicios es mostrar que la decisión óptima de consumo no se ve afectada por la estructura de renta del individuo, bajo los supuestos que estamos considerando (agentes racionales, previsión perfecta e inexistencia de restricciones a la liquidez).

4.4.1   Renta creciente en el tiempo

En el ejercicio anterior hemos supuesto que la renta del individuo es constante durante su vida laboral, desde el periodo 0 al periodo 30. Sin embargo, en la realidad la renta salarial de los individuos va aumentando a medida que aumenta su experiencia laboral, al menos hasta una determinada edad. Por tanto, vamos a repetir el ejercicio anterior pero suponiendo que el salario viene representado por una función creciente en el tiempo. En concreto, vamos a suponer que la renta del periodo 0 es de 10 y que aumenta en una unidad en cada periodo, hasta el periodo final. Este ejercicio aparece reflejado en la hoja de cálculo **"IMC-4-2.xls"**, que tiene la misma estructura que la usada en el ejercicio anterior. Los pasos para resolver este ejercicio son exactamente iguales a los descritos anteriormente, introduciendo la misma información en la herramienta "Solver".

La Figura 4.5 muestra las sendas temporales de las diferentes variables con esta nueva estructura de la renta. La renta exógena presenta ahora una senda creciente a lo largo de la vida del individuo. Esto significa que estamos suponiendo que el individuo comienza a trabajar con un salario bajo, pero a medida que acumula experiencia laboral su salario va aumentando. Como podemos observar, la senda óptima de consumo vuelve a ser negativa, similar a la obtenida en el ejercicio con renta constante. Esto es así porque la estructura de la renta no afecta a la decisión de consumo del individuo. La decisión de consumo del individuo se toma en función de tres elementos: el tipo de interés real, la tasa de preferencia intertemporal y el grado de curvatura de la función de utilidad. Por tanto la senda óptima de consumo es totalmente independiente de la estructura de renta del individuo, tal y como pone en evidencia este ejercicio numérico. El valor del consumo periodo a periodo resulta diferente respecto al problema anterior, pero esto es debido a que la renta global del individuo también es diferente. No obstante, su perfil temporal continúa siendo el mismo.

La variable que sí cambia en este caso es el ahorro, que se acomoda a la nueva estructura de la renta, tal que la senda de consumo sea la óptima. En este caso observamos cómo el ahorro del individuo durante los primeros años de su vida laboral es negativo, es decir, el individuo se endeuda consumiendo una cantidad superior a su renta, lo cual es lógico atendiendo al factor de descuento y al tipo de interés real. Sin embargo, aunque la decisión de ahorro va en en la misma dirección en el caso anterior, los niveles de endeudamiento son ahora mucho más elevados. Esto es así porque el individuo sabe que sus ingresos van a ser superiores en el futuro, por lo que el individuo se trae una mayor cantidad de renta del futuro al presente. Obviamente, este ahorro negativo tiene que ser compensado posteriormente con un ahorro positivo durante sus últimos periodos de vida, reduciendo su posición deudora. Por tanto, el cambio en la estructura temporal de la renta no tiene efectos sobre la decisión intertemporal consumo-ahorro, siendo los patrones del consumo y del ahorro similares a los obtenidos en el ejercicio inicial, debido a que la renta no determina la senda óptima del consumo periodo a periodo.

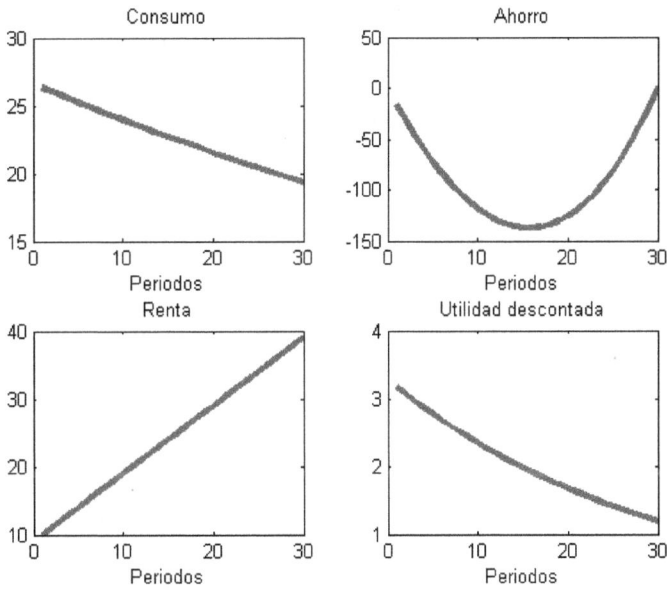

Figura 4.5: Decisión óptima consumo-ahorro con renta salarial creciente en el tiempo.

4.4.2 Periodo de jubilación

A continuación repetimos el ejercicio inicial, pero suponiendo que la renta solo se genera durante una parte de la vida del individuo. Así, vamos a suponer que los primeros años de vida del individuo corresponden a su vida laboral y, por tanto, obtiene una renta de su trabajo, mientras que en los últimos periodos el individuo se jubila y no obtiene ninguna renta. En particular, vamos a suponer que la renta es constante e igual a 10 desde el periodo 0 al periodo 20, para pasar a tomar un valor de 0 desde el periodo 21 al 30. Este problema aparece planteado en la hoja de cálculo

"IMC-4-3-xls", y para su resolución procedemos como anteriormente.

La Figura 4.6 muestra las sendas de las diferentes variables resultantes de resolver este problema de maximización. Tal y como podemos observar, de nuevo obtenemos una senda óptima de consumo decreciente en el tiempo, siendo muy suave, a pesar del cambio brusco que se produce en la renta del individuo a partir del periodo 20. La explicación es la misma que la ofrecida en el ejercicio anterior: la renta no afecta a la decisión de consumo. Sin embargo, ahora obtenemos un diferente patrón en el ahorro, como consecuencia de la nueva estructura de la renta. Así, para que la senda de consumo no se vea afectada, todos los cambios en la estructura de la renta se trasladan a cambios en la estructura del ahorro. Ahora obtenemos que el ahorro del individuo es positivo durante los primeros periodos de su vida (exactamente hasta el periodo 20), siendo negativo a partir de dicho momento. Esto significa que el individuo acumula activos durante su vida laboral, para posteriormente utilizar dichos activos a lo largo de su periodo de jubilación para suavizar su perfil de consumo.

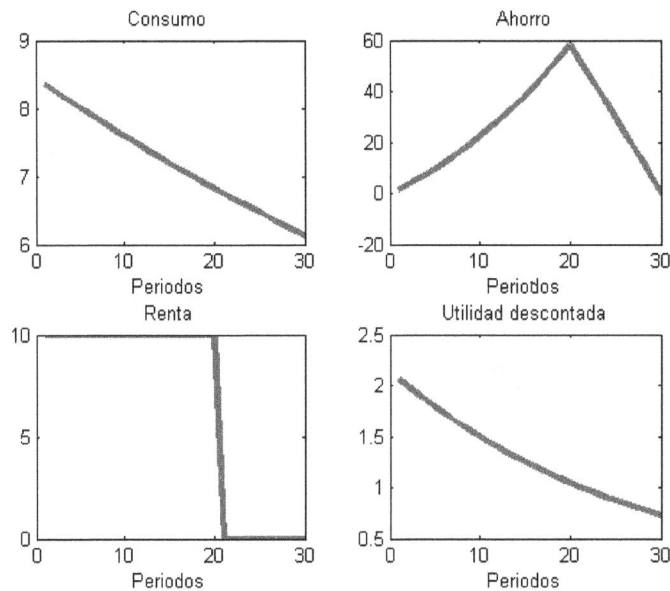

Figura 4.6: Decisión consumo-ocio con periodo de jubilación.

La explicación de este resultado es sencilla. El individuo sólo obtiene renta durante los primeros periodos de su vida (desde $t = 0$ a 20). Esto significa que el individuo debe generar un ahorro positivo durante este periodo de su vida para disponer de recursos para poder consumir en los últimos periodos de su vida, una vez se ha jubilado y no obtiene ingresos salariales. Como podemos observar la evolución del stock de ahorro de este individuo tiene forma de pirámide, aumentando de forma continua en el tiempo durante su etapa laboral. Una vez el individuo deje de trabajar, a partir de ese momento se produce un desahorro (disminuye la cantidad de activos financieros acumulados), consumiendo los ahorros que había generado previamente.

4.5 Análisis de sensibilidad: Cambio en el factor de descuento

A continuación vamos a analizar los efectos de un cambio en los parámetros sobre la decisión óptima de consumo-ahorro. En nuestro modelo tenemos un único parámetro: el factor de descuento intertemporal de los individuos, β, mientras que el tipo de interés y la renta hemos supuesto que son variables exógenas. Por tanto, vamos a estudiar ahora cómo cambia la decisión del individuo en función del valor de la tasa de descuento intertemporal. Así vamos a suponer que este factor de descuento aumenta (disminuye la tasa de preferencia intertemporal), pasando el factor de descuento a tomar un valor de 0,99. Esto significa que el individuo se hace menos impaciente (descuenta en menor medida la utilidad futura). Para la realización de este ejercicio podemos utilizar de nuevo la hoja inicial "**IMC-4-1.xls**", cambiando el valor de la celda "B4", y ejecutando de nuevo el "Solver" tal y como se ha especificado anteriormente.

La Figura 4.7 muestra la nueva senda de consumo y ahorro del individuo. Ahora la senda óptima de consumo tiene pendiente positiva. Eso significa que el individuo va a preferir consumir menos en los primeros periodos e ir aumentando su nivel de consumo a medida que pasa el tiempo. Esta nueva senda de consumo viene determinada por el nuevo factor de descuento, que implica una mayor preocupación por el futuro por parte del agente. Es decir, el agente descuenta poco la utilidad futura. Esta variación va a provocar que la tasa de preferencia intertemporal sea inferior al tipo de interés real, lo que da como resultado una senda óptima de consumo con pendiente creciente. De hecho, la pendiente de la senda óptima de consumo viene determinada por la relación entre el tipo de interés y el factor de descuento intertemporal (o la tasa subjetiva de preferencia intertemporal, θ). Si el tipo de interés es igual a la tasa subjetiva intertemporal, entonces el consumo sería igual periodo a periodo (la senda óptima de consumo sería una línea horizontal). De hecho, esta es la condición de estado estacionario para el consumo, que hace que éste se mantenga constante a lo largo del tiempo. La explicación es que la rentabilidad que obtenemos por ahorrar una unidad de renta hoy y consumirla mañana es exactamente igual a la valoración de ese consumo mañana en términos del consumo hoy.

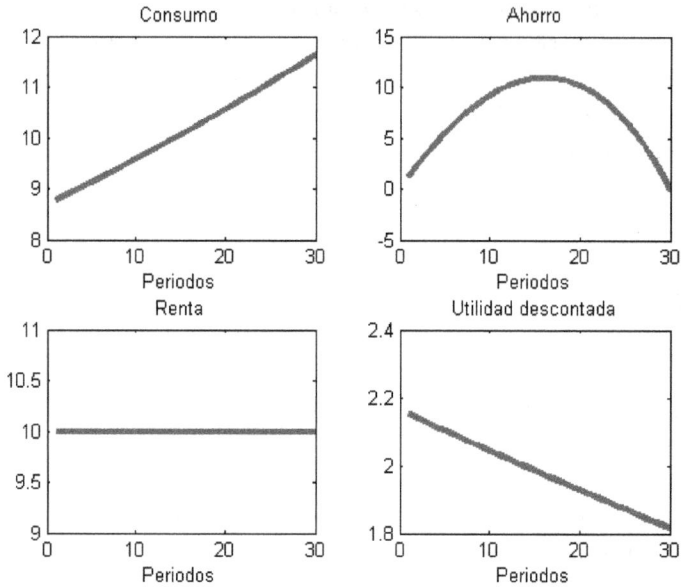

Figura 4.7: Decisión consumo-ahorro con $\beta = 0,99$.

La nueva senda óptima de consumo obtenida refleja el hecho de que ahora estamos analizando el comportamiento de un individuo que descuenta muy poco el futuro, es decir, que se preocupa mucho por el mismo. Esto va a tener importantes consecuencias en términos de sus decisiones económicas y sobre la decisión de ahorrar. Así, este individuo va a sacrificar consumo actual para obtener mayores niveles de consumo futuro. Como consecuencia de esta decisión su nivel de ahorro va a ser elevado durante los primeros periodos de su vida. La explicación es la siguiente. En esta situación el tipo de interés, es mayor que la tasa subjetiva de preferencia intertemporal (dado que cuanto mayor es el factor de descuento intertemporal menor es la tasa subjetiva de preferencia). Esto significa que la rentabilidad del ahorro (en términos de posibilidades de consumo futuro) es más elevada que el descuento (en términos de utilidad) aplicado a dicho consumo, por lo que el individuo obtiene mayor utilidad teniendo un mayor consumo en el futuro que en el presente.

4.6 Cambio en la función de utilidad

Tal y como hemos indicado anteriormente, para obtener la resolución numérica de un modelo macroeconómico necesitamos utilizar formas funcionales específicas para las distintas funciones que aparecen en las distintas ecuaciones del modelo. Así, para resolver el problema básico del consumidor, necesitamos especificar una forma particular para la función de utilidad, que cumpla determinadas condiciones. Esto va a provocar que los resultados obtenidos vengan condicionados por esta forma funcional particular, pudiendo alterarse los mismos en función de la forma específica que supongamos tiene la utilidad.

A continuación vamos a repetir el ejercicio anterior pero usando una función de utilidad alternativa. En concreto vamos a utilizar la función de utilidad del tipo CRRA con un parámetro constante de aversión al riesgo relativo. Nuestro objetivo en este caso va a ser estudiar cuáles son los efectos sobre la decisión de consumo de la aversión al riesgo y cómo varía la decisión del consumidor bajo otra forma funcional para su función de utilidad. La función de utilidad del individuo suponemos tiene la siguiente forma funcional:

$$U(C_t) = \frac{C_t^{1-\sigma} - 1}{1 - \sigma} \tag{4.25}$$

donde σ es el coeficiente de aversión al riesgo relativo. Si $\sigma = 1$, entonces la función CRRA se transforma en la función logarítmica que hemos utilizado anteriormente. En este caso el ejercicio a resolver es el siguiente:

$$\max_{\{C_t\}_{t=0}^T} \sum_{t=0}^{T} \beta^t \frac{C_t^{1-\sigma} - 1}{1 - \sigma} \tag{4.26}$$

sujeta a la restricción presupuestaria dada por (4.1). La función de Lagrange auxiliar vendría dada por:

$$\mathcal{L} = \sum_{t=0}^{T} \left[\beta^t \frac{C_t^{1-\sigma} - 1}{1 - \sigma} - \lambda_t (C_t + B_t - W_t - (1 + R_{t-1})B_{t-1}) \right] \tag{4.27}$$

Para el anterior problema, las condiciones de primer orden para $t = 0, 1, 2, ...T$, son las siguientes:

$$\frac{\partial \mathcal{L}}{\partial C_t} \quad : \quad \beta^t C_t^{-\sigma} - \lambda_t = 0 \tag{4.28}$$

$$\frac{\partial \mathcal{L}}{\partial B_t} \quad : \quad -\lambda_t + \lambda_{t+1}(1 + R_t) = 0 \tag{4.29}$$

$$\frac{\partial \mathcal{L}}{\partial \lambda_t} \quad : \quad C_t + B_t - W_t - (1 + R_{t-1})B_{t-1} = 0 \tag{4.30}$$

Despejando el multiplicador de Lagrange de la primera condición de primer orden (4.28) y sustituyéndolo en la segunda condición de primer orden (4.29) para t y $t+1$, obtenemos:

$$\beta^t C_t^{-\sigma} = \beta^{t+1}(1 + R_t)C_{t+1}^{-\sigma} \tag{4.31}$$

y operando resulta la siguiente senda óptima de consumo:

$$C_t^\sigma = \beta(1 + R_t)C_{t+1}^\sigma \tag{4.32}$$

Solución al problema del consumidor Función de utilidad CRRA	
Senda óptima de consumo	$C_t^\sigma = \beta(1 + R_t)C_{t+1}^\sigma$
Variación activos financieros	$B_t = (1 + R_{t-1})B_{t-1} + W_tL_t - C_t$
Oferta de trabajo	$(1 - \gamma)C_t = \gamma W_t(1 - L_t)$

Una vez resuelto el problema analíticamente, a continuación vamos a resolverlo computacionalmente. En este caso el problema a resolver contiene un parámetro adicional, que es la tasa relativa de aversión al riesgo. Vamos a suponer que el parámetro de aversión al riesgo es elevado. Por ejemplo, vamos a suponer que $\sigma = 2$. En este caso estamos suponiendo un individuo que tiene una función de utilidad muy cóncava. El valor para el resto de parámetros y variables exógenas es el mismo que los utilizados en el ejercicio 1 con el objetivo de comparar los resultados para estudiar cómo el grado de aversión al riesgo del individuo influye en los mismos.

El problema aparece resuelto en la hoja de cálculo "**IMC-4-4.xls**". El valor del nuevo parámetro σ aparece en la celda "B6". Para resolver este nuevo problema cambiamos la expresión que aparece en la columna "I". Si situamos el cursor en la celda "I3", vemos que aparece la expresión:

```
=Beta^E3*(F3^(1-Sigma)-1)/(1-Sigma)
```

que es la que corresponde a la nueva función de utilidad. La estructura del resto de la hoja de cálculo es similar a las mostradas anteriormente, al igual que la información a suministrar a la herramienta "Solver".

La Figura 4.8 muestra las sendas temporales de las variables relevantes. Tal y como podemos observar, la senda óptima del consumo tiene pendiente negativa, pero ahora su perfil temporal se hace más horizontal. Esto es así porque, tal y como se ha señalado anteriormente, esta pendiente depende de la diferencia entre la tasa subjetiva de preferencia intertemporal y el tipo de interés real. Si la tasa de preferencia intertemporal es superior al tipo de interés real, como es el caso, entonces la pendiente es negativa, siendo independiente dicho signo del parámetro de aversión al riesgo. El efecto de introducir el parámetro de aversión al riesgo es que, cuanto mayor sea su valor, más horizontal es la senda óptima de consumo. Esto se puede comprobar fácilmente, cambiando el valor de la celda "B6" y recalculando la senda óptima de consumo.

Cuanto mayor es la aversión al riesgo, más curva es la función de utilidad y más costosos (en términos de pérdidas de utilidad) son los cambios en el nivel de consumo de un periodo a otro. En términos generales, si somos muy aversos al riesgo no queremos que ocurra ningún cambio periodo a periodo y que cualquier variación en las variables (en este caso el consumo) a lo largo del tiempo sean lo más suaves posible.

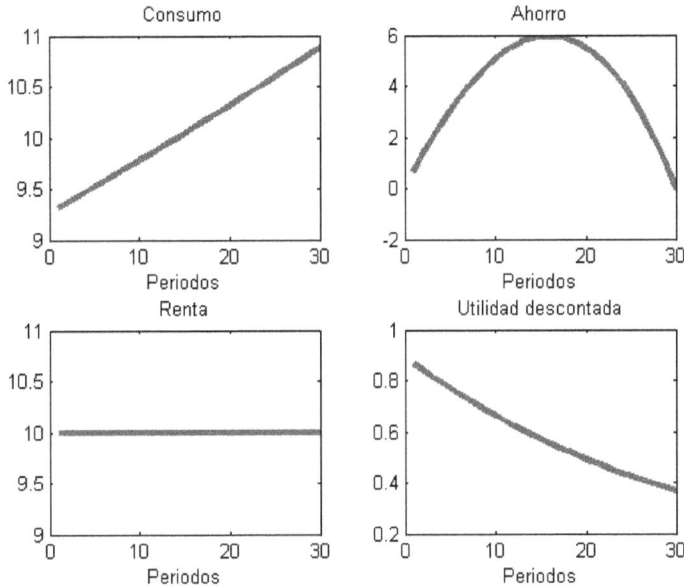

Figura 4.8: Decisión consumo-ocio con función de utilidad CRRA.

Ejercicios

1. Utilizando la hoja de cálculo **"IMC-4-1.xls"**, estudie cuáles son los efectos de un aumento en el tipo de interés real. En particular, suponga que el tipo de interés aumenta hasta el 5 por ciento, $R = 0.05$. Cómo es ahora la pendiente de la senda óptima de consumo. Qué sucede ahora con el ahorro. A qué se deben estos cambios en la decisión óptima del consumidor.

2. Suponga que el tipo de interés es del 0 por ciento, $R = 0.00$. Qué consecuencias tiene sobre la decisión consumo-ahorro.

3. Dados los parámetros calibrados en la hoja de cálculo **"IMC-4-1.xls"**, cuál debería ser el tipo de interés para que el nivel de consumo sea el mismo para todos los periodos. Qué relación guarda este valor del tipo de interés con la tasa de preferencia intertemporal.

4. Construya una hoja de cálculo en el cual el individuo se enfrente a restricciones a la liquidez. Es decir, una situación en la cual no puede traerse renta del futuro, esto es, no puede endeudarse, con lo cual el stock de activos financieros tiene que ser siempre positivo. Resuelva este problema y proponga diferentes estructuras de la renta. Cómo se ve afectada en este caso la decisión consumo-ahorro.

5. Usando la hoja de cálculo "**IMC-4-2.xls**", suponga que se produce un aumento del tiempo de jubilación en 5 periodos. Qué consecuencias tiene este aumento en el número de periodos en el cual el agente está trabajando durante su ciclo vital.

5

La decisión consumo-ahorro y la decisión consumo-ocio

5.1 Introducción

En este capítulo ampliamos el análisis realizado anteriormente y vamos a estudiar de forma conjunta la decisión consumo-ahorro y la decisión consumo-ocio. Habitualmente, en los modelos macroeconómicos microfundamentados de equilibrio general dinámico la función de utilidad de los consumidores depende positivamente de dos argumentos: el consumo y el ocio, entendido el ocio como aquel tiempo disponible que no se dedica a trabajar. En este contexto, el consumidor obtiene satisfacción tanto de su nivel de consumo como de su nivel de ocio. Sin embargo, para poder consumir bienes y servicios debe primero generar unas rentas y, por tanto, debe renunciar a parte de su ocio y dedicar dicho tiempo a actividades de producción (trabajo). A partir de esta función de utilidad obtenemos dos decisiones fundamentales que van a determinar el comportamiento de una economía a partir de las decisiones de los consumidores. La primera, es una decisión intertemporal entre consumo-ahorro como la estudiada en el capítulo anterior, que nos permite obtener la senda óptima de consumo y la decisión de inversión. La segunda es la decisión intratemporal consumo-ocio, a partir de la cual vamos a determinar la oferta de trabajo.

La idea fundamental de esta función de utilidad es que los agentes tienen una dotación de tiempo disponible que pueden dedicar a diferentes actividades. La parte de tiempo disponible que desean destinar a trabajar va a dar lugar a la oferta de trabajo, entendiendo ésta como una renuncia al ocio. La característica principal de la oferta de trabajo es que se trata de una decisión estática, dado que el tiempo disponible no se puede acumular. Esto es, la decisión de trabajar o no (qué fracción del tiempo disponible vamos a dedicar a trabajar) se toma periodo a periodo, de forma independiente, por lo que es una decisión de carácter estático. El tiempo dedicado al trabajo genera una desutilidad (pérdida de utilidad), que se va a ver compensada por la ganancia de utilidad derivada del consumo al que puede dar lugar las rentas generadas a través del trabajo. De hecho, veremos que la decisión de oferta de trabajo se corresponde con una situación de equilibrio que iguala la desutilidad de trabajar con la utilidad obtenida por el consumo generado. Dicho de otro modo, sería equivalente a la evaluación monetaria del ocio en términos de consumo, utilizando el salario como medida del valor del tiempo en relación al valor del consumo. Este problema de maximización constituye uno de los pilares fundamentales de los modelos macroeconómicos de equilibrio general dinámico, a partir del cual se van a determinar las principales variables de una economía: el consumo, la inversión, el stock de capital y el empleo. Para resolver este problema de optimización numéricamente utilizaremos de nuevo la herramienta "Solver" de Excel, tal y como hemos hecho en el capítulo anterior. La única diferencia es que ahora tenemos que calcular no solo la senda óptima de consumo, sino también la senda óptima del tiempo dedicado a trabajar.

Si bien en la práctica, y en términos generales, muchos individuos no pueden decidir su tiempo de trabajo (muchos trabajos tienen un horario prefijado que no puede cambiarse a discrecionalidad del trabajador), por lo que su oferta de trabajo sería una variable dicotómica (o trabaja las horas fijadas o no trabaja), a nivel agregado la variabilidad en el número de horas trabajadas es diferente a la variabilidad del número de trabajadores a lo largo del ciclo, lo que nos lleva a introducir la elección entre ocio y trabajo en la construcción de los modelos macroeconómicos microfundamentados (existencia de trabajo a tiempo parcial, horas extraordinarias, pluriempleos, etc.).

La estructura del resto del capítulo es como sigue. En la sección segunda presentamos el marco teórico, en términos del problema del consumidor en el cual se maximiza una función de utilidad que depende del consumo y del tiempo de ocio, que va a dar lugar a la obtención de la senda óptima de consumo, por un lado, y a la oferta de trabajo, por el otro. En la sección tercera presentamos la resolución numérica del modelo. La sección cuarta presenta los efectos de una alteración en las variables exógenas. La sección quinta presenta un análisis de sensibilidad del modelo ante un cambio en el valor de los parámetros. Finalmente, la sección sexta presenta el problema utilizando una parametrización alternativa para la función de utilidad.

5.2   La decisión consumo-ahorro y la decisión consumo-ocio

El análisis del capítulo anterior lo hemos llevado a cabo suponiendo que el consumo es la única variable que determina el nivel de utilidad de un individuo. Sin embargo, desde el punto de vista económico, hay otros elementos que también afectan a la utilidad del individuo y sobre las que éste toma decisiones económicas. En este capítulo vamos a suponer que la utilidad o felicidad depende de dos elementos: Consumo, C, y Ocio, O, que constituye la definición estándar de la función de utilidad de los consumidores en los modelos macroeconómicos microfundamentados actuales. El consumo hace referencia a la cantidad de bienes y servicios que consume un individuo, mientras que el ocio lo definimos como la parte del tiempo disponible por el individuo que no dedica a trabajar. Tanto el consumo como el ocio afectan positivamente al nivel de felicidad del individuo. Esto significa que estamos suponiendo que las preferencias son tales que lo que quiere el individuo es trabajar lo menos posible y consumir lo máximo posible.

La función de utilidad instantánea del consumidor la podemos escribir como:

$$U(C, O) \tag{5.1}$$

La función matemática $U(\cdot)$ tiene que cumplir las siguientes condiciones:

$$U_C(\cdot) > 0, \qquad U_O(\cdot) > 0 \tag{5.2}$$

es decir, la primera derivada respecto al consumo y al ocio es positiva. Esto significa que ambas variables tienen un efecto positivo sobre el nivel de felicidad del individuo. Cuanto mayor sea el nivel de consumo, mayor el nivel de utilidad. Cuanto mayor el nivel de ocio, mayor el nivel de utilidad. Por el contrario, la segunda derivada es negativa, tal que:

$$U_{CC}(\cdot) < 0, \qquad U_{OO}(\cdot) < 0 \tag{5.3}$$

indicando que la función de utilidad es cóncava. Es decir, a medida que aumenta el consumo el nivel de utilidad aumenta, pero cada vez lo hace en menor proporción (utilidad marginal decreciente). También suponemos que ocurre algo similar con el ocio. Si estamos muy ocupados, una unidad de tiempo adicional de ocio la valoramos en gran medida. Pero si tenemos mucho tiempo libre, resulta evidente que una unidad de tiempo adicional de ocio no la vamos a valorar de la misma forma. Por último, la función de utilidad también debe cumplir que:

$$U_{CO}(\cdot) > 0 \tag{5.4}$$

es decir, la derivada cruzada entre consumo y ocio es positiva, indicando que podemos sustituir consumo por ocio (y al contrario).

A partir de las anteriores especificaciones, el problema de maximización intertemporal del individuo vendría dado por:

$$\max_{\{C_t, O_t\}_{t=0}^{T}} E_t \sum_{t=0}^{T} \beta^t U(C_t, O_t) \tag{5.5}$$

donde β es el factor de descuento intertemporal y E_t es la esperanza matemática, sujeto a la restricción presupuestaria y a la restricción de tiempo disponible. Tal y como hemos hecho en el capítulo anterior, suponemos que existe previsión perfecta, por lo que podemos eliminar directamente la esperanza matemática, dado que conocemos la corriente futura de las distintas variables.

En este problema tenemos una restricción adicional correspondiente a la dotación de tiempo. Habitualmente se considera que la dotación de tiempo discrecional de un individuo es de 16 horas al día (8 horas se excluyen de las 24 que tiene cada día porque se suponen que se utilizan para dormir), mientras que se suelen considerar 6 días laborables por semana. En nuestro caso el total disponible para tomar decisiones discrecionales lo normalizamos a 1. Por tanto esto significa que el ocio lo podemos definir como:

$$O_t = 1 - L_t \tag{5.6}$$

donde L_t sería el porcentaje del tiempo disponible dedicado a trabajar. Por tanto, la introducción del ocio en la función de utilidad permite determinar cuál va a ser el nivel de ingresos salariales del individuo, ya que a partir del ocio vamos a derivar la oferta de trabajo del individuo, dado un salario que consideramos exógeno. En este caso, el individuo no sólo decide cuál va a ser su nivel de consumo periodo a periodo, sino que también determina cuántas horas va a dedicar a trabajar. En términos generales, los modelos macroeconómicos dan como resultado que aproximadamente $1/3$ del tiempo disponible se dedica a trabajar ($L_t = 0,33$), por lo que el restante $2/3$ del tiempo disponible se dedica a otras actividades diferentes al trabajo, que es lo que definimos como ocio. Aunque el número de horas trabajadas al año es muy diferente entre países (tenemos economías como Alemania, donde solo se trabaja en torno a 1.300-1.400 horas al año, frente a economías como Estados Unidos, donde se trabaja entre 1.800 y 1.900 horas al año), podemos suponer que la jornada laboral media a la semana es de 40 horas. Si suponemos una semana de 7 días, multiplicado por 16 horas, esto nos daría que el tiempo disponible total es de 112 horas, por lo que dividiendo 40 entre 112, obtendríamos un porcentaje de tiempo de trabajo (la medida de empleo que se utiliza habitualmente en los modelos macroeconómicos), del 0,36.

La restricción presupuesta intertemporal, que viene dada por:

$$C_t + B_t = W_t L_t + (1 + R_{t-1}) B_{t-1} \tag{5.7}$$

donde W_t es el salario por unidad de tiempo, R_t es el tipo de interés y B_t es el stock de activos, por lo que maximizaríamos la sumatoria de utilidades descontadas sujeta a dicha restricción presupuestaria y sujeta a la restricción del tiempo dada por (5.6), que la vamos a introducir directamente dentro de la función de utilidad, junto con las restricciones inicial y final, $B_{-1} = 0$ y $B_T = 0$. Como anteriormente, los consumidores maximizan la suma ponderada de sus utilidades esperadas sujetas a la restricción presupuestaria. La restricción presupuestaria intertemporal nos va a indicar tanto los usos como los recursos disponibles. Los recursos disponibles por parte de los consumidores provienen del alquiler de sus dotaciones. Así, suponemos que los consumidores son los propietarios de los factores productivos de la economía. Estos factores productivos son por un lado el tiempo, a partir del cual va a determinarse la cantidad de trabajo. El segundo factor productivo es el capital, que se genera a través del proceso de ahorro. Dado el precio de los factores productivos, los consumidores van a decidir qué cantidad de factores productivos (cuánto capital y cuánto trabajo) van a alquilar a las empresas. En este problema no estamos considerando la existencia de las empresas, por lo que los consumidores ahorran en la forma de activos financieros y obtienen una rentabilidad (el salario) por el tiempo que dedican a trabajar.

Estructura del problema del consumidor	
Función de utilidad	$U = U(C_t, O_t)$
Restricción presupuestaria	$C_t + B_t = (1 + R_{t-1})B_{t-1} + W_t L_t$
Stock de activos inicial	$B_{-1} = 0$
Stock de activos final	$B_T = 0$
Restricción de tiempo	$L_t + O_t = 1$

Dada la restricción de tiempo disponible, sustituyendo en la función de utilidad el ocio, el problema a maximizar por parte del consumidor puede definirse como:

$$\max_{\{C_t, L_t\}_{t=0}^T} E_t \sum_{t=0}^T \beta^t U(C_t, 1 - L_t) \tag{5.8}$$

que es la forma habitual en la que se define la función de utilidad del individuo cuando se incluye el ocio.[1] La función auxiliar de Lagrange correspondiente a nuestro problema vendría dada por:

$$\mathcal{L} = \sum_{t=0}^T \left[\beta^t U(C_t, 1 - L_t) - \lambda_t \left(C_t + B_t - W_t L_t - (1 + R_{t-1})B_{t-1} \right) \right] \tag{5.9}$$

Las condiciones de primer orden del problema del consumidor, para $t = 0, 1, 2, ...T$,

---

[1] No obstante, hemos de indicar que ambas funciones de utilidad son diferentes.

vienen dadas por:

$$\frac{\partial \mathcal{L}}{\partial C_t} \; : \; \beta^t U_C(C_t, 1 - L_t) - \lambda_t = 0 \tag{5.10}$$

$$\frac{\partial \mathcal{L}}{\partial L_t} \; : \; \beta^t U_L(C_t, 1 - L_t) + \lambda_t W_t = 0 \tag{5.11}$$

$$\frac{\partial \mathcal{L}}{\partial B_t} \; : \; \lambda_{t+1}\left[1 + R_t\right] - \lambda_t = 0 \tag{5.12}$$

$$\frac{\partial \mathcal{L}}{\partial \lambda_t} \; : \; C_t + B_t - W_t L_t - (1 + R_{t-1})B_{t-1} = 0 \tag{5.13}$$

De la condición de primer orden (5.10) resulta que:

$$\lambda_t = \beta^t U_C(C_t, 1 - L_t) \tag{5.14}$$

esto es, el parámetro de Lagrange es el precio sombra de la última unidad consumida, siendo equivalente a la utilidad marginal del individuo tal y como obtenemos en el problema sin ocio. Por su parte, la condición de primer orden (5.11) nos dice que el multiplicador de Lagrange también puede definirse en términos de la desutilidad generada por el trabajo, tal que:

$$\lambda_t = -\frac{\beta^t U_L(C_t, 1 - L_t)}{W_t} \tag{5.15}$$

Igualando las dos expresiones anteriores obtenemos la condición que iguala la ratio de sustitución marginal entre consumo y ocio, al coste de oportunidad de una unidad adicional de ocio, viene dado por:

$$U_C(C_t, 1 - L_t)W_t = -U_L(C_t, 1 - L_t) \tag{5.16}$$

Esta condición de equilibrio representa la decisión de trabajo del individuo (oferta de trabajo). Por su parte, sustituyendo en (5.12) obtenemos que:

$$\beta(1 + R_t)U_C(C_{t+1}, 1 - L_{t+1}) = U_C(C_t, 1 - L_t)$$

condición de equilibrio que representa la senda óptima de consumo, en la cual la utilidad marginal del consumo hoy es igual a la utilidad marginal del consumo mañana ponderada por el tipo de interés y la tasa de preferencia intertemporal, condición que es la misma que la que obtendríamos en el problema básico sin ocio.

Solución al problema del consumidor	
Senda óptima de consumo	$\beta(1 + R_t)U_C(C_{t+1}, 1 - L_{t+1}) = U_C(C_t, 1 - L_t)$
Variación activos financieros	$B_t = (1 + R_{t-1})B_{t-1} + W_t L_t - C_t$
Oferta de trabajo	$U_C(C_t, 1 - L_t)W_t = -U_L(C_t, 1 - L_t)$

5.2.1 Ejemplo: Función de utilidad logarítmica

A continuación, vamos a definir una forma funcional específica para la función de utilidad con el objetivo de obtener soluciones explícitas que puedan ser computadas numéricamente. Para parametrizar la función de utilidad vamos a utilizar una función logarítmica en ambos argumentos. En la práctica, disponemos de una gran variedad de funciones de utilidad que cumplen las condiciones establecidas, si bien la más simple y una de las más utilizadas en los modelos macroeconómicos es la función logarítmica. En concreto, vamos a utilizar la siguiente especificación:

$$U(C_t, 1 - L_t) = \gamma \ln C_t + (1 - \gamma) \ln(1 - L_t), \tag{5.17}$$

donde $\gamma \in (0, 1)$, representa la proporción de consumo sobre la renta total, indicando cómo ponderan el consumo y el ocio en la utilidad del individuo.

Esta función de utilidad es separable en el tiempo, lo que facilita los cálculos, ya que la utilidad en cada periodo únicamente depende de los niveles de consumo y de ocio de dicho periodo. Por otra parte, se trata de una función de utilidad separable entre consumo y ocio. Esto significa que la utilidad marginal del consumo únicamente depende del consumo y no del ocio, mientras que la desutilidad del trabajo únicamente es una función del tiempo de trabajo y no del consumo.

En este contexto, el problema a resolver sería:

$$\max_{\{C_t, L_t\}_{t=0}^T} \sum_{t=0}^T \beta^t \left[\gamma \ln C_t + (1 - \gamma) \ln(1 - L_t) \right] \tag{5.18}$$

sujeto a la restricción presupuesta intertemporal:

$$C_t + B_t = W_t L_t + (1 + R_{t-1}) B_{t-1} \tag{5.19}$$

junto con las condiciones inicial y final. Para resolver este problema, construimos el Lagrangiano asociado dado por:

$$\mathcal{L} = \sum_{t=0}^T \left[\begin{array}{c} \beta^t \left[\gamma \ln C_t + (1 - \gamma) \ln(1 - L_t) \right] \\ -\lambda_t \left(C_t + B_t - W_t L_t - (1 + R_{t-1}) B_{t-1} \right) \end{array} \right] \tag{5.20}$$

Las condiciones de primer orden, para $t = 0, 1, 2, ..., T$, vienen dadas por:

$$\frac{\partial \mathcal{L}}{\partial C_t} \quad : \quad \beta^t \gamma \frac{1}{C_t} - \lambda_t = 0 \tag{5.21}$$

$$\frac{\partial \mathcal{L}}{\partial L_t} \quad : \quad -\beta^t (1 - \gamma) \frac{1}{1 - L_t} + \lambda_t W_t = 0 \tag{5.22}$$

$$\frac{\partial \mathcal{L}}{\partial B_t} \quad : \quad \lambda_{t+1}(1 + R_t) - \lambda_t = 0 \tag{5.23}$$

$$\frac{\partial \mathcal{L}}{\partial \lambda_t} \quad : \quad C_t + B_t - W_t L_t - (1 + R_{t-1}) B_{t-1} = 0 \tag{5.24}$$

De la condición de primer orden (5.21) resulta que:

$$\lambda_t = \frac{\beta^t \gamma}{C_t} \tag{5.25}$$

esto es, el parámetro de Lagrange es el valor descontado del precio sombra de la última unidad consumida, siendo equivalente a la utilidad marginal del individuo, tal y como obtuvimos en el problema sin ocio resuelto anteriormente. Sustituyendo el valor del multiplicador de Lagrange en la condición de primer orden respecto al stock de activos financieros, obtenemos la senda óptima del consumo dada por:

$$C_{t+1} = \beta(1 + R_t)C_t \tag{5.26}$$

Por su parte, la condición de primer orden (5.22) nos dice que el multiplicador de Lagrange tiene también que ser igual a:

$$\lambda_t = \frac{\beta^t(1 - \gamma)}{(1 - L_t)W_t} \tag{5.27}$$

Finalmente, la condición que iguala la ratio de sustitución marginal entre consumo y ocio al coste de oportunidad de una unidad adicional de ocio viene dada por:

$$\frac{1 - \gamma}{\gamma}\frac{C_t}{1 - L_t} = W_t \tag{5.28}$$

que es la condición de equilibrio que representa la oferta de trabajo. Esta condición de equilibrio determina la oferta de trabajo (la proporción de horas disponibles que el individuo va a dedicar a trabajar) en función del coste del ocio (medido a través del salario por unidad de tiempo), del peso del ocio respecto al consumo en la función de utilidad y de la utilidad marginal del consumo.

Solución al problema del consumidor	
Función de utilidad logarítmica en consumo y ocio	
Senda óptima de consumo	$C_{t+1} = \beta(1 + R_t)C_t$
Variación activos financieros	$B_t = (1 + R_{t-1})B_{t-1} + W_tL_t - C_t$
Oferta de trabajo	$(1 - \gamma)C_t = \gamma W_t(1 - L_t)$

5.3   Resolución numérica

Para computar numéricamente el anterior problema vamos a utilizar la herramienta "Solver" de Excel, de forma similar a como lo hemos hecho en el capítulo anterior. En este caso, utilizaríamos esta herramienta para calcular los valores óptimos tanto del consumo como de la proporción de tiempo que el agente va a dedicar a trabajar.

El fichero donde hemos resuelto este problema se denomina **"IMC-5-1.xls"** y su estructura se muestra en la Figura 5.1. En el apéndice I presentamos el código de este problema de optimización en MATLAB usando la función "fsolve".

Como podemos observar, en este caso necesitamos calibrar dos parámetros: la tasa de descuento intertemporal, β, y la proporción que representa el consumo dentro de la función de utilidad, γ. Además, tenemos dos variables exógenas: el tipo de interés real y el salario por unidad de tiempo. Los valores que hemos fijado son un factor de descuento intertemporal de 0,97, valor que aparece en la celda "B4" y un peso para el consumo en la función de utilidad del 40% ($\gamma = 0,4$), valor que aparece en la celda "B5". Por su parte, vamos a suponer que tipo de interés real es del 2%, que se corresponde con la celda "B8". Nótese que estos valores van a provocar que la senda óptima de consumo sea decreciente a lo largo del tiempo (véase capítulo 4), tal y como comprobaremos a continuación. De hecho, de la expresión (5.26) obtenemos que la condición de estado estacionario implica que:

$$\beta(1 + \overline{R}) = 1 \tag{5.29}$$

para que el consumo sea constante periodo a periodo. Esto significa que en estado estacionario tiene que cumplirse que:

$$\overline{R} = \frac{1}{\beta} - 1 \tag{5.30}$$

Si el tipo de interés es mayor que $(1 - \beta)/1$, entonces la senda óptima de consumo es creciente en el tiempo, siendo decreciente en el caso contrario. En nuestro caso, el tipo de interés es de 0,02, mientras que $(1 - \beta)/1 = 0,031$, por lo que la senda óptima resultante será decreciente en el tiempo.

El resto de información que necesitamos aparece en las columnas "D" a "I". La columna "D" representa el tiempo, mientras que la columna "E" presentará los valores del consumo, que junto a la columna "F" que es la oferta de trabajo, son las variables que tenemos que calcular para resolver el problema de optimización. "G" es la renta, que se obtiene de multiplicar el salario por unidad de tiempo, que se supone exógeno, por el tiempo de trabajo, la columna "H" es el ahorro que se obtiene como la diferencia entre el consumo y la renta de cada periodo y finalmente la columna "I" muestra la satisfacción del individuo en función del consumo en términos actualizados. Los valores que tenemos que introducir en las columnas "E" y "F" para resolver este problema, son valores que suponemos se aproximan a la solución final, y constituyen los valores iniciales del algoritmo de maximización que va a aplicar la herramienta "Solver".

El ahorro se calcula de la siguiente forma. El ahorro del primer periodo es simplemente la diferencia entre el nivel de consumo y el nivel de renta en dicho periodo. Así, si situamos el cursor en la celda "H3", vemos que aparece la expresión:

	A	B	C	D	E	F	G	H	I	J
1	EJERCICIO 5.1: La decisión consumo-ocio									
2				Periodo	Consumo	Trabajo	Renta	Ahorro	Utilidad	
3	*Parámetros*			0	13.92	0,31	9,32	-4,60	0,36	
4	Beta	0,97		1	13,76	0,32	9,54	-8,92	0,35	
5	Gamma	0,4		2	13,60	0,33	9,75	-12,95	0,33	
6				3	13,45	0,33	9,97	-16,69	0,32	
7	*Variables exógenas*			4	13,29	0,34	10,18	-20,13	0,30	
8	Tipo de interés	0,02		5	13,14	0,35	10,39	-23,28	0,29	
9				6	12,99	0,35	10,60	-26,14	0,28	
10				7	12,84	0,36	10,81	-28,70	0,26	
11				8	12,70	0,37	11,01	-30,96	0,25	
12				9	12,55	0,37	11,21	-32,92	0,24	
13				10	12,41	0,38	11,41	-34,58	0,23	
14				11	12,27	0,39	11,61	-35,93	0,22	
15				12	12,13	0,39	11,80	-36,97	0,21	
16				13	11,99	0,40	12,00	-37,71	0,20	
17				14	11,85	0,41	12,19	-38,13	0,19	
18				15	11,72	0,41	12,38	-38,24	0,18	
19				16	11,59	0,42	12,56	-38,03	0,17	
20				17	11,46	0,42	12,75	-37,50	0,17	
21				18	11,33	0,43	12,93	-36,65	0,16	
22				19	11,20	0,44	13,11	-35,47	0,15	
23				20	11,07	0,44	13,29	-33,96	0,14	
24				21	10,95	0,45	13,47	-32,12	0,14	
25				22	10,82	0,45	13,64	-29,94	0,13	
26				23	10,70	0,46	13,81	-27,43	0,12	
27				24	10,58	0,47	13,99	-24,57	0,12	
28				25	10,46	0,47	14,16	-21,36	0,11	
29				26	10,34	0,48	14,33	-17,81	0,11	
30				27	10,22	0,48	14,49	-13,90	0,10	

Figura 5.1: Estructura de la hoja de cálculo IMC-5-1.xls. Decisión consumo-ahorro y consumo-ocio.

$$\texttt{=G3-E3}$$

es decir, la renta salarial (columna "G") menos el consumo (columna "E") en el periodo 0. Por el contrario si nos situamos en la celda "H4" vemos que la expresión que aparece es:

$$\texttt{=(1+R\_0)*H3+G4-E4}$$

es decir, es la rentabilidad de los ahorro realizados hasta el periodo anterior más la renta del periodo menos el consumo del periodo. Las siguientes filas de esta columna contienen esta misma expresión. Es decir, es la rentabilidad bruta del ahorro realizado hasta el periodo anterior más el nuevo ahorro del periodo.

Finalmente la columna "I" presenta la valoración de la utilidad descontada en cada periodo. Si nos situamos en la celda "I3" aparece la expresión:

$$\texttt{=Beta\^{}D3*(Gamma*LN(E3)+(1-Gamma)*LN(F3))}$$

que es la valoración de la utilidad en el periodo 0, es decir, el logaritmo del consumo multiplicado por el factor de descuento intertemporal elevado al índice de tiempo correspondiente a dicho periodo. Por último en la celda "I34" aparece la sumatoria de las utilidades descontadas, que es el valor que tenemos que maximizar.

Para resolver el ejercicio utilizando la herramienta Solver de Exel operamos como sigue. En primer lugar rellenamos con valores ficticios la columna correspondiente al consumo y la correspondiente al empleo. Por ejemplo, podemos dar un valor al empleo de 0,35 (esto supone que el 35% del tiempo disponible se dedica a trabajar), y suponemos que el consumo es igual a la renta. Como en el capítulo anterior, para ejecutar esta herramienta de Excel tenemos que ir a "Herramientas" y seleccionar "Solver". El primer elemento que nos aparece en la ventana es "Celda objetivo:". Esta opción hace referencia al valor de la función objetivo del problema que queremos resolver. En nuestro caso hace referencia a la utilidad total del individuo a lo largo de su vida. En concreto, sería la suma descontada de la utilidad que obtiene el individuo en cada periodo de su vida, y vendría dada en la celda "I34".

Seguidamente aparece la instrucción "Cambiando las celdas". Aquí tenemos que introducir las celdas en las que Excel va a calcular las variables objetivo, esto es, el nivel de consumo y el nivel de empleo, periodo a periodo. En las celdas que indiquemos en este apartado es donde la hoja de cálculo va a presentar la solución al problema que queramos resolver. En nuestro caso concreto, vamos a obtener el nivel de consumo en cada periodo que maximiza la utilidad total del individuo a lo largo de su vida, así como la oferta de trabajo (la proporción de tiempo dedicada a trabajar) en cada periodo. La expresión que tendríamos que introducir es "$F3:G33$". Finalmente aparece la instrucción "Sujetas a las siguientes restricciones:". En este apartado debemos de introducir las restricciones a las que está sujeto el problema que queremos resolver. La restricción con la que va a contar nuestro problema es que la cantidad de activos (ahorro) del individuo al final de su vida tiene que ser cero.

La Figura 5.2 muestra las sendas temporales de las diferentes variables. En primer lugar, hemos supuesto que el salario por unidad de tiempo es exógeno y que toma un valor de 30 para todos los periodos. La renta salarial del individuo en cada periodo vendrá dada por multiplicar dicho salario por unidad de tiempo, por el tiempo dedicado a trabajar (oferta de trabajo). Al resolver el problema de maximización obtenemos que la senda óptima del consumo tiene pendiente negativa, indicando que el agente prefiere tener un nivel de consumo elevado en los primeros periodos de su ciclo vital e ir disminuyendo su consumo a lo largo del tiempo. Tal y como hemos señalado anteriormente, el hecho de que la senda temporal de consumo tenga pendiente negativa obedece a que el tipo de interés real es superior a la tasa de preferencias intertemporal. Así, en este ejercicio hemos supuesto que el tipo de interés es del 2% mientras que la tasa de preferencia intertemporal, θ, es de 0,031, dado que $\beta = 1/(1 + \theta) = 0,97$. Esto va a provocar que el coste de endeudarse sea relativamente reducido, al tiempo que no le resulta rentable ahorrar (en términos de utilidad) durante la primera parte de su ciclo vital. Así, el individuo se endeuda (su consumo es mayor que la renta) durante la primera parte de su ciclo vital, por lo que su stock de activos financieros es negativo durante esta primera etapa, mientras que durante la segunda parte, el ahorro es positivo para devolver lo pedido prestado, deshaciendo su posición deudora para finalizar con un stock nulo de activos financieros, tal y como impone la condición final en el problema planteado.

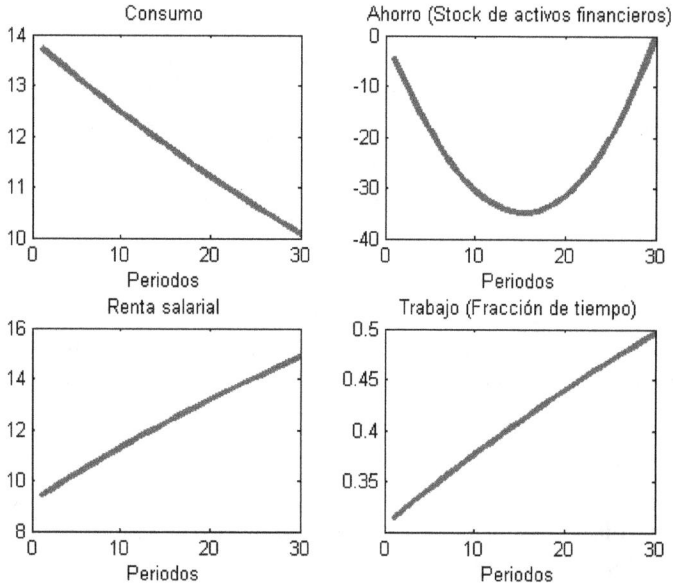

Figura 5.2: La decisión consumo-ahorro y consumo-ocio.

Por otra parte, vemos que la oferta de trabajo es creciente en el tiempo. Esto significa que al principio de su ciclo vital, el individuo prefiere tener altos niveles de ocio. Sin embargo, a medida que avanza el tiempo, el individuo trabajaría más horas reduciendo su tiempo de ocio, por lo que su renta salarial también es una función creciente en el tiempo (aunque el salario por unidad de tiempo hemos supuesto es constante). De nuevo, este resultado depende de la relación entre el tipo de interés y el factor de descuento intertemporal. Cuando el tipo de interés es muy bajo, la rentabilidad de ahorrar es también muy baja, por lo que existen menos incentivos a trabajar para generar una mayor renta. Por el contrario, cuando el tipo de interés es elevado, existen incentivos a ofrecer mayor trabajo para generar mayor renta, ya que su ahorro también genera mayor rentabilidad que compensa la pérdida de utilidad por el menor tiempo dedicado al ocio. Por tanto, la diferencia entre el tipo de interés y el factor de descuento intertemporal también va a ser fundamental para determinar la pendiente de la senda temporal de la oferta de trabajo a lo largo del ciclo vital del agente.

5.4 Análisis de perturbaciones: Cambio en las variables exógenas (cambio en el salario)

En el epígrafe anterior hemos supuesto que el salario del individuo es constante durante su vida laboral, desde el periodo 0 al periodo 30. Sin embargo, en la realidad, tal y como hemos indicado anteriormente, la renta salarial de los individuos va aumentando a medida que aumenta su experiencia laboral, al menos hasta una determinada edad. Por tanto, ahora vamos a repetir el ejercicio anterior pero suponiendo que el salario muestra un perfil temporal creciente, con el objetivo de estudiar sus implicaciones respecto a la oferta de trabajo. En concreto, vamos a suponer que la renta del periodo 0 es de 30 y que aumenta en una unidad en cada periodo. Este ejercicio lo hemos construido en la hoja de cálculo "**IMC-5-2.xls**", con una estructura similar al del ejercicio anterior.

Para resolver este nuevo ejercicio introducimos los nuevos valores para el salario y a continuación, ejecutamos de nuevo la herramienta "Solver", que recalcula de forma instantánea la senda óptima de consumo. La Figura 5.3 muestra las sendas temporales de las diferentes variables. En este ejercicio, la renta salarial por unidad de tiempo presenta ahora una senda creciente a lo largo de la vida laboral del individuo. Esto significa que el individuo comienza a trabajar con un salario bajo, pero a medida que acumula experiencia laboral su salario va aumentando.

Como podemos observar, la senda óptima de consumo vuelve a ser negativa, similar a la obtenida en el ejercicio con renta constante. Esto es así porque la estructura de la renta no afecta a la decisión de consumo del individuo. La decisión de consumo del individuo se toma en función de tres elementos: el tipo de interés real, la tasa de preferencia intertemporal y el grado de curvatura de la función de utilidad. Por tanto la senda óptima de consumo es totalmente independiente de la estructura de renta del individuo, tal y como pone en evidencia este ejercicio numérico, ya que suponemos que los mercados de capital son perfectos y que, por tanto, los individuos pueden separar totalmente el perfil del consumo del perfil temporal de su renta. Para obtener estas sendas diferentes entre consumo y renta, el agente hace uso del ahorro. En este caso observamos que el ahorro del individuo durante los primeros años de su vida laboral es negativo, es decir, el individuo se endeuda consumiendo una cantidad superior a su renta. Esto es así porque el individuo sabe que sus ingresos van a ser superiores en el futuro, por lo que el individuo se trae renta del futuro al presente. Obviamente, este ahorro negativo tiene que ser compensado posteriormente con un ahorro positivo durante su vida laboral.

La variable que presenta el mayor cambio es la oferta de trabajo. Como era de esperar, un cambio en la estructura salarial va a afectar a la oferta de trabajo del individuo periodo a periodo. En particular, con esta estructura de renta el agente comienza inicialmente ofreciendo muy poca cantidad de trabajo (prácticamente cero), aumentando su oferta a medida que aumenta el salario (a valores muy elevados). Es decir, la variabilidad en la oferta de trabajo es muy elevada a lo largo del ciclo vital. En este caso, la oferta de trabajo a lo largo del ciclo vital del individuo depende de dos factores: la diferencia entre el tipo de interés y la tasa de descuento intertemporal y de la senda temporal del salario por unidad de tiempo. Así, aún en el caso en que el tipo de interés sea muy elevado, el individuo preferirá trabajar menos horas al inicio de su ciclo vital e ir aumentando este número de horas debido a que el salario es una función creciente del tiempo. Esto significa que el individuo está comparando tres variables: el salario presente frente al salario futuro, la rentabilidad del ahorro y la tasa de descuento intertemporal. Así, cuanto mayor es el tipo de interés, más plana se haría la oferta de trabajo en este caso y solo para valores relativamente elevados del tipo de interés, la oferta de trabajo presentaría un perfil temporal decreciente.

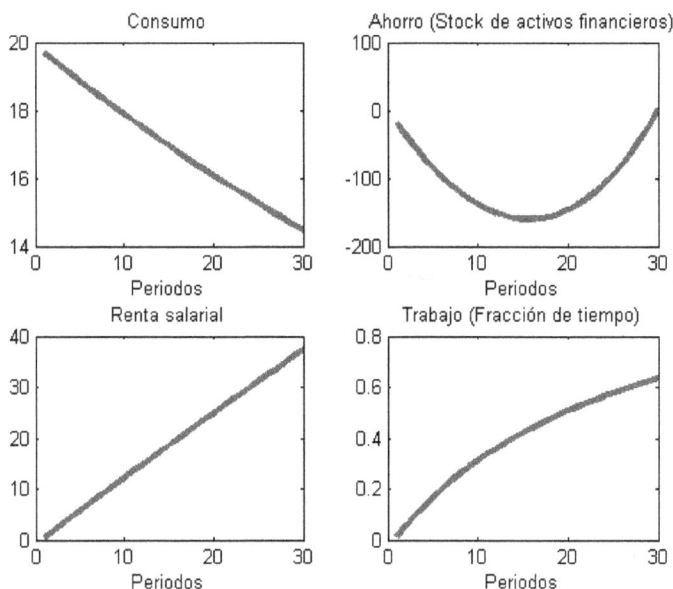

Figura 5.3: Decisión consumo-ahorro y consumo-ocio con renta salarial creciente.

5.5   Análisis de sensibilidad: Cambio en los parámetros

A continuación vamos a analizar los efectos de un cambio en alguno de los parámetros del modelo. En nuestro modelo tenemos dos parámetros: la tasa de preferencia intertemporal de los individuos y el peso relativo del consumo frente al ocio en la utilidad. Vamos a estudiar los efectos de una alteración en el factor de descuento temporal. Para ello podemos utilizar la hoja de cálculo inicial **"IMC-5-1.xls"**. En concreto, vamos a suponer que se produce una disminución en la tasa de preferencia intertemporal, θ, pasando el factor de descuento, β, a tomar un valor de 0,99. Para ello simplemente tenemos que cambiar el valor asignado a la celda "B4" a este nuevo valor y ejecutar de nuevo la herramienta "Solver".

La Figura 5.4 muestra las sendas temporales de las distintas variables solución al modelo. De nuevo, suponemos que el salario por unidad de tiempo es exógeno y se mantiene constante para todos los periodos. Como consecuencia del aumento en el factor de descuento observamos que ahora la senda óptima de consumo tiene pendiente positiva. Eso significa que el individuo va a preferir consumir menos en los primeros periodos e ir aumentando su nivel de consumo a medida que pasa el tiempo. Esta nueva senda de consumo viene determinada por el nuevo factor de descuento, que implica una mayor preocupación por el futuro por parte del agente. Es decir, el agente descuenta poco la utilidad futura, indicando que es más paciente. Esta variación va a provocar que la tasa de preferencia intertemporal sea inferior al tipo de interés real, lo que da como resultado una senda óptima de consumo con pendiente creciente.

La nueva senda óptima de consumo obtenida refleja el hecho de que ahora estamos analizando el comportamiento de un individuo que descuenta muy poco el futuro, es decir, que se preocupa mucho por el mismo. Esto va a tener importantes consecuencias en términos de su decisión de ahorro. Así, este individuo va a sacrificar consumo actual para obtener mayores niveles de consumo futuro, es decir, desplaza renta de los primeros periodos a periodos futuros. Como consecuencia de esta decisión su nivel de ahorro va a ser positivo durante los primeros periodos de su ciclo vital, manteniendo una posición acreedora durante la misma. Así, el agente acumula activos financieros durante aproximadamente la mitad de su ciclo vital, desacumulándolos a continuación, hasta alcanzar la condición final de un stock de activos igual a cero al finalizar su ciclo vital.

Con respecto a la oferta de trabajo, ahora obtenemos que el tiempo que va a dedicar el agente a trabajar al principio de su ciclo vital es muy elevado, mostrando una tendencia decreciente a lo largo del tiempo. Por tanto, ahora la oferta de trabajo tiene pendiente negativa respecto al tiempo. Esto es debido a que el individuo descuenta muy poco el futuro, por lo que maximiza su nivel de utilidad trabajando mucho al principio para obtener una renta salarial elevada en los primeros periodos. En el futuro, el individuo trabajará menos, disminuyendo por tanto su renta salarial. Esta senda de oferta de trabajo está relacionada con la senda óptima de consumo. Así, el individuo maximiza el valor descontado de su utilidad aumentando su consumo futuro frente al presente, para lo cual lleva a cabo un plan de ahorro positivo durante su ciclo vital. Este ahorro positivo condiciona que la oferta de trabajo sea máxima al inicio del ciclo vital y vaya disminuyendo progresivamente en el tiempo.

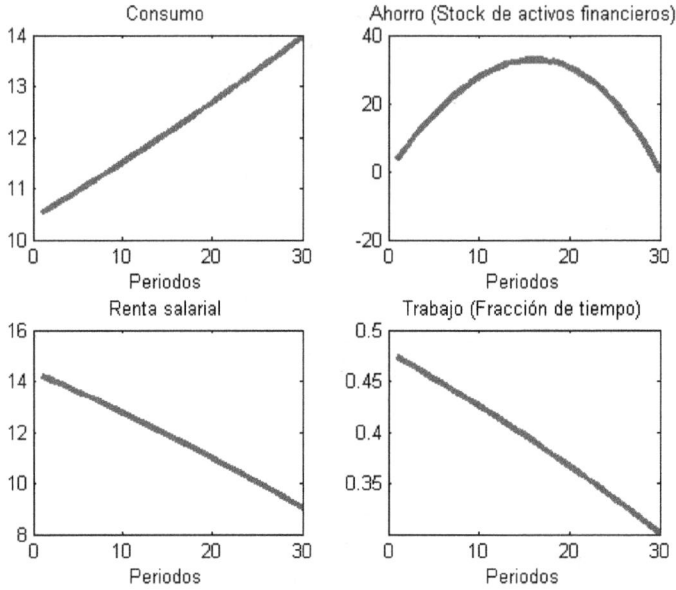

Figura 5.4: Decisión consumo-ahorro y consumo-ocio con $\beta = 0,99$.

5.6   Cambio en la función de utilidad

Finalmente, vamos a repetir el ejercicio anterior pero usando una función de utilidad alternativa. En concreto vamos a utilizar la función de utilidad que es una combinación de una del tipo CRRA con un parámetro constante de aversión al riesgo relativo para el caso del consumo y de un componente que depende negativamente de las horas trabajadas en términos de la elasticidad de Frisch, que es una forma habitual de introducir el tiempo de trabajo en la función de utilidad. Nuestro objetivo en este caso va a ser estudiar cuáles son los efectos sobre la decisión de consumo-ahorro y consumo-ocio de la aversión al riesgo y de las variaciones en la elasticidad de Frisch. La elasticidad de Frisch mide el efecto sustitución de un cambio en el salario sobre el número de horas trabajadas.

En este caso el ejercicio a resolver consiste en maximizar la siguiente función de utilidad:

$$\max_{\{C_t, L_t\}_{t=0}^{T}} \sum_{t=0}^{T} \beta^t \left(\frac{C_t^{1-\sigma} - 1}{1-\sigma} - \gamma \frac{L_t^{1+\frac{1}{\phi}}}{1+\frac{1}{\phi}} \right) \tag{5.31}$$

donde $\sigma > 0$ es el parámetro de aversión al riesgo, el parámetro $\phi > 0$ representa la denominada elasticidad de Frisch de la oferta de trabajo y donde $\gamma > 0$ representa la pérdida de utilidad del trabajo. La función auxiliar de Lagrange corespondiente es:

$$\mathcal{L} = \sum_{t=0}^{T} \left[\begin{array}{c} \beta^t \left[\frac{C_t^{1-\sigma}-1}{1-\sigma} - \gamma \frac{L_t^{1+\frac{1}{\phi}}}{1+\frac{1}{\phi}} \right] \\ -\lambda_t \left(C_t + B_t - W_t L_t - (1+R_{t-1})B_{t-1} \right) \end{array} \right] \tag{5.32}$$

Resolviendo el anterior problema encontramos que las condiciones de primer orden, para $t = 0, 1, 2, ...T$, son las siguientes:

$$\frac{\partial \mathcal{L}}{\partial C_t} \quad : \quad \beta^t C_t^{-\sigma} - \lambda_t = 0 \tag{5.33}$$

$$\frac{\partial \mathcal{L}}{\partial L_t} \quad : \quad -\beta^t \gamma L_t^{\frac{1}{\phi}} + \lambda_t W_t = 0 \tag{5.34}$$

$$\frac{\partial \mathcal{L}}{\partial B_t} \quad : \quad -\lambda_t + \lambda_{t+1}(1+R_t) = 0 \tag{5.35}$$

$$\frac{\partial \mathcal{L}}{\partial \lambda_t} \quad : \quad C_t + B_t - W_t - (1+R_{t-1})B_{t-1} = 0 \tag{5.36}$$

Despejando el multiplicador de Lagrange de la primera condición de primer orden (5.33) y sustituyendo en la tercera (5.35) obtenemos:

$$\beta^t C_t^{-\sigma} = \beta^{t+1}(1+R_t)C_{t+1}^{-\sigma} \tag{5.37}$$

y operando resulta la siguiente senda óptima de consumo:

$$C_{t+1}^{\sigma} = \beta(1+R_t)C_t^{\sigma} \tag{5.38}$$

Esta senda óptima de consumo es similar a la obtenida anteriormente, con la única diferencia de que ahora la curvatura de la función de utilidad (medida por el parámetro σ) es diferente. También resulta ser la misma que la derivada en el problema del consumidor cuando suponemos que únicamente depende del consumo y su forma funcional es una CRRA. Esto es debido a que en esta función de utilidad las preferencias de consumo son separables de las de ocio. Por su parte, sustituyendo el multiplicador de Lagrange en la segunda condición de primer orden (5.34), la oferta de trabajo en este caso viene dada por:

$$\gamma L_t^{\frac{1}{\phi}} = W_t C_t^{-\sigma} \tag{5.39}$$

Solución al problema del consumidor	
Función de utilidad CRRA y elasticidad de Frisch	
Senda óptima de consumo	$C_{t+1}^{\sigma} = \beta(1+R_t)C_t^{\sigma}$
Variación activos financieros	$B_t = (1+R_{t-1})B_{t-1} + W_t L_t - C_t$
Oferta de trabajo	$\gamma L_t^{1/\phi} = W_t C_t^{-\sigma}$

Una vez resuelto el problema analíticamente, a continuación vamos a resolverlo computacionalmente. En este caso necesitamos definir el valor asignado a los cuatro parámetros del modelo. Cuando mayor sea el parámetro de aversión al riesgo, más cóncava es la utilidad marginal derivada del consumo. Los valores que vamos a utilizar para resolver este problema son $\beta = 0,97$, $\sigma = 2$, $\gamma = 3$ y $\phi = 0,5$. Por otra parte, suponemos que el tipo de interés es del 2% ($R_t = 0,02$) y que el salario por unidad de tiempo es de 30 ($W_t = 30$).

El problema aparece resuelto en la hoja de cálculo **"IMC-5-3.xls"**, que tiene una estructura similar a las anteriores. El factor de descuento intertemporal aparece en la celda "B4", el parámetro de aversión al riesgo viene reflejado en la celda "B5", el parámetro de ponderación de las horas trabajadas en la celda "B6" y el parámetro representando la elasticidad de Frisch en la celda "B7". Por otra parte, el tipo de interés se introduce en la celda "B10".

Las variables aparecen en las celdas "D-I". En la columna "D" hemos introducido el índice de tiempo. En las columnas "E" y "F", obtendremos la solución del problema para el consumo y el número de horas trabajadas. Previamente, hemos de introducir valores solución tentativos en estas dos columnas. La columna "G" muestra la renta salarial, mientras que la columna "H" presenta el stock de activos financieros (ahorro), de la misma forma que lo hemos realizado anteriormente. Finalmente, en la columna "I" introducimos la utilidad en términos descontados. Así, si situamos el cursor en la celda "I3", observamos que aparece la expresión:

```
=Beta^D3*((E3^(1-Sigma)-1)/(1-Sigma)-
Gamma*((F3^(1+(1/Phi)))/(1+(1/Phi))))
```

que es la que corresponde a la nueva función de utilidad. La sumatoria de las utilidades descontadas aparece en la celda "I33". Para resolver, únicamente tenemos que ejecutar la herramienta "Solver" como anteriormente.

La Figura 5.5. muestra las sendas temporales de las variables relevantes. El principal resultado que observamos es que el stock de activos financieros es relativamente reducido a lo largo del ciclo vital del agente, lo cual nos está indicando que el nivel de consumo periodo a periodo no es muy diferente de su nivel de renta. Dados los parámetros del modelo, el agente maximiza su nivel de bienestar a través de una senda decreciente del consumo, lo que le lleva a tener una posición deudora durante su ciclo vital, con un consumo mayor a su renta durante la primera parte de su ciclo vital, para posteriormente tener un nivel de consumo inferior a su renta. El principal resultado es que ahora la senda óptima de consumo es muy plana, es decir, las variaciones del consumo de un periodo a otro son muy reducidas. El agente sigue separando el perfil temporal del consumo de su perfil temporal de renta, pero la mayor aversión al riesgo hace que los cambios en el consumo de un periodo a otro sean muy suaves, aunque su perfil de consumo mantiene una senda negativa en el tiempo.

Con la oferta de trabajo también obtenemos un resultado similar. La fracción de tiempo dedicada a trabajar muestra una tendencia creciente a lo largo del ciclo vital, si bien las variaciones no son muy elevadas. El agente prefiere trabajar menos al principio de su ciclo vital y endeudarse para financiar su consumo. A medida que avanza el tiempo, el individuo aumenta su oferta de trabajo para aumentar su renta y financiar su posición deudora sin que el consumo experimente cambios importantes a lo largo del tiempo.

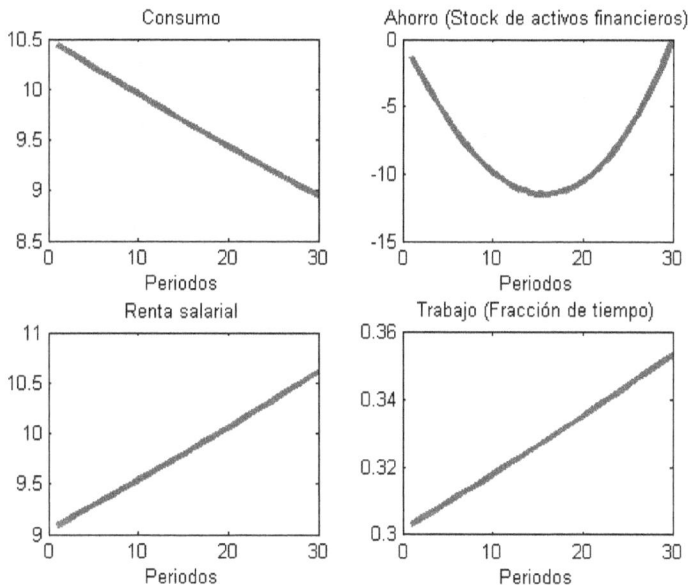

Figura 5.5: Problema del consumidor con utilidad CRRA en consumo y elasticidad de Frisch en trabajo.

Ejercicios

1. Utilizando la hoja de cálculo "**IMC-5-1.xls**", estudie cuáles son los efectos de un aumento en el tipo de interés real. En particular, suponga que el tipo de interés aumenta hasta el 5 por ciento, $R = 0,05$. Cómo es ahora la pendiente de la senda óptima de consumo. Qué sucede con la oferta de trabajo.

2. Analice cuáles son los efectos de un cambio en el parámetro γ, utilizando para ello la hoja de cálculo "**IMC-5-1.xls**".

3. Suponga que el tipo de interés es del 0 por ciento, $R = 0,00$. Qué consecuencias tiene sobre la decisión consumo-ahorro y la decisión consumo-ocio.

4. Suponga que la función de utilidad del individuo es la siguiente:

$$U(C_t, L_t) = \ln C_t - \gamma \frac{L_t^{1+\frac{1}{\phi}}}{1+\frac{1}{\phi}}$$

Resuelva el problema del consumidor construyendo la hoja de cálculo correspondiente a este problema.

5. Suponga que existe un límite máximo para trabajar por el cual la fracción de tiempo de trabajo no puede ser mayor del 50% del tiempo disponible. Utilice la hoja de cálculo **"IMC-5-2.xls"** y evalúe cuáles son los efectos de dicho límite (Pista: para ello tiene que introducir una restricción adicional en el problema a resolver de que la columna correspondiente al empleo no puede ser mayor que 0,5: "$G$3:$G$33<=0,5").

6

El gobierno y la política fiscal

6.1 Introducción

Al margen de los consumidores y las empresas, otro de los agentes económicos que se incorporan a los modelos macroeconómicos microfundamentados es el gobierno, si bien el comportamiento de este agentes no tiene fundamentación microeconómica. Habitualmente, el gobierno entra en los modelos macroeconómicos de forma exógena, a través de las diferentes variables que van a conformar la política fiscal. Así, el gobierno decide un determinado nivel de gasto público y su estructura, que es financiado a través de unos ingresos públicos obtenidos a través de la fijación de impuestos. Tanto el gasto público como los tipos impositivos son variables exógenas, por lo que la estructura básica del problema del consumidor y del problema de la empresa no se ven alteradas. Sin embargo, el gasto público y los tipos impositivos pueden ser instrumentos distorsionadores, implicando que alteran la decisión óptima de los agentes económicos y el equilibrio macroeconómico resultante. Esto significa que aun cuando el gasto público sea igual a los ingresos fiscales (esto es, bajo la existencia de un presupuesto público equilibrado y, por tanto, en una situación en la cual el gobierno devuelve a los agentes económicos la misma cantidad que recauda vía impuestos), el equilibrio resultante se va a ver afectado tanto por el gasto público como por los impuestos aplicados, ya que las decisiones que toman los diferentes agentes vienen condicionadas por estas variables exógenas. La diferencia entre ingresos y gastos públicos se financia a través de la emisión de deuda, siendo estos los elementos, junto con el tipo de interés de la deuda, que conforman la restricción presupuestaria del gobierno.

En la mayoría de modelos macroeconómicos con fundamentación microeconómica se introduce habitualmente el gobierno asociado al problema de maximización del consumidor, no afectando en la mayoría de los casos al problema de maximización de beneficios de las empresas (dado que se suele suponer la existencia de competencia

133

perfecta y rendimientos constantes a escala, por lo que sus beneficios son cero). Por el lado de los ingresos públicos, se introducen distintos tipos de impuestos, que pueden ser tanto de cuantía fija (tasas), impuestos sobre la generación de rentas (impuestos directos), como sobre el gasto en bienes y servicios finales (impuestos indirectos). Los impuestos de cuantía fija tienen la característica principal de que son impuestos no distorsionadores, es decir, no afectan a la decisión óptima de los consumidores. Esto es así porque la cuantía a pagar no puede alterarse de ninguna forma al ser fija e independiente de qué decisiones tomen los distintos agentes económicos. Por su parte, los impuestos tanto directos como indirectos son impuestos distorsionadores, afectando a la decisión óptima de los consumidores. La distorsión proviene del hecho de que el gobierno introduce un tipo impositivo sobre una determinada base imponible. Esta base imponible puede ser alterada por los agentes económicos, a través de cambios de sus decisiones que van a determinar la cuantía final a pagar por el impuesto. Por lo que respecta al gasto público, en la mayoría de los casos se supone que vienen representados por una transferencia de renta a los consumidores y que, por tanto, no tienen efectos sobre las decisiones de los individuos al ser una cuantía fija. En este caso esta transferencia entraría como una renta adicional en la restricción presupuestaria del individuo. Al ser una cuantía fija no alteraría las decisiones del agente. No obstante, existen modelos que prestan una mayor atención a los diferentes tipos de gasto público y a las diferentes políticas fiscales por el lado del gasto, incluyendo la provisión de bienes producidos por el sector público, los salarios públicos, el consumo de bienes intermedios por parte del gobierno, etc. En este caso, el gasto público tendría efectos distorsionadores sobre la decisión de los individuos.

En este capítulo vamos a realizar diferentes ejercicios respecto a las decisiones del consumidor pero teniendo en cuenta la fijación de impuestos por parte del gobierno. Los impuestos vamos a considerarlos que son variables exógenas, dado que constituyen instrumentos de política económica, por lo que la estructura del problema del consumidor (en términos de las variables endógenas a resolver) no se ve alterada. En primer lugar, vamos a resolver de nuevo el problema básico del consumidor visto anteriormente en términos de la decisión consumo-ahorro, pero considerando un impuesto de cuantía fija. Para ello vamos a introducir un impuesto sobre la renta salarial, que la consideramos exógena. Como en este caso la bases imponible es exógena (está dada), el tipo impositivo aplicado sobre la misma es no distorsionador (la cuantía a pagar está prefijada). En segundo lugar, en la sección tercera analizaremos el problema del consumidor en términos de la decisión consumo-ahorro y consumo-ocio, considerando la existencia de tres tipos impositivos: impuestos sobre el consumo, impuestos sobre las rentas del trabajo e impuestos sobre las rentas del ahorro, que constituyen el menú impositivo habitualmente considerado en los modelos macroeconómicos microfundamentados. Finalmente, en la sección cuarta resolveremos el problema del consumidor pero considerando la existencia de cotizaciones a la seguridad social. El objetivo de estos ejercicios es el de estudiar los efectos que provocan los cambios en la política fiscal vía impuestos sobre las decisiones de los agentes, en este caso sobre los consumidores. Para la resolución numérica de estos ejercicios volvemos a utilizar la herramienta "Solver" de la hoja de cálculo Excel, como en los capítulos anteriores.

6.2 Impuestos no distorsionadores

En primer lugar, vamos a resolver el problema del consumidor con vida finita pero introduciendo un impuesto sobre la renta salarial, que se supone es exógena. Esto significa que este impuesto es equivalente a un impuesto de cuantía fija y, por tanto, no tiene efectos distorsionadores sobre la decisión del individuo. Así, la base imponible sobre la que aplica el impuesto viene dada, por lo que el individuo no puede alterarla para así afectar a la cantidad de impuestos a pagar al gobierno. En la práctica, existe una gran variedad de impuestos de cuantía fija (principalmente en la forma de tasas), pero que cuantitativamente suponen una fracción relativamente pequeña de los impuestos totales. El elemento clave de estos impuestos de cuantía fija es que no alteran la decisión óptima del individuo y, por tanto, cambios en los mismos, no tienen consecuencias sobre la economía, y simplemente suponen una alteración en los ingresos fiscales del gobierno (una transferencia de renta de los consumidores al gobierno).

Suponemos que la función de utilidad del individuo es logarítmica y únicamente depende del consumo. Por tanto, el problema a maximizar viene dado por:

$$\max_{\{C_t\}_{t=0}^T} \sum_{t=1}^T \beta^t \ln C_t \tag{6.1}$$

donde C_t es el consumo y β es el factor de descuento, sujeto a la restricción presupuestaria:

$$C_t + B_t = (1 - \tau_t^w)W_t + (1 + R_{t-1})B_{t-1} + G_t \tag{6.2}$$

donde B_t es el stock de activos financieros, τ_t^w es el tipo impositivo sobre la renta salarial, W_t es la renta salarial que consideramos exógena, y R_t es el tipo de interés de los activos, que también suponemos que es una variable exógena. Suponemos que el gobierno devuelve al consumidor lo recaudado vía transferencias, donde G_t son las transferencias o gasto público, que suponemos iguales a los ingresos fiscales (presupuesto equilibrado), $G_t = \tau_t^w W_t$. Alternativamente, podemos suponer que el gobierno no devuelve lo recaudado y simplemente destruye los ingresos fiscales que obtiene ($G_t = 0$). En este caso la restricción presupuestaria sería simplemente:

$$C_t + B_t = (1 - \tau_t^w)W_t + (1 + R_{t-1})B_{t-1} \tag{6.3}$$

y los resultados que obtendríamos en este caso serían equivalentes en términos de la decisión óptima consumo-ahorro del agente (aunque los valores numéricos serían diferentes en cada caso).

Estructura del modelo: Impuestos no distorsionadores	
Función de utilidad	$U = U(C_t)$
Restricción presupuestaria	$C_t + B_t = (1 + R_{t-1})B_{t-1}$
	$+(1 - \tau_t^w)W_t + G_t$
Stock de activos inicial	$B_{-1} = 0$
Stock de activos final	$B_T = 0$
Restricción presupuestaria del gobierno	$G_t = \tau_t^w W_t$

Para resolver el anterior problema hemos de imponer una condición inicial, que viene dada por $B_{-1} = 0$, y una condición final que viene dada por $B_T = 0$. El Lagrangiano asociado al anterior problema vendría dado por:

$$\mathcal{L} = \sum_{t=1}^{T} \left[\beta^t \ln C_t - \lambda_t (C_t + B_t - (1 - \tau_t^w)W_t - (1 + R_{t-1})B_{t-1}) - G_t \right] \qquad (6.4)$$

Las condiciones de primer orden, para $t = 0, 1, 2, ..., T$, son las siguientes:

$$\frac{\partial \mathcal{L}}{\partial C_t} \quad : \quad \frac{\beta^t}{C_t} - \lambda_t = 0 \qquad (6.5)$$

$$\frac{\partial \mathcal{L}}{\partial B_t} \quad : \quad -\lambda_t + \lambda_{t+1}(1 + R_t) = 0 \qquad (6.6)$$

$$\frac{\partial \mathcal{L}}{\partial \lambda_t} \quad : \quad C_t + B_t - \beta(1 - \tau_t^w)W_t - (1 + R_{t-1})B_{t-1} - G_t = 0 \qquad (6.7)$$

Despejando de la primera condición de primer orden (6.5) y sustituyendo en la segunda (6.6) obtenemos:

$$\beta^t \frac{1}{C_t} = \beta^{t+1} \frac{1}{C_{t+1}}(1 + R_t) \qquad (6.8)$$

y operando resulta:

$$C_{t+1} = \beta(1 + R_t)C_t \qquad (6.9)$$

expresión que determina la decisión óptima de consumo y en la cual no hay rastro del impuesto. Así, podemos observar que la senda óptima de consumo a lo largo del tiempo (la decisión consumo-ahorro intertemporal) sigue siendo la misma que obteníamos sin gobierno, por lo que las decisiones de éste en relación a la política impositiva no afectan a dicha senda de consumo. Esto es debido a que al fijar un

	A	B	C	D	E	F	G	H	I
1	**EJERCICIO 6.1: Impuesto no distorsionador**								
2				Tiempo	Consumo	Renta	Impuestos	Ahorro	Utilidad
3	*Parámetros*			0	4,82	10,00	4,00	1,18	0,68
4	Beta	0.97		1	4,91	10,00	4,00	2,32	0,67
5				2	5,01	10,00	4,00	3,43	0,66
6	*Variables exógenas*			3	5,09	10,00	4,00	4,51	0,65
7	Tipo de interés	0,05		4	5,19	10,00	4,00	5,55	0,63
8	Tipo impositivo sobre la renta	0,4		5	5,28	10,00	4,00	6,54	0,62
9				6	5,39	10,00	4,00	7,48	0,61
10				7	5,49	10,00	4,00	8,37	0,60
11				8	5,59	10,00	4,00	9,20	0,59
12				9	5,69	10,00	4,00	9,97	0,57
13				10	5,79	10,00	4,00	10,68	0,56
14				11	5,90	10,00	4,00	11,32	0,55
15				12	6,00	10,00	4,00	11,88	0,54
16				13	6,12	10,00	4,00	12,36	0,53
17				14	6,23	10,00	4,00	12,74	0,52
18				15	6,35	10,00	4,00	13,03	0,51
19				16	6,47	10,00	4,00	13,21	0,50
20				17	6,59	10,00	4,00	13,27	0,49
21				18	6,72	10,00	4,00	13,22	0,48
22				19	6,84	10,00	4,00	13,04	0,47
23				20	6,96	10,00	4,00	12,73	0,46
24				21	7,09	10,00	4,00	12,28	0,45
25				22	7,22	10,00	4,00	11,68	0,44
26				23	7,35	10,00	4,00	10,92	0,43
27				24	7,48	10,00	4,00	9,98	0,42
28				25	7,62	10,00	4,00	8,87	0,41

Hoja1 | Hoja2 | Hoja3

Figura 6.1: Estructura de la hoja de cálculo IMC-6-1-xls: Problema básico del consumidor con impuestos no distorsionadores.

impuesto sobre una renta que consideramos exógena, el individuo no pueden tomar ninguna decisión que afecte a la cantidad de impuestos a pagar (la base imponible no se puede alterar), por lo que este impuesto es equivalente a un impuesto de cuantía fija (como una tasa).

Solución al problema del consumidor con impuestos		
Impuestos no distorsionadores. Función de utilidad logarítmica		
Senda óptima de consumo	$C_{t+1} = \beta(1 + R_t)C_t$	
Activos financieros	$B_t = (1 + R_{t-1})B_{t-1} + (1 - \tau_t^w)W_t + G_t - C_t$	

6.2.1 Resolución numérica

A continuación, procedemos a resolver numéricamente el anterior problema de maximización. Para ello utilizaremos la herramienta "Solver" de Excel, al igual que lo hemos hecho en los capítulos anteriores. De hecho, el problema que vamos a resolver es idéntico al resuelto en el capítulo 4. La única diferencia es la introducción de una variable exógena adicional, que representa al tipo impositivo. Suponemos que el gobierno no devuelve al consumidor lo recaudado vía impuestos, es decir, $G_t = 0$.

La hoja de cálculo en la que hemos resuelto este problema es **"IMC-6-1.xls"**, cuya estructura se muestra en la Figura 6.1, siendo similar a las utilizadas en el capítulo 4. En primer lugar, definimos los parámetros del modelo. Como la función de utilidad que vamos a utilizar es logarítmica, únicamente tenemos un parámetro: la tasa de descuento intertemporal, β. El valor asignado a este parámetro de es 0,97, y aparece reflejado en la celda "B4". Por su parte, el problema comprende tres variables exógenas: el tipo de interés, la renta salarial y el tipo impositivo. El valor que hemos supuesto para el tipo de interés es de 0,05 que aparece en la celda "B7", mientras que hemos supuesto un tipo impositivo del 40% ($\tau_t^w = 0,4$), lo encontramos en la celda "B8". En cuanto a la renta salarial, hemos supuesto que toma un valor de 10 en cada periodo. En lugar de introducirla como un solo valor para todos los periodos, la hemos introducido como una columna con el mismo valor para todos los periodos para facilitar simulaciones con diferentes estructuras para la renta salarial.

Las columnas "D" a "I" muestran el resto de información que necesitamos para resolver este problema. La columna "D" es el índice de tiempo. En la columna "E" aparece la solución al problema en términos del nivel de consumo óptimo periodo a periodo. Tal y como hemos visto anteriormente, para obtener esta solución en primer lugar hemos de introducir unos valores como "semilla" del algoritmo, valores que es recomendable no sean muy diferentes de la solución final prevista. La columna "F" muestra la renta salarial, que la consideramos como dada, mientras que la columna "G" muestra los impuestos que tiene que pagar el individuo, que se obtiene multiplicando la renta por el tipo impositivo. A continuación la columna "H" calcula el stock de ahorro (activos financieros acumulados más la rentabilidad de los mismos). Para el primer periodo, el ahorro es la diferencia entre la renta disponible (renta total menos los impuestos) y el consumo. Si situamos el cursor en la celda "H3", la expresión que aparece es:

$$=F3-E3-G3$$

Si situamos el cursor en la celda "H4", la expresión que aparece es:

$$=(1+R\_0)*H3+F4-E4-G4$$

Esta misma expresión aparece en las celdas siguientes de esta misma columna. Por último, en la columna "I", presentamos los valores de la utilidad descontada. Así, en la celda "I3", podemos observar la expresión:

$$=Beta^D3*LN(E3)$$

La sumatoria de las utilidades descontadas está calculada en la celda "I34", que será la celda objetivo a maximizar en la herramienta "Solver". La solución al problema se obtiene ejecutando el "Solver", una vez hemos definido la celda objetivo a maximizar (la "I34"), la condición final ("$H$33=0"), y las celdas a cambiar con la solución ("$E$3:$E$33"), de forma similar a como se ha llevado a cabo en los capítulos anteriores.

6.2.2   Cambio en el tipo impositivo

A continuación, vamos a proceder a alterar el tipo impositivo para observar en qué medida la decisión de consumo-ahorro óptima del individuo se ve alterada por un cambio en la política fiscal. La Figura 6.2 muestra la decisión consumo-ahorro antes (línea discontinua) y después de la variación en el impuesto (línea sólida). Para ello, únicamente tenemos que cambiar el valor de la celda "B8". Supongamos por ejemplo, que se produce un aumento en el tipo impositivo sobre la renta exógena y pasa a ser del 25%. Si cambiamos el valor de la esta celda a 0,25 y ejecutamos de nuevo el "Solver", vamos a observar que la senda óptima del consumo (y la correspondiente al ahorro) siguen siendo las mismas. El resultado con el nuevo impuesto aparece reflejado por la línea sólida en la Figura 6.2. Así, cambios en este tipo impositivo no tienen ninguna consecuencia sobre las decisiones óptimas del consumidor, por lo que no genera distorsiones. La senda óptima de consumo y de ahorro resultantes se muestran en la Figura 6.2.

En la resolución numérica de este ejercicio hemos supuesto que el gobierno no devuelve al consumidor lo recaudado. Esto hace que a medida que aumente el tipo impositivo, se reduzca la renta disponible por lo que los niveles de consumo y ahorro son menores cuanto mayor sea el impuesto. Si el gobierno devuelve lo recaudado, tal y como lo hemos planteado de forma analítica, entonces los niveles de consumo y ahorro serían los mismos para cualquier tipo impositivo, dado que la renta disponible siempre sería igual a la renta total, independientemente del nivel del impuesto.

Este ejercicio pone en evidencia que la política fiscal resulta inefectiva si no tiene efectos distorsionadores sobre las decisiones del resto de agentes que intervienen en la economía. Esto es lo que se conoce como el principio de la Equivalencia Ricardiana (David Ricardo, 1772-1823) o teorema de la irrelevancia en la forma en la que se financia un aumento (vía impuestos o vía deuda pública) en el gasto público. El principio de la Equivalancia Ricardiana solo se cumple bajo los supuestos que estamos utilizando en este problema básico del consumidor.

6.3   Impuestos distorsionadores

A continuación, vamos a incluir la existencia de impuestos distorsionadores en el problema del consumidor. En los modelos macroeconómicos microfundamentados habitualmente se considera la existencia de dos tipos impositivos: impuestos sobre el

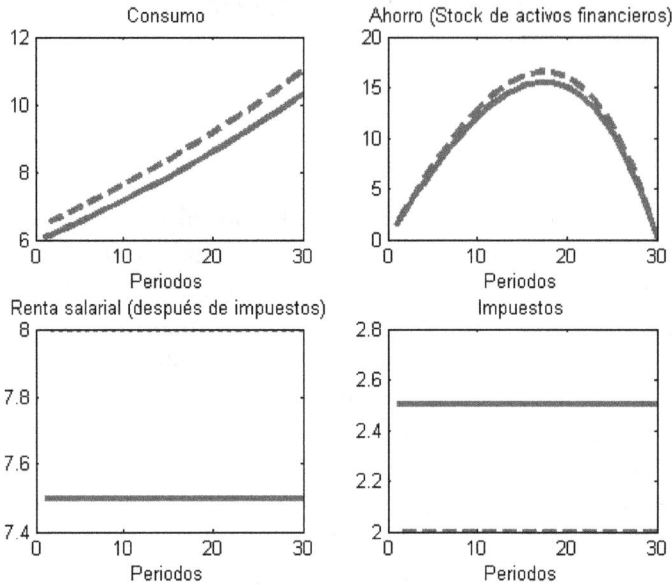

Figura 6.2: Decisión consumo-ahorro con impuesto de cuantía fija.

gasto e impuestos sobre la renta. El impuesto sobre el gasto es un impuesto indirecto, que se aplica sobre el consumo. Este impuesto supone que los agentes pagan un sobreprecio por cada unidad consumida. El impuesto más importante dentro de los impuestos indirectos que gravan en gasto es el Impuesto sobre el Valor Añadido (IVA). En general vamos a denominar a este impuesto más otros impuestos que también se aplican sobre el precio final de los bienes y servcios como impuesto sobre el consumo. El segundo tipo de impuesto es una tasa directa sobre la renta de los consumidores. Dado que los consumidores tienen dos fuentes para generar renta, el trabajo y el capital, distinguiremos entre un impuesto aplicado sobre las rentas del trabajo y otro tipo impositivo aplicado sobre las rentas del capital, o de la rentabilidad de los activos financieros, como es el caso del problema del consumidor básico que estamos resolviendo. En este caso, el gobierno se apropia de una parte de estas rentas.

Tal y como podemos observar estos impuestos van a alterar la restricción presupuestaria del individuo. Los impuestos indirectos se aplican sobre la parte del gasto, mientras que los impuestos directos se aplican sobre la parte de los ingresos. En este caso, la restricción presupuestaria del individuo la podemos escribir como:

$$(1 + \tau_t^c)C_t + B_t = (1 - \tau_t^w)W_t L_t + [1 + (1 - \tau_t^r)R_{t-1}]B_{t-1} + G_t \qquad (6.10)$$

donde B_t es el stock de activos financieros, τ_t^c es el tipo impositivo sobre el consumo, τ_t^w es el tipo impositivo sobre las rentas del trabajo y τ_t^r es el tipo impositivo sobre las rentas del capital (activos financieros). La restricción presupuestaria nos indica que el consumo más el sobreprecio del impuesto al consumo, junto con la inversión neta no pueden exceder la suma de las rentas netas provenientes del trabajo y de las rentas netas del stock de activos financieros. Estos impuestos son distorsionadores, ya que van a afectar a las decisiones económicas de los consumidores. Esto es así porque la base imponible de cada impuesto puede ser alterada por el agente, cambiando por tanto la cantidad total de impuestos a pagar al gobierno. Es decir, el gobierno es el que determina el tipo impositivo, pero ante dicha variable exógena los consumidores pueden alterar sus decisiones, cambiando por tanto la base imponible, bien alterando su oferta de trabajo o bien alterando la cantidad de ahorro, y afectando a la cantidad a pagar al gobierno. Esto significa que cambios en la política impositiva del gobierno van a dar lugar a cambios en las decisiones de consumo-ahorro y en la cantidad de factores productivos, capital y trabajo, por lo que en este caso la política fiscal sería efectiva afectando al equilibrio macroeconómico, no cumpliéndose por tanto el principio de Equivalencia Ricardiana.

Por otra parte, el gobierno realiza un gasto, G_t, que se lleva a cabo en forma de transferencias que recibe el individuo y también es una variable exógena. Nótese que las transferencias entran como una constante (una determinada cantidad de dinero) en la restricción presupuestaria del gobierno, por lo que no va a tener ninguna influencia sobre las decisiones del mismo. Si el gasto público se lleva a cabo en forma de bienes públicos o salarios a empleados públicos, entonces en este caso el gasto público también sería distorsionador. Por tanto, vemos que la introducción del gobierno cambia la restricción presupuestaria del individuo, apareciendo cuatro nuevas variables, que consideramos exógenas, por lo que la estructura del problema del consumidor no se ve afectada, pero en el cual la decisión óptima que maximiza la utilidad se va a ver afectada por las decisiones que tome el gobierno respecto a estas variables.

Por último, suponemos que periodo a periodo se cumple la restricción presupuestaria del gobierno. Por tanto, las transferencias que reciben los consumidores son:

$$G_t = \tau_t^c C_t + \tau_t^l W_t L_t + \tau_t^r R_{t-1} B_{t-1} \tag{6.11}$$

A continuación vamos a proceder a resolver el problema del consumidor suponiendo que la utilidad depende del consumo y del ocio. El problema a maximizar por parte del individuo sería:

$$\max_{\{C_t, L_t\}_{t=0}^T} \sum_{t=0}^T \beta^t (\gamma \ln C_t + (1 - \gamma) \ln(1 - L_t) \tag{6.12}$$

sujeto a la restricción presupuestaria definida anteriormente:

$$(1 + \tau_t^c) C_t + B_t = (1 - \tau_t^w) W_t + [1 + (1 - \tau_t^r) R_{t-1}] B_{t-1} + G_t \tag{6.13}$$

y a las condiciones inicial y final para el stock de activos financieros.

Estructura del modelo: Impuestos distorsionadores	
Función de utilidad	$U = U(C_t, O_t)$
Restricción presupuestaria	$(1 + \tau_t^c)C_t + B_t = (1 - \tau_t^w)W_t L_t$
	$+ [1 + (1 - \tau_t^r)R_{t-1}] B_{t-1} + G_t$
Stock de activos inicial	$B_{t-1} = 0$
Stock de activos final	$B_T = 0$
Restricción presupuestaria del gobierno	$G_t = \tau_t^c C_t + \tau_t^w W_t L_t + \tau_t^r R_{t-1} B_{t-1}$

La función auxiliar de Lagrange correspondiente sería:

$$\mathcal{L} = \beta^t [\gamma \ln C_t + (1 - \gamma) \ln(1 - L_t)]$$
$$- \lambda_t ((1 + \tau_t^c)C_t + B_t - (1 - \tau_t^w)W_t L_t - [1 + (1 - \tau_t^r)R_{t-1}] B_{t-1} - G_t \quad (6.14)$$

Resolviendo el anterior problema encontramos que las condiciones de primer orden, para $t = 0, 1, 2, ..., T$, son las siguientes:

$$\frac{\partial \mathcal{L}}{\partial C_t} \quad : \quad \frac{\gamma \beta^t}{C_t} - \lambda_t (1 + \tau_t^c) = 0 \quad (6.15)$$

$$\frac{\partial \mathcal{L}}{\partial B_t} \quad : \quad -\lambda_t + \lambda_{t+1}(1 - \tau_t^r)R_t = 0 \quad (6.16)$$

$$\frac{\partial \mathcal{L}}{\partial L_t} \quad : \quad -\frac{\beta^t (1 - \gamma)}{1 - L_t} + \lambda_t (1 - \tau_t^w)W_t = 0 \quad (6.17)$$

$$\frac{\partial \mathcal{L}}{\partial \lambda_t} \quad : \quad (1 + \tau_t^c)C_t + B_t - (1 - \tau_t^w)W_t L_t \quad (6.18)$$
$$- [1 + (1 - \tau_t^r)R_{t-1}] B_{t-1} - G_t = 0$$

Despejando de la primera condición de primer orden (6.15) y sustituyendo en la segunda (6.16) obtenemos:

$$\beta^t \frac{1}{(1 + \tau_t^c)C_t} = \beta^{t+1} \frac{[1 + (1 - \tau_t^r)R_t]}{(1 + \tau_{t+1}^c)C_{t+1}} \quad (6.19)$$

y operando resulta:

$$(1 + \tau_{t+1}^c)C_{t+1} = \beta [1 + (1 - \tau_t^r)R_t] (1 + \tau_t^c)C_t \quad (6.20)$$

Tal y como podemos observar, la senda óptima de consumo depende tanto del impuesto sobre las rentas generadas por los activos financieros, como por las variaciones en el impuesto sobre el consumo. Así, si el impuesto sobre el consumo permanece constante periodo a periodo (esto es $\tau_{t+1}^c = \tau_t^c$), entonces la senda óptima de consumo sería:

$$C_{t+1} = \beta [1 + (1 - \tau_t^r)R_t] C_t \quad (6.21)$$

por lo que en este caso únicamente se vería influida por el impuesto sobre las rentas de los activos financieros. Esto significa que una vez el gobierno fija un determinado tipo impositivo sobre el consumo, si éste no se altera en el tiempo, no influye en la decisión óptima de consumo. Por el contrario, si se altera el impuesto sobre el consumo en cualquier momento del tiempo, se producirá un reajuste en la senda óptima de consumo. Así, si el gobierno aumenta el impuesto sobre las rentas del trabajo en el periodo $t+1$ respecto al existente en t, esto supondrá una menor utilidad marginal del consumo mañana respecto a la de hoy, por lo que el individuo reajustará su nivel de consumo, aumentando su consumo hoy y disminuyendo su consumo mañana. Obsérvese que un cambio en τ_t^r es equivalente a una variación en la rentabilidad de los activos financieros (en el tipo de interés).

Por otra parte, la oferta de trabajo la obtenemos sustituyendo la condición de primer orden (6.15) en la (6.17), obteniéndose:

$$\frac{1-\gamma}{\gamma}(1+\tau_t^c)C_t = (1-\tau_t^w)W_t(1-L_t) \tag{6.22}$$

Como podemos observar la oferta de trabajo se ve afectada negativamente tanto por el impuesto sobre el consumo como por el tipo impositivo sobre las rentas que genera este factor. Así, cuanto mayor sea el tipo impositivo sobre la renta del trabajo, menor es el ingreso salarial que recibe el individuo y, por tanto, menor será su oferta de trabajo. Este resultado es lógico, por cuanto el impuesto reduce el salario neto, lo que a su vez implica una menor utilidad en términos de consumo por cada unidad de tiempo que dedicamos a trabajar. El impuesto sobre el salario (un aumento en el mismo) provoca que la desutilidad de la última unidad de tiempo que dedicamos a trabajar sea menor que la utilidad que obtendríamos si dicha unidad de tiempo la dedicamos al ocio, por lo que el individuo reduce su oferta de trabajo. Por otra parte, la oferta de trabajo también depende del impuesto sobre el consumo. Consumir es ahora más costoso porque hay que pagar el sobreprecio que supone el impuesto, lo que reduce la rentabilidad de trabajar para un determinado salario (en términos de utilidad) respecto a la rentabilidad del ocio, disminuyendo por tanto la oferta de trabajo.

Solución al problema del consumidor con impuestos Función de utilidad logarítmica	
Senda óptima de consumo	$(1+\tau_{t+1}^c)C_{t+1} = \beta\left[1+(1-\tau_t^r)R_t\right](1+\tau_t^c)C_t$
Activos financieros	$B_t = \left[1+(1-\tau_t^r)R_{t-1}\right]B_{t-1}$
	$+(1-\tau_t^w)W_t + G_t - (1+\tau_t^c)C_t$
Oferta de trabajo	$(1-\gamma)(1+\tau_t^c)C_t = \gamma(1-\tau_t^w)W_t(1-L_t)$

Si bien estos tres tipos impositivos son distorsionadores, en el ejercicio que estamos resolviendo tanto el salario por unidad de tiempo como el tipo de interés son variables exógenas y, por tanto, no se ven afectadas por las decisiones de los individuos. En el modelo macroeconómico dinámico de equilibrio general, estas variables (el precio de los factores productivos) se determinan de forma endógena, por lo que también se ven alterados por las decisiones de los agentes económicos. Por el contrario, en el modelo que estamos resolviendo tanto el salario como el tipo de interés son variables exógenas y, por tanto, constantes ante cambios en los impuestos. Esto va a provocar que la oferta de trabajo no se vea afectada por variaciones en el impuesto sobre las rentas del trabajo, o sobre el consumo. En este contexto, la única distorsión es la que va a venir provocada por aquellos impuestos que alteran la senda óptima de consumo, esto es, por el tipo impositivo sobre las rentas de los activos financieros, que serían equivalentes a una variación en la rentabilidad del ahorro.

6.3.1 Resolución numérica

A continuación, procedemos a la resolución numérica de este problema. La Figura 6.3 muestra la estructura de la hoja de cálculo **"IMC-6-2.xls"**, similar a la anterior, pero introduciendo también la oferta de trabajo y los tres tipos impositivos considerados. Para la resolución del anterior problema utilizamos de nuevo la herramienta "Solver" de Excel. Los parámetros que necesitamos definir son la tasa de descuento, y los tres tipos impositivos. Suponemos que la tasa de descuento es de 0.97, que el impuesto sobre el consumo es del 15%, el impuesto sobre la renta salarial del 35% y el impuesto sobre las rentas de los activos financieros del 25%. Por otra parte, hemos de definir las variables exógenas que se corresponden con el precio de los factores productivos, el salario y el tipo de interés. El apéndice J muestra el problema correspondiente resuelto en MATLAB, usando la función "fsolve".

En la columna "E" definimos el nivel de consumo periodo a periodo, mientras que en la columna "F" definimos el nivel de empleo, que son las variables que queremos calcular. Inicialmente, introduciríamos en estas dos columnas valores tentativos de la solución final, solución que nos daría la ejecución de "Solver" La columna "G" muestra la renta bruta del individuo que simplemente se obtiene multiplicando el salario por unidad de tiempo que es exógeno, por el tiempo dedicado a trabajar. En este ejemplo concreto hemos supuesto que el salario por unidad de tiempo es de 100 y que se mantiene constante para todos los periodos del ciclo vital del individuo. La columna "H" muestra la recaudación impositiva total a partir de los tres impuestos considerados, siendo la suma de las columnas "I", "J" y "K". La columna "L" muestra el nivel de ahorro del individuo. Este nivel de ahorro se calcula de la siguiente forma. En el primer periodo (periodo 0) es simplemente la diferencia entre la renta neta de impuestos y el consumo que realiza el individuo. En el segundo periodo y siguientes sería la diferencia entre la renta neta de impuestos y el consumo en el periodo más el ahorro del periodo anterior más la rentabilidad asociada a dicho ahorro. La expresión

	A	B	C	D	E	F	G	H	I	J	K	L	M
1	EJERCICIO 6.2: Impuestos distorsionadores												
2				Tiempo	Consumo	Empleo	Salario	Impuestos	Impuesto consumo	Impuesto salario	Impuesto capital	Ahorro	Utilidad
3				0	20.27	0.45	44.63	18.73	3.04	15.62	0.07	5.70	0.85
4	Parámetros			1	20.51	0.44	44.29	18.72	3.08	15.50	0.14	11.12	0.83
5	Beta	0.97		2	20.75	0.44	43.91	18.68	3.11	15.37	0.20	16.22	0.81
6	Gamma	0.40		3	20.98	0.44	43.61	18.67	3.15	15.26	0.26	21.04	0.80
7				4	21.21	0.43	43.21	18.62	3.18	15.12	0.32	25.52	0.78
8	Variables exógenas			5	21.44	0.43	42.82	18.58	3.22	14.99	0.37	29.65	0.76
9	Tipo de interés	0.05		6	21.67	0.42	42.49	18.54	3.25	14.87	0.42	33.46	0.75
10	Tipo impositivo sobre el consumo	0.15		7	21.89	0.42	42.14	18.49	3.28	14.75	0.46	36.94	0.73
11	Tipo impositivo salario	0.35		8	22.10	0.42	41.77	18.44	3.31	14.62	0.50	40.06	0.72
12	Tipo impositivo capital	0.25		9	22.31	0.41	41.38	18.36	3.35	14.48	0.54	42.81	0.70
13	Salario por unidad de tiempo	100		10	22.51	0.41	40.99	18.29	3.38	14.35	0.56	45.17	0.69
14				11	22.70	0.41	40.61	18.21	3.41	14.21	0.59	47.15	0.67
15				12	22.89	0.40	40.24	18.13	3.43	14.08	0.61	48.75	0.65
16				13	23.07	0.40	39.88	18.04	3.46	13.96	0.62	49.97	0.64
17				14	23.25	0.40	39.51	17.95	3.49	13.83	0.63	50.79	0.62
18				15	23.41	0.39	39.12	17.85	3.51	13.69	0.64	51.19	0.61
19				16	23.57	0.39	38.73	17.73	3.54	13.55	0.64	51.18	0.60
20				17	23.73	0.38	38.32	17.60	3.56	13.41	0.63	50.72	0.58
21				18	23.88	0.38	37.91	17.47	3.58	13.27	0.62	49.80	0.57
22				19	24.02	0.38	37.51	17.34	3.60	13.13	0.61	48.43	0.55
23				20	24.15	0.37	37.11	17.19	3.62	12.99	0.58	46.60	0.54
24				21	24.28	0.37	36.73	17.05	3.64	12.85	0.55	44.30	0.53
25				22	24.40	0.36	36.35	16.90	3.66	12.72	0.52	41.52	0.52
26				23	24.52	0.36	35.96	16.74	3.68	12.58	0.48	38.25	0.50
27				24	24.63	0.36	35.55	16.57	3.69	12.44	0.43	34.48	0.49
28				25	24.73	0.35	35.13	16.38	3.71	12.29	0.38	30.16	0.48
29				26	24.83	0.35	34.69	16.18	3.72	12.14	0.32	25.29	0.47
30				27	24.92	0.34	34.25	15.97	3.74	11.99	0.25	19.84	0.45
31				28	25.01	0.34	33.83	15.76	3.75	11.84	0.17	13.81	0.44

Figura 6.3: Estructura de la hoja de cálculo IMC-6-2.xls.

que aparece en la celda "L3" es:

$$=(1-Tauw)*G3-(1+Tauc)*E3$$

esto es la renta salarial neta de impuestos del periodo menos el gasto en consumo, impuestos incluidos. Por su parte, la expresión que aparece en la celda "L4" es:

$$=(1+Rbar*(1-Tauk))*L3+(1-Tauw)*G4-(1+Tauc)*E4$$

expresión que copiamos en las siguientes filas de esta columna. Finalmente, la columna "M" muestra el nivel de utilidad descontada del individuo en cada periodo de su vida.

La sumatoria de las utilidades descontadas está calculada en la celda "M34", que será la celda objetivo a maximizar en la herramienta "Solver". La solución al problema se obtiene ejecutando el "Solver", una vez hemos definido la celda objetivo a maximizar (la "M34"), la condición final ("$L$33=0"), y las celdas a cambiar con la solución ("$E$3:$F$33"), de forma similar a como se ha llevado a cabo en los capítulos anteriores.

La Figura 6.4 muestra las sendas temporales de las variables relevantes. En primer lugar, la senda de consumo es creciente, por lo que el individuo decide un mayor

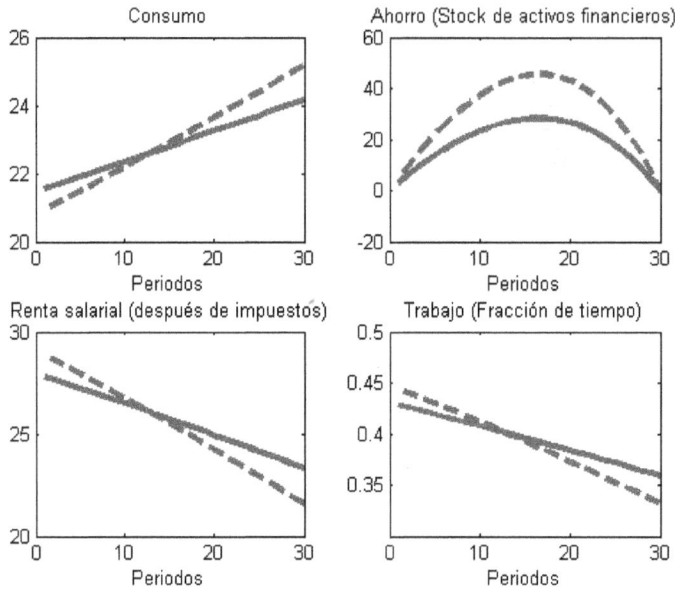

Figura 6.4: Decisión consumo-ahorro y consumo-ocio con impuestos distorsionadores. Efectos de un aumento en el impuesto sobre la rentabilidad de los activos financieros (línea sólida).

consumo conforme avance el tiempo. La pendiente de esta senda de consumo depende de la tasa de descuento y del tipo de interés real, junto con la forma de la función de utilidad del agente, que en este caso es logarítmica. La renta la suponemos exógena, teniendo el individuo un nivel de renta (antes de impuestos) de 10 en el periodo 0 y aumentando dicha renta una unidad hasta el periodo 26, momento en el que el individuo se jubila y su renta pasa a cero. El impuesto sobre la renta tiene la misma forma, ya que hemos supuesto que es proporcional a la renta. Por último, el ahorro del agente va a tener la forma estándar. En este caso el individuo va ahorrar durante los primeros periodos de su vida hasta el momento de su jubilación, a partir del cual el ahorro es negativo, consumiendo el individuo los activos financieros que ha ido acumulando a lo largo de su vida laboral.

6.3.2   Cambio en el tipo impositivo sobre la rentabilidad del ahorro

Supongamos ahora que el gobierno aumenta el impuesto sobre las rentas del capital, pasando del 25% al 30%. Vamos a suponer que el gobierno no devuelve lo recaudado, por lo que este aumento impositivo implica una disminución en la renta disponible del individuo. No obstante, el elemento de importancia consiste en estudiar cómo el individuo altera su decisión óptima ante dicho cambio impositivo. El resultado de maximizar de nuevo el problema lo tenemos representado en la Figura 6.4 (trazo continuo). Tal y como hemos indicado, este impuesto equivale a una variación en la rentabilidad de los activos financieros, lo que alterará la decisión consumo-ahorro del individuo. Así, podemos comprobar como el volumen de ahorro disminuye como consecuencia del aumento en este impuesto, si bien sigue siendo positivo durante la primera parte del ciclo vital. Este cambio en la senda del ahorro se debe a que la senda óptima de consumo se hace ahora más horizontal. Dado el factor de descuento y el cambio en la rentabilidad neta del ahorro, el agente prefiere suavizar en mayor medida su nivel de consumo a lo largo de su ciclo vital. Esto hace que el nivel de consumo en los primeros periodos sea superior al existente anteriormente, mientras que el nivel de consumo resulta inferior al anterior durante los últimos periodos del ciclo vital.

La oferta de trabajo también se ve afectada ante el cambio en este impuesto. Tal y como hemos derivado anteriormente, la oferta de trabajo se ve afectada tanto por el tipo impositivo sobre el consumo como por el tipo impositivo sobre las rentas del trabajo. Sin embargo, en el contexto del modelo teórico que estamos analizando, equilibrio parcial, tanto la rentabilidad del ahorro como el salario son variables exógenas, que no se ven alteradas por las decisiones del agente. Esto hace que cambios en estos dos tipos impositivos solo provoquen cambios en la decisión consumo-ahorro, sin que se altere la oferta de trabajo. Sin embargo, en este ejercicio observamos que la oferta de trabajo si se ve afectada por el cambio en el impuesto sobre las rentas de los activos financieros. Así, la oferta de trabajo, que tiene pendiente negativa, se hace más horizontal como consecuencia del aumento en el impuesto a las rentas del capital. Esto significa que el agente trabajaría menos tiempo en los primeros periodos de su ciclo vital, pero más tiempo en los últimos periodos, con objeto de hacer que su perfil de renta salarial sea más estable en el tiempo.

6.4 La seguridad social

En esta sección vamos a resolver el problema del consumidor, pero considerando la existencia de un sistema de seguridad social, que supone que el individuo va a percibir una pensión una vez se jubile y deje de trabajar. Así, vamos a suponer que el individuo solo trabaja durante una fracción de su ciclo vital, con los últimos periodos estando en una situación de jubilación. Como durante esta última parte de su ciclo vital no obtiene rentas salariales, los ingresos que obtenga van a provenir de un sistema de seguridad social, que implica la existencia de un pago obligatorio durante la vida laboral del individuo a un fondo de pensiones o directamente al gobierno, a partir del cual se generarán unos derechos sobre una pensión futura. Para ello consideramos la existencia de un impuesto sobre las rentas salariales en forma de cotizaciones a la seguridad social. Esto supone la existencia de un ahorro obligatorio, que lo determina el gobierno, puesto que es el que determina la cuantía de estas cotizaciones en función del salario.

En la práctica, existen dos sistemas de seguridad social diferentes: el sistema de reparto y el sistema de capitalización. En el sistema de reparto se produce una transferencia de renta intergeneracional, entre los agentes que están trabajando y los que están jubilados en cada momento del tiempo. Es decir, en un momento dado los trabajadores están pagando las pensiones de aquellos que están jubilados, con la promesa de que cuando ellos estén retirados su pensión será pagada por los agentes que estén trabajando en dicho momento. Este es el sistema que tienen implantado la mayoría de los países. Esto significa que la sostenibilidad del sistema depende de la dinámica de población y del nivel de empleo existente en el futuro.

Por el contrario, el sistema de capitalización supone que es el propio individuo el que paga su propia pensión cuando esté jubilado. En este caso, el gobierno impone una obligación de ingresar en cada periodo una determinada cantidad en un fondo de pensiones. Este fondo de pensiones va a generar una rentabilidad. Cuando el individuo se jubile, obtiene como pensión las cantidades aportadas más la rentabilidad obtenida. A primera vista sería equivalente a un fondo de pensiones privado, con la importante diferencia de que en el caso de un fondo de pensiones privado las aportaciones son voluntarias, mientras que en el sistema de seguridad social de capitalización las aportaciones son obligatorias. En este ejercicio vamos a suponer que el régimen de la seguridad social es de capitalización. Esto significa que el importe recaudado a través de las cotizaciones a la seguridad social va a un fondo de pensiones, el cual genera una rentabilidad dada por el tipo de interés real.

Vamos a suponer el comportamiento de un consumidor con vida finita a lo largo de su ciclo vital. Para estudiar las implicaciones de un sistema de seguridad social, sería más apropiado utilizar un modelo de generaciones solapadas. En este tipo de modelos se supone que los agentes viven durante dos periodos, en el primero son jóvenes y trabajan y en el segundo son viejos y están jubilados. En cada momento del tiempo existen dos generaciones: jóvenes y viejos, siendo los jóvenes de hoy los viejos de mañana. No obstante, dicho análisis también podemos hacerlo con la estructura estándar que estamos utilizando de un agente con un ciclo vital finito.

De nuevo, vamos a considerar que el problema del consumidor consiste en maximizar la siguiente función de utilidad:

$$\max_{\{C_t\}_{t=0}^{T}} \sum_{t=0}^{T} \beta^t \ln C_t \tag{6.23}$$

sujeto a la siguiente restricción presupuestaria del individuo:

$$C_t + B_t = (1 - \tau_t^{ss})W_t + R_{t-1}B_{t-1} + D_t \tag{6.24}$$

donde τ^{ss} es el tipo impositivo de las cotizaciones a la seguridad social y donde D_t es la pensión de jubilación que recibe el individuo. Esta pensión sólo sería positiva cuando el salario del individuo fuese cero, es decir, cuando el individuo ha abandonado la vida laboral y se encuentra jubilado. Suponemos que $L_t = 1$, durante su vida laboral. En la práctica, el agente se enfrentaría a dos restricciones presupuestarias diferentes a lo largo de su ciclo vital, dependiendo de si se encuentra trabajando o jubilado. Así, si suponemos que el tiempo de jubilación es t^*, para $t = 0$ hasta $t^* - 1$, la restricción presupuestaria sería:

$$C_t + B_t = (1 - \tau_t^{ss})W_t + R_{t-1}B_{t-1} \tag{6.25}$$

mientras que para el periodo $t = t^*$ hasta T, la restricción presupuestaria sería:

$$C_t + B_t = R_{t-1}B_{t-1} + D_t \tag{6.26}$$

dado que $L_t = 0$ a partir de $t = t^*$.

Estructura del modelo: Seguridad Social	
Función de utilidad	$U = U(C_t)$
Restricción presupuestaria	$C_t + B_t = (1 - \tau_t^w)W_t + [1 + R_{t-1}]B_{t-1} + D_t$
Stock de activos inicial	$B_{t-1} = 0$
Stock de activos final	$B_T = 0$
Fondo pensiones inicial	$D_{t-1} = 0$
Seguridad Social	$D_t = [1 + R_{t-1}]D_{t-1} + \tau_t^{ss}W_t$

El problema a resolver vendría dado por la siguiente función auxiliar de Lagrange:

$$\mathcal{L} = \beta^t \ln C_t - \lambda_t(C_t + B_t - (1 - \tau_t^{ss})W_t - (1 + R_t)B_{t-1} - D_t) \tag{6.27}$$

teniendo en cuenta las condiciones iniciales y finales. La pensión de jubilación es una variable exógena que es decidida por el gobierno.

Resolviendo el anterior problema encontramos que las condiciones de primer orden, para $t = 0, 1, 2, ..., T$, son las siguientes:

$$\frac{\partial \mathcal{L}}{\partial C_t} : \frac{1}{C_t} - \lambda_t = 0 \tag{6.28}$$

$$\frac{\partial \mathcal{L}}{\partial B_t} : -\beta^t \lambda_t + \beta^{t+1} \lambda_{t+1}(1 + R_{t+1}) = 0 \tag{6.29}$$

$$\frac{\partial \mathcal{L}}{\partial \lambda_t} : C_t + B_t - (1 - \tau_t^{ss})W_t - (1 + R_t)B_{t-1} - D_t = 0 \qquad (6.30)$$

Despejando de la primera condición de primer orden (6.28) y sustituyendo en la segunda (6.29) obtenemos:

$$\beta^t \frac{1}{C_t} = \beta^{t+1} \frac{1}{C_{t+1}}(1 + R_{t+1}) \qquad (6.31)$$

y operando resulta:

$$C_{t+1} = \beta(1 + R_{t+1})C_t \qquad (6.32)$$

Tal y como podemos observar la senda óptima de consumo del individuo es totalmente independiente tanto del impuesto de cotización a la seguridad social como del importe de su pensión una vez esté jubilado. La explicación es sencilla. En un contexto de previsión perfecta, donde el agente conoce todas las variables futuras, por tanto, las cotizaciones a la seguridad social son sustitutivas perfectas del ahorro privado. Esto significa que si el gobierno cambia las cotizaciones a la seguridad social, los agentes reaccionan alterando su decisión de ahorro, con el objeto de mantener su consumo a su nivel óptimo.

Solución al problema del consumidor con seguridad social Función de utilidad logarítmica	
Senda óptima de consumo	$C_{t+1} = \beta \left[1 + R_t\right] C_t$
Activos financieros	$B_t = \left[1 + R_{t-1}\right] B_{t-1}$
	$+(1 - \tau_t^w)W_t + G_t - (1 + \tau_t^c)C_t$
Oferta de trabajo	$(1 - \gamma)(1 + \tau_t^c)C_t = \gamma(1 - \tau_t^w)W_t(1 - L_t)$

6.4.1 Resolución numérica

A continuación procedemos a la resolución numérica del anterior ejercicio. La Figura 6.5 muestra la hoja de cálculo "**IMC-6-3.xls**", en la que hemos resuelto el problema anterior. Para ello, como anteriormente hemos de dar valores a los parámetros y variables exógenas del modelo. El modelo únicamente tiene un parámetro: la tasa de descuento. Adicionalmente, el modelo cuenta con cuatro variables exógenas: Tipo de interés real, renta salarial, tipo de las cotizaciones a la seguridad social y pensión de jubilación.

Vamos a suponer que $\beta = 0,97$, que aparece en la celda "B4". El tipo de interés lo vamos a suponer del 5% ($R = 0,05$) y que el tipo impositivo para la seguridad social es del 36% ($\tau_t^{ss} = 0,36$), se encuentran en las celdas "B7" y "B8", respectivamente.

Por otra parte, hemos de decidir de qué forma recibe el individuo su pensión. Una vez se jubile el individuo, éste tiene acceso al fondo de pensiones. Podemos realizar

EJERCICIO 6.3: La seguridad social

Parámetros	
Beta	0,97

Variables exógenas	
Tipo de interés	0,05
Cotizaciones a la Seguridad Social	0,36

Tiempo	Consumo	Salario	Pensión	S.S.	Fondo Pensiones	Ahorro	Ahorro total	Utilidad
0	12,06	10,00	0,00	3,60	3,60	-5,66	-2,06	1,08
1	12,29	11,00	0,00	3,96	7,74	-11,19	-3,45	1,06
2	12,49	12,00	0,00	4,32	12,45	-16,56	-4,11	1,03
3	12,75	13,00	0,00	4,68	17,75	-21,81	-4,07	1,01
4	12,99	14,00	0,00	5,04	23,68	-26,93	-3,26	0,99
5	13,22	15,00	0,00	5,40	30,26	-31,90	-1,64	0,96
6	13,45	16,00	0,00	5,76	37,53	-36,70	0,83	0,94
7	13,69	17,00	0,00	6,12	45,53	-41,35	4,18	0,92
8	13,95	18,00	0,00	6,48	54,29	-45,85	8,44	0,90
9	14,22	19,00	0,00	6,84	63,84	-50,20	13,65	0,88
10	14,49	20,00	0,00	7,20	74,23	-54,40	19,84	0,86
11	14,76	21,00	0,00	7,56	85,50	-58,44	27,07	0,84
12	15,04	22,00	0,00	7,92	97,70	-62,32	35,38	0,82
13	15,31	23,00	0,00	8,28	110,87	-66,03	44,83	0,80
14	15,59	24,00	0,00	8,64	125,05	-69,56	55,49	0,78
15	15,87	25,00	0,00	9,00	140,30	-72,91	67,39	0,76
16	16,15	26,00	0,00	9,36	156,68	-76,06	80,61	0,74
17	16,44	27,00	0,00	9,72	174,23	-79,03	95,20	0,72
18	16,75	28,00	0,00	10,08	193,02	-81,81	111,21	0,71
19	17,06	29,00	0,00	10,44	213,11	-84,40	128,71	0,69
20	17,38	30,00	0,00	10,80	234,57	-86,80	147,77	0,67
21	17,71	0,00	246,30	0,00	0,00	137,44	137,44	0,66
22	18,05	0,00	0,00	0,00	0,00	126,26	126,26	0,64
23	18,40	0,00	0,00	0,00	0,00	114,17	114,17	0,63
24	18,75	0,00	0,00	0,00	0,00	101,13	101,13	0,61
25	19,10	0,00	0,00	0,00	0,00	87,08	87,08	0,60
26	19,46	0,00	0,00	0,00	0,00	71,98	71,98	0,58
27	19,81	0,00	0,00	0,00	0,00	55,78	55,78	0,57
28	20,15	0,00	0,00	0,00	0,00	38,41	38,41	0,56
29	20,49	0,00	0,00	0,00	0,00	19,84	19,84	0,54
30	20,83	0,00	0,00	0,00	0,00	0,00	0,00	0,53
Suma								24,06

Figura 6.5: Estructura de la hoja de cálculo IMC-6-3.xls.

dos supuestos. Que el individuo cobra íntegramente la cantidad del fondo de pensiones justo en el momento que se jubila, o bien que dicho fondo de pensiones se reparte de alguna forma a lo largo de la vida restante del individuo. En nuestro caso vamos a escoger la primera opción. Así, observamos que cuando el agente se jubila, con los datos utilizados, el fondo de pensiones tiene un total de 246,3 unidades de consumo.

La Figura 6.6 muestra la senda temporal de las variables relevantes. En primer lugar, observamos que la senda de consumo sigue teniendo pendiente positiva. Esto es así, porque como hemos visto anteriormente, la senda óptima de consumo del individuo no se ve afectada ni por las cotizaciones a la seguridad social, ni por la forma en la que se reciben las pensiones. Esto significa que un sistema de seguridad social de capitalización no tiene ningún efecto sobre las decisiones del individuo respecto al consumo periodo a periodo. Esto es debido a que las cotizaciones a la seguridad social implican la existencia de un ahorro forzoso, que es perfectamente sustitutivo del ahorro voluntario. Por tanto, cambios en el sistema de seguridad social únicamente provocan cambios en el ahorro voluntario del individuo, sin que afecten a su nivel de consumo. La senda óptima de ahorro es ahora diferente como consecuencia del régimen de seguridad social. Como podemos comprobar el ahorro ahora es negativo, y de cuantía muy elevada, durante la vida laboral del agente. Esto es debido a que el

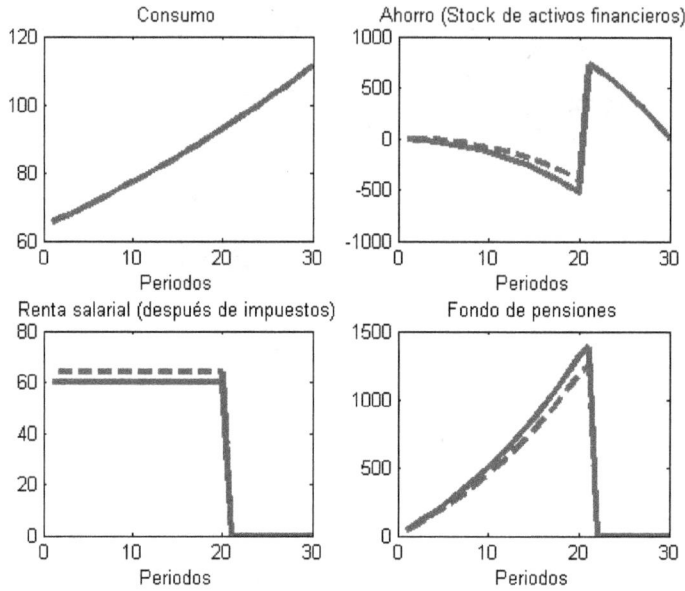

Figura 6.6: Decisión consumo-ahorro con Seguridad Social. Efectos de un aumento en las contizaciones a la Seguridad Social (línea sólida).

individuo está sustituyendo ahorro voluntario por el ahorro obligatorio derivado de las cotizaciones a la seguridad social. Dada la senda óptima de consumo que quiere seguir el individuo, las cotizaciones a la seguridad social le suponen un volumen de ahorro muy grande, que lo va a compensar a través cambios en el ahorro voluntario. En el momento de la jubilación se produce un saldo en el stock de activos financieros, debido a que estamos asumiendo que el individuo recibe toda la pensión de una vez y solo dedica en dicho periodo una pequeña fracción del mismo al consumo. A partir de este momento, el stock de activos financieros va disminuyendo (el agente va consumiendo la pensión recibida, hasta que en el periodo final el stock de activos financieros es nulo. El fondo de pensiones muestra las aportaciones que periodo a periodo realiza el individuo al mismo durante su etapa laboral, junto con la rentabilidad que va generando. Dicho fondo va incrementándose hasta el momento en el que se produce la jubilación. A partir de dicho momento, y dado el supuesto que hemos realizado, el fondo de pensiones es nulo. En resumen, en este sistema de seguridad social vemos que el ahorro obligatorio del sistema es sustitutivo perfecto del ahorro privado, indicando que dado un determinado ahorro obligatorio el individuo va a ajustar su ahorro privado tal que la senda del consumo sea la que maximiza su nivel de bienestar.

6.4.2 Cambio en las cotizaciones a la seguridad social

Supongamos ahora que el gobierno aumenta las cotizaciones a la seguridad social. Por ejemplo, vamos a suponer que las cotizaciones aumentan hasta el 40%. Qué implicaciones tiene este cambio sobre las decisiones del agente. Los resultados aparecen reflejados en la Figura 6.6, por el trazo continuo. Tal y como podemos comprobar, la senda óptima de consumo del individuo sigue siendo la misma, dado que no se ve afectada por este impuesto en términos de las cotizaciones a la seguridad social. No obstante, ahora el nivel de ahorro (voluntario) es diferente, ajustándose al nuevo nivel de ahorro obligatorio. Así, mientras que el fondo de pensiones aumenta respecto a la situación anterior, el ahorro voluntario disminuye, de tal forma que dada la nueva renta disponible, neta de las cotizaciones a la seguridad social, el nivel de consumo sea el mismo. Lo que estamos observando en este ejercicio es una perfecta sustituibilidad entre el ahorro voluntario y el ahorro forzoso derivado de un sistema de seguridad social. Dado el supuesto de que la rentabilidad de ambos activos financieros es la misma, ambos tipos de ahorro son perfectamente sustitutivos.

Diferente sería el caso de un sistema de seguridad social de reparto, donde las contribuciones a la seguridad social van destinadas directamente a pagar las pensiones de los que están jubilados, y la pensión futura de un agente que se encuentra en su vida laboral depende de las aportaciones al sistema que realicen los trabajadores futuros. En este tipo de sistema, la pensión futura dependerá de la dinámica poblacional y de la evolución de la productividad del trabajo, por lo que el ahorro voluntario no sería sustitutivo de las contribuciones a la seguridad social.

Ejercicios

1. Utilizando la hoja de cálculo "IMC-5-1.xls", estudie cuáles son los efectos de un aumento en el tipo de interés real. En particular, suponga que el tipo de interés aumenta hasta el 5 por ciento, $R = 0.05$. Cómo es ahora la pendiente de la senda óptima de consumo. Qué sucede con la oferta de trabajo.

2. Analice cuáles son los efectos de un cambio en el parámetro γ, utilizando para ello la hoja de cálculo "IMC-5-1.xls".

3. Suponga que el tipo de interés es del 0 por ciento, $R = 0.00$. Qué consecuencias tiene sobre la decisión consumo-ahorro y la decisión consumo-ocio.

4. Suponga que la función de utilidad del individuo es la siguiente:

$$U(C_t, L_t) = \ln C_t - \gamma \frac{L_t^{1+\frac{1}{\phi}}}{1+\frac{1}{\phi}}$$

Resuelva el problema del consumidor construyendo la hoja de cálculo correspondiente a este problema.

7

Las empresas y la decisión de inversión: El modelo de la Q de Tobin

7.1   Introducción

El otro agente económico principal que se incluye en los modelos de equilibrio general dinámico es la empresa. Las empresas, junto con los consumidores, conforman los dos agentes económicos principales para determinar el comportamiento de una economía a través del marco teórico que proporcionan los modelos macroeconómicos microfundamentados. Las empresas representan al sector productivo de la economía, es decir, son los agentes que van a producir los bienes finales que se van a consumir o se van a destinar a la inversión. Para ello van a utilizar una determinada cantidad de factores productivos, a los cuales van a aplicar una determinada función de tecnología, que permite su transformación en producción final. Consideramos la existencia de dos tipos de factores productivos: el capital y el trabajo. El capital surge como consecuencia de las decisiones de ahorro de los consumidores. En su versión más simple y tradicional, este ahorro se supone que es igual a la inversión, que se transforma directamente en capital físico, y que sus propietarios, en principio los consumidores, van a alquilar a las empresas para utilizarlo en su proceso productivo. Por otra parte, el factor trabajo se deriva de la dotación de tiempo de los consumidores. Estos disponen de una dotación de tiempo que pueden utilizarla bien para actividades de ocio o bien para trabajar. Este tiempo de trabajo es el que se alquila a las empresas. En el esquema clásico de análisis, las empresas alquilan los factores productivos a las familias (consumidores), que suponemos son los propietarios de los mismos, pagando unas determinadas rentas por los mismos. Esto hace que el problema de decisión de las empresas sea muy simple, ya que son los consumidores los que toman las decisiones de oferta de trabajo y de inversión. Este es el tratamiento que se le da a las empresas en la mayoría de modelos macroeconómicos dinámicos microfundamentados, en los cuales se supone la existencia de competencia perfecta. Si se introduce la existencia de competencia imperfecta (competencia monopolística) el problema de las empresas es más complejo ya que éstas tienen cierto poder de mercado para influir en el precio de los bienes producidos.

A la hora de estudiar el comportamiento de las empresas, suponemos que éstas tienen como función objetivo la maximización de beneficios, maximización que está sujeta a la restricción tecnológica que viene definida por la función de producción. Así, el comportamiento de las empresas lo vamos a representar a través de un problema de optimización en el que se determina un vector de cantidades (demanda) de factores productivos, dados unos precios de los mismos y, a través de la función tecnológica, se determina el nivel de producción de la economía. Un elemento clave que vamos a analizar en este capítulo es la decisión de inversión. Junto con el consumo, la inversión es la otra variable fundamental de un sistema económico. Tal y como hemos visto en el estudio de la decisión de los consumidores, éstos determinan el nivel de ahorro óptimo en cada periodo, ahorro que suponemos se transforma directamente en inversión y en capital físico. La inversión es importante dado que determina tanto el nivel de empleo como las posibilidades de crecimiento de la economía. En el análisis clásico las empresas no son propietarias del capital cuyo proceso de acumulación viene determinado por el ahorro, que es el instrumento que utilizan los consumidores para determinar su senda óptima de consumo. En este sentido, el ahorro simplemente es la producción no consumida, por lo que las decisiones de inversión se derivan directamente de las decisiones de ahorro. Este es el supuesto generalmente adoptado por la mayoría de modelos microfundamentados. Sin embargo, esto hace que no podamos definir de forma adecuada una función de inversión en capital físico, ni definir cuáles son sus determinantes de forma independiente a la decisión de ahorro en la forma de activos financieros.

En este capítulo vamos a analizar la inversión desde el punto de vista de las empresas. Así, suponemos que las empresas son propietarias de su capital y, por tanto, son las que toman las decisiones de inversión utilizando como fuente de financiación el ahorro de los consumidores. En este caso distinguiríamos entre consumidores, por un lado, y empresarios, por el otro, siendo estos últimos los propietarios de las empresas y, por tanto, del capital, configurando el agente que toma las decisiones de inversión. Utilizando esta especificación alternativa podemos separar la decisión de ahorro de la decisión de inversión y, así obtener la demanda de inversión en un entorno dinámico, ya que las decisiones de inversión hoy, afectarán a la corriente futura de beneficios de las empresas, de una forma equivalente a cómo los consumidores determinan su nivel de ahorro hoy y de cómo éste determina su nivel de consumo futuro.

En el modelo neoclásico estándar, el stock de capital óptimo se determina en función de los precios relativos de los factores productivos. Sin embargo, vamos a ampliar este análisis básico considerando la existencia de costes de ajuste asociados a los procesos de inversión. A partir de este análisis vamos a desarrollar el modelo de la Q de Tobin, que va a constituir el marco de referencia que vamos a utilizar para describir las decisiones de inversión en una economía. En el modelo de la Q de Tobin, la tasa de inversión óptima depende de una ratio, denominada Q, definida como el cociente entre el valor de mercado de la empresa y el coste de reposición del capital instalado. El modelo resultante va a consistir en un sistema en tiempo discreto compuesto por dos ecuaciones en diferencias, que determinan el comportamiento de la ratio anterior y del stock de capital. Sin embargo, estas ecuaciones tienen una naturaleza no lineal, por lo que analizar el comportamiento del sistema directamente es más complejo al no poder escribirlo en notación matricial. En este caso, procedemos en primer lugar a obtener una aproximación lineal a las ecuaciones no lineales del mismo, reescribiendo el modelo en términos de las desviaciones de cada variable respecto a su valor de estado estacionario, lo que permitirá analizar su comportamiento a través de los valores propios asociados al sistema y obtener la senda estable correspondiente.

La estructura del resto del capítulo es la siguiente. En la segunda sección resolvemos analíticamente el modelo de la Q de Tobin, describiendo el problema intertemporal de maximización de beneficios de la empresa, la definición de la función de beneficios a utilizar, así como la descripción de la existencia de costes de ajuste asociados al proceso inversor. La sección tercera realiza la calibración del modelo, así como el cálculo de su estado estacionario. La sección cuarta lleva a cabo la log-linearización del modelo, paso necesario para proceder a su resolución numérica. La sección quinta presenta la resolución numérica del modelo, así como el cálculo del reajuste en las expectativas sobre la ratio Q. La sección sexta lleva a cabo un análisis de perturbaciones, mientras que en la séptima sección se lleva a cabo un análisis de sensibilidad.

7.2   El modelo de la Q de Tobin

En esta sección vamos a estudiar el modelo de referencia que se utiliza para analizar los factores determinantes de la inversión. Se trata del denominado modelo de la Q de Tobin, desarrollado por James Tobin (1918-2002) a finales de la década de 1960,[1] siendo un modelo muy utilizado para analizar el comportamiento de las empresas en relación a la inversión y con aplicaciones prácticas para fijar el valor de equilibrio de las acciones de una empresa, el valor de una empresa a la hora de ser adquirida por otra,

---

[1]Tobin, J. (1969). A general equilibrium approach to monetary theory. *Journal of Money, Credit and Banking*, 1(1): 15-29.

o para fijar la tasa de intercambio de acciones entre empresas en el caso de una fusión. Este modelo está basado en definir una ratio, que se denomina la Q de Tobin, que se construye como el valor de mercado de la empresa respecto al coste de reposición del capital instalado. Es decir, compara lo que vale la empresa en un momento del tiempo respecto a lo que costaría instalar de nuevo todo el capital del que dispone la empresa, lo que es equivalente a comparar la rentabilidad de una inversión con el coste de la misma. En este contexto, la inversión va a ser una función del valor de esta ratio y, de este modo, cualquier factor que afecte a dicha ratio también afectará a la decisión de inversión.

En el análisis que vamos a realizar suponemos que las empresas tienen como función objetivo la maximización de beneficios, sujeta a la restricción tecnológica. Así, el comportamiento de las empresas lo vamos a representar a través de un problema de optimización en el que se determina un vector de cantidades de factores productivos (demanda de los mismos), dados unos precios de los mismos, y a través de la función tecnológica, la determinación del nivel de producción. En el modelo neoclásico, el stock de capital óptimo se determina en función de los precios relativos de los factores productivos. Sin embargo, vamos a ampliar este análisis básico considerando la existencia de costes de ajuste asociados a los procesos de inversión. A partir de este análisis vamos a desarrollar el modelo de la Q de Tobin, que va a constituir el marco de referencia que vamos a utilizar para describir las decisiones de inversión en una economía, como un sistema dinámico con dos ecuaciones: una que describe la dinámica de la ratio Q, y otra que describe la dinámica del stock de capital. Al igual que hemos hecho en el caso del consumidor, vamos a suponer que todas las empresas son idénticas (la restricción tecnológica a la que se enfrentan es la misma, ésta presenta rendimientos constantes a escala y suponemos la existencia de un entorno competitivo), por lo que podemos usar el concepto de empresa representativa.

Un elemento diferenciador del análisis que vamos a realizar respecto a los llevados a cabo anteriormente respecto a las decisiones de los consumidores es que ahora introducimos el concepto de capital físico (estructuras y equipos), K, en contraposición con el capital financiero generado por el ahorro y dado por el stock de activos financieros, B. Aunque ambas variables, en equilibrio, serían equivalentes en un modelo de una economía cerrada y sin gobierno, la naturaleza de ambas variables es muy diferente, dado que el stock de activos financieros es una variable totalmente flexible, mientras que el stock de capital físico es una variable muy rígida (las estructuras y los equipos necesitan un tiempo para ser construidos).

7.2.1 La función de tecnología

Comenzamos con la definición de la restricción tecnológica a la que está sujeta el proceso de maximización de beneficios de la empresa. La función de producción agregada o de la empresa representativa viene dada por la expresión:

$$Y_t = F(K_t, L_t) \tag{7.1}$$

donde Y_t es la producción agregada de la economía o de la empresa representativa, K_t es el stock de capital físico, L_t es el nivel de empleo y $F(\cdot)$ es una función matemática que convierte factores productivos en producción y que representa a la tecnología que se aplica en el proceso productivo. Esta función tecnológica cumple las siguientes propiedades:

$$F_K > 0, \qquad F_L > 0$$

$$F_{KK} < 0, \qquad F_{LL} < 0$$

$$F_{KL} > 0$$

es decir, la función es creciente respecto a ambos factores productivos. Si aumentamos la cantidad del factor productivo trabajo o la cantidad del factor productivo capital, la producción aumenta. Por su parte, la segunda derivada respecto a cada uno de los factores productivos es negativa indicando que la función de producción es cóncava respecto a cada factor productivo, lo que implica que la productividad marginal es decreciente. A medida que aumentamos la cantidad de un factor productivo la producción aumenta pero cada vez lo hace en menor proporción. Además, la función de producción tiene que ser cóncava en K y L, por lo que tiene que cumplirse que:

$$F_{KK}F_{LL} - (F_{KL})^2 > 0$$

Por otra parte, la función de producción cumple las condiciones de Inada:

$$\lim_{K \to 0} F_K = \infty, \qquad \lim_{K \to \infty} F_K = 0$$
$$\lim_{L \to 0} F_L = \infty, \qquad \lim_{L \to \infty} F_L = 0$$

que implican que si la cantidad de un factor productivo tiende a cero, su productividad marginal tiende a infinito, mientras que si la cantidad de factores productivos tiende a infinito, su productividad tiende a cero. También suponemos que para producir hacen falta ambos factores productivos, es decir, $F(0, L_t) = F(K_t, 0) = 0$.

7.2.2 Los beneficios de la empresa

El objetivo de la empresa consiste en la maximización de sus beneficios para lo cual determinan su demanda de factores productivos. Los beneficios los definimos como la diferencia entre los ingresos totales de la empresa y los costes totales de la misma:

$$\Pi_t = IT_t - CT_t \tag{7.2}$$

donde Π son los beneficios, IT son los ingresos totales y CT son los costes totales. Los ingresos totales vendrían dados por la cantidad producida multiplicada por el precio:

$$IT_t = P_t Y_t \tag{7.3}$$

Por su parte, los costes totales vienen dados por los costes de los factores productivos trabajo y capital, calculados como la retribución a cada unidad de factor productivo multiplicado por la cantidad de factor:

$$CT_t = W_t L_t + R_t K_t \tag{7.4}$$

donde W_t es el salario por unidad de trabajo y R_t es el tipo de interés del stock de capital físico.

Normalizando el precio del bien final a 1 ($P_t = 1$), la función de beneficios puede definirse como:

$$\Pi_t = Y_t - W_t L_t - R_t K_t \tag{7.5}$$

Esta definición estándar de los beneficios de la empresa es la que usaríamos bajo el supuesto de que los propietarios de ambos factores productivos son los consumidores. Esto siempre es cierto en el caso del factor productivo trabajo. El factor trabajo se deriva de la dotación de tiempo, la cual pertenece a cada individuo. Por el contrario, el factor capital puede suponerse que pertenece a los trabajadores, o bien es propiedad de las empresas (o de otro agente económico que en la literatura se denomina capitalista). En el caso en que los consumidores sean los propietarios de ambos factores productivos, el problema de maximización de beneficios de las empresas es muy simple. En este contexto, las empresas alquilan ambos factores, periodo a periodo, por lo que el problema de maximización de beneficios puede resolverse en términos estáticos (no hay ninguna decisión intertemporal por parte de la empresa). Así, el problema de maximización de beneficios consistiría en maximizar (7.5) sujeta a la restricción tecnológica (7.1), problema que podemos especificar como:

$$\max_{K_t, L_t} \Pi_t = F(K_t, L_t) - W_t L_t - R_t K_t \tag{7.6}$$

siendo las condiciones de primer orden:

$$\frac{\delta \Pi_t}{\delta K_t} = F_K(K_t, L_t) - R_t = 0 \tag{7.7}$$

$$\frac{\delta \Pi_t}{\delta L_t} = F_L(K_t, L_t) - W_t = 0 \tag{7.8}$$

a partir de las cuales se obtienen las condiciones estándar de que los precios de los factores productivos es igual al (valor) de su productividad marginal:

$$R_t = F_K(K_t, L_t) \tag{7.9}$$

$$W_t = F_L(K_t, L_t) \tag{7.10}$$

Sin embargo, en el contexto del modelo de la Q de Tobin, vamos a introducir una diferencia respecto al análisis anterior, ya que supondremos que la empresa compra el capital en lugar de alquilarlo periodo a periodo. Esto significa que el capital es propiedad de la empresa y lo que decide la empresa es como cambia dicho capital, es decir, la inversión. De este modo lo que decide la empresa realmente es su volumen de inversión bruta periodo a periodo, que lo definimos como:

$$I_t = K_{t+1} - (1 - \delta)K_t \qquad (7.11)$$

es decir, la inversión (bruta), I_t, es igual a la variación del stock de capital más lo que se deprecia el capital, donde $\delta > 0$ es la tasa de depreciación física del capital.

En este caso estamos introduciendo una distinción entre las familias o consumidores y los empresarios. Los empresarios son los propietarios de las empresas de la economía y, por tanto, del stock de capital de éstas. De este modo la decisión de inversión va a ser diferente a la decisión de ahorro. Dado que el stock de capital es el resultado de las decisiones de inversión, la decisión respecto a este factor productivo corresponde al volumen de inversión que deciden realizar los empresarios en cada periodo. En este caso obtenemos que el coste en cada momento del tiempo del factor productivo capital para la empresa es el coste asociado a la inversión bruta que se realiza.

Bajo este supuesto, los beneficios de la empresa los podemos definir como:

$$\Pi_t = Y_t - W_t L_t - I_t \qquad (7.12)$$

donde ahora los costes de producción asociados al capital son aquellos que se derivan de la inversión que realiza la empresa en cada periodo, ya que el stock de capital existente en dicho momento ya es propiedad de la empresa y no tiene que pagarlo de nuevo (ya ha sido financiado). Por tanto, el supuesto que hagamos sobre quién tiene la propiedad del capital da lugar a diferentes definiciones de los beneficios de la empresa, además de resultar en un problema de optimización dinámico, ya que las decisiones de inversión hoy afectan a la corriente de beneficios futura.

7.2.3 Costes de ajuste de la inversión

Uno de los problemas que presenta el modelo neoclásico es que se supone que no existe ningún tipo de restricción a que el stock de capital físico varíe de forma instantánea ante cualquier perturbación. De hecho, el modelo neoclásico estándar implica que cualquier desviación del stock de capital de su valor óptimo da lugar a un volumen de inversión equivalente, por lo que cualquier desviación del stock de capital de su valor óptimo se cubre de forma instantánea. Sin embargo, el stock de capital físico de las empresas es una variable que presenta una elevada rigidez en el tiempo (necesita un tiempo para ser construido), lo que provoca que su ajuste no sea tan rápido y mucho menos instantáneo. Una forma de introducir rigideces en el proceso de acumulación de capital consiste en la consideración de la existencia de costes de ajuste asociados a la inversión. En la práctica, las empresas se enfrentan a la existencia de una serie de costes de ajuste a la hora de alterar su stock de capital. En esta sección vamos a introducir la existencia de costes de ajuste en el proceso de inversión. Estos costes de ajuste son mayores cuanto más rápidamente la empresa pretenda ajustar su stock de capital.

La introducción de costes de ajuste en el proceso de inversión tiene importantes consecuencias sobre la resolución del modelo, ya que nos permite separar las condiciones de optimalidad para el stock de capital y para la inversión. En un contexto sin costes de ajuste en el proceso inversor, tal y como ocurre en el modelo neoclásico, ambas condiciones coinciden, ya que la variación en el stock de capital es equivalente a la inversión (neta de la depreciación). Sin embargo, los costes de ajuste introducen una distinción entre la condición óptima del stock de capital y la correspondiente a la inversión. Esta diferenciación va a resultar fundamental a la hora de introducir la ratio definida por Tobin en el problema de maximización de beneficios de la empresa.

Podemos distinguir entre dos tipos de costes de ajuste: internos y externos. Los costes de ajuste externos surgen cuando las empresas se enfrentan a una oferta de capital perfectamente elástica, lo que a provocar que el precio del capital dependa de la velocidad a la que se quiera disponer de él. Cuanto más rápidamente se quiera disponer de una unidad adicional de capital, mayor será su precio. Por su parte, los costes de ajuste internos se miden en términos de pérdidas de producción o beneficios. Cuando se incorpora nuevo capital, hay que destinar parte de los recursos productivos de la empresa (fundamentalmente trabajo) a su instalación. De este modo estos factores no están transitoriamente disponibles para producir, por lo que se produce una disminución en el nivel de producción, con la consiguiente pérdida de beneficios. En la realidad, estos costes de ajuste pueden ser muy elevados, principalmente en el caso de grandes empresas.

Vamos a definir la siguiente función de costes de ajuste:

$$C = C(I_t, K_t) \tag{7.13}$$

donde los costes de ajuste dependen del volumen de inversión y del stock de capital instalado. Esta función de costes cumple una serie de características, tal que:

$$\begin{aligned} C(0, K_t) &= 0, & C(I_t, 0) &= 0 \\ C_I(I_t, K_t) &> 0, & C_K(I_t, K_t) &> 0 \\ C_{II}(I_t, K_t) &> 0, & C_{KK}(I_t, K_t) &> 0 \end{aligned}$$

es decir, los costes de ajuste dependen positivamente tanto de la inversión como del stock de capital (su primera derivada respecto a estas variables es positiva), siendo cero en el caso en que no se produzca inversión, o se invierta por primera vez (stock de capital de partida igual a cero). Por otra parte, su segunda derivada respecto a cada argumento también es positiva, indicando que crecen de forma más que proporcional, es decir, es una función creciente y convexa.

La existencia de costes de ajuste significa una pérdida de capital o un coste adicional al precio del mismo, que se produce durante el proceso de inversión. Así, por cada euro que se destine a inversión, se va a transformar en capital una cantidad inferior al euro, debido a la existencia de estos costes de ajuste. Esto es, parte de los recursos destinados a inversión se pierden en el proceso de transformación a capital físico. Existen diferentes formas para incorporar en el modelo la existencia de costes de ajuste. Así, podemos incluir dichos costes en la ecuación de acumulación de capital o bien como un coste adicional en la función de beneficios. Ambas formas dan lugar a resultados equivalentes. Si optamos por la primera opción, debemos especificar la cantidad de capital que llega a la empresa por unidad invertida, la cual también sería una función de los argumentos que definen la función de costes de ajuste, y vendría dada por:

$$\Psi(I_t, K_t) = I_t - C(I_t, K_t) \tag{7.14}$$

donde la función de inversión neta de costes de ajuste, $\Psi(\cdot)$, depende tanto del volumen de inversión como del stock de capital. En este caso, la ecuación dinámica de acumulación del stock de capital la podemos definir como:

$$K_{t+1} = (1 - \delta)K_t + I_t - C(I_t, K_t) = (1 - \delta)K_t + \Psi(I_t, K_t) \tag{7.15}$$

Alternativamente, podemos suponer que los costes de ajuste son costes adicionales al valor de la inversión y que suponen un coste en términos de pérdidas de producción y, por tanto, de beneficios. En este caso, la función de acumulación de capital sería la estándar, mientras que la función de beneficios de la empresa sería:

$$\Pi_t = Y_t - W_t L_t - I_t - C(I_t, K_t) \tag{7.16}$$

En el análisis que vamos a desarrollar a continuación, vamos a usar esta última especificación, obteniéndose los mismos resultados que si hubiésemos optado por la introducción de los costes de ajuste en la ecuación de acumulación de capital. Usemos una especificación u otra, la clave de la consideración de costes de ajuste en el proceso inversor es que permite separar la decisión de inversión respecto a la decisión de stock de capital. Esta separación va a provocar que, dependiendo de cómo sean los costes de ajuste, la inversión en un periodo no sea igual a la diferencia entre el stock de capital respecto a su nivel óptimo (el que maximiza beneficios). Por el contrario, la presencia de costes de ajuste va a provocar que, ante una diferencia entre el stock de capital de la empresa y su nivel óptimo, ésta no se cubra de forma instantánea, sino que el proceso de inversión va a dilatarse en el tiempo, con el objetivo de equilibrar los costes de ajuste con los beneficios derivados de la inversión.

Estructura del modelo de la Q de Tobin	
Beneficios de la empresa	$\Pi_t = Y_t - W_t L_t - I_t - C(I_t, K_t)$
Función de producción	$Y_t = F(K_t, L_t)$
Ecuación de acumulación de capital	$K_{t+1} = (1 - \delta)K_t + I_t$
Costes de ajuste	$C = C(I_t, K_t)$
Stock de capital inicial	$K_0 > 0$
Ratio Q	$Q_t = \frac{V_t}{K_t}$

7.2.4   La maximización de beneficios intertemporal

A continuación vamos a resolver analíticamente el problema intertemporal de maximización de beneficios al que se enfrentan las empresas. Si suponemos que el tiempo es una variable discreta, y que el ciclo vital de la empresa es finito (desde $t = 0$ hasta T),[2] el problema de maximización de beneficios intertemporales vendría dado por:

$$\max E_t \sum_{t=0}^{T} \frac{1}{(1 + R_t)^t} \Pi_t \tag{7.17}$$

sujeto a la restricción tecnológica y a la restricción dada por la ecuación de acumulación de capital:

$$Y_t = F(K_t, L_t) \tag{7.18}$$

$$K_{t+1} = (1 - \delta)K_t + I_t \tag{7.19}$$

siendo el factor de descuento el tipo de interés real, R_t, E_t es la esperanza matemática, siendo $K_0 > 0$, y conocido. Además, también se va a cumplir que:

$$\lim_{T \to \infty} K_T = \overline{K} \tag{7.20}$$

donde $\overline{K}$ es el stock de capital de estado estacionario. Esta condición la utilizamos como equivalente a la condición de transversalidad para garantizar la estabilidad del sistema.[3]

Es decir, la empresa maximizaría la sumatoria de la corriente de beneficios futuros esperados, usando como factor de descuento el tipo de interés real, al ser los beneficios

---

[2]En los modelos macroeconómicos microfundamentados es habitual considerar que el ciclo vital de los diferentes agentes económicos (consumidores, empresas, gobierno, etc.) es infinito.

[3]Para que el modelo no presente un comportamiento explosivo, es necesario que se cumpla una condición adicional, que viene dada por la denominada condición de transversalidad, que en términos generales la podemos definir como:

$$\lim_{T \to \infty} \frac{1}{(1 + R_t)^T} \lambda_T K_{T+1} = 0$$

un flujo monetario. Como suponemos la existencia de previsión perfecta y expectativas racionales, podemos eliminar directamente la esperanza matemática, ya que esto implica que conocemos el valor futuro de las variables exógenas. Así, teniendo en cuenta la definición de beneficios, el problema a maximizar podemos escribirlo como:

$$\max \sum_{t=0}^{T} \frac{1}{(1+R_t)^t} \left[Y_t - W_t L_t - I_t - C(I_t, K_t) \right] \tag{7.21}$$

sujeto a las restricciones anteriores. Sustituyendo la restricción tecnológica en la función objetivo obtenemos la siguiente función auxiliar de Lagrange:

$$\begin{aligned} V &= \sum_{t=0}^{T} \frac{1}{(1+R_t)^t} \left[F(K_t, L_t) - W_t L_t - I_t - C(I_t, K_t) \right] \\ &\quad - \lambda_t (K_{t+1} - I_t - (1-\delta)K_t) \end{aligned} \tag{7.22}$$

Las condiciones de primer orden al problema anterior son las siguientes:[4]

$$\frac{\partial V}{\partial K_{t+1}} : \frac{1}{(1+R_{t+1})^{t+1}} \left[F_K(K_{t+1}, L_{t+1}) - C_K(I_{t+1}, K_{t+1}) \right]$$
$$+ \lambda_{t+1}(1-\delta) - \lambda_t = 0 \tag{7.23}$$

$$\frac{\partial V}{\partial I_t} : -\frac{1 + C_I(I_t, K_t)}{(1+R_t)^t} + \lambda_t = 0 \tag{7.24}$$

$$\frac{\partial V}{\partial L_t} : \frac{F_L(K_t, L_t) - W_t}{(1+R_t)^t} = 0 \tag{7.25}$$

$$\frac{\partial V}{\partial \lambda_t} : -K_{t+1} + I_t + (1-\delta)K_t = 0 \tag{7.26}$$

A partir de la condición de primer orden (7.24) obtenemos el valor del multiplicador de Lagrange para el periodo t:

$$\lambda_t = \frac{1 + C_I(I_t, K_t)}{(1+R_t)^t} \tag{7.27}$$

---

[4]Nótese, que al obtener las condiciones de primer orden de este problema de maximización derivamos con respecto a la inversión, el empleo y el multiplicador de Lagrange, en el momento t, mientras que la derivada respecto al stock de capital la realizamos en el momento $t+1$. Esto es debido a que en el momento $t = 0$, el stock de capital es conocido, por lo que determinaríamos su valor en el siguiente periodo (el stock de capital es lo que se conoce como una variable predeterminada, o variable de estado, porque su valor hoy ya fue decidido en el periodo anterior). De este modo, el valor de K_0 viene dado. Así, las condiciones de primer orden se calculan desde $t = 0$ hasta T para las variables inversión, empleo y el multiplicador de Lagrange, mientras que la condición de primer orden para el stock de capital se calcularía desde $t = 1$ hasta $T + 1$.

y para el periodo $t + 1$:

$$\lambda_{t+1} = \frac{1 + C_I(I_{t+1}, K_{t+1})}{(1 + R_{t+1})^{t+1}} \qquad (7.28)$$

Dado que el tipo de interés (el factor de descuento) es una variable exógena, suponemos que su valor se mantiene constante periodo a periodo, tal que $R_{t+1} = R_t$. Sustituyendo en la condición de primer orden (7.23), el multiplicador de Lagrange para el periodo t y $t + 1$, resulta que:

$$F_K(K_{t+1}, L_{t+1}) - C_K(I_{t+1}, K_{t+1}) =$$
$$(1 + R_t)\left[1 + C_I(I_t, K_t)\right] - \left[1 + C_I(I_{t+1}, K_{t+1})\right](1 - \delta) \qquad (7.29)$$

expresión que iguala el valor del producto marginal del capital con el coste de uso del mismo, y que refleja la decisión de inversión de la empresa.

Finalmente, directamente a partir de la condición de primer orden (7.25) obtenemos la condición que iguala la productividad marginal del trabajo con el salario:

$$F_L(K_t, L_t) = W_t \qquad (7.30)$$

7.2.5   La q marginal

A continuación definimos la ratio Q de Tobin. Esta ratio se calcularía como el valor de mercado de la empresa respecto al coste de reposición del capital instalado. En nuestro caso concreto vamos a definir dicha ratio en términos marginales, a lo que vamos a denominar q.[5] Es decir, la ratio q sería la variación en el valor de mercado de la empresa respecto a la variación en el coste de reposición del capital instalado, es decir, el coste de invertir una unidad adicional. Bajo determinados supuestos, la ratio q es igual que la media de la ratio Q. La ratio q la definimos como:

$$q_t = \lambda_t \left(1 + R_t\right)^t \qquad (7.31)$$

Por tanto, tenemos que el precio sombra del capital lo podemos definir como:

$$\lambda_t = \frac{q_t}{(1 + R_t)^t} \qquad (7.32)$$

Usando la definición del parámetro de Lagrange obtenida anteriormente, resulta que,

$$q_t = 1 + C_I(I_t, K_t) \qquad (7.33)$$

---

[5] Hayashi, F. (1982). Tobin's marginal q and average q: A neoclassical interpretation. *Econometrica*, 50(1): 213-224.

Sustituyendo esta expresión en la condición de equilibrio para el stock de capital (7.29) obtenemos:

$$F_K(K_{t+1}, L_{t+1}) - C_K(I_{t+1}, K_{t+1}) = (1 + R_t)\, q_t - q_{t+1}(1 - \delta) \qquad (7.34)$$

A partir de la expresión anterior, obtenemos la siguiente ecuación que nos indica la dinámica de la marginal q:

$$q_{t+1} = \frac{(1 + R_t)q_t - F_K(K_{t+1}, L_{t+1}) + C_K(I_{t+1}, K_{t+1})}{1 - \delta} \qquad (7.35)$$

La expresión anterior nos indica que ahora la productividad marginal del capital es igual a una expresión en la que aparece el coste de uso del capital pero también la función de inversión neta de costes de ajuste. Así, si no existiesen costes de ajuste entonces $C_K(I_{t+1}, K_{t+1}) = 0$, por lo que la condición de equilibrio sería:

$$q_{t+1} = \frac{(1 + R_t)q_t - F_K(K_{t+1}, L_{t+1})}{1 - \delta} \qquad (7.36)$$

Con costes de ajuste el coste de uso del capital es superior dependiendo de cómo sean dichos costes de ajuste en función del stock de capital. Cuanto mayor sea $C_K(I_t, K_t)$ mayor tiene que ser la productividad marginal del capital, es decir, menor el stock de capital. Esto hace que aunque el stock de capital de una empresa en un periodo sea inferior al óptimo, la empresa no realice una inversión en dicho periodo para cubrir totalmente dicha diferencia, ya que el coste de ajuste puede ser muy importante, llevando a cabo sus inversiones de forma gradual en el tiempo.

Por tanto, el modelo de la Q de Tobin puede resumirse en un sistema de dos ecuaciones dinámicas, una para el stock de capital y otra para la ratio q, dadas por:

$$q_t = 1 + C_I(I_t, K_t) \qquad (7.37)$$
$$(1 - \delta)q_{t+1} + F_K(K_{t+1}, L_{t+1}) = (1 + R_t)q_t + C_K(I_{t+1}, K_{t+1}) \qquad (7.38)$$

más la condición estática que determina el nivel de empleo. Si suponemos que el empleo se mantiene fijo, el modelo de la Q de Tobin lo podemos resolver en términos del stock de capital y la ratio q. El stock de capital es una variable de estado, que viene predeterminada por las decisiones tomadas en el periodo anterior, mientras que la ratio q es una variable flexible, que está sujeta a cambios en las expectativas, y que se ajusta de forma instantánea ante perturbaciones.

7.3   Formas funcionales y calibración del modelo

Para resolver numéricamente el modelo anterior, necesitamos definir formas funcionales específicas, tanto para la tecnología como para los costes de ajuste. En primer lugar, vamos a normalizar el nivel de empleo a 1 ($L_t = 1$). De este modo la función de producción que vamos a utilizar vendría dada por:

$$Y_t = F(K_t) = K_t^{\alpha} \tag{7.39}$$

donde el nivel de empleo suponemos que es fijo y donde $0 < \alpha < 1$. Esto es debido a que la decisión respecto al empleo no afecta a la decisión de inversión, por lo que consideramos una función tecnológica como función del stock de capital y donde α es la elasticidad del nivel de producción respecto al capital.

A continuación, hemos de especificar una forma funcional para los costes de ajuste. En la práctica, los costes de ajuste pueden tener una gran variedad de formas funcionales. Una de las formas funcionales más habitualmente utilizadas para los costes de ajuste, y que también es la que vamos a adoptar aquí, es la siguiente:

$$C(I_t, K_t) = \frac{\phi}{2} \left(\frac{I_t - \delta K_t}{K_t} \right)^2 K_t \tag{7.40}$$

representando una función de costes de ajuste cuadráticos que depende tanto de la inversión como del stock de capital, y donde $\phi > 0$ es un parámetro que nos indicaría cómo de sensible es la inversión respecto al valor de la ratio q. En este caso concreto tendríamos que:

$$C_I(I_t, K_t) = \phi \left(\frac{I_t - \delta K_t}{K_t} \right) \tag{7.41}$$

$$C_K(I_t, K_t) = \frac{\phi}{2} \left(\frac{I_t - \delta K_t}{K_t} \right)^2 - \phi \left(\frac{I_t - \delta K_t}{K_t} \right) \frac{I_t}{K_t} \tag{7.42}$$

En el análisis que vamos a desarrollar a continuación, vamos a utilizar la función de costes de ajuste dada por (7.40). Utilizando dicha forma funcional y sus derivadas respecto a la inversión y el stock de capital, así como la función de producción definida anteriormente, e introduciéndolas en las ecuaciones del modelo (7.37 y 7.38), resulta que:

$$q_t = 1 + \phi \left(\frac{I_t - \delta K_t}{K_t} \right) \tag{7.43}$$

$$(1 - \delta)q_{t+1} = (1 + R_t)q_t - \alpha K_{t+1}^{\alpha-1} + \frac{\phi}{2} \left(\frac{I_{t+1} - \delta K_{t+1}}{K_{t+1}} \right)^2$$
$$- \phi \left(\frac{I_{t+1} - \delta K_{t+1}}{K_{t+1}} \right) \frac{I_{t+1}}{K_{t+1}} \tag{7.44}$$

A partir de estas expresiones, vamos a obtener las dos ecuaciones en diferencias que determinan este modelo. De la ecuación de acumulación de capital resulta que:

$$I_t - \delta K_t = K_{t+1} - K_t \tag{7.45}$$

Definiendo $\Delta K_t = K_{t+1} - K_t$, y sustituyendo en la expresión (7.43), obtenemos directamente la ecuación de acumulación de capital:

$$q_t - 1 = \phi \frac{\Delta K_t}{K_t} \tag{7.46}$$

y despejando resulta:

$$\Delta K_t = (q_t - 1) \frac{K_t}{\phi} \tag{7.47}$$

Por su parte, operando en la expresión (7.44) y definiendo $\Delta q_t = q_{t+1} - q_t$, obtenemos que:

$$
\begin{aligned}
q_{t+1} = {} & \frac{(1+R_t)}{(1-\delta)} q_t - \frac{\alpha}{(1-\delta)} K_{t+1}^{\alpha-1} + \frac{\phi}{2(1-\delta)} \left(\frac{I_{t+1} - \delta K_{t+1}}{K_{t+1}} \right)^2 \\
& - \frac{\phi}{(1-\delta)} \left(\frac{I_{t+1} - \delta K_{t+1}}{K_{t+1}} \right) \frac{I_{t+1}}{K_{t+1}}
\end{aligned}
\tag{7.48}
$$

Sumando y restando q_t en la parte izquierda de esta expresión:

$$
\begin{aligned}
q_{t+1} - q_t + q_t = {} & \frac{(1+R_t)}{(1-\delta)} q_t - \frac{\alpha}{(1-\delta)} K_{t+1}^{\alpha-1} + \frac{\phi}{2(1-\delta)} \left(\frac{I_{t+1} - \delta K_{t+1}}{K_{t+1}} \right)^2 \\
& - \frac{\phi}{(1-\delta)} \left(\frac{I_{t+1} - \delta K_{t+1}}{K_{t+1}} \right) \frac{I_{t+1}}{K_{t+1}}
\end{aligned}
\tag{7.49}
$$

y reordenando términos resulta:

$$\Delta q_t = \frac{(R_t + \delta)q_t - \alpha K_{t+1}^{\alpha-1} + \frac{\phi}{2} \left(\frac{I_{t+1} - \delta K_{t+1}}{K_{t+1}} \right)^2 - \phi \left(\frac{I_{t+1} - \delta K_{t+1}}{K_{t+1}} \right) \frac{I_{t+1}}{K_{t+1}}}{(1-\delta)} \tag{7.50}$$

Dadas estas formas funcionales para la función de producción y para la función de costes de ajuste, los parámetros que vamos a usar son los siguientes: α, que es el parámetro tecnológico que determina la elasticidad del nivel de producción respecto al stock de capital suponemos que vale 0,35. La tasa de depreciación física del capital suponemos que es de un 6 por ciento anual ($\delta = 0,06$). El parámetro de costes de ajuste suponemos que toma un valor de 10, ($\phi = 10$). Finalmente el modelo cuenta con una variable que hemos supuesto exógena, el tipo de interés real. Vamos a suponer que $R_t = 0,04$, es decir un 4% anual.

Tabla 7.1: Calibración de los parámetros

Símbolo	Definición	Valor
α	Elasticidad producción-capital	0,35
δ	Tasa de depreciación	0,06
ϕ	Parámetro costes de ajuste	10,0

7.3.1   Estado Estacionario

A continuación, vamos a proceder a calcular el estado estacionario. Para simplificar la notación, vamos a eliminar el subíndice de tiempo de las variables en estado estacionario. No obstante, hemos de tener en cuenta que el estado estacionario puede alterarse de un periodo a otro, dependiendo de las perturbaciones que sufra el sistema. La ecuación dinámica para el stock de capital (la regla de inversión), en estado estacionario, vendría dada por:

$$\Delta K_t = (\overline{q} - 1)\frac{\overline{K}}{\phi} = 0 \tag{7.51}$$

Dado que en estado estacionario la anterior ecuación tiene que ser igual a cero, esto supone que el valor de la ratio q en estado estacionario tiene que ser igual a la unidad:

$$\overline{q} = 1 \tag{7.52}$$

En efecto, en estado estacionario resulta que $C_I(\cdot) = 0$, por que resulta que $\overline{q} = 1$. Por otra parte, la ecuación dinámica para la q, en estado estacionario vendría dada por:

$$\Delta q_t = \frac{(R_t + \delta)\overline{q} - \alpha \overline{K}^{\alpha-1}}{(1 - \delta)} = 0 \tag{7.53}$$

dado que en estado estacionario $\overline{I}_t = \delta \overline{K}_t$. Por tanto, para que la expresión anterior sea cero el denominador tiene que ser nulo por lo que tendríamos que:

$$\alpha \overline{K}^{\alpha-1} = R_t + \delta \tag{7.54}$$

resultando que el stock de capital en estado estacionario vendría dado por:

$$\overline{K} = \left(\frac{R_t + \delta}{\alpha}\right)^{\frac{1}{\alpha-1}} \tag{7.55}$$

Sustituyendo los valores calibrados para los parámetros y para la variable exógena, tendríamos que el stock de capital en estado estacionario es:

$$\overline{K}_t = \left(\frac{0,04 + 0,06}{0,35}\right)^{\frac{1}{-0,65}} = 6,87$$

7.4   Linearización del modelo de la Q de Tobin

El modelo de la Q de Tobin, aún en su versión más simple como la descrita aquí, presenta una dificultad añadida respecto a los modelos no microfundamentados estudiados anteriormente, debido al hecho de que las ecuaciones dinámicas resultantes son no lineales. La presencia de ecuaciones dinámicas no lineales es habitual en los modelos macroeconómicos microfundamentados, lo que supone una dificultad adicional para la resolución numérica de los mismos. Esta dificultad se deriva del hecho de que el tipo de solución que vamos a encontrar para estos modelos es de tipo punto de silla, por lo que necesitamos calcular la senda estable y el cambio que se tiene que producir en la variable que "salta" hasta dicha senda estable para que el sistema converja a su estado estacionario. Al igual que ocurría en el modelo de Dornbusch de sobrerreacción del tipo de cambio, si tenemos un punto de silla se hace necesario disponer del valor de los valores propios del sistema para calcular el efecto de impacto de una perturbación sobre la variable que depende de las expectativas y se ajusta de forma instantánea, es decir, tenemos que calcular la senda estable, lo cual resulta más sencillo si estamos trabajando con un sistema dinámico compuesto por ecuaciones lineales.

El hecho de que las ecuaciones sean no lineales, hace que sea complicado calcular el valor de los valores propios del sistema, sin los cuales no es posible calcular la senda estable para determinar la dinámica de las distintas variables. La forma más sencilla de proceder, y es la estrategia que vamos a usar, consiste en obtener una aproximación lineal a las ecuaciones no-lineales originales del modelo, lo que facilita el cálculo de los valores propios aplicando el mismo procedimiento que hemos utilizado anteriormente. Este es precisamente el método estándar que se lleva a cabo en el análisis macroeconómico: resolver una aproximación lineal al sistema no lineal original. Así, una vez hemos obtenido las ecuaciones dinámicas de un determinado modelo macroeconómico no-lineal, a continuación se procede a su linearización alrededor de su estado estacionario, con el objetivo de poder analizar la dinámica de las variables ante perturbaciones. Esto supone que definimos las variables como desviaciones con respecto al estado estacionario. Obviamente, este procedimiento solo el válido si la economía siempre está muy cerca del estado estacionario (el error que se comete en la aproximación lineal sería pequeño), lo que se garantizaría si las perturbaciones que sufre una economía no son de una elevada cuantía.

En este apartado vamos a redefinir el modelo en términos lineales. A partir del problema resuelto anteriormente, obtenemos las siguientes dos ecuaciones en diferencias:

$$\Delta K_t = (q_t - 1)\frac{K_t}{\phi} \tag{7.56}$$

$$\Delta q_t = \frac{(R_t + \delta)q_t - \alpha K_{t+1}^{\alpha-1} + \frac{\phi}{2}\left(\frac{I_{t+1}-\delta K_{t+1}}{K_{t+1}}\right)^2 - \phi\left(\frac{I_{t+1}-\delta K_{t+1}}{K_{t+1}}\right)\frac{I_{t+1}}{K_{t+1}}}{(1 - \delta)} \tag{7.57}$$

donde hemos definido $\Delta q_t = q_{t+1} - q_t$, y donde $\Delta K_t = K_{t+1} - K_t$. El problema con el que nos encontramos es que ambas ecuaciones son no lineales, por lo que no podemos escribir el problema en notación matricial y estudiar las características de la matriz de coeficientes asociadas a las variables endógenas de forma directa. Para aplicar el procedimiento descrito anteriormente, primero hemos de transformar dichas ecuaciones para que sean lineales (una aproximación lineal a las mismas).

Para obtener la log-linearización de nuestro sistema de ecuaciones, vamos a expresar las variables del modelo como la desviación log-lineal respecto a sus valores de estado estacionario. La desviación log-lineal de una variable, x_t, con respecto a su valor de estado estacionario, $\overline{x}_t$, la vamos a definir como $\widehat{x}_t$, donde $\widehat{x}_t = \ln x_t - \ln \overline{x}_t$. Para construir las ecuaciones en forma log-lineal, vamos a seguir tres reglas básicas, tal y como se indican en Uhlig (1999).[6] Estas reglas básicas son las siguientes:

1. Cada una de las variables pueden definirse como:

$$x_t \approx \overline{x}_t \exp(\widehat{x}_t) \approx \overline{x}_t(1 + \widehat{x}_t) \tag{7.58}$$

2. Cuando dos variables estén multiplicando, entonces:

$$x_t z_t \approx \overline{x}_t(1 + \widehat{x}_t)\overline{z}_t(1 + \widehat{z}_t) \approx \overline{x}_t\overline{z}_t(1 + \widehat{x}_t + \widehat{z}_t) \tag{7.59}$$

esto, es, suponemos que el producto de dos desviaciones con respecto a sus estados estacionarios, $\widehat{x}_t\widehat{z}_t$, es un número muy pequeño y aproximadamente igual a cero.

3. La tercera regla hace referente a las potencias, tal que:

$$x_t^a \approx \overline{x}_t^a(1 + \widehat{x}_t)^a \approx \overline{x}_t^a(1 + a\widehat{x}_t) \tag{7.60}$$

Log-linearización de la ecuación dinámica para el stock de capital

En primer lugar, procedemos a log-linearizar la primera ecuación dinámica, correspondiente a las variaciones en el stock de capital. Escribimos de nuevo la ecuación de partida:

$$K_{t+1} - K_t = (q_t - 1)\frac{K_t}{\phi} \tag{7.61}$$

o equivalentemente:

$$K_{t+1} - K_t = q_t\frac{K_t}{\phi} - \frac{K_t}{\phi} \tag{7.62}$$

---

[6]Uhlig, H. (1999). A tookit for analyzing non-linear dynamic stochastic models easily, in R. Marimon y A. Scott (Eds.), *Computational Methods for the Study of Dynamic Economies*. Oxford University Press.

Aplicando la regla de log-linearización (reglas 1 y 2) obtenemos:

$$\overline{K}_{t+1}(1+\widehat{k}_{t+1}) - \overline{K}_t(1+\widehat{k}_t) = \frac{1}{\phi}\overline{q}_t\overline{K}_t(1+\widehat{q}_t+\widehat{k}_t) - \frac{1}{\phi}\overline{K}_t(1+\widehat{k}_t) \tag{7.63}$$

o equivalentemente, eliminando los subíndices de tiempo para las variables en estado estacionario (dado que $\overline{K}_{t+1} = \overline{K}_t = \overline{K}$),

$$\overline{K} + \overline{K}\widehat{k}_{t+1} - \overline{K} - \overline{K}\widehat{k}_t = \frac{1}{\phi}\overline{q}\overline{K} + \frac{1}{\phi}\overline{q}\overline{K}\widehat{q}_t + \frac{1}{\phi}\overline{q}\overline{K}\widehat{k}_t - \frac{1}{\phi}\overline{K} - \frac{1}{\phi}\overline{K}\widehat{k}_t \tag{7.64}$$

y simplificando y dado que $\overline{q}_t = 1$, resulta que:

$$\widehat{k}_{t+1} - \widehat{k}_t = \frac{1}{\phi} + \frac{1}{\phi}\widehat{q}_t + \frac{1}{\phi}\widehat{k}_t - \frac{1}{\phi} - \frac{1}{\phi}\widehat{k}_t \tag{7.65}$$

o equivalentemente:

$$\widehat{k}_{t+1} - \widehat{k}_t = \frac{1}{\phi}\widehat{q}_t \tag{7.66}$$

por lo que finalmente obtenemos la siguiente aproximación lineal a las variaciones en el stock de capital (en términos de sus desviaciones respecto a su estado estacionario):

$$\Delta\widehat{k}_t = \frac{1}{\phi}\widehat{q}_t \tag{7.67}$$

Esta ecuación nos indica que una desviación positiva de la ratio q respecto a su valor de estado estacionario, implica un aumento en la desviación del stock de capital respecto a su estado estacionario.

Log-linearización de la ecuación dinámica para la ratio q

A continuación, procedemos a aplicar el mismo procedimiento a la segunda ecuación dinámica del modelo. Esta ecuación dinámica la podemos escribir como:

$$(1-\delta)q_{t+1} = (1+R_t)q_t - \alpha K_{t+1}^{\alpha-1} + \frac{\phi}{2}\left(\frac{I_{t+1}}{K_{t+1}} - \delta\right)^2 - \phi\left(\frac{I_{t+1}}{K_{t+1}} - \delta\right)\frac{I_{t+1}}{K_{t+1}} \tag{7.68}$$

En estado estacionario, dicha expresión sería:

$$(1-\delta)\overline{q} = (1+\overline{R})\overline{q} - \alpha\overline{K}_t^{\alpha-1} \tag{7.69}$$

dado que en estado estacionario $\overline{I}_t = \delta\overline{K}_t$. Por su parte, de la expresión (7.43) obtenemos que la ratio inversión respecto al stock de capital viene dada por:

$$\frac{I_t}{K_t} = \frac{1}{\phi}(q_t - 1) + \delta \tag{7.70}$$

Sustituyendo esta expresión en la ecuación dinámica (7.68), resulta:

$$(1 - \delta)q_{t+1} = (1 + R_t)q_t - \alpha K_{t+1}^{\alpha-1} + \frac{\phi}{2}\left(\frac{1}{\phi}(q_{t+1} - 1)\right)^2 \qquad (7.71)$$

$$-\phi\left(\frac{1}{\phi}(q_{t+1} - 1)\right)\left(\frac{1}{\phi}(q_{t+1} - 1) + \delta\right) \qquad (7.72)$$

Operando y simplificando, llegamos a:

$$(1 - \delta)q_{t+1} = (1 + R_t)q_t - \alpha K_{t+1}^{\alpha-1} - \frac{1}{2\phi}(q_{t+1} - 1)^2 - \delta(q_{t+1} - 1) \qquad (7.73)$$

Aplicando las reglas de log-linearización a la expresión anterior, resulta:

$$(1 - \delta)\overline{q}(1 + \widehat{q}_{t+1}) = (1 + R)\overline{q}(1 + \widehat{q}_t) - \alpha\overline{K}^{\alpha-1}(1 + (\alpha - 1)\widehat{k}_{t+1})$$
$$-\frac{1}{2\phi}\overline{q}^2(1 + 2\widehat{q}_{t+1}) - \frac{1}{2\phi} + \frac{1}{\phi}\overline{q}(1 + \widehat{q}_{t+1})$$
$$-\delta\overline{q}(1 + \widehat{q}_{t+1}) + \delta \qquad (7.74)$$

Dado que el valor en estado estacionario de la ratio q es igual a 1, $(\overline{q} = 1)$, podemos escribir:

$$(1 - \delta)(1 + \widehat{q}_{t+1}) = (1 + R)(1 + \widehat{q}_t) - \alpha\overline{K}^{\alpha-1}(1 + (\alpha - 1)\widehat{k}_{t+1})$$
$$-\frac{1}{2\phi}(1 + 2\widehat{q}_{t+1}) - \frac{1}{2\phi} + \frac{1}{\phi}(1 + \widehat{q}_{t+1})$$
$$-\delta(1 + \widehat{q}_{t+1}) + \delta \qquad (7.75)$$

y operando:

$$1 + \widehat{q}_{t+1} - \delta - \delta\widehat{q}_{t+1} = (1 + \widehat{q}_t + R_t + R_t\widehat{q}_t) - \alpha\overline{K}^{\alpha-1}(1 + (\alpha - 1)\widehat{k}_{t+1}) - \delta\widehat{q}_{t+1} \quad (7.76)$$

o equivalentemente,

$$(1 - \delta) + \widehat{q}_{t+1} = (1 + R_t) + (1 + R_t)\widehat{q}_t - \alpha\overline{K}^{\alpha-1} - \alpha\overline{K}^{\alpha-1}(\alpha - 1)\widehat{k}_{t+1} \qquad (7.77)$$

Usando la expresión de estado estacionaro (7.69) y cancelando términos llegamos a:

$$\widehat{q}_{t+1} = (1 + R_t)\widehat{q}_t - \alpha\overline{K}^{\alpha-1}(\alpha - 1)\widehat{k}_{t+1} \qquad (7.78)$$

y utilizando la definición del stock de capital en estado estacionario y reajustando términos, tenemos:

$$\widehat{q}_{t+1} = (1 + R_t)\widehat{q}_t - (\alpha - 1)(R_t + \delta)\widehat{k}_{t+1} \qquad (7.79)$$

Por otra parte, a partir de la expresión (7.66) obtenemos que:

$$\widehat{k}_{t+1} = \widehat{k}_t + \frac{1}{\phi}\widehat{q}_t \tag{7.80}$$

y sustituyendo en la anterior expresión resulta:

$$\widehat{q}_{t+1} = (1 + R_t)\widehat{q}_t - (\alpha - 1)(R_t + \delta)\left(\widehat{k}_t + \frac{1}{\phi}\widehat{q}_t\right) \tag{7.81}$$

Dado que estamos interesados en obtener una expresión en términos de las variaciones en $\widehat{q}_t$, que definimos como $\Delta\widehat{q}_t = \widehat{q}_{t+1} - \widehat{q}_t$, operando obtendríamos:

$$\Delta\widehat{q}_t = \frac{R_t\phi - (\alpha - 1)(R_t + \delta)}{\phi}\widehat{q}_t - (\alpha - 1)(R_t + \delta)\widehat{k}_t \tag{7.82}$$

obteniéndose finalmente la siguiente aproximación log-lineal a la ecuación dinámica para la ratio q como función de las desviaciones de las dos variables respecto a su valor de estado estacionario. Esta expresión nos indica que los cambios en la ratio q dependen positivamente de sus desviaciones con respecto a su estado estacionario y positivamente de las desviaciones del stock de capital respecto a su valor de estado estacionario (dado el supuesto que $\alpha < 1$). Así, si el valor de la q es muy alto, su efecto es que dicha ratio continúe aumentando. Por su parte, si la desviación del stock de capital respecto a su estado estacionario es positiva, indicando que el stock de capital es superior a su valor de estado estacionario, entonces el efecto sobre la ratio q también es positivo.

Por tanto, en notación matricial el modelo de la Q de Tobin (log)linealizado en términos de desviaciones respecto al estado estacionario lo podemos definir a través del siguiente sistema dinámico:

$$\begin{bmatrix} \Delta\widehat{q}_t \\ \Delta\widehat{k}_t \end{bmatrix} = \underbrace{\begin{bmatrix} \frac{R_t\phi - (\alpha-1)(R_t+\delta)}{\phi} & -(\alpha-1)(R_t+\delta) \\ \frac{1}{\phi} & 0 \end{bmatrix}}_{A} \begin{bmatrix} \widehat{q}_t \\ \widehat{k}_t \end{bmatrix} \tag{7.83}$$

donde A es la matriz de coeficientes asociados a las deviaciones de cada variable con respecto a su valor de estado estacionario.[7] Usando los valores calibrados para los parámetros y las variables exógenas, el sistema sería:

$$\begin{bmatrix} \Delta\widehat{q}_t \\ \Delta\widehat{k}_t \end{bmatrix} = \begin{bmatrix} \frac{0,4+0,65\times0,1}{10} & 0,65\times0,1 \\ 0,1 & 0 \end{bmatrix} \begin{bmatrix} \widehat{q}_t \\ \widehat{k}_t \end{bmatrix}$$

---

[7]La estructura general de un modelo macroeconomico, sea microfundamentado o no, una vez linealizado viene dado por:

$$\Delta\mathbf{x}_t = A\mathbf{x}_t + B\mathbf{z}_t$$

Esta especificación puede escribirse también como un sistema dinámico en términos de las desviaciones con respecto al estado estacionario. Así, en estado estacionario el anterior sistema vendría dado por:

7.4.1 Estabilidad del sistema

Una vez linearizado el modelo, a continuación podemos calcular las raíces (valores propios) asociadas a la matriz de coeficientes A. Para ello calculamos:

$$Det \begin{bmatrix} \frac{R_t\phi-(\alpha-1)(R_t+\delta)}{\phi} - \lambda & -(\alpha-1)(R_t+\delta) \\ \frac{1}{\phi} & 0 - \lambda \end{bmatrix} = 0 \qquad (7.84)$$

La ecuación de segundo grado correspondiente sería:

$$\lambda^2 - \frac{R_t\phi-(\alpha-1)(R_t+\delta)}{\phi}\lambda + \frac{(\alpha-1)(R_t+\delta)}{\phi} = 0 \qquad (7.85)$$

Por tanto, resolviendo la ecuación anterior, las dos raíces vendrían dadas por:

$$\lambda_1, \lambda_2 = \frac{\frac{R_t\phi-(\alpha-1)(R_t+\delta)}{\phi} \pm \sqrt{\left(\frac{R_t\phi-(\alpha-1)(R_t+\delta)}{\phi}\right)^2 - 4\frac{(\alpha-1)(R_t+\delta)}{\phi}}}{2} \qquad (7.86)$$

Tal y como podemos comprobar, ambas raíces van a ser reales, dado que $\alpha < 1$, y por tanto, el signo dentro de la raíz cuadrada es positivo. Unicamente podrían darse raíces complejas cuando los rendimientos del capital fuesen crecientes ($\alpha > 1$), si bien no consideramos plausible dicha posibilidad a nivel agregado. Por otra parte, al resolver la raíz cuadrada observamos que una raíz es positiva mientras que la otra va a ser negativa. En efecto, si sustituimos los valores de los parámetros y de la variable exógena resulta que:

$$\lambda_1 = \frac{0,0465 - \sqrt{0,0465^2 - 4 \times 0,0065}}{2} = -0,0607$$

$$\lambda_2 = \frac{0,0465 + \sqrt{0,0465^2 - 4 \times o,0065}}{2} = 0,1072$$

siendo los módulos de los valores propios más la unidad, 0,94 y 1,11, respectivamente, por lo que la solución va a ser del punto de silla, existiendo tanto trayectorias convergentes como divergentes respecto al estado estacionario.

$$0 = A\overline{\mathbf{x}}_t + B\mathbf{z}_t$$

y despejando,

$$-A\overline{\mathbf{x}}_t = B\mathbf{z}_t$$

Sustituyendo en el sistema inicial resulta:

$$\Delta\mathbf{x}_t = A\mathbf{x}_t - A\overline{\mathbf{x}}_t = A(\mathbf{x}_t - \overline{\mathbf{x}}_t)$$

que es la especificación en términos de la cual resolvemos este modelo.

7.4.2 Senda estable

Una vez hemos calculado los valores propios, considerando λ_1 como el valor propio tal que cumpla que $|\lambda_1 + 1| < 1$, obtenemos la existencia de un punto de silla. En este caso, existe una trayectoria que nos lleva directamente hacia el estado estacionario, a la que denominamos senda estable. En términos matemáticos, dicha senda estable, puede definirse como:

$$\begin{bmatrix} \Delta\widehat{q}_t \\ \Delta\widehat{k}_t \end{bmatrix} = \lambda_1 \begin{bmatrix} \widehat{q}_t \\ \widehat{k}_t \end{bmatrix} \tag{7.87}$$

El procedimiento de ajuste ante una perturbación es similar al estudiado en el modelo de Dornbusch. Cuando se produce una perturbación, la economía sigue la senda estable desde el siguiente periodo en el que se produce la perturbación hasta que alcanza el estado estacionario. De hecho, esta va a ser la característica fundamental de los modelos macroeconómicos micofundamentados de equilibrio general dinámico, tal y como veremos con posterioridad. La única pieza de información que nos falta es cómo se ajusta instantáneamente la economía, cuando se produce una perturbación, desde el estado estacionario inicial hacia la senda estable. Es decir, cuál es el "salto" que se debe producir en q para alcanzar la nueva senda estable a partir de la cual la economía se ajusta a su nuevo estado estacionario.

7.4.3 Reajuste instantáneo de la ratio q

Al igual que hemos visto en el capítulo 3, en el que se estudiaba la resolución numérica del modelo de sobrerreacción del tipo de cambio, el modelo de la Q de Tobin también presenta una solución del tipo punto de silla. Esto significa que necesitamos determinar la cuantía del reajuste instantáneo de la ratio q ante una determinada perturbación, que va a mover a la economía desde el estado estacionario inicial hasta la senda estable calculada anteriormente. El modelo de la Q de Tobin contiene dos variables endógenas, el stock de capital y la ratio q. Mientras que el stock de capital es una variable rígida al cambio por sus características (cambiar el stock de capital es un proceso que lleva tiempo), la ratio q es una variable totalmente flexible, que además está muy condicionada por sus expectativas.

El procedimiento para calcular el reajuste en las expectativas es similar al realizado anteriormente. Para ello, vamos a partir de la ecuación que describe el comportamiento dinámico de la ratio q respecto a su estado estacionario:

$$\Delta\widehat{q}_t = \frac{R_t\phi - (\alpha - 1)(R_t + \delta)}{\phi}\widehat{q}_t - (\alpha - 1)(R_t + \delta)\widehat{k}_t \tag{7.88}$$

Equivalentemente, podemos definir la siguiente trayectoria estable:

$$\Delta\widehat{q}_t = \lambda_1\widehat{q}_t \tag{7.89}$$

Igualando ambas expresiones en el momento en el que se produce la perturbación ($t = 1$) resulta que:

$$\frac{R_t\phi - (\alpha - 1)(R_t + \delta)}{\phi}\widehat{q}_1 - (\alpha - 1)(R_t + \delta)\widehat{k}_1 = \lambda_1\widehat{q}_1 \qquad (7.90)$$

y despejando las desviaciones de la ratio q respecto a su valor de estado estacionario, resulta:

$$\widehat{q}_1 = \frac{(\alpha - 1)(R_t + \delta)}{\frac{R_t\phi - (\alpha - 1)(R_t + \delta)}{\phi} - \lambda_1}\widehat{k}_1 \qquad (7.91)$$

expresión que es equivalente al "salto" que se debe producir en la ratio q (por eso, se le denomina a este tipo de variable una variable "jump"), para alcanzar la nueva senda estable, dado que en el estado estacionario inicial la desviación era cero.

7.5   Resolución numérica

Una vez hemos resuelto analíticamente el modelo, a continuación vamos a proceder a su resolución numérica. La hoja de cálculo en la que hemos resuelto este modelo se denomina "**IMC-7.xls**". En el apéndice K presentamos el código correspondiente a este modelo desarrollado en DYNARE.

La Figura 7.1 muestra la estructura de esta hoja de cálculo. En este caso hemos calculado tres tipos de variables endógenas: variables en niveles (q, K), variables en términos de desviaciones logarítmicas respecto al estado estacionario $(\widehat{q}, \widehat{k})$, y variaciones de las desviaciones logarítmicas respecto al estado estacionario, $(\Delta\widehat{q}, \Delta\widehat{k})$.

Las celdas "B12-B14" muestras los valores iniciales de los parámetros. En la celda "B12" se presenta el valor inicial del parámetro α, celda a la que denominamos "**Alpha_0**". También incluimos en la celda "C12" el valor final para dicho parámetro, para poder ser utilizado en el análisis de sensibilidad, en el caso que estemos interesados en estudiar el comportamiento del modelo ante un cambio en el valor de este parámetro. Este valor final, lo denominamos "**Alpha_1**". De forma similar en la celda "B13" se presenta el valor de la tasa de depreciación del capital inicial (denominada "**Delta_0**"), mientras que en la celda "B14" se presenta el valor asignado al parámetro ϕ de la función de costes de ajuste (que hemos denominado "**Phi_0**"). A continuación, mostramos los valores de la variable exógena, que en el caso de este modelo es el tipo de interés, tanto en el momento inicial como en el momento final, para poder realizar análisis de perturbaciones. Estos valores aparecen en las celdas "B17" y "C17"y sus valores finales en las celdas "C13" y "C14", celdas que denominamos "**R_0**" y "**R_1**".

Los valores de estado estacionario, tanto con los valores iniciales de los parámetros y variable exógena, como con los valores finales aparecen en las celdas "B20", "C20",

EJERCICIO 7: El modelo de la Q de Tobin

Variables endógenas		Variaciones respecto al tiempo
q: Q de Tobin marginal		$\Delta\hat{q}$: Variación de $\hat{q}$ respecto al tiempo
K: Stock de capital		$\Delta\hat{k}$: Variación de $\hat{k}$ respecto al tiempo

Desviaciones respecto al estado estacionario
$\hat{q}$: Desviación de q respecto a su estado estacionario
$\hat{k}$: Desviación de k respecto a su estado estacionario

Parámetros	Inicial	Final
Alpha	0,35	0,35
Delta	0,06	0,06
Phi	10	10

Variables exógenas	Inicial	Final
Tipo de interés	0,04	0,03

Estado Estacionario	EE Inicial	EE Final
q_ee0	1,00	1,00
K_ee0	6,87	8,08

Valores propios	Inicial	Final
λ_1	-0,0607	-0,0606
λ_2	0,1072	0,0965

Condición Estabilidad	
Módulo (1+λ_1)	0,94
Módulo (1+λ_2)	1,11

Tiempo	q	K	$\hat{q}$	$\hat{k}$	$\Delta\hat{q}$	$\Delta\hat{k}$
0	1,00000	6,87112	0,00000	0,00000	0,00000	0,00000
1	1,10327	6,87112	0,09828	-0,16209	-0,00596	0,00983
2	1,09672	6,93899	0,09232	-0,15226	-0,00560	0,00923
3	1,09060	7,00335	0,08672	-0,14303	-0,00526	0,00867
4	1,08488	7,06435	0,08147	-0,13436	-0,00494	0,00815
5	1,07953	7,12213	0,07653	-0,12621	-0,00464	0,00765
6	1,07453	7,17684	0,07189	-0,11856	-0,00436	0,00719
7	1,06986	7,22862	0,06753	-0,11137	-0,00409	0,00675
8	1,06549	7,27760	0,06343	-0,10462	-0,00385	0,00634
9	1,06140	7,32391	0,05959	-0,09828	-0,00361	0,00596
10	1,05757	7,36768	0,05597	-0,09232	-0,00339	0,00560
11	1,05399	7,40904	0,05258	-0,08672	-0,00319	0,00526
12	1,05063	7,44810	0,04939	-0,08146	-0,00299	0,00494
13	1,04749	7,48498	0,04640	-0,07652	-0,00281	0,00464
14	1,04455	7,51979	0,04358	-0,07188	-0,00264	0,00436
15	1,04179	7,55263	0,04094	-0,06752	-0,00248	0,00409
16	1,03921	7,58362	0,03846	-0,06343	-0,00233	0,00385
17	1,03679	7,61284	0,03613	-0,05958	-0,00219	0,00361
18	1,03452	7,64039	0,03394	-0,05597	-0,00206	0,00339
19	1,03239	7,66637	0,03188	-0,05258	-0,00193	0,00319
20	1,03040	7,69085	0,02995	-0,04939	-0,00182	0,00299
21	1,02853	7,71391	0,02813	-0,04640	-0,00171	0,00281
22	1,02678	7,73564	0,02643	-0,04358	-0,00160	0,00264
23	1,02513	7,75611	0,02482	-0,04094	-0,00151	0,00248
24	1,02359	7,77539	0,02332	-0,03846	-0,00141	0,00233
25	1,02215	7,79354	0,02190	-0,03613	-0,00133	0,00219
26	1,02079	7,81063	0,02058	-0,03394	-0,00125	0,00206
27	1,01952	7,82672	0,01933	-0,03188	-0,00117	0,00193
28	1,01832	7,84186	0,01816	-0,02994	-0,00110	0,00182
29	1,01720	7,85611	0,01706	-0,02813	-0,00103	0,00171
30	1,01615	7,86952	0,01602	-0,02642	-0,00097	0,00160

Figura 7.1: Estructura de la hoja de cálculo IMC-7.xls: Modelo de la Q de Tobin.

"B21" y "C21". Estas celdas se denominan "qbar_0" y "qbar_1" para los estados estacionarios iniciales y finales de la ratio q, y "kbar_0" y "kbar_1", para los estados estacionarios inicial y final del stock de capital. Como inicialmente, tanto los valores finales como iniciales de parámetros y variables exógenas son los mismos, también el estado estacionario muestra los mismos valores en ambas situaciones. Finalmente, los valores propios aparecen en las celdas "B24" y "B25" para la situación inicial y en las celdas "C24" y "C25" para la situación final, mientras que el módulo de los valores propios más la unidad se calculan en las celdas "B28" y "B29" para la situación inicial y "C28" y "C29" para la final.

A continuación se presentan las columnas donde vamos a calcular las variables del modelo. En la columna "H" se incluye el índice de tiempo. Las columnas "I" a "N" muestran los valores de las distintas variables. La columna "I" muestra los valores de la ratio q. Si situamos el cursor en la celda "I3", vemos que aparece la expresión "=qbar_0", dado que partimos del estado estacionario inicial. Si situamos el cursor en la celda "I4", la expresión que aparece es "=EXP(K4+LN(qbar_1))", indicando que en el siguiente periodo el valor de la ratio q es el valor de su desviación respecto al estado estacionario, valores que aparecen en la columna "K", más el nuevo estado estacionario para dicha ratio. Esto es así porque las desviaciones respecto al estado estacionario las definimos como:

$$\widehat{q}_t = q_t - \overline{q}$$

por lo que el valor de la variable puede calcularse como:

$$q_t = \widehat{q}_t + \overline{q}$$

Esta misma expresión aparece en las siguientes celdas de esta columna. A continuación, la columna "J", muestra los valores del stock de capital. De nuevo, si situamos en cursor en la celda "J3", la expresión que aparece es "=kbar_0", que se corresponde con el valor en el estado estacionario inicial del stock de capital. Si situamos el cursor en la celda "J4", la expresión que aparece es "=EXP(L4+LN(kbar_1))". Esta expresión calcula el stock de capital en este periodo, como la celda "L4", en la que aparece la desviación del stock de capital respecto a su estado estacionario, más el logaritmo de valor del nuevo estado estacionario para el stock de capital.

Las columnas "K" y "L", muestran las desviaciones con respecto al estado estacionario de la ratio q y del stock de capital, respectivamente. La celda "K5" (y siguientes) de la columna "K", incluyen la expresión "=L4+N4", en la cual calculamos el valor de la variable como su valor en el periodo anterior más el cambio producido en la misma. En la celda "L3" encontramos la expresión:

```
=LN(J3)-LN(kbar_0)
```

es decir, la diferencia entre el valor del stock de capital en el momento en el que se produce la perturbación, que es igual a su estado estacionario inicial y el nuevo valor de estado estacionario. La celda "L4" y siguientes, calculan el valor de la variable como el valor del periodo anterior más el cambio producido en la variable.

Las dos celdas clave en el análisis de este modelo son la "L4" y la "M4". En la celda "L4", la expresión que aparece es:

```
=LN(kbar_0)-LN(kbar_1)
```

que calcularía la diferencia entre el estado estacionario inicial y el nuevo estado estacionario cuando se produce una perturbación. Es decir, la desviación del stock de capital respecto a su nuevo valor de estado estacionario.

Si situamos el cursor en la celda "M3", la expresión que aparece es:

```
=((R_0*Phi_0-(Alpha_0-1)*(R_0+Delta_0))/Phi_0)*K3
        -((R_0+Delta_0)*(Alpha_0-1))*L3
```

que se corresponde con la expresión (7.82). Por su parte, en la celda "M4", la expresión que aparece es:

```
=((R_1*Phi_1-(Alpha_1-1)*(R_1+Delta_1))/Phi_1)*K4
   -((R_1+Delta_1)*(Alpha_1-1))*L4
```

que se corresponde con la expresión (7.91). Esta celda contiene el reajuste de la ratio q una vez se produce una perturbación. Tal y como hemos indicado anteriormente, la dinámica de este modelo viene determinada por un punto de silla, lo que hace que solo algunas de las trayectorias sean convergentes hacia el estado estacionario. Estas trayectorias convergen a la denominada senda estable, a la cual se mueve la variable q de forma instantánea una vez se ha producido una perturbación. Este cambio instantáneo obedece a un reajuste en las expectativas sobre esta ratio, que proceden de la nueva expectativas sobre el valor futuro de mercado de la empresa. Esta expresión la podemos sustituir por la ecuación (7.89) y obtendríamos exactamente el mismo resultado.

Finalmente, en la celda "N4" encontramos la expresión:

```
=(1/Phi_1)*K4
```

que se corresponde con la ecuación (7.67). De nuevo, esta expresión la podemos sustituir por:

$$\Delta \widehat{k}_t = \lambda_1 \widehat{k}_t \tag{7.92}$$

y obtendríamos el mismo resultado.

7.6 Análisis de perturbaciones: Efectos de una disminución en el tipo de interés

Una vez resuelto numéricamente el modelo de la Q de Tobin, a continuación vamos a realizar un análisis de perturbación con el mismo. Una vez obtenida una solución numérica del modelo, podemos utilizarla para realizar diferentes tipos de análisis sobre el efecto de distintas perturbaciones sobre la decisión de inversión y el stock de capital instalado. Así, podemos alterar los valores de los parámetros o de las variables exógenas para estudiar su influencia sobre la velocidad de ajuste de la economía hacia el estado estacionario. Por otra parte, también podemos cambiar la condición inicial para el stock de capital y estudiar cómo se comporta la economía en función de la diferencia entre el stock de capital inicial y su valor de estado estacionario. En este apartado, en concreto, vamos a estudiar los efectos de una disminución en el tipo de interés (que estamos suponiendo es una variable exógena). Para ello, únicamente tenemos que cambiar el valor de la celda "C17". Por ejemplo, vamos a suponer que el tipo de interés parte de un valor inicial de 0,04 y disminuye a un nuevo valor de 0,03.

La Figura 7.2 muestra la dinámica de las distintas variables ante esta perturbación. Como podemos observar, la ratio (el logaritmo) q, que parte de su valor de estado

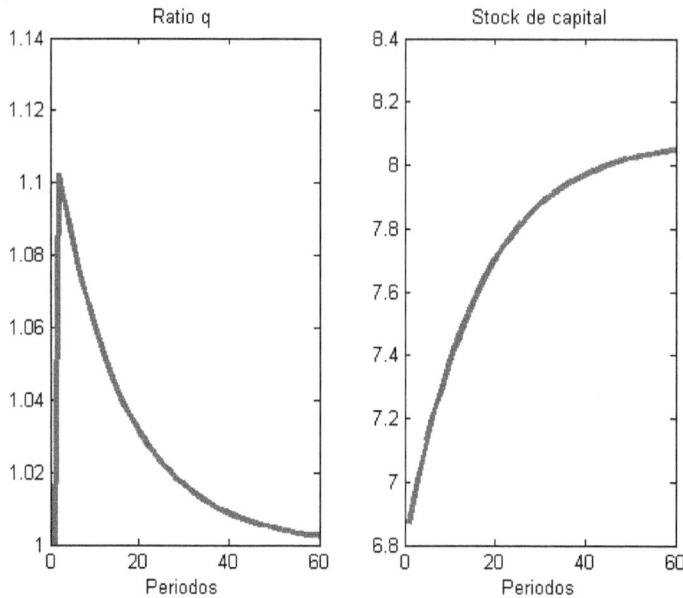

Figura 7.2: Efectos de una disminución en el tipo de interés.

estacionario inicial es cero, que corresponde a una valor de dicha ratio de 1. La disminución en el tipo de interés provoca un aumento instantáneo de dicha ratio, hasta alcanzar su senda estable. Esto es debido a que se produce un reajuste de expectativas, cambiando automáticamente el valor de mercado de la empresa, lo que hace que la ratio q aumente. De hecho, este efecto podemos observarlo en la realidad por lo que respecta al precio de las acciones de las empresas que cotizan en la bolsa de valores. Cuando se produce una disminución en el tipo de interés, generalmente esta medida es acogida por la bolsa con alzas generalizadas en el valor de las empresas, reflejando el reajuste de expectativas de los agentes que suponemos racionales.

Así, ahora el coste del capital es menor, por lo que disminuye el coste de reposición del capital instalado y, por tanto, es rentable para la empresa invertir en capital ya que el coste del mismo es inferior al aumento en el valor de mercado de la empresa. A continuación, una vez se produzca el aumento en el capital, la ratio q irá disminuyendo progresivamente, hasta alcanzar su nuevo valor de equilibrio de estado estacionario, que el mismo que existía con anterioridad a la perturbación.

Por lo que respecta a la dinámica del logaritmo del stock de capital, el aumento de la ratio q provoca un aumento progresivo del stock de capital. De hecho el stock de capital está aumentando hasta que la ratio q vuelva a su valor de estado estacionario.

Este proceso va a dar lugar a que en el largo plazo, el stock de capital aumente respecto a la situación inicial.

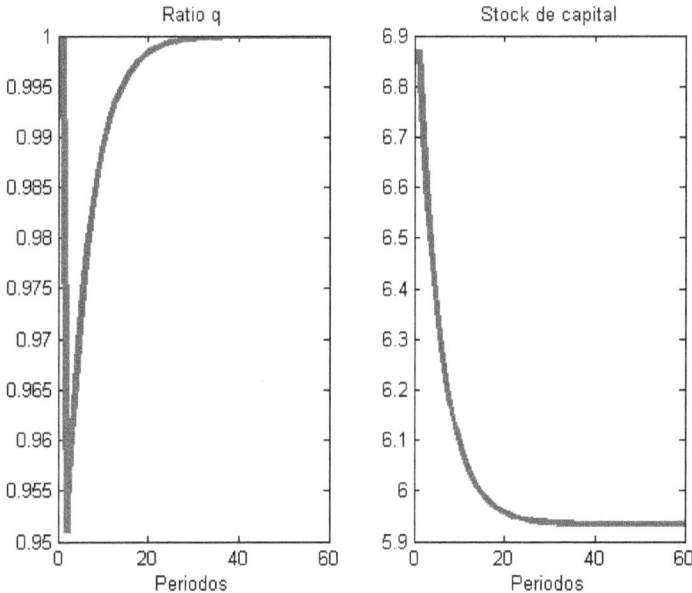

Figura 7.3: Efectos de un aumento en la tasa de depreciación física del capital, δ.

7.7 Análisis de sensibilidad: Efectos de un aumento en la tasa de depreciación

Por último, vamos a estudiar cómo responde la inversión ante un cambio en alguno de los parámetros. En particular, vamos a estudiar la sensibilidad del modelo ante un cambio en el valor del parámetro que determina la depreciación física del capital, δ. La depreciación física del capital agregada de la economía depende del tipo de activos de capital que existan en las mismas. Los diferentes activos de capital tienen tasas de depreciación diferentes. Así, las estructuras (edificios o infraestructuras) tienen una tasa de depreciación física muy baja en relación a la tasa de depreciación de los equipos (maquinaria, vehículos, etc.). Por otra parte, los equipos más avanzados tecnológicamente suelen tener tasas de depreciación físicas más elevadas. Por tanto, en la medida en que cambie el peso relativo de cada tipo de activo de capital, es de esperar que también se altere la tasa de depreciación física del capital agregado de una economía.

En este ejercicio vamos a estudiar los efectos de un aumento en la tasa de depreciación física del capital. En concreto, vamos a suponer que la tasa de depreciación pasa de un valor del 6% al 7% anual. Para realizar este ejercicio simplemente tenemos que cambiar el valor de la celda "C13" y automáticamente obtendremos el nuevo estado estacionario así como la dinámica de transición hacia el mismo. La respuesta de las variables ante dicho cambio viene representada en la Figura 7.3. Tal y como podemos observar, el aumento en la tasa de depreciación provoca una disminución instantánea en la ratio q. Esto es debido a que ahora la rentabilidad del capital es menor (o equivalentemente su coste es mayor), dado que hay que hacer frente a una mayor depreciación del mismo. Como consecuencia de esta disminución en la ratio q, se produce una disminución en el volumen de inversión, lo que unido a la mayor tasa de depreciación provoca una diminución del stock de capital. El stock de capital en el nuevo estado estacionario es de 5,93, lo que supone una diminución del 13,64% respecto al stock de capital inicial.

Ejercicios

1. Suponga que un terremoto destruye un 20% del stock de capital. Utilizando la hoja de cálculo "**IMC-7.xls**", estudie cuáles son los efectos de esta perturbación. (Pista: Cambie el valor inicial del stock de capital a un 80% del valor de estado estacionario).

2. Qué efectos tiene sobre la dinámica de la economía un aumento en el parámetro ϕ.

3. Suponga que la función de costes de ajuste únicamente depende del volumen de inversión y viene dada por:

$$C(I_t) = \frac{\phi}{2} \left(\frac{I_t}{I_{t-1}} - 1 \right)^2$$

Resuelva el modelo de la Q de Tobin con esta función de costes de ajuste y construya la hoja de cálculo correspondiente. Analice la sensibilidad del modelo ante cambios en el valor del parámetro ϕ.

4. Analice cómo cambia el estado estacionario de la economía ante un aumento en el parámetro α.

8

El modelo básico de equilibrio general dinámico

8.1 Introducción

El análisis macroeconómico actual se lleva a cabo, en su mayor parte, a través de la construcción, calibración, estimación y simulación de modelos dinámicos de equilibrio general, tanto estocásticos como deterministas, siendo estos modelos el marco teórico de referencia para el estudio de la economía tanto a corto plazo (ciclo económico) como en el largo plazo (crecimiento económico).[1] La principal característica diferenciadora de esta tipología de modelos es su microfundamentación. Es decir, las ecuaciones que componen estos modelos se derivan del análisis microeconómico del comportamiento de los distintos agentes que intervienen en la economía, en contraposición con los modelos macroeconómicos dinámicos con expectativas racionales no microfundamentados, en los cuales las ecuaciones que representan la economía se obtienen directamente de forma agregada.[2] Esta tipología de modelos microfundamentados constituye la espina dorsal del análisis macroeconómico en la actualidad, siendo la herramienta básica para la realización de simulaciones de política económica y para determinar los efectos dinámicos de distintas perturbaciones sobre la economía. Para la construcción de este modelo macroeconómico microfundamentado vamos a poner en un mismo contexto los diferentes agentes analizados anteriormente:

---

[1]La denominación general que se usa para definir esta tipología de modelos microfundamentados es la de modelos DSGE (*Dynamic Stochastic General Equilibrium*).

[2]No obstante, tal y como pone de manifiesto el enfoque del Nuevo Consenso Macroeconómico, ambos tipos de modelos (microfundamentados versus no-microfundamentados) son equivalentes, dando lugar a resultados muy similares. Véase, por ejemplo, Clarida, R. Galí, J. y Gertler, M. (1999). The science of monetary policy: A New Keynesian perspective. *Journal of Economic Literature*, 37: 1661-1707.

consumidores y empresas, a los que se les puede añadir otros agentes económicos, como puede ser el gobierno, el banco central, el sector financiero, etc.

En este capítulo vamos a describir las características principales del modelo de equilibrio general dinámico en su versión más simple. Se trata de un sistema de ecuaciones que representan decisiones de los distintos agentes (condiciones de primer orden de un problema de maximización), restricciones, tanto presupuestarias como tecnológicas, así como identidades de contabilidad nacional. La estructura teórica básica de este tipo de modelos es relativamente simple aunque da lugar a una dinámica altamente compleja derivada de los efectos de equilibrio general, que dificulta de alguna manera la resolución de estos modelos. De hecho, esta tipología de modelos no tiene una solución cerrada, incluso la versión simplificada presentada aquí, sino que solo es posible resolverlos a través de representaciones gráficas haciendo uso de los diagramas de fases, o bien a través de métodos numéricos. Este último es precisamente el enfoque que estamos utilizando en este libro. El modelo simple que vamos a resolver se reduce a un sistema de dos ecuaciones en diferencias, que determinan la dinámica temporal del consumo y del stock de capital.

El modelo que vamos a resolver parte de la consideración del comportamiento de los dos principales tipos de agentes que existen en una economía: familias o consumidores por un lado, y empresas por el otro. Así, en la realidad en una economía existe un número muy grande de consumidores o familias (millones de agentes) que vamos a suponer que son idénticos. Esto nos va a permitir hablar del consumidor o la familia representativa. Por otra parte, existe un gran número de empresas (millones de agentes) que vamos a suponer también que son idénticas. Esto nos va a permitir hablar de la empresa representativa. Estos agentes van a tomar decisiones sobre un conjunto de variables macroeconómicas a través de la maximización de una determinada función objetivo. Consideramos el modelo en su versión determinista, en un contexto de previsión perfecta, aunque puede ser extendido a un contexto estocástico de manera sencilla.

El resultado que vamos a obtener de la interacción de los diferentes agentes lo llamamos Equilibrio General Dinámico, dado que todas las variables se determinan endógenamente, de forma simultánea y en un contexto dinámico, o Equilibrio Competitivo si suponemos la existencia de una economía de mercado donde los agentes son libres de tomar decisiones económicas en un entorno de competencia perfecta. En este contexto el funcionamiento de la economía es como sigue: Los consumidores toman decisiones de cuánto van a consumir (cuánto van a ahorrar e invertir) y cuál va a ser su oferta de trabajo, tomando como dados los precios del factor productivo capital y el factor productivo trabajo. Por su parte, las empresas deciden qué cantidad de factores productivos van a contratar, dados unos precios de los mismos. Estas cantidades van a determinar la producción de la economía, dada una restricción tecnológica. El equilibrio del modelo viene dado por aquella situación en la cual las decisiones de los consumidores en términos de la maximización de su función de utilidad son compatibles con las decisiones de las empresas en términos de la maximización de beneficios, cumpliéndose la restricción presupuestaria global de la economía. Alternativamente podemos suponer la existencia de una economía de planificación centralizada donde existe un agente, el planificador, que decide las cantidades óptimas de cada variable que maximizan el bienestar social, sin necesidad de la fijación de precios para los factores productivos.

En este capítulo vamos a estudiar cómo computar numéricamente el modelo básico de equilibrio general dinámico. Para ello vamos a utilizar dos estrategias de resolución diferentes, que ya hemos utilizado en los capítulos anteriores. En primer lugar, vamos a resolver el modelo dinámico de equilibrio general utilizando la herramienta "Solver" de la hoja de cálculo Excel, que nos permite resolver problemas de optimización como el que supone este tipo de modelos. En segundo lugar, vamos a linealizar las ecuaciones de este modelo (que son no-lineales), mediante un proceso de log-linealización, con objeto de obtener un sistema de ecuaciones en diferencias lineal, aproximación del original, que podamos simular numéricamente en la hoja de cálculo. La dinámica de las variables de este modelo va a venir determinada por un punto de silla, por lo que necesitamos calcular los valores propios asociados a una aproximación lineal a las ecuaciones originales del modelo para determinar de forma sencilla la senda estable y el salto que tiene que experimentar el nivel de consumo para alcanzar la senda hacia el estado estacionario. Ambos procedimientos nos llevan a resultados similares, pero mientras que en el primer procedimiento utilizamos un algoritmo que viene ya programado en Excel, y por tanto es una caja negra a partir de la cual obtenemos el resultado a nuestro problema, en el segundo procedimiento simulamos numéricamente un sistema de ecuaciones dinámico de forma directa para obtener esos mismos resultados.

La estructura del resto del capítulo es la siguiente. En la sección segunda resolvemos analíticamente el modelo básico de equilibrio general dinámico sin decisión de trabajo, por lo que la función de utilidad de los consumidores únicamente va a depender del consumo. La sección tercera presenta la calibración del modelo. La sección cuarta presenta la resolución numérica del modelo a través de la herramienta Solver. Finalmente, la sección quinta presenta la resolución numérica del modelo log-linealizado. En ambos casos analizaremos los efectos de una perturbación tecnológica que supone un aumento en la productividad agregada de la economía.

8.2   El modelo de equilibrio general dinámico

En esta sección vamos a resolver analíticamente el modelo básico de equilibrio general dinámico sin decisión de oferta de trabajo. Se trata de la versión determinista del modelo RBC (*Real Business Cycle*) que se utiliza frecuentemente en el análisis macroeconómico y que representa a una economía compuesta por dos tipos de agentes: consumidores y empresas. Consideramos que el objetivo de los consumidores es la maximización de su utilidad intertemporal, que depende únicamente de su nivel de consumo. A partir de la maximización de esta función objetivo obtenemos el comportamiento de los consumidores, en términos de su decisión consumo-ahorro, así como la determinación del stock de capital, ya que suponemos que el ahorro es igual a la inversión. Estas decisiones se toman dado el precio relativo del capital. Suponemos que las empresas operan en un entorno competitivo, y que por tanto son idénticas. Así, todas las empresas tienen la misma tecnología, por lo que de nuevo vamos a usar el concepto de agente representativo, es decir, analizamos el comportamiento de una empresa representativa. El objetivo de esta empresa representativa es el de maximizar beneficios. Para ello va a decidir contratar una determinada cantidad de factores productivos que va a alquilar a los consumidores, que son los propietarios de los mismos.

El modelo incluye como variable adicional la Productividad Total de los Factores (PTF), que representa productividad agregada de la economía o al progreso tecnológico neutral en el sentido de Hicks. A la hora de especificar el modelo, la PTF la podemos considerar como una variable exógena, y por tanto, sería una constante en la resolución del modelo, o bien la podemos considerar como una variable endógena, a través de suponer que esta variable sigue un determinado proceso estocástico. En el primer caso, tendríamos un modelo determinista, mientras que en el segundo el modelo sería estocástico. En ambos casos, una variación en dicha variable estaría representando una perturbación de carácter tecnológico que afecta a la productividad agregada de la economía.

8.2.1 Los consumidores

El primer agente económico que vamos a estudiar son los consumidores o las familias. Para analizar los diferentes agentes económicos vamos a usar el concepto de agente representativo. Esto es, vamos a suponer que todos los agentes son idénticos en preferencias y tecnologías. Esto hace que podamos analizar el comportamiento de uno de ellos y luego agregar para obtener las variables agregadas. Además, tenemos que realizar una serie de supuestos sobre cómo son dichas preferencias. El siguiente supuesto que hacemos es que el agente representativo es optimizador, es decir, maximiza una determinada función objetivo. En el caso de los consumidores la función objetivo es la utilidad o función de felicidad instantánea. Para analizar el comportamiento de los consumidores vamos a introducir otra serie de supuestos, que ya hemos visto en los capítulos dedicados a la decisión de consumo-ahorro. En primer lugar, vamos a considerar que los mercados de capitales son perfectos. Esto significa que los individuos pueden mover dinero del futuro al presente a un coste dado por el tipo de interés, y que no existe ninguna restricción a este movimiento. Este supuesto es fundamental para que el individuo separe sus decisiones de consumo de su renta periodo a periodo. Por otra parte, también suponemos que la función de utilidad es aditivamente separable en el tiempo. Esto significa que la utilidad de un periodo únicamente se ve afectada por el consumo de dicho periodo, pero no depende de los consumos de periodos anteriores.

El modelo de equilibrio general dinámico que vamos a resolver supone que la función de utilidad únicamente depende del consumo. De esta forma eliminamos la decisión respecto a la cantidad de horas que van a dedicar a trabajar los individuos. Esto supone que la dotación de horas dedicadas a trabajar es una constante, tal que $L_t = 1$. El problema del consumidor que vamos a especificar aquí es ligeramente diferente de los analizados anteriormente, en el sentido de que ahora la restricción presupuestaria va a incluir al capital físico. Así, vamos a suponer que el ahorro de los agentes es equivalente a la inversión, que se transforma directamente en capital físico a través de su acumulación a lo largo del tiempo, teniendo en cuenta la depreciación física que sufre el capital.

El problema de maximización intertemporal del individuo vendría dado por:

$$\max_{\{C_t\}_{t=0}^{T}} E_t \sum_{t=0}^{T} \beta^t U(C_t) \qquad (8.1)$$

donde $\beta < 1$ es el factor de descuento intertemporal, y $E_t(\cdot)$ es la esperanza matemática sobre las variables futuras. Dado que vamos a considerar un contexto sin incertidumbre, esto es, de previsión perfecta, podemos eliminar la esperanza matemática del problema de maximización, dado que el valor de todas las variables en el futuro es conocido en el momento actual.

Los consumidores maximizan la suma ponderada de sus utilidades sujetas a la restricción presupuestaria. La restricción presupuestaria nos va a indicar tanto los usos como los recursos disponibles. Los recursos disponibles por parte de los consumidores provienen del alquiler a las empresas de sus dotaciones de factores productivos. Esto significa que suponemos que los consumidores son los propietarios de los factores productivos de la economía. Estos factores productivos son por un lado el tiempo, a partir del cual va a determinarse la cantidad de trabajo. El segundo factor productivo es el capital, que se genera a través del proceso de ahorro, esto es, la parte de la producción no consumida. Dado el precio de los factores productivos, los consumidores van a decidir qué cantidad de factores productivos (cuánto capital y cuánto trabajo) van a alquilar a las empresas.

El hecho de que los consumidores sean los propietarios de los factores productivos implica que también son los propietarios de las empresas. Dado que suponemos la existencia de un entorno competitivo con una tecnología que presenta rendimientos constantes a escala, los beneficios de la empresa representativa son nulos. En un entorno no competitivo, si la empresa representativa obtiene beneficios extraordinarios, entonces tendríamos que incluir dicha cantidad en la restricción presupuestaria del consumidor.

Vamos a suponer que la función de utilidad del individuo tiene la siguiente forma:

$$U(C_t) = \ln(C_t) \tag{8.2}$$

donde C_t es el consumo. La restricción a la que se enfrenta la economía viene dada por:

$$C_t + I_t = Y_t \tag{8.3}$$

donde I_t es la inversión e Y_t es la producción final.[3] La inversión se acumula en forma de capital físico, K_t, a partir del siguiente proceso:

$$K_{t+1} = (1 - \delta) K_t + I_t \tag{8.4}$$

donde $\delta > 0$ es la tasa de depreciación física del capital, es decir, parte de la inversión bruta que se realiza en un periodo tiene como objetivo la reposición del capital que se deprecia en dicho periodo y la restante se transforma en nuevo capital en el siguiente periodo. En la realidad el capital está compuesto por una gran variedad de tipos de activos que tienen características diferentes y que, por tanto, presentan diferentes tasas de depreciación. Así, encontramos activos de capital que presentan tasas de depreciación muy bajas, como son los edificios (estructuras). Sin embargo, existen otros tipos de activos de capital (los equipos) con tasas de depreciación muy elevadas, como los programas informáticos o los ordenadores. Otro supuesto adicional que estamos realizando es que podemos convertir las unidades producidas y no consumidas en inversión de la economía y, por tanto, en capital físico. Esto hace que todas las variables del modelo vengan definidas en términos de unidades de consumo.

La restricción presupuesta viene dada por:

$$C_t + I_t = W_t L_t + R_t K_t \tag{8.5}$$

donde W_t es el salario por unidad de tiempo y R_t es la rentabilidad del capital. La expresión (8.4) implica que la inversión puede definirse como:

$$I_t = K_{t+1} - (1 - \delta) K_t \tag{8.6}$$

por lo que en este caso la restricción presupuestaria del individuo sería:

$$C_t + K_{t+1} - (1 - \delta) K_t = W_t L_t + R_t K_t \tag{8.7}$$

---

[3]Esta sería la restricción sujeta a la cual se maximizaría la utilidad de los consumidores en el caso de un sistema de planificación centralizada.

o equivalentemente:

$$C_t + K_{t+1} = W_t L_t + (R_t + 1 - \delta) K_t \qquad (8.8)$$

Finalmente, necesitamos determinar el stock de capital inicial, K_0, así como el stock de capital final, K_{T+1}, en el caso en que el ciclo vital de los agentes sea finito. En el contexto en el cual vamos a resolver numéricamente este modelo podemos considerar tanto un ciclo vital finito (para el caso en que usemos la herramienta Solver en Excel), o bien un ciclo vital infinito, para el caso en el cual computemos numéricamente una aproximación lineal al modelo.

El problema del consumidor en este caso quedaría definido como:

$$\max_{\{C_t\}_{t=0}^T} \sum_{t=0}^T \beta^t \ln C_t \qquad (8.9)$$

$$s.a.$$

$$C_t + K_{t+1} = W_t L_t + (R_t + 1 - \delta) K_t \qquad (8.10)$$

$$K_0 > 0 \text{ dado} \qquad (8.11)$$

$$K_{T+1} = \overline{K} \qquad (8.12)$$

El problema del consumidor podemos resolverlo, por ejemplo, a través de la siguiente función auxiliar de Lagrange:

$$\mathcal{L} = \sum_{t=0}^T \left[\beta^t \ln C_t - \lambda_t (C_t + K_{t+1} - W_t L_t - (R_t + 1 - \delta) K_t) \right] \qquad (8.13)$$

donde los agentes toman como dado los precios relativos de los factores productivos, esto es, el salario y el tipo de interés real.

Las condiciones de primer orden, para $t = 0, 1, 2, ..., T$, vendrían dadas por:

$$\frac{\partial \mathcal{L}}{\partial C_t} \quad : \quad \beta^t \frac{1}{C_t} - \lambda_t = 0 \qquad (8.14)$$

$$\frac{\partial \mathcal{L}}{\partial K_{t+1}} \quad : \quad \lambda_{t+1} \left[R_{t+1} + 1 - \delta \right] - \lambda_t = 0 \qquad (8.15)$$

$$\frac{\partial \mathcal{L}}{\partial \lambda_t} \quad : \quad C_t + K_{t+1} - (R_t + 1 - \delta) K_t - W_t L_t = 0 \qquad (8.16)$$

Para obtener las decisiones del individuo tenemos que calcular el valor del parámetro de Lagrange, que representa el precio sombra del consumo, esto es, en cuánto valora el individuo la última unidad consumida en cada periodo. Para ello, despejamos de la primera condición de primer orden (8.14) y sustituimos en la segunda condición de primer orden (8.15).

Por otra parte, en la segunda condición de primer orden (8.15) aparece tanto el parámetro de Lagrange en el periodo t, como en el periodo $t + 1$. Como de la primera condición de primer orden hemos obtenido que $\lambda_t = \beta^t / C_t$, esto supone que $\lambda_{t+1} = \beta^{t+1} / C_{t+1}$, Sustituyendo obtenemos la condición que iguala la ratio marginal del consumo con el de la inversión:

$$C_{t+1} = \beta \left[R_{t+1} + 1 - \delta \right] C_t \tag{8.17}$$

Esta ecuación es conocida como la regla Keynes-Ramsey que nos indica la senda óptima de consumo del individuo o también es conocida como la ecuación de Lucas, que indica cómo es la decisión de inversión y de acumulación de capital en la economía. Como podemos comprobar, esta ecuación dinámica para el consumo es exactamente igual que la obtenida anteriormente, cuando se suponía que la función de utilidad del consumidor también era logarítmica.

8.2.2 Las empresas

El otro agente económico que consideramos son las empresas, que representa al sector productivo de la economía. Las empresas constituyen el agente económico que se dedica a producir los bienes y servicios que luego van a consumir los individuos o bien que estos van a ahorrar y a trasformar en capital. Para ello alquilan los factores productivos a los individuos, que son los propietarios de los mismos. Estos factores productivos son, por un lado el capital y por otro, el trabajo. El precio de estos factores productivos viene determinado por la tecnología.

Suponemos que las empresas maximizan beneficios, sujetas a la restricción tecnológica. Como estamos en un entorno competitivo esto significa que los beneficios de las empresas van a ser cero. Por lo tanto, los factores van a ser retribuidos en función de su aportación al proceso productivo. Esto significa que todos los ingresos que se deriven del uso de los factores productivos son iguales a su retribución. Los otros supuestos que hacemos en el caso de este agente son en relación a la forma de la función de producción. Suponemos que existen rendimientos constantes a escala, por lo que si la cantidad de factores aumenta en una cuantía, la producción aumenta en dicha proporción. Esto significa que existen rendimientos decrecientes respecto al factor productivo capital y respecto al factor productivo trabajo. Todos estos supuestos hacen que el papel de las empresas en este tipo de modelos sea relativamente limitado, al menos en sus versiones básicas. Así, las empresas únicamente deciden la cantidad de factores productivos que van a contratar, tomando como dados los precios de los mismos y, dada la tecnología existente, obtienen un determinado nivel de producción.

Problema de optimización en la que se determina un vector de factores productivos, dados unos precios de los mismos, y a través de la función tecnológica, el nivel de producción. La función de producción agregada (la tecnología) suponemos que tiene la siguiente forma:

$$Y_t = A_t F(K_t, L_t) \tag{8.18}$$

donde Y_t es el nivel de producción agregada de la economía y A_t es la productividad total de los factores. Al igual que la función de utilidad del consumidor, esta función $F(K_t, L_t)$ tiene que cumplir las mismas propiedades: estrictamente creciente, estrictamente cóncava respecto a cada factor y dos veces diferenciable. A_t es una variable que representa el estado de la tecnología, PTF. La PTF es en principio una variable no observable, pero que puede ser calculada como un residuo a partir de la función de producción.[4] La PTF la podemos interpretar como el nivel de conocimientos general sobre las artes productivas de que dispone una economía, es decir, estaría reflejando un concepto muy amplio de tecnología. En términos económicos estaría reflejando la productividad agregada de la economía en el uso de todos sus factores productivos.

La PTF, suponemos que se determina de forma exógena a partir del siguiente proceso:

$$A_t = A_{t-1}^{\rho} + \varepsilon_t \tag{8.19}$$

donde $\rho < 1$ es un parámetro autorregresivo que mide la persistencia de los shocks que afectan a la PTF, y ε_t es un término de perturbación, que podemos considerar tanto estocástico como determinista. En nuestro caso lo vamos a considerar como una variable exógena determinista, cuyo valor es cero, excepto en el momento en el que se produce una perturbación tecnológica, que toma un valor diferente de cero (positivo para un shock que aumenta la productividad agregada y negativo en caso contrario).

El problema que resuelven las empresas consiste en la maximización de beneficios, tal que:

$$\max \Pi_t = P_t Y_t - W_t L_t - R_t K_t \tag{8.20}$$

sujeto a la restricción tecnológica dada por (8.18). Si suponemos un entorno competitivo entonces resulta que los beneficios óptimos son cero, $\Pi_t = 0$. Como podemos comprobar, el problema para la maximización de beneficios de la empresa es estático, si bien las empresas toman sus decisiones en un contexto dinámico. De hecho, si resolvemos el problema de maximización de beneficios en un contexto dinámico, el resultado que obtenemos es exactamente el mismo, dados los supuestos que estamos

---

[4]El concepto económico de Productividad Total de los Factores es similar al concepto que representa la constante cosmológica en la Teoría de la Relatividad de Einstein. Aunque no existe la certeza de que dicha constante exista, está representando a alguna fuerza por ahora desconocida, que resulta necesaria para explicar el comportamiento del Universo. Sin dicha constante, la Teoría de la Relatividad no funcionaría. Algo parecido sucede con la PTF, de la cual no existe una teoría sobre la misma ni sobre cuáles son sus factores determinantes, pero que es un componente imprescindible para explicar el nivel de producción de una economía, como un elemento adicional a la dotación de factores productivos.

haciendo, debido el hecho de que las empresas alquilan periodo a periodo tanto el factor productivo trabajo como el factor productivo capital.

Las condiciones de primer orden del problema anterior son:

$$\frac{\partial \Pi_t}{\partial K_t} \quad : \quad P_t A_t F_K(K_t, L_t) - R_t = 0 \tag{8.21}$$

$$\frac{\partial \Pi_t}{\partial L_t} \quad : \quad P_t A_t F_L(K_t, L_t) - W_t = 0 \tag{8.22}$$

que indican que el valor de la productividad marginal de cada factor productivo tiene que ser igual a su coste. Como podemos observar, el precio relativo de los factores es igual a su productividad marginal, tal que obtenemos:

$$A_t F_K(K_t, L_t) = \frac{R_t}{P_t} \tag{8.23}$$

$$A_t F_L(K_t, L_t) = \frac{W_t}{P_t} \tag{8.24}$$

El precio del bien final lo normalizamos a 1 ($P_t = 1$), tal que todas las variables están medidas en términos de unidades de consumo. De este modo los únicos precios que aparecen en el modelo son los correspondientes a los factores productivos, estando todas las variables definidas en términos reales. De este modo el salario sería un salario real y el tipo de interés sería un tipo de interés real.

Al igual que hemos parametrizado la función de utilidad de los consumidores, también vamos a parametrizar la función de tecnología. En concreto vamos a suponer que la función de producción es del tipo Cobb-Douglas:

$$A_t F(K_t, L_t) = A_t K_t^\alpha L_t^{1-\alpha} \tag{8.25}$$

donde α es la elasticidad del nivel de producción respecto al capital. Esta función de producción es la más utilizada en la práctica, presentando una elasticidad de sustitución unitaria entre trabajo y capital, y supone una situación intermedia entre una tecnología de Leontief, en la cual no es posible sustituir un factor productivo por otro, y una tecnología con perfecta sustituibilidad de los factores productivos. En este caso, los beneficios de la empresa vendrían dados por:

$$\max \Pi_t = A_t K_t^\alpha L_t^{1-\alpha} - W_t L_t - R_t K_t \tag{8.26}$$

Calculando las condiciones de primer orden respecto al capital y al trabajo obtendríamos:

$$\frac{\partial \Pi_t}{\partial K_t} \quad : \quad \alpha A_t K_t^{\alpha-1} L_t^{1-\alpha} - R_t = 0 \tag{8.27}$$

$$\frac{\partial \Pi_t}{\partial L_t} \quad : \quad (1-\alpha) A_t K_t^\alpha L_t^{-\alpha} - W_t = 0 \tag{8.28}$$

o escrito de otro modo:

$$R_t = \frac{\alpha A_t K_t^\alpha L_t^{1-\alpha}}{K_t} = \alpha \frac{Y_t}{K_t} \tag{8.29}$$

$$W_t = \frac{(1-\alpha) A_t K_t^\alpha L_t^{1-\alpha}}{L_t} = (1-\alpha) \frac{Y_t}{L_t} \tag{8.30}$$

por lo que las rentas del trabajo serían una proporción $1 - \alpha$ de la renta total y las rentas del capital serían una proporción α de la renta total.

8.2.3 Equilibrio del modelo

Una vez descrito el comportamiento de cada agente, vamos a estudiar la interacción entre ambos para determinar el equilibrio macroeconómico. Los consumidores deciden cuánto van a consumir, C_t, y cuánto van a invertir, I_t, con el objetivo de maximizar su nivel de felicidad, tomando como dados los precios de los factores productivos. Por otra parte, las empresas van a producir una determinada cantidad de bienes, Y_t, que viene dada en función de su decisión sobre cuanto capital, K_t van a contratar dados los precios de los factores productivos.

Por tanto, el equilibrio del modelo está compuesto por los siguientes tres bloques de componentes:

i) Un sistema de precios para W y R.

ii) Una asignación de valores para Y, C, L y K.

iii) Una restricción de factibilidad, $Y_t = C_t + I_t$, que nos indica las asignaciones posibles.

Como podemos observar, la definición de equilibrio que estamos utilizando implica que todos los mercados de la economía están en equilibrio. Así, tanto el mercado de trabajo como el mercado de capitales, como el mercado de bienes están en equilibrio. A esta situación es a la que denominamos equilibrio general.

Definición de Equilibrio: Un equilibrio competitivo para nuestra economía es una secuencia de consumo, e inversión por parte de los consumidores $\{C_t, I_t\}_{t=0}^{T}$, una secuencia de capital y de horas de trabajo utilizadas por parte de las empresas $\{K_t, L_t\}_{t=0}^{T}$, y una secuencia de precios $\{W_t, R_t\}_{t=0}^{T}$:

i) El problema de optimización de los consumidores se satisface.

ii) Se cumplen las condiciones de primer orden para las empresas.

iii) La restricción de factibilidad de la economía se cumple.

Estructura del modelo básico de equilibrio general dinámico	
Función de utilidad de los consumidores	$U = U(C_t)$
Restricción presupuestaria	$C_t + I_t = W_t L_t + R_t K_t$
Stock de capital inicial	$K_0 > 0$
Stock de capital final	$K_T = \overline{K}$
Ecuación de acumulación de capital	$K_{t+1} = (1 - \delta) K_t + I_t$
Función de producción	$Y_t = A_t F(K_t, L_t)$
Productividad Total de los Factores	$A_t = A_{t-1}^{\rho} + \varepsilon_t$

En el modelo que estamos resolviendo la función de utilidad de los consumidores únicamente depende del nivel de consumo. Esto significa que no hemos considerado el ocio como un argumento de la función de utilidad y, por tanto, no podemos determinar la oferta de trabajo (viene dado, $L_t = 1$). El equilibrio competitivo consiste en encontrar secuencias de las variables $\{C_t, I_t, K_t, R_t, W_t, Y_t, A_t\}_{t=0}^{T}$ tal que sean satisfechas las condiciones que definen el equilibrio. En resumen, el modelo de nuestra economía estaría compuesto por las siguientes siete ecuaciones:

$$C_{t+1} = \beta \left[R_{t+1} + 1 - \delta \right] C_t \tag{8.31}$$

$$R_t = \alpha \frac{Y_t}{K_t} = \frac{\alpha A_t K_t^{\alpha}}{K_t} = \alpha A_t K_t^{\alpha-1} \tag{8.32}$$

$$W_t = (1 - \alpha) Y_t = (1 - \alpha) A_t K_t^{\alpha} \tag{8.33}$$

$$Y_t = A_t K_t^{\alpha} \tag{8.34}$$

$$K_{t+1} = (1 - \delta) K_t + I_t \tag{8.35}$$

$$C_t + I_t = Y_t \tag{8.36}$$

$$A_t = A_{t-1}^{\rho} + \varepsilon_t \tag{8.37}$$

8.2.4   El sistema dinámico

A continuación, vamos a reducir el sistema anterior a un sistema de dos ecuaciones dinámicas, una para el consumo y otra para el stock de capital, más la ecuación que determina el comportamiento de la PTF. Sustituyendo la expresión para el tipo de interés (8.32) en la ecuación dinámica del consumo (8.31) obtenemos:

$$\frac{C_{t+1}}{C_t} = \beta \left[\alpha A_{t+1} K_{t+1}^{\alpha-1} + 1 - \delta \right] \tag{8.38}$$

Por otra parte, sustituyendo el precio relativo de los factores productivos en la restricción presupuestaria del individuo obtenemos:

$$C_t + K_{t+1} - K_t - (\alpha A_t K_t^{\alpha-1} - \delta) K_t - (1 - \alpha) A_t K_t^{\alpha} = 0$$

o equivalentemente:

$$C_t + K_{t+1} - K_t - \alpha A_{t+1}K_t^\alpha + \delta K_t - A_t K_t^\alpha + \alpha A_t K_t^\alpha = 0$$

y operando llegamos finalmente a:

$$C_t + K_{t+1} - (1-\delta)K_t - A_t K_t^\alpha = 0 \qquad (8.39)$$

expresión que nos indica el proceso de acumulación de capital a lo largo del tiempo, en la que el capital en el próximo periodo es igual a lo que se produce hoy, menos lo que se consume, más el capital de hoy menos su depreciación. Una forma alternativa de llegar a esta misma expresión

Por tanto, la solución competitiva viene determinada por dos ecuaciones en diferencias:

$$C_{t+1} = \beta \left[\alpha A_{t+1}K_{t+1}^{\alpha-1} + 1 - \delta \right] C_t \qquad (8.40)$$

$$K_{t+1} = (1-\delta)K_t + A_t K_t^\alpha - C_t \qquad (8.41)$$

más la ecuación que determina el comportamiento de la PTF.

Solución del modelo básico de equilibrio general dinámico Utilidad logarítmica y tecnología Cobb-Douglas	
Senda óptima de consumo	$C_{t+1} = \beta \left[\alpha A_{t+1}K_{t+1}^{\alpha-1} + 1 - \delta \right] C_t$
Acumulación capital	$K_{t+1} = (1-\delta)K_t + A_t K_t^\alpha - C_t$
PTF	$A_t = A_{t-1}^\rho + \varepsilon_t$

8.2.5 Estado Estacionario

A continuación calculamos el estado estacionario. Para ello partimos de la ecuación que determina la senda óptima de consumo, que viene dada por:

$$C_{t+1} = \beta \left[R_{t+1} + 1 - \delta \right] C_t \qquad (8.42)$$

Eliminando los subíndices de tiempo de la senda óptima de consumo obtenemos que:

$$1 = \beta(\overline{R} + 1 - \delta) \qquad (8.43)$$

a partir de la cual obtenemos el valor de estado estacionario para el tipo de interés, tal que:

$$\overline{R} = \frac{1 - \beta + \beta\delta}{\beta} \qquad (8.44)$$

Por otra parte, el tipo de interés real es igual a la productividad marginal del capital, por lo que la ecuación de la senda óptima de consumo en estado estacionario podemos también definirla como:

$$\overline{C} = \beta(\alpha\overline{AK}^{\alpha-1} + 1 - \delta)\overline{C} \qquad (8.45)$$

Operando, resulta:

$$\beta(\alpha\frac{\overline{Y}}{\overline{K}} + 1 - \delta) = 1 \tag{8.46}$$

Despejando el estado estacionario del stock de capital como función del nivel de producción en estado estacionario, resulta:

$$\overline{K} = \frac{\alpha\beta}{1 - \beta + \beta\delta}\overline{Y} \tag{8.47}$$

De la ecuación de acumulación en estado estacionario obtenemos:

$$\overline{K} = (1 - \delta)\overline{K} + \overline{I} \tag{8.48}$$

por lo que operando resulta:

$$\overline{I} = \delta\overline{K} \tag{8.49}$$

y utilizando la expresión (8.47) por lo que podemos escribir:

$$\overline{I} = \frac{\alpha\beta\delta}{1 - \beta + \beta\delta}\overline{Y} \tag{8.50}$$

A su vez, de la restricción de factibilidad de la economía, obtenemos que en estado estacionario:

$$\overline{C} = \overline{Y} - \overline{I} = \frac{1 - \beta + \beta\delta - \alpha\beta\delta}{1 - \beta + \beta\delta}\overline{Y} \tag{8.51}$$

Finalmente, el nivel de producción en estado estacionario viene dado por:

$$\overline{Y} = \overline{A}\overline{K}^{\alpha} \tag{8.52}$$

por lo que utilizando la expresión (8.47) obtenemos:

$$\overline{Y} = \overline{A}\overline{K}^{\alpha} = \overline{A}^{\frac{1}{1-\alpha}}\left[\frac{\alpha\beta}{(1 - \beta + \beta\delta)}\right]^{\frac{\alpha}{1-\alpha}} \tag{8.53}$$

Una vez, obtenido el valor de la producción en estado estacionario, ahora podemos sustituir en las expresiones anteriores y obtener los valores de estado estacionario para las restantes variables. Así, si sustituimos la expresión (8.53) en (8.47), resulta que el valor del stock de capital en estado estacionario viene dado por:

$$\overline{K} = \frac{\alpha\beta}{1 - \beta + \beta\delta}\overline{A}^{\frac{1}{1-\alpha}}\left[\frac{\alpha\beta}{(1 - \beta + \beta\delta)}\right]^{\frac{\alpha}{1-\alpha}} = \left(\frac{(1 - \beta + \beta\delta)}{\alpha\overline{A}\beta}\right)^{\frac{1}{\alpha-1}} \tag{8.54}$$

Alternativamente, el stock de capital en estado estacionario lo podemos calcular como:

$$\overline{R} = \frac{1}{\beta} - 1 + \delta = \frac{1 - \beta + \delta\beta}{\beta} \tag{8.55}$$

Por otra parte de la condición de primer orden de la empresa respecto al stock de capital tenemos que:

$$\alpha \overline{A}\overline{K}^{\alpha-1} = \overline{R} = \frac{1 - \beta + \delta\beta}{\beta} \tag{8.56}$$

Despejando el stock de capital de estado estacionario resulta:

$$\overline{K} = \left(\frac{1 - \beta + \delta\beta}{\alpha \overline{A}\beta}\right)^{\frac{1}{\alpha-1}} \tag{8.57}$$

Finalmente, el valor de estado estacionario de la PTF es igual a 1 ($\overline{A} = 1$), dado que en estado estacionario suponemos que $\varepsilon_t = 0$ y que por tanto:

$$\overline{A} = \overline{A}^\rho = 1 \tag{8.58}$$

8.3 Calibración del modelo

A continuación, procedemos a calibrar el valor de los parámetros y de las variables exógenas del modelo. El valor de estos parámetros puede ser estimado o bien obtenidos a través de un proceso de calibración utilizando la información disponible acerca de los mismos. En este modelo simple únicamente tenemos cuatro parámetros: El parámetro tecnológico de la función de producción, α, el factor de descuento de la utilidad futura, β, la tasa de depreciación del capital, δ, y el parámetro que determina la persistencia de la productividad agregada, ρ. Además el modelo incluye una variable de perturbación exógena, que podemos considerarla como estocástica o determinista, y que afecta a la productividad total de los factores, representando un shock tecnológico, ε_t. En nuestro caso, esta variable exógena vamos a considerarla como determinista, tomando un valor de cero, excepto en el momento en el que se produce la perturbación, que va a tomar un valor positivo o negativo según el cambio tecnológico aumente o disminuya la productividad agregada. Esto implica que la PTF, A_t, la estaríamos considerando como una variable endógena.

El valor parámetro α puede calibrarse directamente de contabilidad nacional. Dada la función de producción que estamos usando (Cobb-Douglas), este parámetro refleja la proporción de rentas del capital sobre las rentas totales, mientras que $(1 - \alpha)$ reflejaría las rentas salariales sobre las rentas totales. Atendiendo a la información que ofrece contabilidad nacional, aproximadamente un 65% de la renta total corresponde a rentas salariales, mientras que el restante 35% correspondería a rentas del capital. Por tanto, fijamos un valor de $\alpha = 0,35$. El factor de descuento toma un valor inferior a la unidad, dependiendo del grado de paciencia del agente con respecto al futuro, y su valor se corresponde con un determinado tipo de interés en estado estacionario. El valor que vamos a utilizar para este factor de descuento es de 0,96, tomando como referencia un periodo anual. La tasa de depreciación física del capital vamos a suponer es del 6% al año. El parámetro de persistencia de los shocks tecnológicos suponemos es igual a 0,80. Finalmente, vamos a suponer que la variable que representa la perturbación tecnológica, ε_t, toma el valor cero, excepto en el instante en que se produce dicha perturbación, que suponemos toma un valor de 0,01.

Tabla 8.1: Calibración de los parámetros

Símbolo	Definición	Valor
α	Elasticidad producción-capital	0,35
β	Factor de descuento	0,96
δ	Tasa de depreciación	0,06
ρ	Persistencia perturbaciones a la PTF	0,80

En la tabla 8.2 se muestran los valores de estado estacionario para las variables del modelo, usando las expresiones calculadas anteriormente y los valores calibrados para los parámetros. En efecto, si calculamos el valor de estado estacionario para el stock de capital resulta:

$$\overline{K} = \left(\frac{1 - \beta + \beta\delta}{\alpha\overline{A}\beta} \right)^{\frac{1}{\alpha-1}} = \left(\frac{1 - 0,96 + 0,96 \times 0,06}{0,35 \times 1 \times 0,96} \right)^{\frac{1}{-0,65}} = 6,70$$

A partir de este valor podemos calcular el nivel de producción en estado estacionario como:

$$\overline{Y} = \overline{A}\overline{K}^{\alpha} = 1 \times 6,70^{0,35} = 1,95$$

El consumo en estado estacionario podemos calcularlo usando la expresión:

$$\begin{aligned} \overline{C} &= \frac{1 - \beta + \beta\delta - \alpha\beta\delta}{1 - \beta + \beta\delta}\overline{Y} = \\ &\frac{1 - 0,96 + 0,96 \times 0,06 - 0,35 \times 0,96 \times 0,06}{1 - 0,96 + 0,96 \times 0,06} \times 1,95 = 1,544 \end{aligned}$$

Alternativamente, podemos calcular primero la inversión como:

$$\overline{I} = \delta\overline{K} = 0,06 \times 6,70 = 0,402$$

y el consumo sería:

$$\overline{C} = \overline{Y} - \overline{I} = 1,95 - 0,402 = 1,544$$

Finalmente, el tipo de interés (equivalente a la productividad marginal del capital) en estado estacionario sería:

$$\overline{R} = \alpha\overline{A}\overline{K}^{\alpha-1} = \frac{1 - \beta + \delta\beta}{\beta} = \frac{1 - 0,96 + 0,96 \times 0,06}{0,96} = 0,102$$

Tabla 8.2: Valor de las variables en estado estacionario

Variable	Definición	Valor
$\overline{Y}$	Producción	1,946
$\overline{C}$	Consumo	1,544
$\overline{I}$	Inversión	0,402
$\overline{K}$	Stock de capital físico	6,699
$\overline{R}$	Tipo de interés	0,102

8.4 Resolución numérica del modelo con Solver

Una vez resuelto el modelo de forma analítica y obtenido el correspondiente sistema dinámico, a continuación vamos a resolverlo computacionalmente en Excel haciendo uso de la herramienta "Solver". En el Apéndice M presentamos el código para resolver este modelo en MATLAB. La Figura 8.1 muestra la estructura de la hoja de Excel donde hemos resuelto este problema, denominada **"IMC-8-1.xls"**. Como podemos observar necesitamos en primer lugar definir el valor de los parámetros del modelo, que aparecen en las celdas "B4" a "B7". A partir de estos parámetros y las expresiones de estado estacionario calculadas anteriormente, podemos obtener los valores de estado estacionario para las variables del modelo, que aparecen en las celdas "B10" a "B15". Si situamos el cursor en la celda "B10", la expresión que aparece es:

```
=PTF*((1-Beta+Delta*Beta)/(Alpha*PTF*Beta))^(Alpha/(Alpha-1))
```

que es la correspondiente al valor de la producción en estado estacionario. De forma similar, en la celda "B12" hemos introducido la expresión correspondiente al valor de estado estacionario del stock de capital, por lo que la expresión que aparece en dicha celda es:

```
=((1-Beta+Delta*Beta)/(Alpha*PTF*Beta))^(1/(Alpha-1))
```

De forma similar en la celda "B13" calculamos el valor de estado estacionario del consumo, en la celda "B14" el valor de estado estacionario de la inversión y en la celda "B15" el valor de estado estacionario del tipo de interés. Finalmente en la celda "B18" asignamos el valor del cambio tecnológico que suponemos se produce en el periodo 1, tomando un valor cero inicialmente.

Las variables del modelo vienen definidas en las columnas "D-K", donde los valores correspondientes al estado estacionario inicial aparecen en el periodo 0. La columna "D" es el índice de tiempo, la columna "E" es la PTF, mientras que la columna "F" nos da la senda óptima de consumo, que es la variable que hemos de calcular. La columna "G" es la inversión, que simplemente es la diferencia entre lo que se produce y lo que se consume, la columna "H" es la producción, la columna "I" es el stock de

Tiempo	A	Consumo	Inversión	Producción	Capital	R	Utilidad
0	1.00000	1.544	0.402	1.946	6.699	0.102	0.434
1	1.00000	1.544	0.402	1.946	6.699	0.102	0.417
2	1.00000	1.544	0.402	1.946	6.699	0.102	0.400
3	1.00000	1.544	0.402	1.946	6.699	0.102	0.384
4	1.00000	1.544	0.402	1.946	6.699	0.102	0.369
5	1.00000	1.544	0.402	1.946	6.699	0.102	0.354
6	1.00000	1.544	0.402	1.946	6.699	0.102	0.340
7	1.00000	1.544	0.402	1.946	6.699	0.102	0.326
8	1.00000	1.544	0.402	1.946	6.699	0.102	0.313
9	1.00000	1.544	0.402	1.946	6.699	0.102	0.301
10	1.00000	1.544	0.402	1.946	6.699	0.102	0.289
11	1.00000	1.544	0.402	1.946	6.699	0.102	0.277
12	1.00000	1.544	0.402	1.946	6.699	0.102	0.266
13	1.00000	1.544	0.402	1.946	6.699	0.102	0.255
14	1.00000	1.544	0.402	1.946	6.699	0.102	0.245
15	1.00000	1.544	0.402	1.946	6.699	0.102	0.235
16	1.00000	1.544	0.402	1.946	6.699	0.102	0.226
17	1.00000	1.544	0.402	1.946	6.698	0.102	0.217
18	1.00000	1.544	0.402	1.946	6.698	0.102	0.208
19	1.00000	1.544	0.402	1.946	6.698	0.102	0.200
20	1.00000	1.544	0.402	1.946	6.698	0.102	0.192
21	1.00000	1.544	0.402	1.946	6.698	0.102	0.184
22	1.00000	1.544	0.402	1.946	6.698	0.102	0.177
23	1.00000	1.544	0.402	1.946	6.699	0.102	0.170
24	1.00000	1.544	0.402	1.946	6.699	0.102	0.163
25	1.00000	1.544	0.402	1.946	6.699	0.102	0.156
26	1.00000	1.544	0.402	1.946	6.699	0.102	0.150

Figura 8.1: Estructura de la hoja de cálculo IMC-8-1.xls: Modelo de equilibrio general dinámico.

capital, la columna "J" es la rentabilidad del capital y finalmente la columna "K" es la utilidad descontada. En la celda "E4", aparece la expresión

```
=E3^Rho+Epsilon
```

con el objetivo de simular un shock de productividad en el periodo 1. En la celda "E5" la expresión introducida es "=E4^Rho", dado que suponemos que el shock toma un valor positivo o negativo en el momento 1 y cero en los siguientes periodos. Esta expresión está copiada en las siguientes celdas de la columna.

En la celda "I3", aparece el stock de capital inicial. Por su parte, en la celda "I4" aparece la expresión:

```
=(1-Delta)*I3+G3
```

donde el stock de capital en cada periodo de tiempo es el stock de capital del periodo anterior, descontado la depreciación, más el nuevo capital que se incorpora, que viene determinado por el ahorro. Por último, la columna I presenta el valor de la utilidad en términos descontados.

La sumatoria de las utilidades descontadas está calculada en la celda "K34", que será la celda objetivo a maximizar en la herramienta "Solver". La solución al problema se obtiene ejecutando el "Solver", una vez hemos definido la celda objetivo a maximizar (la "K34"), la condición final ("$I$34=KO"), y las celdas a cambiar con la solución ("$F$4:$F$33"), de forma similar a como se ha llevado a cabo en los capítulos anteriores.

Tal y como podemos comprobar ahora la senda óptima de consumo que obtenemos es completamente horizontal, indicando que el consumo es el mismo periodo a periodo. Esto es debido a que estamos calculando su valor de estado estacionario, y en estado estacionario las variables son constantes periodo a periodo. En los ejercicios anteriores en los que se calculaba la senda óptima de consumo, la pendiente de la misma dependía de la relación entre el factor de descuento y el tipo de interés, que se suponía exógeno. Sin embargo, en este modelo de equilibrio general, el tipo de interés es una variable endógena, y su valor de equilibrio es tal que, dado un factor de descuento, hace que el resto de variables sean constantes, por lo que la senda óptima de consumo resultante es horizontal. En efecto, podemos comprobar que en estado estacionario, dado un valor de $\beta = 0, 96$, correspondiente a una tasa subjetiva intertemporal de $\theta = 0, 042$, el valor de estado estacionario del tipo de interés es del 10,2% por periodo. Descontando la tasa de depreciación física del capital, que es del 6% por periodo, resulta que la rentabilidad neta del capital es de 0,102-0,06=0,042, que es exactamente igual al valor de la tasa subjetiva de preferencia intertemporal.

8.4.1 Análisis de perturbaciones: Shock tecnológico

Una vez resuelto el modelo, a continuación vamos a estudiar el impacto de una perturbación consistente en un shock tecnológico positivo transitorio que aumenta la productividad total de los factores. Este es un ejercicio típico que se lleva a cabo en el marco del análisis de ciclos reales (*Real Business Cycles*) y que consiste en estudiar cómo reacciona la economía ante un shock tecnológico que aumenta la productividad total de los factores de forma transitoria. Para ello, vamos a suponer que en el periodo 1, la variable exógena ε_t toma un valor de 0.01 ($\varepsilon_1 = 0, 01$). Por tanto, incluiríamos este nuevo valor en la celda "B18" y ejecutaríamos el "Solver" para obtener la nueva solución del modelo. La Figura 8.2 muestra los resultados obtenidos en términos de la dinámica (funciones impulso-respuesta) que van a seguir las distintas variables hasta alcanzar el estado estacionario, que es el mismo que teníamos inicialmente, dado que estamos suponiendo que los efectos de este shock tecnológico son transitorios. En estas figuras hemos representado la variación de cada variable con respecto a su valor de estado estacionario. Tal y como podemos observar, el aumento en la productividad total de los factores provoca un aumento instantáneo en el nivel de producción, en el consumo y en la inversión. Dada la dotación inicial de factores productivos, ahora la producción es mayor. Al obtenerse un mayor nivel de producción, el consumidor destina estos mayores recursos tanto a aumentar su nivel de consumo como su nivel de inversión, ya que el aumento en la PTF lleva aparejado un aumento en el precio de los factores productivos (en este caso, un aumento en la rentabilidad del capital). Este mayor nivel de inversión da a su vez lugar a un aumento en el stock de capital, lo que contribuye también positivamente a aumentar el nivel de producción.

La persistencia en la respuesta de la producción proviene tanto de la persistencia del propio shock, como del aumento en el stock de capital. En la Figura 8.2 hemos representado la dinámica de la PTF, que muestra cierta persistencia, dependiendo del valor del parámetro ρ. Esta persistencia del shock se traslada a una respuesta persistente del resto de variables macroeconómicas. La respuesta del consumo tiene forma de campana, aumentando progresivamente durante los primeros periodos, dado que se van destinando menores recursos a la inversión. No obstante, a partir de un cierto periodo el retorno de la producción a su valor de estado estacionario, hace que también el consumo disminuya, una vez que se deja de acumular capital. Por tanto, observamos dos fuentes de aumento de la producción. La primera como consecuencia del mayor nivel de productividad agregada y, la segunda, como consecuencia del aumento en el stock de capital.

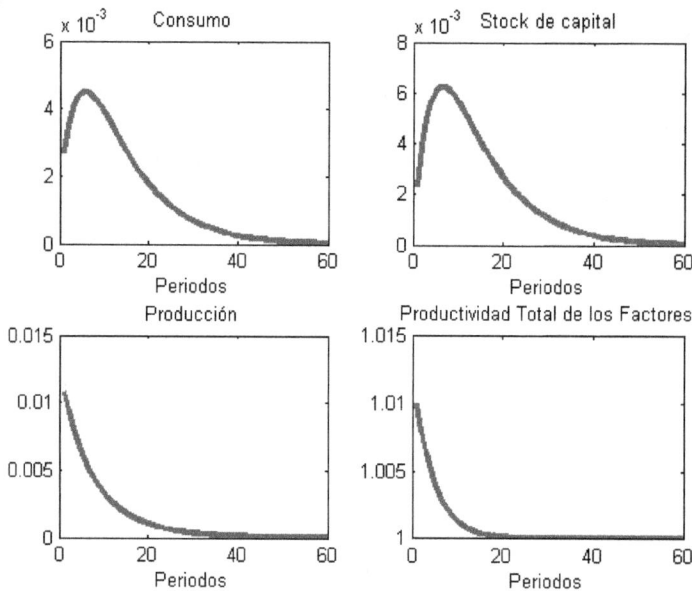

Figura 8.2: Funciones impulso-respuesta ante un shock tecnológico positivo transitorio.

8.5   Resolución numérica del modelo log-lineal

En este apartado, vamos a repetir el análisis, pero utilizando el enfoque alternativo que ya hemos utilizado anteriormente para resolver el modelo de la Q de Tobin. Para ello, vamos a obtener un sistema dinámico con dos ecuaciones en diferencias lineales aproximación de las ecuaciones no-lineales originales del modelo, y simplemente vamos a simularlas numéricamente en la hoja de cálculo. La solución de este sistema dinámico lineal es del tipo punto de silla, por lo que se hace necesario calcular la posición de la senda estable que nos lleva al estado estacionario. Para ello, necesitamos previamente calcular el valor de los valores propios, procedimiento que es muy simple si el sistema dinámico es lineal. El único inconveniente asociado a este método es que tenemos que utilizar ciertas operaciones algebraicas que pueden ser muy tediosas para obtener la aproximación lineal del modelo.

Para obtener la log-linearización de nuestro sistema de ecuaciones, vamos a expresar las variables del modelo como la desviación logarítmica respecto a sus valores de estado estacionario. La desviación en términos logarítmicos de una variable, x_t, con respecto a su valor de estado estacionario, $\overline{x}_t$, la vamos a definir como $\widehat{x}_t$, donde $\widehat{x}_t = \ln x_t - \ln \overline{x}_t$. Para construir las ecuaciones en forma log-lineal, vamos a seguir las tres reglas básicas, que ya hemos indicado anteriormente:

1. Cada una de las variables pueden definirse como:

$$x_t \approx \overline{x}_t \exp(\widehat{x}_t) \approx \overline{x}_t(1 + \widehat{x}_t) \tag{8.59}$$

2. Cuando dos variables estén multiplicando, entonces:

$$x_t z_t \approx \overline{x}_t(1 + \widehat{x}_t)\overline{z}_t(1 + \widehat{z}_t) \approx \overline{x}_t \overline{z}_t(1 + \widehat{x}_t + \widehat{z}_t) \tag{8.60}$$

   esto, es, suponemos que el producto de dos desviaciones con respecto a sus estados estacionarios, $\widehat{x}_t \widehat{z}_t$, es un número muy pequeño y aproximadamente igual a cero.

3. La tercera regla hace referencia a las potencias, tal que:

$$x_t^a \approx \overline{x}_t^a(1 + \widehat{x}_t)^a \approx \overline{x}_t^a(1 + a\widehat{x}_t) \tag{8.61}$$

8.5.1   Log-linearización del modelo

En este apartado vamos a log-linearizar el modelo básico de equilibrio general dinámico, para poder resolverlo directamente en una hoja de cálculo sin necesidad de utilizar la herramienta "Solver". La idea es obtener un sistema de ecuaciones en diferencias lineales, una para el consumo y otra para el stock de capital, en términos de sus desviaciones con respecto al estado estacionario. El stock de capital es una variable de estado, cuyo valor hoy ya fue determinado en el periodo anterior (por eso también se le denomina variable predeterminada), mientras que el consumo es una variable de control adelantada sobre la que hemos de aplicar expectativas, que va a cambiar de forma instantánea ante una perturbación tal que alcance la senda estable. Para ello aplicamos el mismo procedimiento que hemos utilizado en el capítulo anterior a la hora de log-linearizar el modelo de la Q de Tobin.

Log-linearización de la función de producción

Vamos a comenzar obteniendo una aproximación lineal a la función de producción dado que la vamos a necesitar con posterioridad. La función de producción que estamos utilizando, dado que hemos normalizado a 1 el nivel de empleo es:

$$Y_t = A_t K_t^\alpha \tag{8.62}$$

Para que el análisis sea lo más simple posible, vamos a suponer que la Productividad Total de los Factores es una variable exógena (y por tanto, suponemos que es una constante). Por tanto, a continuación vamos a suponer que el valor de la PTF es una constante que definimos por $\overline{A}$.

Aplicando la primera de las reglas descritas anteriormente al lado izquierdo de la función de producción, resulta que:

$$Y_t \approx \overline{Y}(1 + \widehat{y}_t) \tag{8.63}$$

Por su parte, aplicando la tercera regla al lado derecho de la función de producción, resulta que:

$$A_t K_t^\alpha \approx \overline{AK}^\alpha (1 + \widehat{k}_t)^\alpha \approx \overline{AK}^\alpha (1 + \alpha \widehat{k}_t) \tag{8.64}$$

Por tanto, la ecuación log-linearizada para el nivel de producción es:

$$\overline{Y}(1 + \widehat{y}_t) = \overline{AK}^\alpha (1 + \alpha \widehat{k}_t) \tag{8.65}$$

y operando:

$$\overline{Y} + \overline{Y}\widehat{y}_t = \overline{AK}^\alpha + \overline{AK}^\alpha \alpha \widehat{k}_t \tag{8.66}$$

Utilizando la función de producción en estado estacionario y cancelando términos, resulta:

$$\overline{Y}\widehat{y}_t = \overline{AK}^\alpha \alpha \widehat{k}_t \tag{8.67}$$

Por lo que resulta que la aproximación lineal a la función de producción no lineal (en términos de desviaciones respecto al estado estacionario) viene dada por:

$$\widehat{y}_t = \alpha \widehat{k}_t \tag{8.68}$$

Log-linearización de la ecuación dinámica para el stock de capital

A continuación, procedemos a log-linearizar la ecuación dinámica para el stock de capital, que viene dada por:

$$C_t + K_{t+1} - (1 - \delta)K_t = Y_t \tag{8.69}$$

Aplicando las reglas descritas anteriormente obtenemos:

$$\overline{C}(1 + \widehat{c}_t) + \overline{K}(1 + \widehat{k}_{t+1}) - (1 - \delta)\overline{K}(1 + \widehat{k}_t) = \overline{Y}(1 + \widehat{y}_t) \tag{8.70}$$

Por su parte, esta ecuación en estado estacionario viene dada por:

$$\overline{C} + \overline{K} - (1 - \delta)\overline{K} = \overline{Y} \tag{8.71}$$

Operando, resulta que,

$$\overline{C}\widehat{c}_t + \overline{K}\widehat{k}_{t+1} - (1 - \delta)\overline{K}\widehat{k}_t = \overline{Y}\widehat{y}_t \tag{8.72}$$

resultando:

$$\frac{\overline{C}}{\overline{K}}\widehat{c}_t + \widehat{k}_{t+1} - (1 - \delta)\widehat{k}_t = \frac{\overline{Y}}{\overline{K}}\widehat{y}_t \tag{8.73}$$

Para continuar con la linearización, necesitamos obtener el valor de las ratios de estado estacionario que aparecen en la expresión anterior. Estas ratios de estado estacionario son:

$$\frac{\overline{C}}{\overline{K}} = \frac{\frac{1-\beta+\beta\delta-\alpha\beta\delta}{(1-\beta+\beta\delta)}\overline{Y}}{\frac{\alpha\beta}{(1-\beta+\beta\delta)}\overline{Y}} = \frac{1 - \beta + \beta\delta - \alpha\beta\delta}{\alpha\beta}$$

$$\frac{\overline{Y}}{\overline{K}} = \frac{\overline{Y}}{\frac{\alpha\beta}{(1-\beta+\beta\delta)}\overline{Y}} = \frac{(1 - \beta + \beta\delta)}{\alpha\beta}$$

Sustituyendo las ratios de estado estacionario resulta:

$$\frac{1 - \beta + \beta\delta - \alpha\beta\delta}{\alpha\beta}\widehat{c}_t + \widehat{k}_{t+1} - (1 - \delta)\widehat{k}_t = \frac{(1 - \beta + \beta\delta)}{\alpha\beta}\widehat{y}_t \tag{8.74}$$

Sustituyendo la desviación del nivel de producción respecto a su valor de estado estacionario obtenida anteriormente ($\widehat{y}_t = \alpha\widehat{k}_t$) resulta:

$$\frac{1 - \beta + \beta\delta - \alpha\beta\delta}{\alpha\beta}\widehat{c}_t + \widehat{k}_{t+1} = (1 - \delta)\widehat{k}_t + \frac{(1 - \beta + \beta\delta)}{\beta}\widehat{k}_t \tag{8.75}$$

Finalmente, definiendo $\Delta\widehat{k}_t = \widehat{k}_{t+1} - \widehat{k}_t$, llegamos a la siguiente ecuacion en diferencias para el stock de capital:

$$\Delta\widehat{k}_t = -\left[\frac{1 - \beta + \beta\delta - \alpha\beta\delta}{\alpha\beta}\right]\widehat{c}_t + \left[\frac{1 - \beta}{\beta}\right]\widehat{k}_t \tag{8.76}$$

Log-linearización de la ecuación dinámica del consumo

Por último, vamos a proceder a log-linearizar la ecuación dinámica del consumo. La ecuación de partida es:

$$\frac{C_{t+1}}{C_t} = \beta \left(\alpha \frac{Y_{t+1}}{K_{t+1}} + 1 - \delta \right) \tag{8.77}$$

Aplicando las reglas descritas anteriormente obtenemos:

$$\frac{\overline{C}}{\overline{C}}(1 + \widehat{c}_{t+1} - \widehat{c}_t) = \alpha\beta \frac{\overline{Y}}{\overline{K}}(1 + \widehat{y}_{t+1} - \widehat{k}_{t+1}) + \beta(1 - \delta) \tag{8.78}$$

Operando resulta que,

$$1 + \widehat{c}_{t+1} - \widehat{c}_t = \alpha\beta \frac{\overline{Y}}{\overline{K}}(\widehat{y}_{t+1} - \widehat{k}_{t+1}) + \alpha\beta \frac{\overline{Y}}{\overline{K}} + \beta(1 - \delta) \tag{8.79}$$

A partir de la definición de estado estacionario obtenemos que:

$$\frac{\overline{Y}}{\overline{K}} = \frac{1 - \beta + \beta\delta}{\alpha\beta} \tag{8.80}$$

Sustituyendo la expresión anterior, resulta que:

$$1 + \widehat{c}_{t+1} - \widehat{c}_t = (1 - \beta + \beta\delta)(\widehat{y}_{t+1} - \widehat{k}_{t+1}) + (1 - \beta + \beta\delta) + \beta(1 - \delta) \tag{8.81}$$

y operando resulta:

$$\widehat{c}_{t+1} - \widehat{c}_t = (1 - \beta + \beta\delta)(\widehat{y}_{t+1} - \widehat{k}_{t+1}) \tag{8.82}$$

Utilizando la aproximación lineal para el nivel de producción obtenida anteriormente ($\widehat{y}_{t+1} = \alpha\widehat{k}_{t+1}$) y sustituyendo, obtenemos:

$$\widehat{c}_{t+1} - \widehat{c}_t = (1 - \beta + \beta\delta)(\alpha - 1)\widehat{k}_{t+1} \tag{8.83}$$

Por otra parte, a partir de la expresión (8.75) obtenida anteriormente resulta que:

$$\widehat{k}_{t+1} = \frac{1}{\beta}\widehat{k}_t - \frac{1 - \beta + \beta\delta - \alpha\beta\delta}{\alpha\beta}\widehat{c}_t \tag{8.84}$$

Sustituyendo en la expresión anterior obtenemos que:

$$\widehat{c}_{t+1} - \widehat{c}_t = (1 - \beta + \beta\delta)(\alpha - 1)\left(\frac{1}{\beta}\widehat{k}_t - \frac{1 - \beta + \beta\delta - \alpha\beta\delta}{\alpha\beta}\widehat{c}_t \right) \tag{8.85}$$

Definiendo $\Delta\widehat{c}_t = \widehat{c}_{t+1} - \widehat{c}_t$, podemos escribirla como:

$$\Delta\widehat{c}_t = \frac{(1 - \beta + \beta\delta)(\alpha - 1)}{\beta}\widehat{k}_t - \frac{(1 - \beta + \beta\delta)(\alpha - 1)(1 - \beta + \beta\delta - \alpha\beta\delta)}{\alpha\beta}\widehat{c}_t \tag{8.86}$$

donde las variaciones en el consumo dependen negativamente de las desviaciones del stock de capital respecto a su estado estacionario (el coeficiente que multiplica a las desviaciones del stock de capital es negativo) y positivamente de las desviaciones del consumo respecto al estado estacionario (dado que el coeficiente asociado es positivo).

Log-linearización de la ecuación de inversión

Finalmente, la ecuación log-lineal para la inversión (aunque esta ecuación no la necesitamos) viene dada por:

$$I_t = Y_t - C_t \tag{8.87}$$

por lo que aplicando las reglas de log-linearización resulta:

$$\overline{I}_t(1 + \widehat{i}_t) = \overline{Y}(1 + \widehat{y}_t) - \overline{C}(1 + \widehat{c}_t) \tag{8.88}$$

o equivalentemente,

$$\overline{I} + \overline{I}\widehat{i}_t = \overline{Y} + \overline{Y}\widehat{y}_t - \overline{C} - \overline{C}\widehat{c}_t \tag{8.89}$$

En estado estacionario resulta que:

$$\overline{I} = \overline{Y} - \overline{C}_t \tag{8.90}$$

por lo que la expresión anterior podemos simplificarla a:

$$\overline{I}\widehat{i}_t = \overline{Y}\widehat{y}_t - \overline{C}\widehat{c}_t \tag{8.91}$$

y despejando las desviaciones de la inversión respecto a su valor de estado estacionario resulta:

$$\widehat{i}_t = \frac{\overline{Y}}{\overline{I}}\widehat{y}_t - \frac{\overline{C}}{\overline{I}}\widehat{c}_t \tag{8.92}$$

Utilizando las definiciones de estado estacionario resulta que:

$$\frac{\overline{Y}}{\overline{I}} = \frac{1 - \beta + \beta\delta}{\alpha\beta\delta}$$

y:

$$\frac{\overline{C}}{\overline{I}} = \frac{1 - \beta + \beta\delta - \alpha\beta\delta}{\alpha\beta\delta}$$

Sustituyendo llegamos a que:

$$\widehat{i}_t = \frac{1 - \beta + \beta\delta}{\alpha\beta\delta}\widehat{y}_t - \frac{1 - \beta + \beta\delta - \alpha\beta\delta}{\alpha\beta\delta}\widehat{c}_t \tag{8.93}$$

Sistema log-linearizado discreto

Por tanto, el modelo de equilibrio general dinámico podemos definirlo como un sistema dinámico lineal en términos de las desviaciones del consumo y del stock de capital respecto a su estado estacionario. Para simplificar nuestro análisis vamos a agrupar parámetros tal que:

$$\Omega = 1 - \beta + \beta\delta \tag{8.94}$$

$$\Phi = 1 - \beta + (1 - \alpha)\beta\delta \tag{8.95}$$

Por tanto, el sistema log-linearizado en términos de desviaciones respecto al estado estacionario queda, en notación matricial como:

$$\begin{bmatrix} \Delta\widehat{c}_t \\ \Delta\widehat{k}_t \end{bmatrix} = \begin{bmatrix} -\frac{(\alpha-1)\Omega\Phi}{\alpha\beta} & \frac{(\alpha-1)\Omega}{\beta} \\ -\frac{\Phi}{\alpha\beta} & \frac{(1-\beta)}{\beta} \end{bmatrix} \begin{bmatrix} \widehat{c}_t \\ \widehat{k}_t \end{bmatrix} \tag{8.96}$$

En el Apéndice N presentamos el sistema equivalente (en forma normal) correspondiente a la versión estocástica del modelo. Sustituyendo los valores calibrados resulta que:

$$\Omega = 1 - 0,96 + 0,96 \times 0,06 = 0,0976$$

$$\Phi = 1 - 0,96 + 0,65 \times 0,96 \times 0,06 = 0,07744$$

Sustituyendo los valores calibrados de los parámetros, el sistema dinámico resulta:

$$\begin{bmatrix} \Delta\widehat{c}_t \\ \Delta\widehat{k}_t \end{bmatrix} = \begin{bmatrix} 0,0146 & -0,066 \\ -0,2305 & 0,0417 \end{bmatrix} \begin{bmatrix} \widehat{c}_t \\ \widehat{k}_t \end{bmatrix} \tag{8.97}$$

8.5.2 Análisis de estabilidad

Una vez disponemos del modelo en términos log-lineales, podemos proceder a analizar su estabilidad y obtener los valores propios asociados al mismo. Tal y como podemos observar, hemos transformado un sistema de ecuaciones dinámicas no lineales en un sistema dinámico lineal, en términos de las desviaciones (en términos logarítmicos, es decir, en porcentaje) de cada variable respecto al estado estacionario. Una vez linearizado el modelo, a continuación podemos calcular las raíces asociadas a la matriz de coeficientes. Para ello calculamos:

$$Det \begin{bmatrix} -\frac{(\alpha-1)\Omega\Phi}{\alpha\beta} - \lambda & \frac{(\alpha-1)\Omega}{\beta} \\ -\frac{\Phi}{\alpha\beta} & \frac{1-\beta}{\beta} - \lambda \end{bmatrix} = 0 \tag{8.98}$$

A partir del sistema anterior obtenemos la siguiente ecuación de segundo grado:

$$\lambda^2 + \left(\frac{(\alpha-1)\Omega\Phi}{\alpha\beta} - \frac{1-\beta}{\beta}\right)\lambda - \left(\frac{1-\beta}{\beta}\right)\left(\frac{(\alpha-1)\Omega\Phi}{\alpha\beta}\right) + \left(\frac{(\alpha-1)\Omega}{\beta}\right)\left(\frac{\Phi}{\alpha\beta}\right) = 0 \tag{8.99}$$

o equivalentemente:

$$\lambda^2 + \frac{(\alpha-1)\Omega\Phi - \alpha(1-\beta)}{\alpha\beta}\lambda + \frac{(\alpha-1)\Omega\Phi}{\alpha\beta} = 0 \tag{8.100}$$

Resolviendo obtenemos las siguientes raíces:

$$\lambda_1, \lambda_2 = \frac{-\frac{(\alpha-1)\Omega\Phi - \alpha(1-\beta)}{\alpha\beta} \pm \sqrt{\left(\frac{(\alpha-1)\Omega\Phi - \alpha(1-\beta)}{\alpha\beta}\right)^2 - 4\frac{(\alpha-1)\Omega\Phi}{\alpha\beta}}}{2} \tag{8.101}$$

siendo una raíz positiva y la otra negativa. En efecto, sustituyendo los valores de los parámetros obtenemos que:

$$\lambda_1 = \frac{0,056 - \sqrt{0,056^2 + 0,0585}}{2} = -0,096$$

$$\lambda_2 = \frac{0,056 + \sqrt{0,056^2 + 0,0585}}{2} = 0,1523$$

Si calculamos el módulo de las raíces más la unidad, obtenemos 0,91 para la primera y 1,16 para la segunda, por lo que la solución es de punto de silla.

8.5.3 Senda estable

La existencia de un punto de silla, provoca la existencia de una única senda estable que determina la dinámica de ajuste de la economía hacia su estado estacionario. Tal y como hemos visto anteriormente, en este caso se produce un salto en la variable adelantada (el consumo) ante una perturbación, que lleva directamente a la economía a esta senda estable, determinando el ajuste en el corto plazo. A partir de ese ajuste inicial, la economía se mueve a lo largo de dicha senda estable, en un proceso de ajuste gradual (dependiendo de la velocidad de ajuste del resto de variables), hasta alcanzar el estado estacionario.

Una vez hemos calculado los valores propios, definiendo λ_1 como el valor propio que cumple que $|\lambda_1 + 1| < 1$, el sistema puede escribirse como:

$$\begin{bmatrix} \Delta\widehat{c}_t \\ \Delta\widehat{k}_t \end{bmatrix} = \lambda_1 \begin{bmatrix} \widehat{c}_t \\ \widehat{k}_t \end{bmatrix} \tag{8.102}$$

a partir del cual obtenemos las trayectorias matemáticas para ambas variables que nos llevan al estado estacionario.

8.5.4　Reajuste instantáneo en el nivel de consumo

Para computar el modelo necesitamos calcular el efecto de corto plazo, esto es, la variación en el consumo (que es la variable "saltarina") justo en el momento en que se produce una perturbación. Tal y como hemos visto en términos teóricos, ante una perturbación, el consumo se ajusta de forma inmediata hasta alcanzar la senda estable.

La ecuación dinámica obtenida anteriormente para el consumo es:

$$\Delta\widehat{c}_t = -\frac{(\alpha-1)\Omega\Phi}{\alpha\beta}\widehat{c}_t + \frac{(\alpha-1)\Omega}{\beta}\widehat{k}_t \tag{8.103}$$

Po otra parte, la senda estable viene definida por la trayectoria:

$$\Delta\widehat{c}_t = \lambda_1\widehat{c}_t \tag{8.104}$$

Igualando ambas expresiones resulta:

$$-\frac{(\alpha-1)\Omega\Phi}{\alpha\beta}\widehat{c}_t + \frac{(\alpha-1)\Omega}{\beta}\widehat{k}_t = \lambda_1\widehat{c}_t \tag{8.105}$$

Despejando, obtenemos el valor que tiene que tomar el consumo (en términos de desviaciones respecto al estado estacionario) para que esté situado en la senda estable viene dado por:

$$\widehat{c}_t = \frac{\alpha(\alpha-1)\Omega}{(\alpha-1)\Omega\Phi + \alpha\beta\lambda_1}\widehat{k}_t \tag{8.106}$$

expresión que es equivalente a la variación que tiene que experimentar en el momento de la perturbación, dado que la desviación inicial es nula (estado estacionario).

8.5.5　Resolución numérica de la aproximación lineal

La resolución numérica del modelo log-linearizado se corresponde con la hoja de cálculo **"IMC-8-2.xls"**. En el Apéndice M mostramos el código para resolver este mismo ejercicio usando DYNARE. La estructura de la hoja de cálculo se muestra en la Figura 8.3. En primer lugar, definimos los parámetros del modelo. En este ejercicio utilizaremos los mismos parámetros que en el ejercicio anterior, el factor de descuento intertemporal, la elasticidad de la producción respecto al stock de capital y la tasa de depreciación del capital. Además calculamos dos parámetros que son combinación de los anteriores para simplificar las expresiones a utilizar. Los valores correspondientes aparecen en las celdas "B14" a "B18". En la columna "C" se reproducen dichos valores, para poder realizar un análisis de sensibilidad y estudiar las implicaciones de cambios en los valores de estos parámetros. A continuación presentamos los valores de estado estacionario, filas 21 a 25, que son los mismos que los obtenidos en el

	A	B	C	D	E F G	H	I	J	K	L	M	N	O	P	Q	R	S	T	U
1	EJERCICIO 8.2: Modelo de equilibrio general dinámico (aproximación lineal)																		
2					Tiempo	C	I	Y	K	ĉ	î	ŷ	k̂	ê	î	ŷ	k̂	Δĉ	Δk̂
3	Variables endógenas		Variaciones respecto al tiempo		0	1,544	0,402	1,946	6,699	0,434	-0,912	0,666	1,902	0,000	0,000	0,000	0,000	0,000	0,000
4	Y: Producción		Δĉ: Variación de ĉ respecto al tiempo		1	1,544	0,402	1,946	6,699	0,434	-0,912	0,666	1,902	0,000	0,000	0,000	0,000	0,000	0,000
5	K: Stock de capital		Δk̂: Variación de k̂ respecto al tiempo		2	1,544	0,402	1,946	6,699	0,434	-0,912	0,666	1,902	0,000	0,000	0,000	0,000	0,000	0,000
6	C: Consumo				3	1,544	0,402	1,946	6,699	0,434	-0,912	0,666	1,902	0,000	0,000	0,000	0,000	0,000	0,000
7	I: Inversión				4	1,544	0,402	1,946	6,699	0,434	-0,912	0,666	1,902	0,000	0,000	0,000	0,000	0,000	0,000
8					5	1,544	0,402	1,946	6,699	0,434	-0,912	0,666	1,902	0,000	0,000	0,000	0,000	0,000	0,000
9	Desviaciones respecto al estado estacionario				6	1,544	0,402	1,946	6,699	0,434	-0,912	0,666	1,902	0,000	0,000	0,000	0,000	0,000	0,000
10	ĉ: Desviación de c respecto a su estado estacionario				7	1,544	0,402	1,946	6,699	0,434	-0,912	0,666	1,902	0,000	0,000	0,000	0,000	0,000	0,000
11	k̂: Desviación de k respecto a su estado estacionario				8	1,544	0,402	1,946	6,699	0,434	-0,912	0,666	1,902	0,000	0,000	0,000	0,000	0,000	0,000
12					9	1,544	0,402	1,946	6,699	0,434	-0,912	0,666	1,902	0,000	0,000	0,000	0,000	0,000	0,000
13	Parámetros	Inicial	Final		10	1,544	0,402	1,946	6,699	0,434	-0,912	0,666	1,902	0,000	0,000	0,000	0,000	0,000	0,000
14	Beta	0,96	0,96		11	1,544	0,402	1,946	6,699	0,434	-0,912	0,666	1,902	0,000	0,000	0,000	0,000	0,000	0,000
15	Alpha	0,35	0,35		12	1,544	0,402	1,946	6,699	0,434	-0,912	0,666	1,902	0,000	0,000	0,000	0,000	0,000	0,000
16	Delta	0,06	0,06		13	1,544	0,402	1,946	6,699	0,434	-0,912	0,666	1,902	0,000	0,000	0,000	0,000	0,000	0,000
17	OMEGA	0,10	0,10		14	1,544	0,402	1,946	6,699	0,434	-0,912	0,666	1,902	0,000	0,000	0,000	0,000	0,000	0,000
18	PHI	0,08	0,08		15	1,544	0,402	1,946	6,699	0,434	-0,912	0,666	1,902	0,000	0,000	0,000	0,000	0,000	0,000
19					16	1,544	0,402	1,946	6,699	0,434	-0,912	0,666	1,902	0,000	0,000	0,000	0,000	0,000	0,000
20	Estado Estacionario	Inicial	Final		17	1,544	0,402	1,946	6,699	0,434	-0,912	0,666	1,902	0,000	0,000	0,000	0,000	0,000	0,000
21	Stock de capital	6,70	6,70		18	1,544	0,402	1,946	6,699	0,434	-0,912	0,666	1,902	0,000	0,000	0,000	0,000	0,000	0,000
22	Consumo	1,54	1,54		19	1,544	0,402	1,946	6,699	0,434	-0,912	0,666	1,902	0,000	0,000	0,000	0,000	0,000	0,000
23	Producción	1,95	1,95		20	1,544	0,402	1,946	6,699	0,434	-0,912	0,666	1,902	0,000	0,000	0,000	0,000	0,000	0,000
24	Inversión	0,40	0,40		21	1,544	0,402	1,946	6,699	0,434	-0,912	0,666	1,902	0,000	0,000	0,000	0,000	0,000	0,000
25	PTF	1	1		22	1,544	0,402	1,946	6,699	0,434	-0,912	0,666	1,902	0,000	0,000	0,000	0,000	0,000	0,000
26					23	1,544	0,402	1,946	6,699	0,434	-0,912	0,666	1,902	0,000	0,000	0,000	0,000	0,000	0,000
27	Valores propios	Inicial	Final		24	1,544	0,402	1,946	6,699	0,434	-0,912	0,666	1,902	0,000	0,000	0,000	0,000	0,000	0,000
28	λ_1	-0,0960	-0,0960		25	1,544	0,402	1,946	6,699	0,434	-0,912	0,666	1,902	0,000	0,000	0,000	0,000	0,000	0,000
29	λ_2	0,1523	0,1523		26	1,544	0,402	1,946	6,699	0,434	-0,912	0,666	1,902	0,000	0,000	0,000	0,000	0,000	0,000
30					27	1,544	0,402	1,946	6,699	0,434	-0,912	0,666	1,902	0,000	0,000	0,000	0,000	0,000	0,000
31	Condición Estabilidad				28	1,544	0,402	1,946	6,699	0,434	-0,912	0,666	1,902	0,000	0,000	0,000	0,000	0,000	0,000
32	Módulo (1+λ_1)		0,91		29	1,544	0,402	1,946	6,699	0,434	-0,912	0,666	1,902	0,000	0,000	0,000	0,000	0,000	0,000
33	Módulo (1+λ_2)		1,16		30	1,544	0,402	1,946	6,699	0,434	-0,912	0,666	1,902	0,000	0,000	0,000	0,000	0,000	0,000
34																			

Figura 8.3: Estructura de la hoja de cálculo IMC-8-2.xls: Modelo de equilibrio general dinámico log-linearizado.

ejercicio anterior. En la columna "B" se presentan los valores de estado estacionario con los valores iniciales, mientras que en la columna "C" se presentan dichos valores con los valores finales. Dado que en este ejercicio hemos considerado la PTF como una variable exógena, su valor inicial lo hemos introducido en la celda "B25". Si queremos introducir un nuevo valor para simular una perturbación tecnológica de carácter permanente, lo haríamos cambiando el valor correspondiente en la celda "C25".

Las filas 28 y 29 calculan los valores propios asociados al sistema dinámico, en la columna "B" para el estado estacionario inicial y en la columna "C" para el estado estacionario final. Dadas las restricciones sobre los parámetros, las raíces van a ser reales, por lo que no es necesario el cálculo de la parte imaginaria. Si situamos el cursor en la celda "B28", la expresión que aparece es:

```
=((-((Alpha_0-1)*OMEGA_0*PHI_0-Alpha_0*(1-Beta_0)))/(Alpha_0*Beta_0)
-RAIZ(((((Alpha_0-1)*OMEGA_0*PHI_0-Alpha_0*(1-Beta_0))/(Alpha_0*Beta_0))^2
        -4*((Alpha_0-1)*OMEGA_0*PHI_0)/(Alpha_0*Beta_0)))/2
```

que se corresponde con la ecuación (8.101), para la primera raíz, mientras que en la celda "B29", aparece la expresión equivalente para la otra raíz. En las filas 32 y 33 se calcula el módulo de cada raíz más la unidad.

La información que resulta de simular numéricamente este modelo aparece en las columnas "G-U". La columna "G" es el índice de tiempo. Las variables del modelo vienen definidas en las columnas "H", el consumo, "I" corresponde a la inversión, "J" el nivel de producción, "K" el stock de capital, mientras que las columnas "L", "M", "N", "O", presentan las variables anteriores en el mismo orden, pero en logaritmos. A continuación, la columna "P" se corresponde con la desviación logarítmica del consumo con respecto a su valor de estado estacionario, la "Q" es la desviación logarítmica de la inversión con respecto a su valor de estado estacionario, que simplemente es la diferencia entre lo que se produce y lo que se consume, en términos de desviaciones, la columna "R" es la desviación logarítmica de la producción, que depende de la desviación del stock de capital respecto a su valor de estado estacionario, y la columna "S" es la desviación logarítmica del stock de capital con respecto a su valor de estado estacionario.

Para determinar el consumo inicial, C_0, columna "H", partiremos de su valor de estado estacionario. Para determinar el consumo en el periodo 1 (celda "H4"), utilizamos la siguiente expresión:

$$\texttt{=EXP(P4+LN(Css\_1))}$$

Esta misma expresión aparece en las celdas siguientes. Una expresión similar aparece en la columna "K" para calcular el stock de capital a partir de su desviación logarítmica. Para determinar los valores correspondientes a la columna "J", utilizamos la expresión, "=PTF_0*K_0^Alpha_0", correspondiente al periodo inicial, mientras que la expresión inicial introducida en la columna "I" es "=K_0*Delta_0". Para los siguientes periodos se determina utilizando la siguiente expresión, "=Alpha1*Q4", el único valor que cambiaría es "Q" que corresponde a las variaciones logarítmicas del stock de capital en cada periodo de tiempo con respecto al estado estacionario.

Las columnas "P" a "S" muestran las desviaciones de cada variables respecto a su estado estacionario, donde las celdas claves son las "P4" y la "S4". La columna "P" se corresponde con la variación logarítmica consumo con respecto a su valor de estado estacionario. Para el periodo inicial (cero), celda "P3", es la diferencia entre el logaritmo del consumo de estado estacionario y el logaritmo del mismo, cuyo resultado es cero. La celda "P4" contiene el nuevo valor de la desviación del consumo ante una perturbación que sitúa a dicha variable en la nueva senda estable. Así, , $\hat{c}_1$, se determina con la siguiente expresión:

$$\texttt{=Alpha\_1*(Alpha\_1-1)*OMEGA\_1/((Alpha\_1-1)*OMEGA\_1*PHI\_1}$$
$$\texttt{+Alpha\_1*Beta\_1*Lambda1\_1)*S4}$$

que se corresponde con la expresión (8.106). Para los periodos sucesivos la desviación del consumo la determinamos utilizando la expresión, "=N4+R4", es decir, el consumo en el periodo anterior más la variación en el consumo, que es el valor correspondiente a la celda R4. Esta expresión se copia en las restantes filas de dicha columna.

La columna "S" contiene las diferencias del logaritmo del stock de capital con respecto al estado estacionario. Para el periodo cero se determinaría utilizando la siguiente expresión, "=LN(K3)-LN($K$3)", es la diferencia entre el logaritmo del stock de capital en estado estacionario y el mismo, por tanto es cero. Por el contrario, para calcular esta desviación en el periodo 1, correspondiente con la celda "S4", correspondería a la diferencia entre el logaritmo del stock de capital en el estado estacionario y el logaritmo del stock de capital en el estado estacionario final, la expresión que utilizamos es:

$$=LN(K\_0)-LN(Kss\_1)$$

que se corresponde con la expresión (8.93). Por su parte, la columna "R" calcula las desviaciones del nivel de producción, utilizando la expresión "=Alpha_0*S3", que se corresponde con la expresión (8.68). En los siguientes periodos y hasta el final de la columna, la expresión utilizada es, "=Alpha_1*S4".

Finalmente, las columnas "T" y "U", muestran las variaciones en las desviaciones del consumo y del stock de capital respectivamente. La columna "T" contiene las variaciones de las desviaciones logarítmicas del consumo respecto al estado estacionario. Si situamos el cursos en la celda "T3", la expresión que aparece es:

$$=-(Alpha\_0-1)*OMEGA\_0*PHI\_0/(Alpha\_0*Beta\_0)*P3$$
$$+(Alpha\_0-1)*OMEGA\_0/Beta\_0*S3$$

que se corresponde con la ecuación (8.86). Esta misma expresión aparece en las celdas siguientes de esta columna pero referida a los valores de los parámetros finales. Por último, la columna "U" presenta el valor de las variaciones de las desviaciones del stock de capital con respecto al estado estacionario inicial. En este caso, la expresión que aparece en la celda "U3" es

$$=-PHI\_0/(Alpha\_0*Beta\_0)*P3+(1-Beta\_0)/Beta\_0*S3$$

que se corresponde con la ecuación (8.76). Esta misma expresión aparece en las siguientes celdas de la columna pero referido a los valores de los parámetros en el estado estacionario final.

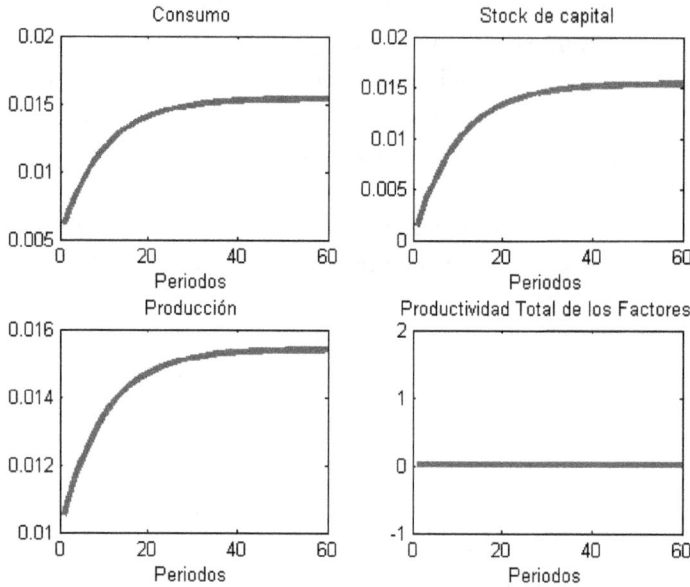

Figura 8.4: Dinámica de transición ante un aumento permanente en la Productividad Total de los Factores.

8.5.6 Análisis de perturbaciones: Shock tecnológico

Una vez obtenida la solución numérica del modelo, a continuación vamos a realizar un análisis de perturbaciones. En particular, vamos a considerar que se produce un shock positivo tecnológico, representado por un aumento en la productividad total de los factores, similar al realizado anteriormente, pero en este caso el shock tecnológico tiene naturaleza permanente. Para ello, vamos a introducir un valor de 1,05 en la celda "C25". A esto es lo que se denomina un shock tecnológico neutral, dado que aumenta la productividad tanto del factor productivo capital como del factor trabajo. Es decir, suponemos que la productividad total de los factores aumenta de forma permanente, lo que va a dar lugar a la existencia de un nuevo estado estacionario.

La Figura 8.4 muestra la dinámica de transición de las variables del modelo hacia el nuevo estado estacionario. La productividad total de los factores es mayor a partir del momento 1, manteniéndose en dicho nivel en los siguientes periodos. Esto ocasiona que la producción aumente de forma instantánea en el valor del aumento de la productividad agregada, si bien el ajuste no es instantáneo al nuevo estado estacionario debido a la dinámica de transición que va a mostrar el stock de capital. Así, al aumentar de forma instantánea la producción, también lo hacen el consumo y la inversión. El aumento en la inversión se debe a la mayor rentabilidad del capital. Este aumento de la inversión provoca que se acumule capital físico, que a su vez, va a provocar aumentos de la producción adicionales al producido inicialmente por la mayor productividad agregada. A media que la producción va aumentando, también lo hace el consumo. Sin embargo, estos aumentos en la producción son cada vez menores, debido a la existencia de rendimientos decrecientes respecto al capital. El resultado final es la generación de un proceso de crecimiento económico, hasta que la economía alcanza el nuevo estado estacionario.

Ejercicios

1. Suponga que un terremoto disminuye en un 20% el stock de capital de la economía. Utilizando la hoja de cálculo **"IMC-8-1.xls"**, estudie cuáles son los efectos de esta perturbación. Para realizar este experimento, únicamente tiene que introducir en la hoja de cálculo que el valor inicial del stock de capital es un 20% inferior al correspondiente de estado estacionario en la celda **"I4"**.

2. Resuelva el modelo de equilibrio general dinámico suponiendo que la función de utilidad de los consumidores es

$$U(C_t, L_t) = \gamma \ln C_t + (1 - \gamma) \ln (1 - L_t)$$

   donde $0 < \gamma < 1$. Construya una hoja de cálculo similar a la **"IMC-8-1.xls"**, en la que se calcule tanto la senda óptima de consumo como correspondiente a la oferta de trabajo. Qué efectos tiene una perturbación tecnológica positiva sobre la oferta de trabajo.

3. Repita el ejercicio 1, pero ahora utilizando la hoja de cálculo **"IMC-8-2.xls"**. En este caso tiene que introducir un valor de -0,2 en la celda **"S4"**. Qué diferencias observa respecto al ejercicio 1.

4. Analice cuáles son los efectos de un aumento en el factor de descuento utilizando para ello la hoja de cálculo **"IMC-8-2.xls"**. Cuál es la explicación económica de estos resultados.

5. Construya una hoja de cálculo similar a **"IMC-8-2.xls"**, pero resolviendo de nuevo el modelo bajo el supuesto de que la función de utilidad es la que aparece en el ejercicio 2.

Parte III

Crecimiento económico

9

El modelo neoclásico de crecimiento exógeno

9.1 Introducción

Los modelos macroeconómicos tienen como objetivo estudiar el comportamiento de las economías a nivel agregado respecto a dos fenómenos de especial relevancia: el comportamiento de las economías en el corto plazo, que viene determinado por la existencia de fluctuaciones cíclicas en la mayoría de variables macroeconómicas, y el comportamiento de las economías en el largo plazo, que viene determinado por el fenómeno del crecimiento en el nivel de producción a lo largo del tiempo. En ambos casos, los modelos de equilibrio general dinámico suponen un marco teórico integrado a partir del cual estudiar ambos fenómenos. En este capítulo y en el siguiente, nos vamos a centrar en resolver numéricamente modelos que tienen como objetivo el estudio del segundo fenómeno: el crecimiento económico, que implica que a lo largo del tiempo, el nivel de producción de una economía muestra una tendencia creciente.

En este capítulo vamos a resolver numéricamente el modelo de crecimiento económico con ahorro exógeno, desarrollado por Robert Merton Solow (1924-)[1] y Trevor Winchester Swan (1918-1989)[2], el denominado modelo Solow-Swan o modelo de crecimiento neoclásico, que es un modelo muy popular y cuya característica principal es que considera que el ahorro se determina exógenamente y, por tanto, no incluye ningún criterio optimizador. Se trata de un modelo muy simple, con una única variable endógena, el stock de capital per cápita, que se determina a través de un proceso de ahorro predeterminado, que se supone exógeno. Esto significa que se trata de un

---

[1]Solow, R. M. (1956). A contribution to the theory of economic growth, *Quarterly Journal of Economics*, 70: 65-94.

[2]Swan, T. W. (1956). Economic growth and capital accumulation. *Economic Record*, 32(2): 334–361.

modelo macroeconómico dinámico no microfundamentado. Por tanto, se trata de
un problema computacionalmente muy sencillo, ya que solo necesitamos simular el
proceso de acumulación de capital a lo largo del tiempo, dados unos supuestos sobre
la tecnología. Dado que la inversión está dada, a partir de la determinación del stock
de capital podemos determinar el resto de variables macroeconómicas: producción y
consumo. Un elemento nuevo que vamos a introducir respecto a los análisis realizados
anteriormente, se refiere al papel que juega la dinámica de la población. La población,
y su variación en el tiempo, juegan un papel fundamental en los modelos de crecimiento
económico ya que la forma de comparar el nivel de riqueza entre economías de diferente
tamaño consiste en definir todas las variables macroeconómicas en términos per cápita.
Así, la población sería la medida de escala de las economías y la producción per cápita
(la producción dividida por la población) sería una medida de riqueza (o productividad
si asimilamos población con empleo) de las diferentes economías. En la práctica, la
población aumenta a lo largo del tiempo, por lo que una variable fundamental en los
modelos de crecimiento económico va a ser la tasa de crecimiento de la población que
supone un factor de pérdida o depreciación, al estar la población en el denominador de
las variables en términos per cápita. Esta tasa de crecimiento de la población vamos
a suponer que es una variable exógena (de hecho la asimilaremos a un parámetro),
si bien existen desarrollos en los cuales la tasa de crecimiento se determina de forma
endógena, siendo una variable de decisión adicional de los agentes.

En concreto, el modelo de crecimiento exógeno se reduce a una ecuación dinámica
que nos indica la evolución del stock de capital per cápita a lo largo del tiempo. Dado el
supuesto de ahorro exógeno, determinando el stock de capital de la economía podemos
a su vez determinar el resto de variables macroeconómicas, dada una tecnología.
A pesar de su simplicidad, este modelo ofrece una gran cantidad de resultados
interesantes. Así, por ejemplo, la tasa de crecimiento del nivel de producción depende
de la distancia respecto al estado estacionario: cuanto más lejos esté una economía
de su estado estacionario, mayor es su tasa de crecimiento, tasa que se va reduciendo
a medida que nos acercamos al estado estacionario. Dicho estado estacionario va
a depender de la productividad total de los factores, de la tasa de ahorro, de la
tasa de depreciación física del capital y de la tasa de crecimiento de la población.
Este resultado tiene importantes implicaciones en términos de la convergencia entre
economías y en la reducción de las diferencias en los niveles de renta per cápita.

La estructura del resto del capítulo es como sigue. En la sección segunda
presentamos el desarrollo analítico del modelo de crecimiento de Solow-Swan en tiempo
discreto. La sección tercera presenta la calibración, mientras que en la sección cuarta
se realiza la simulación numérica. En la sección quinta realizamos un ejercicio de
perturbación, consistente en un cambio en la tasa de ahorro exógena. Por último, la
sección sexta realiza un análisis de sensibilidad cambiando uno de los parámetros del
modelo.

9.2 Modelo de crecimiento neoclásico en tiempo discreto

Uno de los modelos macroeconómicos más populares, conocidos y estudiados es el modelo de crecimiento neoclásico de Solow-Swan. La principal razón de ello es que se trata de un modelo muy estilizado y simple, al tiempo que muy intuitivo para comprender el comportamiento dinámico de una economía en el largo plazo. Se trata de un modelo no microfundamentado, por lo que no incluye ningún criterio de optimalidad, y tiene como supuesto principal el que la tasa de ahorro de la economía es una variable exógena. En este marco teórico el comportamiento de la economía a lo largo del tiempo viene determinado por el proceso de acumulación de capital o por el progreso tecnológico neutral si suponemos que la productividad total de los factores muestra una tendencia creciente en el tiempo. Esto hace que únicamente sea necesario determinar el nivel de stock de capital de la economía para calcular el resto de variables macroeconómicas (producción, consumo e inversión).

9.2.1 La población

Los modelos de crecimiento económico introducen la población y su dinámica en el tiempo como una variable fundamental a la hora de explicar el comportamiento de las economías en el largo plazo. En particular, consideramos el hecho de que la población, que denotamos como L_t, no es constante periodo a periodo, sino que aumenta con el tiempo:

$$L_t = L_0(1 + n)^t \tag{9.1}$$

donde $n > 0$ es la tasa de crecimiento de la población y L_0 es la población en el momento inicial. Así, la población en un determinado momento del tiempo viene dada por:

$$L_t = L_{t-1}(1 + n) \tag{9.2}$$

El hecho de que la población no sea constante, hace que el bienestar individual dependa tanto de cómo evolucione el nivel de producción, cómo de la evolución de la población. Esto hace que la variables relevantes en este análisis no sean las variables agregadas sino las relativas a la población. Por este motivo, las variables en los modelos de crecimiento económico se definen en términos per cápita. Además, la población es una medida del tamaño de una economía, por lo que para realizar comparaciones a nivel internacional, es necesario definir todas las variables en términos per cápita. La principal implicación que tiene el crecimiento de la población es que, dado que suponemos que su tasa de crecimiento es positiva, periodo a periodo, hemos de repartir las variables agregadas (consumo, stock de capital, producción, etc.) entre más individuos, suponiendo un factor de depreciación adicional de la economía (a la depreciación física del capital). Habitualmente se supone que la tasa de crecimiento de la población es un parámetro del modelo, aunque también podríamos suponer (esto sería más correcto) que se trata de una variable exógena. Es más, en algunos desarrollos teóricos se considera que se trata de una variable endógena, determinada a través de la decisión de los agentes. En el análisis que vamos a realizar aquí, vamos a considerarla como una constante.

Otro de los supuestos simplificadores que se utiliza habitualmente en los modelos macroeconómicos es que el concepto de población y el de fuerza de trabajo son intercambiables. Así, el nivel de empleo de una economía se asimila a la población de la misma, o al menos se supone que la tasa de crecimiento de ambas variables son iguales. Esto provoca que el nivel de producción per cápita sea equivalente a la productividad del trabajo. Este es el supuesto que vamos a adoptar en nuestro análisis.

Por otra parte, cuando hablamos de crecimiento económico lo que nos interesa principalmente no es el nivel de producción per cápita, sino cómo este varía a lo largo del tiempo. Es decir, nos interesa la tasa de variación del nivel de producción, que es a lo que realmente llamamos crecimiento económico. En este marco teórico, la tasa de variación del nivel de producción per cápita va a depender de cómo varíe el stock de capital per cápita. A su vez, el stock de capital per cápita depende de cómo varíe el stock de capital agregado, así como de la variación en la cantidad de trabajo, o equivalentemente, de la población.

9.2.2   La tecnología

En segundo lugar, vamos a definir la función tecnológica, que vamos a suponer presenta rendimientos constantes a escala y, por tanto, rendimientos decrecientes respecto a cada uno de los factores productivos. La función de producción agregada de la economía suponemos que viene dada por:

$$Y_t = A_t F(K_t, L_t) \tag{9.3}$$

donde Y_t es el nivel de producción agregado de la economía, A_t es la productividad total de los factores, representando a la tecnología neutral en el sentido de Hicks, que suponemos es una variable exógena, K_t es el stock de capital y L_t es el empleo, que suponemos es equivalente a la población. En particular, vamos a utilizar una función de producción del tipo Cobb-Douglas, que nos garantiza la existencia de rendimientos constantes a escala y rendimientos decrecientes para cada uno de los factores productivos, siendo, por tanto:

$$Y_t = A_t K_t^{\alpha} L_t^{1-\alpha} \tag{9.4}$$

donde el parámetro tecnológico α $(0 < \alpha < 1)$, determina la elasticidad del nivel de producción respecto al stock de capital.

A partir de esta función de producción podemos identificar los dos elementos que explican el crecimiento de la producción per cápita en este modelo: la acumulación de capital y el progreso tecnológico neutral consistente en un aumento en la productividad total de los factores.

9.2.3   El proceso de acumulación de capital

El elemento central del modelo de crecimiento neoclásico es la ecuación de acumulación de capital per cápita. Para ello partimos de la ecuación estándar de acumulación de capital que viene dada por:

$$K_{t+1} = (1 - \delta)K_t + I_t \tag{9.5}$$

donde I_t es la inversión y $\delta > 0$ es la tasa de depreciación física del capital, dado un $K_0 > 0$. El elemento clave de este modelo consiste en suponer que la tasa de ahorro, s_t, $(0 < s_t < 1)$, es exógena. Por tanto, esto significa que el nivel de inversión es igual a:

$$I_t = s_t Y_t \tag{9.6}$$

A partir de la expresión anterior, ya podemos determinar el nivel de consumo. En efecto, la restricción de factibilidad de la economía viene dada por,

$$C_t + I_t = Y_t \tag{9.7}$$

por lo que el consumo viene definido por $C_t = (1 - s_t)Y_t$. Sustituyendo la inversión en la ecuación de acumulación del capital, obtenemos la siguiente ecuación en diferencias que nos indica la dinámica del stock de capital:

$$C_t + K_{t+1} - (1 - \delta)K_t = Y_t \tag{9.8}$$

9.2.4   Variables en términos per cápita

Para tener en cuenta el crecimiento de la población, reescribimos la función de producción en términos per cápita (o por trabajador). Para ello lo que hacemos es multiplicar y dividir la función de producción por el número de trabajadores:

$$Y_t = A_t K_t^\alpha L_t^{1-\alpha} \frac{L_t}{L_t} \tag{9.9}$$

Operando obtenemos que:

$$
\begin{aligned}
\frac{Y_t}{L_t} &= \frac{A_t K_t^\alpha L_t^{1-\alpha}}{L_t} = \frac{A_t K_t^\alpha L_t L_t^{-\alpha}}{L_t} = A_t K_t^\alpha L_t^{-\alpha} \\
&= A_t \frac{K_t^\alpha}{L_t^\alpha} = A_t \left(\frac{K_t}{L_t} \right)^\alpha
\end{aligned} \tag{9.10}
$$

Vamos a definir las variables en términos per cápita con una letra minúscula, tal que el nivel de producción per cápita de la economía viene dado por,

$$y_t = \frac{Y_t}{L_t} \tag{9.11}$$

Por su parte, el stock de capital per cápita (por trabajador) vendría dado por:

$$k_t = \frac{K_t}{L_t} \tag{9.12}$$

Sustituyendo estas definiciones en la expresión (9.10), obtenemos la siguiente función de producción en términos per cápita:

$$y_t = A_t k_t^\alpha \tag{9.13}$$

A esta función de producción se le denomina función de producción intensiva, ya que el nivel de producción per cápita únicamente viene dado en función de un único factor productivo, el stock de capital per cápita.

A continuación, procedemos obtener la ecuación de acumulación de capital en términos per cápita. La ecuación de acumulación de capital en términos agregados, utilizando la expresión (9.8), viene dada por:

$$\Delta K_t = Y_t - C_t - \delta K_t \tag{9.14}$$

donde definimos $\Delta K_t = K_{t+1} - K_t$. Multiplicando y dividiendo por la población resulta:

$$\frac{C_t + K_{t+1} - (1-\delta)K_t}{L_t} = \frac{Y_t}{L_t} \tag{9.15}$$

Transformando la expresión anterior resulta:

$$\frac{C_t}{L_t} + \frac{K_{t+1}L_{t+1}}{L_t L_{t+1}} - \frac{(1-\delta)K_t}{L_t} = \frac{Y_t}{L_t} \tag{9.16}$$

reajustando términos y redefiniendo las variables en términos per cápita resulta:

$$\frac{C_t}{L_t} + \frac{K_{t+1}}{L_{t+1}}\frac{L_{t+1}}{L_t} - \frac{(1-\delta)K_t}{L_t} = \frac{Y_t}{L_t} \tag{9.17}$$

Por otra parte, teniendo en cuenta que:

$$\frac{L_{t+1}}{L_t} = (1+n) \tag{9.18}$$

llegamos a:

$$c_t + k_{t+1}(1+n) - (1-\delta)k_t = y_t \tag{9.19}$$

Despejando el stock de capital per cápita para $t + 1$ resulta:

$$k_{t+1} = \frac{(1 - \delta)k_t + y_t - c_t}{(1 + n)} \tag{9.20}$$

Sustituyendo la definición de consumo (dado que $y_t - c_t = i_t = s_t y_t$):

$$k_{t+1} = \frac{(1 - \delta)k_t + s_t y_t}{(1 + n)} \tag{9.21}$$

Sumando y restando k_t en la parte izquierda de la anterior expresión resulta:

$$k_{t+1} - k_t + k_t = \frac{(1 - \delta)k_t + s_t y_t}{(1 + n)} \tag{9.22}$$

o equivalentemente:

$$\Delta k_t = \frac{(1 - \delta)k_t + s_t y_t}{(1 + n)} - k_t \tag{9.23}$$

definiendo $\Delta k_t = k_{t+1} - k_t$. Finalmente, operando en la anterior expresión llegamos a:

$$\Delta k_t = \frac{s_t A_t k_t^\alpha - (n + \delta)k_t}{(1 + n)} \tag{9.24}$$

expresión que nos indica que la variación en el stock de capital depende positivamente de la tasa de ahorro y de la productividad total de los factores y negativamente de la tasa de depreciación física del capital y de la tasa de crecimiento de la población.

Estructura del modelo de crecimiento neoclásico	
Función de producción	$Y_t = A_t F(K_t, L_t)$
Ecuación de acumulación de capital	$K_{t+1} = (1 - \delta) K_t + I_t$
Stock de capital inicial	$K_0 > 0$
Restricción de factibilidad	$Y_t = C_t + I_t$
Inversión	$I_t = s_t Y_t$
Tasa de crecimiento de la población	$L_t = L_0(1 + n)^t$

9.2.5 Estado Estacionario

El estado estacionario viene dado por aquella situación en la cual la ecuación dinámica para el stock de capital per cápita es cero, es decir, el stock de capital per cápita (y por tanto el resto de variables) se mantiene constante periodo a periodo. En este caso la tasa de crecimiento de las variables del modelo son todas iguales a cero. Igualando a cero la expresión (9.24) y despejando, obtenemos que la condición de equilibrio viene dada por:

$$s_t \overline{y}_t = (\delta + n)\overline{k}_t \tag{9.25}$$

donde $s_t \overline{y}_t$ es el ahorro o inversión bruta por trabajador en estado estacionario y donde $(\delta + n)$ es la tasa de depreciación efectiva del stock de capital por unidad de capital por trabajador. Es decir, el stock de capital per cápita será constante cuando el volumen de ahorro por unidad de capital per cápita sea igual a las pérdidas de capital per cápita por depreciación efectiva. Si suponemos que la función de producción es del tipo Cobb-Douglas, resulta que el estado estacionario vendría dado por:

$$s_t A_t \overline{k}_t^{\alpha} = (\delta + n)\overline{k}_t \tag{9.26}$$

Despejando el stock de capital per cápita obtenemos que:

$$\overline{k}_t^{\alpha-1} = \frac{\delta + n}{s_t A_t} \tag{9.27}$$

siendo el stock de capital per cápita de estado estacionario:

$$\overline{k}_t = \left(\frac{\delta + n}{s_t A_t}\right)^{\frac{1}{\alpha-1}} \tag{9.28}$$

El nivel de producción per cápita de estado estacionario sería por tanto:

$$\overline{y}_t = A_t \overline{k}_t^{\alpha} = A_t \left(\frac{\delta + n}{s_t A_t}\right)^{\frac{\alpha}{\alpha-1}} \tag{9.29}$$

Finalmente, el nivel de consumo per cápita en estado estacionario vendría dado por,

$$\overline{c}_t = (1 - s_t)\overline{y}_t = (1 - s_t)A_t \left(\frac{\delta + n}{s_t A_t}\right)^{\frac{\alpha}{\alpha-1}} \tag{9.30}$$

9.3 Calibración del modelo

Para simular numéricamente el modelo de Solow-Swan necesitamos dar valores tanto a los parámetros como a las variables exógenas. En esta especificación tenemos tres parámetros: el parámetro tecnológico que determina la elasticidad de la producción respecto al stock de capital, α, la tasa de depreciación física del capital, δ, y la tasa de crecimiento de la población, n. Los valores calibrados de estos parámetros vienen definidos en la Tabla 9.1. El valor asignado para α, que tiene que estar entre 0 y 1, es de 0,35, y correspondería con la proporción de las rentas del capital respecto a la renta total (sería el ratio excedente bruto de explotación respecto al Producto Interior Bruto). La tasa de depreciación suponemos es del 6% por periodo, mientras que la tasa de crecimiento de la población la fijamos en el 2%.

Tabla 9.1: Calibración de los parámetros

Símbolo	Definición	Valor
α	Elasticidad producción-capital	0,35
δ	Tasa de depreciación	0,06
n	Tasa de crecimiento de la población	0,02

Por otra parte, es necesario dar valores a las variables exógenas: la productividad total de los factores, A_t, y la tasa de ahorro, s_t. Los valores que vamos a usar inicialmente vienen dados en la Tabla 9.2, en los cuales hemos supuesto una tasa de ahorro del 20% y un valor para la PTF de 1.

Tabla 9.2: Valor de las variables exógenas

Variable	Definición	Valor
s_t	Tasa de ahorro	0,20
A_t	Productividad Total de los Factores	1,00

A partir de estos valores podemos calcular el valor de estado estacionario para las diferentes variables del modelo. Así, el valor del stock de capital per cápita en estado estacionario inicial vendría dado por:

$$\overline{k}_0 = \left(\frac{n+\delta}{s_0 A_0}\right)^{\frac{1}{\alpha-1}} = \left(\frac{0,02+0,06}{0,20 \times 1}\right)^{\frac{1}{-0,65}} = 4,095$$

Este valor aparece en la celda "B13", al que hemos denominado `kss_0`, celda que contiene la expresión (9.28). Situando el cursor en dicha celda aparece la expresión:

```
=((n_0+Delta_0)/(PTF_0*s_0))^(1/(Alpha_0-1))
```

De forma similar, el valor de estado estacionario para el nivel de producción sería:

$$\overline{y}_0 = A_0 \left(\frac{\delta+n}{A_0 s_0}\right)^{\frac{\alpha}{\alpha-1}} = 1 \times \left(\frac{0,4+0,06}{0,20 \times 1}\right)^{\frac{0,35}{-0,65}} = 1,6378$$

valor que aparece en la celda "B14", denominada `yss_0`, en la que hemos introducido simplemente la definición de la función de producción:

```
=PTF_0*kss_0^Alpha_0
```

El consumo per cápita en estado estacionario lo calculamos como:

$$\overline{c}_0 = (1-s_0)\overline{y}_0 = 0,80 \times 56,59 = 1,310$$

Si situamos el cursor en la celda "B15", la expresión que hemos utilizado es:

```
=yss0-(n_0+Delta0)*kss0
```

que es equivalente a la utilizada anteriormente. Finalmente la celda "B16" contiene el valor de estado estacionario de la inversión, que podemos calcular como:

$$\bar{i}_0 = \bar{y}_0 - \bar{c}_0 = 56,59 - 45,27 = 0,328$$

Tabla 9.3: Valores de estado estacionario

Variable	Definición	Valor
$\bar{k}$	Stock de capital per cápita	4,095
$\bar{y}$	Nivel de producción per cápita	1,638
$\bar{c}$	Consumo per cápita	1,310
$\bar{i}$	Inversión per cápita	0,328

9.4   Resolución numérica

Dado que el modelo neoclásico de crecimiento exógeno no incluye ningún criterio optimizador, podemos simular numéricamente las ecuaciones que lo integran de forma directa. Es decir, simplemente tenemos que escribir las ecuaciones correspondientes en una hoja de cálculo y asignarles valores a los parámetros y a las variables exógenas y, partiendo de una situación inicial, podemos simular la trayectoria de las diferentes variables a lo largo del tiempo. La hoja de cálculo en la que hemos simulado numéricamente este modelo es **"IMC-9.xls"**. En el apéndice O presentamos la resolución numérica del modelo de Solow-Swan en MATLAB.

La estructura de esta hoja de cálculo aparece reflejada en la Figura 9.1. Como podemos apreciar necesitamos definir, en primer lugar, el valor de los parámetros, que aparecen en la columna "B". Los valores calibrados de los parámetros definidos en la Tabla 9.1 aparecen en las celdas "B4", "B5" y "B6". En la columna "C" aparecen esos mismos parámetros, con el objeto de analizar cambios en los mismos. En las celdas "B9" y "B10", hemos introducido el valor de las variables exógenas en el momento inicial. Para poder realizar diferentes tipos de análisis en función del valor de los parámetros hemos introducido una nueva columna, "C" donde podemos cambiar su valor y automáticamente calcular numéricamente sus efectos sobre las variables de la economía. A los valores de la columna "B" los hemos denominado como situación inicial, con un subíndice 0, mientras que a los valores de la columna "C" los denominamos situación final, con un subíndice 1.

A continuación, las celdas "B13" a "B16" muestran el estado estacionario para el stock de capital per cápita, producción per cápita, consumo per cápita e inversión per cápita, con los valores iniciales de los parámetros y variables exógenas. Las celdas equivalentes en la columna "C" muestran los valores de estado estacionario

	A	B	C	D	E	F	G	H	I	J	K	L
1	EJERCICIO 9: El modelo de Solow-Swan											
2					Tiempo	k	y	sy	c	Δk	gy	
3	*Parámetros*	*Inicial*	*Final*		0	4,09	1,64	0,33	1,31	0,00	0,00	
4	Alpha	0,35	0,35		1	4,09	1,64	0,33	1,31	0,00	0,00	
5	Delta	0,06	0,06		2	4,09	1,64	0,33	1,31	0,00	0,00	
6	n	0,02	0,02		3	4,09	1,64	0,33	1,31	0,00	0,00	
7					4	4,09	1,64	0,33	1,31	0,00	0,00	
8	*Variables exógenas*	*Inicial*	*Final*		5	4,09	1,64	0,33	1,31	0,00	0,00	
9	A	1	1		5	4,09	1,64	0,33	1,31	0,00	0,00	
10	s	0,20	0,20		6	4,09	1,64	0,33	1,31	0,00	0,00	
11					7	4,09	1,64	0,33	1,31	0,00	0,00	
12	*Estado Estacionario*	*Inicial*	*Final*		8	4,09	1,64	0,33	1,31	0,00	0,00	
13	Stock de capital	4,095	4,095		9	4,09	1,64	0,33	1,31	0,00	0,00	
14	Producción	1,638	1,638		10	4,09	1,64	0,33	1,31	0,00	0,00	
15	Consumo	1,310	1,310		11	4,09	1,64	0,33	1,31	0,00	0,00	
16	Inversión	0,328	0,328		12	4,09	1,64	0,33	1,31	0,00	0,00	
17					13	4,09	1,64	0,33	1,31	0,00	0,00	
18					14	4,09	1,64	0,33	1,31	0,00	0,00	
19					15	4,09	1,64	0,33	1,31	0,00	0,00	
20					16	4,09	1,64	0,33	1,31	0,00	0,00	
21					17	4,09	1,64	0,33	1,31	0,00	0,00	
22					18	4,09	1,64	0,33	1,31	0,00	0,00	
23					19	4,09	1,64	0,33	1,31	0,00	0,00	
24					20	4,09	1,64	0,33	1,31	0,00	0,00	
25					21	4,09	1,64	0,33	1,31	0,00	0,00	
26					22	4,09	1,64	0,33	1,31	0,00	0,00	
27					23	4,09	1,64	0,33	1,31	0,00	0,00	
28					24	4,09	1,64	0,33	1,31	0,00	0,00	
29					25	4,09	1,64	0,33	1,31	0,00	0,00	
30					26	4,09	1,64	0,33	1,31	0,00	0,00	
31					27	4,09	1,64	0,33	1,31	0,00	0,00	

Figura 9.1: Estructura de la hoja de cálculo IMC-9.xls: Modelo de crecimiento neoclásico.

correspondientes calculados con los valores finales para los parámetros y variables exógenas.

La información del modelo aparece en las columnas "E" a "K". La columna "E" es el índice de tiempo. En las columnas "F-K", calculamos el valor de las variables relevantes: stock de capital per cápita, nivel de producción per cápita, ahorro per cápita, consumo per cápita, variación en el stock de capital per cápita y tasa de crecimiento del nivel de producción per cápita. La celda "F3" es el valor de estado estacionario inicial, calculado anteriormente. Por su parte, en la celda "F4" encontramos la siguiente expresión:

```
=(H3+(1-Delta_1)*F3)/(1+n_1)
```

La expresión anterior se corresponde con la ecuación (9.23), donde el stock de capital per cápita de un periodo viene definido en términos del stock de capital del periodo anterior, del ahorro del periodo anterior (columna "H") y de los parámetros tasa de crecimiento de la población y tasa de depreciación física del capital. De este modo estamos computando numéricamente exactamente la versión discreta del modelo. Esta misma expresión aparece en las restantes celdas de la columna "F". Alternativamente, podemos simplificar esta expresión e introducir la siguiente:

```
=F3+J3
```

donde la celda "J3" calcula la variación del stock de capital per cápita en el periodo.

La columna "G" es el nivel de producción per cápita. Si situamos el cursor en la celda "G3" la expresión que aparece es:

```
=PTF_0*F3^Alpha_0
```

que es la expresión correspondiente a la función de producción intensiva en capital obtenida anteriormente. En la celda "G4" la expresión es:

```
=PTF_1*F4^Alpha_1
```

para permitir la posibilidad de realizar análisis sobre cambios en cualquiera de los parámetros del modelo. La columna "H" contiene el ahorro de la economía, que simplemente se obtiene multiplicando la tasa de ahorro por el nivel de producción. La columna "I" es el consumo per cápita, que se obtiene como la diferencia de las dos columnas anteriores, es decir, la diferencia entre lo que se produce y lo que se ahorra. La columna "J" muestra la variación en el stock de capital per cápita. Si situamos el cursor en la celda "J3", la expresión que aparece es,

```
=(H3-(n_0+Delta_0)*F3)/(1+n_0)
```

que se corresponde con la expresión (9.24). Esta misma expresión aparece en las siguientes filas de esta columna, pero referida a los valores de los parámetros y variables exógenas en la situación final. Finalmente, la columna "K" contiene la expresión para la tasa de crecimiento de la producción per cápita. Para calcular la tasa de crecimiento de la producción per cápita, en primer lugar tenemos que calcular la tasa de crecimiento del stock de capital per cápita. Para calcular la tasa de crecimiento del stock de capital per cápita, simplemente tenemos que multiplicar y dividir el lado izquierdo de la expresión (9.24) por el stock de capital per cápita, tal que:

$$\Delta k_t \frac{k_t}{k_t} = \frac{s_t y_t - (n+\delta)k_t}{(1+n)} \tag{9.31}$$

o equivalentemente:

$$g_k = \frac{\Delta k_t}{k_t} = \frac{k_{t+1} - k_t}{k_t} = \frac{s_t y_t - (n+\delta)k_t}{(1+n)k_t} \tag{9.32}$$

donde g_k es la tasa de crecimiento del stock de capital per cápita. Es esta expresión la que hemos introducido en la columna "K". Si aplicamos logaritmos a la función de producción intensiva en capital (expresión 9.13), resulta:

$$\ln y_t = \ln A_t + \alpha \ln k_t \tag{9.33}$$

y utilizando la misma expresión para el periodo $t + 1$, resulta que:

$$\ln \frac{y_{t+1}}{y_t} = \ln \frac{A_{t+1}}{A_t} + \alpha \ln \frac{k_{t+1}}{k_t} \tag{9.34}$$

y definiendo $g_y = \ln \frac{y_{t+1}}{y_t}$, como la tasa de crecimienbto de la producción per cápita, $g_A = \ln \frac{A_{t+1}}{A_t}$, la tasa de crecimiento de la Productividad Total de los Factores y $g_k = \ln \frac{k_{t+1}}{k_t}$, la tasa de crecimiento del stock de capital, resulta:

$$g_y = g_A + \alpha g_k \tag{9.35}$$

Si suponemos que la TPF es constante ($g_A = 0$), entonces resulta que la tasa de crecimiento de la producción per cápita es la fracción α de la tasa de crecimiento del stock de capital per cápita.[3]

9.5 Análisis de perturbaciones: Efectos de un aumento en la tasa de ahorro

A continuación, vamos a utilizar la hoja de cálculo anterior para analizar los efectos de perturbaciones. En concreto, vamos a estudiar el caso de un aumento en la tasa de ahorro. Inicialmente la tasa de ahorro es del 20% de la renta total (producción), y vamos a suponer que aumenta hasta el 25% (cambio en la celda "C9" a un valor de 0,25). En primer lugar, podemos observar cómo cambia el estado estacionario. En particular, el stock de capital per cápita en estado estacionario aumenta hasta un valor de 5,77, valor superior al correspondiente al estado estacionario inicial. Este resultado viene explicado por la mayor tasa de ahorro. A mayor ahorro, mayor es el stock de capital en estado estacionario, dado que depende positivamente de la cantidad de recursos destinados a la inversión. Como consecuencia de este aumento en el valor de estado estacionario del stock de capital per cápita, también aumenta el nivel de producción de estado estacionario. Además, también podemos observar que tanto los valores de estado estacionario del consumo como de la inversión son superiores al estado estacionario inicial. Esto no siempre tiene que ser cierto para el caso del consumo. Así, el aumento en la tasa de ahorro siempre aumenta tanto el stock de capital como el nivel de producción en el largo plazo. Sin embargo, el efecto de dicho aumento sobre el consumo per cápita es indeterminado, dependiendo de la posición inicial y final en relación a la regla de oro. La regla de oro determina el

---

[3]Esta relación entre la tasa de crecimiento del nivel de producción y del stock de capital per cápita, es diferente a la que se obtendría en estado estacionario, en el cual la tasa de crecimiento del stock de capital per cápita, del consumo per cápita y del nivel de producción per cápita serían iguales (en el contexto de este modelo iguales a cero si la PTF es constante). Esto es a lo que se denomina la senda de crecimiento balanceado.

estado estacionario que genera el mayor nivel de bienestar, es decir, el mayor nivel de consumo per cápita. Así, de todos los estados estacionarios posibles (uno para cada tasa de ahorro), solo existe uno para el cual el nivel de consumo es máximo. A esta situación es lo que se conoce como estado estacionario oro. Si la tasa de ahorro es muy baja en la economía, entonces el stock de capital también será reducido, al igual que la producción, dando lugar a un nivel de consumo bajo. Por el contrario, si la tasa de ahorro es muy elevada, el stock de capital y la producción también serán muy elevadas. Sin embargo, en este caso necesitaremos una gran cantidad de recursos para mantener el stock de capital (reponer el capital que se deprecia), por lo que el volumen de inversión también tiene que ser muy elevado, lo que lleva también a niveles bajos de consumo. Estos casos estarían indicando que la economía se encontraría a la izquierda y a la derecha, respectivamente, de la regla de oro.

La figura 9.2 muestra las trayectorias de transición de las variables del modelo hacia el nuevo estado estacionario. Ahora el stock de capital en el nuevo estado estacionario es superior al que existía anteriormente. El stock de capital per cápita va aumentando progresivamente, mostrando una forma cóncava (dado el supuesto de rendimientos marginales decrecients), hasta alcanzar el nuevo valor de estado estacionario superior al inicial. En este caso, el aumento de la tasa de ahorro provoca un aumento instantáneo en el ahorro per cápita, ya que aumenta el ahorro por unidad de producción. A continuación el ahorro sigue creciendo dado que hay que reponer una mayor cantidad de capital por su depreciación. Este crecimiento viene derivado del aumento que se produce en el nivel de producción per cápita. Por tanto, hay un efecto impacto provocado por el aumento en la tasa de ahorro y posteriormente hay un efecto adicional derivado del mayor nivel de producción.

Por lo que respecta a la dinámica del consumo per cápita, éste aumenta en el largo plazo. En este caso el efecto impacto es negativo, produciéndose una disminución instantánea en el consumo per cápita. Esto es debido a que el aumento en la tasa de ahorro provoca que una mayor proporción de la producción se ahorre, por lo que la parte de la producción que se destina al consumo disminuye. A partir de este momento el consumo comienza a recuperarse, debido a que se acumula mayor capital como consecuencia del mayor ahorro y, por tanto, aumenta el nivel de producción, por lo que de nuevo puede consumirse una mayor cantidad. Esta dinámica de transición del consumo per cápita del estado estacionario inicial al final, muestra que el ahorro es un sacrificio (en términos de consumo) que se realilza en el corto plazo, pero que se ve compensado por un mayor nivel de consumo en el largo plazo.

Un resultado interesante que podríamos obtener es el caso en el que si comparamos el consumo per cápita final resulta que es inferior al consumo per cápita que existía al inicio. Es decir, el aumento en la tasa de ahorro de la economía no siempre tiene porqué dar lugar a un mayor nivel de consumo en el largo plazo. En el caso en que esta situación ocurra, esto significa que el nivel de bienestar de la economía disminuye como consecuencia de esta perturbación, lo que estaría reflejando una situación en la cual el nivel de ahorro es demasiado elevado, respecto al que maximizaría el nivel de consumo per cápita. En concreto, en este caso estaríamos situados a la derecha de la regla de oro, donde la tasa de ahorro es excesivamente elevada. El hecho de que la tasa de ahorro sea muy elevada implicaría que el stock de capital per cápita de estado estacionario es muy elevado y, por tanto, también la producción per cápita. Sin embargo, también hay que destinar una gran cantidad de recursos a mantener dicho stock de capital, por lo que la parte de la producción que queda para ser consumida es muy pequeña, e inferior a la que existiría si la tasa de ahorro fuese inferior. A esto es a lo que se denomina la regla de oro. Existe una tasa de ahorro, que se denomina ahorro oro, que resulta en un estado estacionario con el mayor nivel de consumo. Si la tasa de ahorro es superior o inferior a la tasa de ahorro determinada por la regla de oro, el estado estacionario resultante llevaría aparejado un menor nivel de consumo.

Por último, también se muestra la evolución de la tasa de crecimiento de la economía en términos per cápita. Como podemos comprobar la tasa de crecimiento de la economía aumentaría de forma instantánea, como consecuencia del mayor nivel de ahorro, que provocaría una mayor dotación de capital. Esta tasa de crecimiento se mantendría en valores positivos durante toda la trayectoria temporal hacia el estado estacionario, si bien cada vez sería menor. Es decir, la tasa de crecimiento iría reduciéndose conforme nos acerquemos al nuevo estado estacionario, hasta ser de nuevo cero en dicho punto.

9.6 Análisis de sensibilidad: Cambio en la tasa de crecimiento de la población

Por último, vamos a estudiar la sensibilidad del modelo ante cambios en el valor de los parámetros. En concreto, vamos a analizar las implicaciones de un cambio en la tasa de crecimiento de la población. En el modelo que hemos desarrollado hemos supuesto que la tasa de crecimiento de la población es una constante, por lo que la hemos asimilado a un parámetro. No obstante, la tasa de crecimiento de la población podría ser igualmente interpretada como una variable exógena. De hecho, la única diferencia entre un parámetro y una variable exógena, es que habitualmente suponemos que el primero no cambia de valor, mientras que las variables exógenas si que pueden cambiar en el tiempo. El análisis de sensibilidad viene a eliminar, en la práctica, esta diferencia.

Tal y como hemos visto anteriormente, en el modelo de Solow-Swan, el stock de capital per cápita de estado estacionario depende de la tasa de crecimiento de la población. Esto supone que la tasa de crecimiento de la población va a determinar el estado estacionario de la economía. Esto resulta especialmente relevante en un

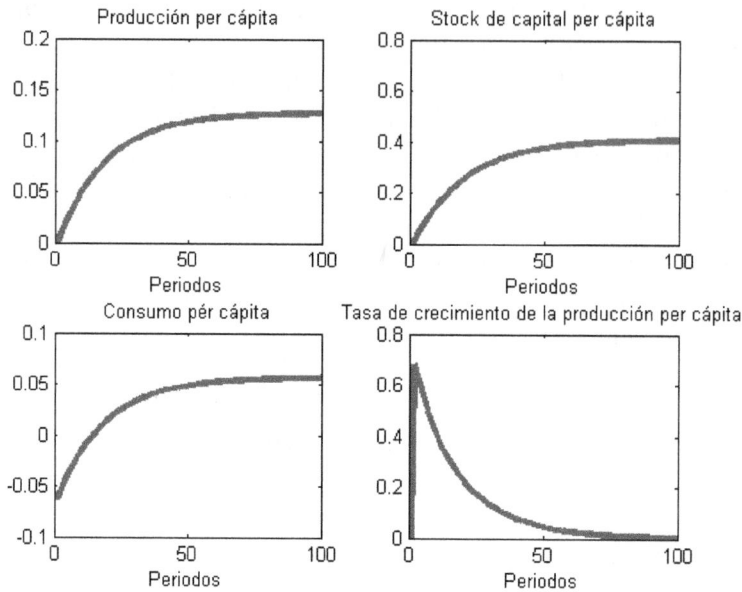

Figura 9.2: Efectos de un aumento en la tasa de ahorro.

contexto en el que la tasa de crecimiento de la población se considere una variable
endógena o una variable exógena determinada por las políticas de fomento de la
natalidad, las políticas migratorias, o políticas de control del crecimiento de la
población. De hecho, en la realidad hemos visto experiencias, como el caso de China,
de gobiernos que utilizan la tasa de natalidad como instrumento de política para
afectar al crecimiento económico. A continuación vamos a utilidad el marco teórico
desarrollado para determinar las implicaciones de un cambio en la tasa de crecimiento
de la población.

Para realizar este análisis tan solo hemos de cambiar el valor de la celda "C10".
En particular, vamos a suponer que la tasa de crecimiento de la población disminuye
hasta el 0,01. La Figura 9.3. muestra la dinámica de transición hacia el nuevo estado
estacionario derivada de esta disminución en n. Tal y como podemos observar, se
produce un aumento en el stock de capital per cápita hasta alcanzar el nuevo estado
estacionario, dado que éste depende negativamente de la tasa de crecimiento de la
población, que supone un factor de depreciación adicional. Esto es debido a que
dado el volumen de ahorro inicial, la disminución en n supone una disminución en
la tasa de depreciación del stock de capital per cápita (que depende de la tasa de
depreciación física de capital y de la tasa de crecimiento de la población). Esto es

porque ahora, periodo a periodo, hay más capital por trabajador, dado el menor crecimiento en el número de trabajadores. El incremento en el stock de capital per cápita es cada vez menor hasta llegar al nuevo estado estacionario, donde el stock de capital per cápita es superior al inicial. Este mayor nivel de stock de capital per cápita, implica también un mayor nivel de producción per cápita y de consumo per cápita. El mayor volumen de ahorro per cápita se debe a que, si bien la tasa de depreciación del stock de capital per cápita es ahora inferior, el stock de capital per cápita es mayor. Por último, observamos como la tasa de crecimiento de la economía es positiva, aumentando de forma instantánea cuando se produce la disminución en n, para ir siendo cada vez menor hasta alcanzar el nuevo estado estacionario (Nótese que los efectos son, cualitativamente, similares a los obtenidos para el caso de un aumento en la tasa de ahorro).

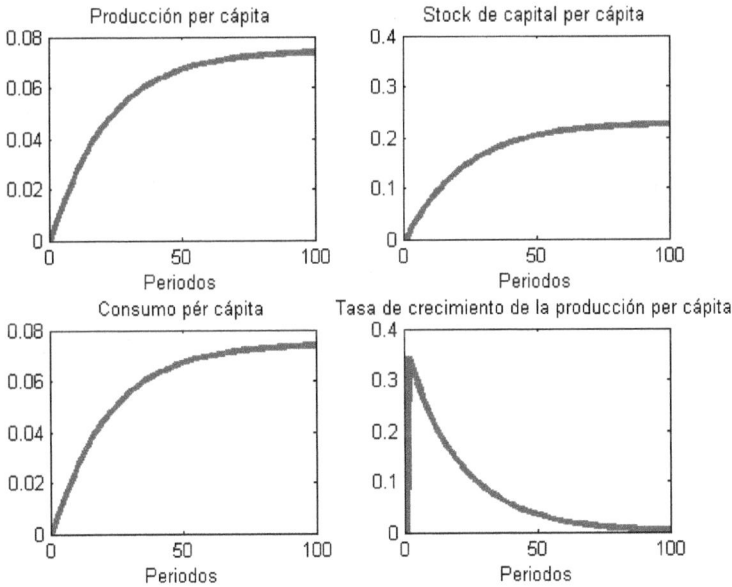

Figura 9.3: Efectos de una disminución en la tasa de crecimiento de la población.

Ejercicios

1. Suponga que un terremoto disminuye en un 10% el stock de capital (sin causar bajas en la población). Utilizando la hoja de cálculo "**IMC-9.xls**", estudie cuáles son los efectos de esta perturbación (Pista: cambie el valor de la celda G4 e introduzca en dicha celda la expresión "=0,9*kss0").

2. Analice los efectos de un aumento en el parámetro tecnológico que determina la elasticidad del nivel de producción respecto al stock de capital (por ejemplo, suponga que el nuevo valor de α es de 0,40). Qué sucede si el valor de α es la unidad (en este caso los rendimientos del capital serían constantes). Cómo cambia la dinámica de la economía ante este supuesto. Por qué se obtiene este resultado.

3. Aunque la tasa de depreciación física del capital se supone un parámetro que se mantiene constante en el tiempo, en la práctica su valor depende del tipo de activo de capital en los cuales se invierte. Sin embargo, la tipología de activos de capital cambia a lo largo del tiempo. De hecho, cada vez se invierte más en activos de capital relacionados con las nuevas tecnologías, que habitualmente presentan unas elevadas tasas de depreciación. Esto hace que la tasa de depreciación física del capital se altere a lo largo del tiempo por la diferente composición del capital, aumentando. Suponga que la tasa de depreciación física del capital aumenta al 8 por ciento anual (cambie el valor de la celda "C5" a 0,08). Qué consecuencias tiene sobre la economía este aumento en la tasa de depreciación física del capital. Cómo afecta a la tasa de crecimiento de la economía este cambio.

4. Suponga que la tasa de ahorro inicial, con los parámetros dados en la hoja de cálculo **"IMC-9.xls"** es del 20%. Compare esta situación con una tasa de ahorro del 30%. En qué situación la producción per cápita es mayor. Y el consumo per cápita. Compruebe ahora que sucede con el consumo per cápita si la tasa de ahorro aumenta hasta el 40%. A qué se debe este comportamiento. En vista de estos resultados, cuál sería la tasa de horro que genera el mayor nivel de bienestar, es decir, la que genera el mayor nivel de consumo per cápita (esto es a lo que se denomina la tasa de ahorro oro). Qué relación guarda la tasa de ahorro oro con el parámetro tecnológico que determina la elasticidad del nivel de producción respecto al stock de capital.

5. Estudie los efectos de un aumento en la productividad total de los factores. Por ejemplo, suponga que la PTF aumenta a 1,05. Qué efectos tiene dicho cambio sobre la economía. Qué proporción del nivel de producción en el nuevo estado estacionario se debe al aumento en la PTF y qué parte al proceso de acumulación de capital generado.

10

El modelo de crecimiento óptimo de Ramsey

10.1 Introducción

En el capítulo 8 hemos resuelto una versión simple del modelo de equilibrio general dinámico microfundamentado que se utiliza en la actualidad en el análisis macroeconómico. Dicho modelo únicamente incluye el comportamiento de dos agentes económicos: los consumidores y las empresas, a partir de cuyas decisiones optimizadoras se deriva el equilibrio competitivo de la economía. Este modelo tiene su punto de partida en el modelo desarrollado por Frank Plumpton Ramsey (1903-1930), hace casi un siglo.[1] El modelo de Ramsey, también denominado modelo de crecimiento óptimo (en contraposicion al modelo de Solow-Swan, en el cual no existe ningún criterio de optimalidad y en que la tasa de ahorro es exógena), o modelo de Ramsey-Cass-Koopmans, se ha convertido en el marco teórico de referencia del análisis macroeconómico moderno, no solo para estudiar el comportamiento de la economía en el largo plazo, sino también para el estudio del corto plazo (ciclos económicos). Tal y como hemos visto anteriormente, disponemos de dos formas diferentes para calcular numéricamente este tipo de modelos en una hoja de cálculo: a través de la herramienta "Solver", que resuelve el problema de optimización de los consumidores, o bien obteniendo una aproximación lineal al modelo y calculando numéricamente el sistema de ecuaciones en diferencias lineales resultante. En este capítulo vamos a resolver numéricamente el modelo de Ramsey utilizando únicamente esta segunda opción. En concreto, vamos a computar numéricamente las ecuaciones dinámicas para el consumo per cápita y para el stock de capital per cápita, a partir de un sistema de ecuaciones en diferencias lineales en términos de las desviaciones de cada

---

[1]Ramsey, F. P. (1928). A mathematical theory of saving. *Economic Journal*, 38(152): 543-559.

variable respecto a su estado estacionario, que constituyen una aproximación lineal al sistema dinámico inicial que tiene naturaleza no lineal. Así, al resolver analíticamente el modelo, resulta en un sistema de ecuaciones no lineales, el cual va a tener una solución de punto de silla, por lo que se hace necesario calcular previamente los valores propios asociados al mismo para poder determinar el salto a realizar por las variables del modelo ante una perturbación para alcanzar la nueva senda estable. Para ello, el método más sencillo es el de proceder en primer lugar a la obtención de una aproximación lineal a dicho sistema. El procedimiento que vamos a utilizar aquí es similar al empleado anteriormente en el modelo de la Q de Tobin y en el modelo básico de equilibrio general dinámico.

La estructura del modelo es similar al modelo básico de equilibrio general estudiado anteriormente. Así, vamos a suponer la existencia de dos agentes: consumidores y empresas, que interactúan en un entorno competitivo. Los consumidores tienen como objetivo la maximización de la suma descontada de su utilidad a lo largo de su ciclo vital, mientras que el objetivo de la empresa es la maximización de beneficios. Sin embargo, el análisis que vamos a realizar presenta algunas diferencias respecto al modelo básico de equilibrio general dinámico estudiado anteriormente. En primer lugar, vamos a considerar la existencia de crecimiento de la población, ya que la dinámica demográfica es un elemento muy importante a tener en cuenta cuando estudiamos el fenómeno del crecimiento económico. Esto va a provocar que en lugar de consumidores hablemos más exactamente de familias, donde el número de miembros aumenta con el paso del tiempo. En segundo lugar, vamos a definir todas las variables en términos per cápita, ya que es la medida relevante en este contexto. En tercer lugar, dado que no vamos a utilizar la herramienta "Solver", y directamente calculamos las ecuaciones lineales aproximación a las del modelo, adoptamos el supuesto de vida infinita. Por último, para que el análisis sea lo más sencillo posible, no vamos a considerar el ocio en la función de utilidad del individuo, sino que vamos a suponer que el factor productivo trabajo es igual a la población.

En contraposición con el resultado que obtuvimos en el modelo de Solow-Swan, el stock de capital en estado estacionario en el modelo de Ramsey no depende de la tasa de crecimiento de la población, y en su lugar depende del factor de descuento. Esto es debido a que la función de utilidad que maximizamos es la correspondiente a la familia, que incluye a toda la población y a su evolución en el tiempo, dando lugar a que el factor de descuento no solo esté formado por la tasa subjetiva de preferencia intertemporal sino también por la tasa de crecimiento de la población. Además, el consumo es una variable que "salta" cuando se produce una perturbación, con el objetivo de alcanzar la nueva senda estable correspondiente al estado estacionario, lo que va a dar lugar a una dinámica de ajuste muy diferente a la obtenida anteriormente en el modelo de Solow-Swan.

La estructura del resto de este capítulo es la siguiente. En la sección segunda resolvemos analíticamente el modelo de Ramsey, en su versión de tiempo discreto. La sección tercera presenta la parametrización y calibración del modelo, así como el cálculo del estado estacionario. La sección cuarta, procede a la log-linearización del modelo. La sección quinta presenta la resolución numérica del modelo. Finalmente, la sección sexta presenta un análisis de perturbaciones, estudiando los efectos dinámicos de una disminución en la tasa de preferencia intertemporal que refleja un aumento en los deseos a ahorrar.

10.2   El modelo de Ramsey

En este apartado vamos a plantear un modelo de Ramsey muy simplificado, en tiempo discreto y con vida infinita de los agentes. Vamos a suponer una economía donde la tasa de crecimiento de la población es positiva. Al igual que en el modelo de crecimiento exógeno resuelto en el capítulo anterior, esto nos obliga a redefinir todas las variables en términos per cápita, ya que la tasa de crecimiento de la población se convierte en un factor adicional de depreciación del stock de activos acumulado en la economía.

10.2.1   Las familias

En el modelo de Ramsey, introducimos el concepto de familia y la variación en el número de miembros de la misma a lo largo del tiempo. En concreto, vamos a suponer que los individuos que habitan una economía forman parte de una misma familia. Este es un modo natural de introducir el concepto de vida infinita para los consumidores que se utiliza habitualmente en los modelos macroeconómicos microfundamentados. De este modo, los individuos pueden tener vida finita y dejar de existir en un determinado momento del tiempo, pero la familia es inmortal. El hecho de hablar de familia tiene importantes connotaciones desde el punto de vista económico, ya que estamos haciendo referencia a la existencia de una relación de parentesco entre los individuos que habitan en una economía, por lo que es de suponer que el bienestar de las generaciones futuras también afecte al bienestar de los agentes en el momento actual. En otras palabras, los individuos de una generación se preocuparían también de los individuos de las generaciones futuras, lo que da lugar a que el agente de decisión, la familia, actúe como un agente con vida infinita.

En este contexto, la variable de referencia va a ser el nivel de consumo per cápita (consumo de cada uno de los miembros de la familia, que suponemos es el mismo para todos los individuos), dado que consideramos la existencia de una tasa de crecimiento de la población positiva. Por este motivo hablamos de familias en lugar de individuos, donde la familia hace referencia a todos los individuos que habitan la economía. La población, que suponemos es equivalente al número de trabajadores, en el momento t

la definimos como:

$$L_t = L_{t-1}(1+n) \tag{10.1}$$

donde $n > 0$ es la tasa de crecimiento de la población. En términos generales tendríamos:

$$L_t = L_0(1+n)^t \tag{10.2}$$

donde L_0 es la población en el momento inicial 0, que lo vamos a normalizar a 1 ($L_0 = 1$). Entonces resulta que:

$$L_t = (1+n)^t \tag{10.3}$$

Suponemos que la tasa de crecimiento de la población (tasa de natalidad menos tasa de mortalidad) es una constante exógena a la economía, por lo que la asimilamos a un parámetro del modelo. Esto podría no ser cierto y ocurrir que la tasa de natalidad estuviese determinada también por la decisión de los individuos, lo que nos llevaría a tener que determinarla como una variable adicional del modelo. No obstante, y tal y como veremos a continuación, la tasa de crecimiento de la población guarda una estrecha relación con otras variables que determinan el comportamiento de la economía.

El supuesto de que la población es igual al número de trabajadores hace que la renta per cápita, sea equivalente a la productividad del trabajo. Al igual que en el capítulo anterior definimos todas las variables en términos per cápita, simplemente dividiendo por la población. Por tanto, el consumo per cápita lo definiríamos como:

$$c_t = \frac{C_t}{L_t} \tag{10.4}$$

A la hora de especificar el problema de los consumidores debemos tener en cuenta dos elementos a tener en cuenta cuando definimos las variables en términos per cápita. En primer lugar, los individuos descuentan el futuro, por lo que hemos de considerar la existencia de una tasa de preferencia intertemporal mayor que cero. En segundo lugar, hemos de tener en cuenta que el número de miembros de la unidad familiar no es constante en el tiempo, sino que aumenta a la tasa definida anteriormente. Esto significa que el problema va a consistir en maximizar la utilidad total de la unidad familiar, o lo que es lo mismo, el consumo per cápita.

El problema a maximizar por parte de la familia es:

$$\max_{\{c_t\}_{t=0}^{\infty}} E_t \sum_{t=0}^{T} \beta^t U(c_t) L_t \tag{10.5}$$

donde $\beta \in (0,1)$ es el factor de descuento, que definimos como,

$$\beta = \frac{1}{1+\theta} \tag{10.6}$$

siendo $\theta > 0$, la tasa de preferencia subjetiva intertemporal. Tal y como hemos hecho anteriormente, suponemos la existencia de previsión perfecta, por lo que podemos eliminar directamente la esperanza matemática.

El problema, utilizando la expresión (10.3) lo podemos escribir como:

$$\max_{\{c_t\}_{t=0}^{\infty}} \sum_{t=0}^{T} \beta^t (1+n)^t U(c_t) \tag{10.7}$$

Equivalentemente, utilizando la expresión (10.6), el problema a maximizar sería:

$$\max_{\{c_t\}_{t=0}^{\infty}} \sum_{t=0}^{T} \left(\frac{1}{1+\theta}\right)^t (1+n)^t U(c_t) \tag{10.8}$$

donde el factor de descuento vendría dado por la expresión:

$$\left(\frac{1+n}{1+\theta}\right)^t \tag{10.9}$$

En principio, el número dentro del paréntesis puede ser mayor o menor que la unidad dependiendo del valor de la tasa de crecimiento de la población, n, en relación al valor de la tasa subjetiva intertemporal, θ. Sin embargo, este valor tiene que ser inferior a la unidad para descontar las utilidades futuras (si fuese igual a 1 no se descontaría el futuro, por lo que la suma de utilidades sería infinita), lo que implica que tiene que cumplirse que $n < \theta$, es decir, la tasa de crecimiento de la población en una economía tiene que ser inferior a la tasa subjetiva de preferencias intertemporales. Tal y como estamos especificando este problema de mazimización, hemos de imponer esta condición adicional que $\theta > n$. Esto es así porque por un lado para obtener el consumo agregado, partimos del consumo de un individuo (el consumo per cápita) y multiplicamos por el número de individuos que forman parte de nuestra economía. Por otra parte, estaríamos descontando las utilidades futuras en términos de la utilidad actual como en el problema básico del consumidor. Dado que este factor de descuento tiene que ser positivo, esto implica que tiene que suceder que $\theta > n$. Digamos que cuanto mayor sea la familia en el futuro, más descontamos la utilidad futura y mayor es la importancia que vamos a dar a la utilidad de los miembros de la familia en el momento actual.

La restricción presupuestaria en términos agregados, la definimos como:

$$C_t + I_t = W_t L_t + R_t K_t \tag{10.10}$$

siendo la ecuación de acumulación de capital:

$$K_{t+1} = (1-\delta) K_t + I_t \tag{10.11}$$

Sustituyendo la ecuación de acumulación de capital en la restricción presupuestaria, ésta puede definirse como:

$$C_t + K_{t+1} = W_t L_t + (R_t + 1 - \delta) K_t \tag{10.12}$$

Ahora, procedemos a escribir la restricción presupuestaria en términos per cápita, donde:

$$k_t = \frac{K_t}{L_t} \tag{10.13}$$

Multiplicando y dividiendo la restricción presupuestaria (10.12) por la población resulta:

$$\frac{C_t}{L_t} + \frac{K_{t+1}}{L_t} = \frac{W_t L_t + (R_t + 1 - \delta) K_t}{L_t} \tag{10.14}$$

lo que supone que:

$$c_t + \frac{K_{t+1}}{L_t} = W_t + (R_t + 1 - \delta) k_t \tag{10.15}$$

Multiplicando y dividiendo por la población en $t+1$, el segundo término de la izquierda resulta:

$$c_t + \frac{K_{t+1}}{L_t} \frac{L_{t+1}}{L_{t+1}} = W_t + (R_t + 1 - \delta) k_t \tag{10.16}$$

o equivalentemente:

$$c_t + k_{t+1} \frac{L_{t+1}}{L_t} = W_t + (R_t + 1 - \delta) k_{t-1} \frac{L_{t-1}}{L_t} \tag{10.17}$$

y operando, dado que,

$$\frac{L_{t+1}}{L_t} = (1 + n) \tag{10.18}$$

resultando:

$$c_t + (1 + n) k_{t+1} = W_t + (R_t + 1 - \delta) k_t$$

Estructura del modelo de Ramsey	
Función de utilidad de los consumidores	$U = U(C_t)$
Restricción presupuestaria	$C_t + I_t = W_t L_t + R_t K_t$
Stock de capital inicial	$K_0 > 0$
Ecuación de acumulación de capital	$K_{t+1} = (1 - \delta) K_t + I_t$
Función de producción	$Y_t = A_t F(K_t, L_t)$
Tasa de crecimiento de la producción	$L_t = L_{t-1}(1 + n)$

Función de utilidad logarítmica

Para obtener una solución explícita al anterior problema vamos a definir una forma funcional para las preferencias. En concreto, vamos a suponer que la función de utilidad es logarítmica, tal que:

$$U(c_t) = \ln c_t \tag{10.19}$$

El problema del consumidor consistiría en resolver el siguiente problema:

$$\max_{\{c_t\}_{t=0}^{\infty}} \sum_{t=0}^{T} \left(\frac{1+n}{1+\theta}\right)^t \ln c_t \tag{10.20}$$

sujeta a:

$$c_t + (1+n)k_{t+1} = W_t + (R_t + 1 - \delta)k_t \tag{10.21}$$

dado un $k_0 > 0$.

La función auxiliar de Lagrange sería:

$$\mathcal{L} = \sum_{t=0}^{T} \left(\frac{1+n}{1+\theta}\right)^t \ln c_t \tag{10.22}$$

$$-\lambda_t \left[c_t + (1+n)k_{t+1} - W_t - (R_t + 1 - \delta)k_t \right] \tag{10.23}$$

Las condiciones de primer orden, para $t = 0, 1, 2, ..., T$, serían las siguientes:

$$\frac{\partial \mathcal{L}}{\partial c_t} \quad : \quad \left(\frac{1+n}{1+\theta}\right)^t \frac{1}{c_t} - \lambda_t = 0 \tag{10.24}$$

$$\frac{\partial \mathcal{L}}{\partial k_{t+1}} \quad : \quad \lambda_{t+1}(R_{t+1} + 1 - \delta) - \lambda_t(1+n) = 0 \tag{10.25}$$

$$\frac{\partial \mathcal{L}}{\partial \lambda_t} \quad : \quad c_t + k_{t+1} - W_t - \frac{(R_t + 1 - \delta)}{(1+n)}k_t = 0 \tag{10.26}$$

De la primera condición de primer orden obtenemos:

$$\lambda_t = \left(\frac{1+n}{1+\theta}\right)^t \frac{1}{c_t} \tag{10.27}$$

Sustituyendo el valor del multiplicador de Lagrange en t y en $t+1$, en la segunda condición de primer orden, resulta:

$$\left(\frac{1+n}{1+\theta}\right)^{t+1} \frac{1}{c_{t+1}}(R_{t+1} + 1 - \delta) = (1+n)\left(\frac{1+n}{1+\theta}\right)^t \frac{1}{c_t} \tag{10.28}$$

y simplificando:

$$\frac{1}{1+\theta}\frac{1}{c_{t+1}}(R_{t+1} + 1 - \delta) = \frac{1}{c_t} \tag{10.29}$$

resultando en la siguiente ecuación dinámica para el consumo per cápita:

$$c_{t+1} = \frac{(R_{t+1} + 1 - \delta)}{1 + \theta} c_t \qquad (10.30)$$

o equivalentemente:

$$c_{t+1} = \beta(R_{t+1} + 1 - \delta)c_t \qquad (10.31)$$

Tal y como podemos observar, esta senda óptima de consumo es la misma que hemos obtenido anteriormente en el modelo básico de equilibrio general dinámico, con la única diferencia que en esta expresión el consumo viene definido en términos per cápita. En términos del consumo agregado, esta ecuación sería:

$$\frac{C_{t+1}}{L_{t+1}} = \beta(R_{t+1} + 1 - \delta)\frac{C_t}{L_t} \qquad (10.32)$$

o equivalentemente, usando la expresión (10.18):

$$C_{t+1} = \beta(R_{t+1} + 1 - \delta)(1 + n)C_t \qquad (10.33)$$

donde ahora la senda óptima de consumo agregado depende también de la tasa de crecimiento de la población. Si suponemos que la población se mantiene constante, esto es, $n = 0$, entonces la expresión anterior es exactamente igual que la que hemos obtenido al resolver el problema básico del consumidor.

10.2.2   Las empresas

A continuación vamos a analizar el comportamiento de las empresas. Dado que nuestras variables de interés vienen definidas en términos per cápita, y el problema del consumidor lo hemos analizado en dichos términos, también tenemos que definir el problema de las empresas en términos per cápita. Como suponemos que los propietarios de los factores productivos capital y trabajo con las familias, el problema de las empresas puede resolverse como un problema estático, en el cual las empresas maximizan los beneficios periodo a periodo, decidiendo la cantidad de factores productivos que alquilan a las familias en cada momento del tiempo. En términos generales la empresas maximizan los beneficios, Π_t, sujetas a la restricción tecnológica:

$$\max \Pi_t = Y_t - W_t L_t - R_t K_t \qquad (10.34)$$

donde la función de producción es:

$$Y_t = A_t F(K_t, L_t) \qquad (10.35)$$

Como podemos observar los costes totales los hemos definido como los costes salariales más los costes del capital. Sin embargo, tenemos que poner a todas las variables en términos per cápita para que sea compatible con el problema de las familias. El problema para las empresas en términos per cápita sería:

$$\max \pi_t = y_t - w_t - R_t k_t \tag{10.36}$$

siendo la función de producción intensiva en capital:

$$y_t = A_t f(k_t) \tag{10.37}$$

Ahora las empresas maximizarían respecto al stock de capital per cápita que sería el único factor productivo considerado al ser una combinación de los dos factores productivos, capital y trabajo:

$$\frac{\partial \pi}{\partial k} = A_t f_k(k_t) - R_t = 0 \tag{10.38}$$

De la expresión anterior obtenemos que la productividad marginal del capital per cápita es igual al tipo de interés:

$$A_t f_k(k_t) = R_t \tag{10.39}$$

Al definir el problema de maximización de beneficios en términos per cápita, no aparece el factor trabajo, por lo que no tenemos una condición de primer orden respecto a este factor productivo. El salario de equilibrio lo obtendríamos como la diferencia entre lo que se produce y la parte de producción que va destinada a retribuir al stock de capital per cápita:

$$w_t = A_t f(k_t) - A_t k_t f_k(k_t) \tag{10.40}$$

Función de producción Cobb-Douglas

En el caso en que la función de producción sea del tipo Cobb-Douglas tendríamos que el problema para las empresas en términos per cápita sería:

$$\max \pi_t = A_t k_t^\alpha - w_t - R_t k_t \tag{10.41}$$

Ahora las empresas maximizarían respecto al stock de capital per cápita que sería el único factor productivo considerado al ser una combinación de los dos factores productivos, capital y trabajo:

$$\frac{\partial \pi}{\partial k} = \alpha A_t k_t^{\alpha-1} - R_t = 0 \tag{10.42}$$

De la expresión anterior obtenemos que la productividad marginal del capital per cápita es igual al tipo de interés real:

$$\alpha A_t k_t^{\alpha-1} = R_t \tag{10.43}$$

o lo que es lo mismo la retribución al capital es una proporción α de la producción:

$$R_t k_t = \alpha y_t \tag{10.44}$$

Dado que la maximización de beneficios la realizamos en términos per cápita, no disponemos de una condición de primer orden respecto al empleo. En este caso el salario de equilibrio lo obtendríamos como la diferencia entre lo que se produce y la parte de producción que va destinada a retribuir al stock de capital per cápita, tal y como lo hemos definido anteriormente, por lo que vendría dado por:

$$w_t = A_t k_t^\alpha - k_t \alpha A_t k_t^{\alpha-1} = A_t k_t^\alpha - \alpha A_t k_t^\alpha = (1-\alpha)y_t \tag{10.45}$$

10.2.3 El equilibrio competitivo

El equilibrio competitivo viene dado por aquella situación en la cual los planes de los consumidores y de las empresas coinciden. Es decir, viene definido por aquella situación en la cual el stock de capital per cápita que quieren contratar las empresas es igual a la cantidad de activos financieros per cápita que deciden acumular los consumidores. Para obtener las expresiones correspondiente al equilibrio del modelo, hemos de sustituir el precio de los factores productivos (salario y tipo de interés) en las expresiones que reflejan las decisiones óptimas de los consumidores. Así, obtendríamos un sistema de dos ecuaciones en diferencia, que permiten determinar tanto el consumo per cápita como el stock de capital per cápita. Una vez determinadas estas dos variables podemos calcular el nivel de producción per cápita y el ahorro (inversión) per cápita.

Partimos de la ecuación dinámica para el consumo per cápita, que viene dada por la expresión:

$$c_{t+1} = \beta(R_{t+1} + 1 - \delta)c_t \tag{10.46}$$

Sustituyendo el valor de equilibrio para el tipo de interés resulta:

$$c_{t+1} = \beta(\alpha A_{t+1} k_{t+1}^{\alpha-1} + 1 - \delta)c_t \tag{10.47}$$

Por otra parte, la ecuación dinámica para el stock de capital per cápita la obtenemos a partir de la restricción presupuestaria del individuo. Sustituyendo los valores de equilibrio para el tipo de interés y el salario:

$$c_t + (1+n)k_{t+1} = A_t k_t^\alpha - \alpha A_t k_t^\alpha + (\alpha A_t k_t^{\alpha-1} + 1 - \delta)k_t \tag{10.48}$$

y reordenando términos llegaríamos a:

$$c_t + (1+n)k_{t+1} = A_t k_t^\alpha + (1-\alpha)k_t \tag{10.49}$$

por lo que obtendríamos un sistema dinámico compuesto por dos ecuaciones en diferencias no lineales, una para el consumo per cápita y otra para el stock de capital per cápita.

10.2.4   Estado estacionario

El estado estacionario lo definimos como aquella situación en la cual todas las variables de la economía son constantes en el tiempo. Dado que suponemos que la productividad total de los factores es una variable exógena, la consideramos como constante, por lo que vamos a eliminar el subíndice de tiempo. Partiendo de la condición dinámica para el consumo per cápita, en estado estacionario obtenemos:

$$1 = \beta(\alpha A \overline{k}^{\alpha-1} + 1 - \delta) \tag{10.50}$$

de la cual obtenemos que el stock de capital per cápita en estado estacionario es:

$$\overline{k} = \left(\frac{1 - \beta + \beta\delta}{\alpha A \beta}\right)^{\frac{1}{\alpha-1}} \tag{10.51}$$

A partir de la condición dinámica para el stock de capital per cápita en estado estacionario resulta:

$$\overline{c} + (1+n)\overline{k} = (1-\alpha)A\overline{k}^{\alpha} + \alpha A\overline{k}^{\alpha} + (1-\delta)\overline{k} \tag{10.52}$$

y operando resulta que:

$$\overline{c} = A\overline{k}^{\alpha} - (n+\delta)\overline{k} \tag{10.53}$$

Por lo que el consumo per cápita en estado estacionario vendría dado por:

$$\overline{c} = A\left(\frac{1-\beta+\beta\delta}{\alpha A\beta}\right)^{\frac{\alpha}{\alpha-1}} - (n+\delta)\left(\frac{1-\beta+\beta\delta}{\alpha A\beta}\right)^{\frac{1}{\alpha-1}} \tag{10.54}$$

10.3   Calibración del modelo

Antes de proceder a la resolución y simulación numérica del modelo, se hace necesario calibrar el valor de los parámetros del mismo. El valor de estos parámetros puede ser estimado o bien simplemente calibrados utilizando la información disponible acerca de los mismos. En este modelo simple tenemos cuatro parámetros: El parámetro tecnológico de la función de producción, α, el factor de descuento de la utilidad futura, β, la tasa de depreciación del capital, δ, y la tasa de crecimiento de la población, n. Los valores que hemos vamos a utilizar para estos parámetros aparecen en la Tabla 10.1. El parámetro tecnológico que determina la elasticidad del nivel de producción respecto al stock de capital lo fijamos en 0,35, que se corresponde aproximadamente a la proporción de las rentas del trabajo sobre la renta total, dado que a partir de la función de producción Cobb-Douglas que estamos utilizando resulta que

$$\alpha = \frac{R_t K_t}{Y_t} \tag{10.55}$$

esto es, la proporción de las rentas del capital sobre las rentas totales, que en contabilidad nacional, supone en torno al 35%. El factor de descuento hemos supuesto es igual a 0,97, lo que implica que el tipo de interés anual de estado estacionario del 9,09% (este tipo incluye el 6% de depreciación del capital, por lo que la rentabilidad real es del 3,09%), dado que en estado estacionario obtenemos que:

$$\overline{R} = \frac{1}{\beta} - 1 + \delta$$

La tasa de depreciación física del capital suponemos es del 6% anual, que es un valor estándar usado en los modelos macroeconómicos.

Tabla 10.1: Calibración de los parámetros

Símbolo	Definición	Valor
α	Elasticidad producción-capital	0,35
β	Factor de descuento	0,97
δ	Tasa de depreciación	0,06

De forma adicional, el modelo incluye como variables exógenas a la productividad agregada o Productividad Total de los Factores, A_t, y a la tasa de crecimiento de la población. El valor de estado estacionario que vamos a considerar que la PTF es la unidad. Finalmente, vamos a suponer que la tasa de crecimiento de la población es del 2% ($n = 2$). Téngase en cuenta que con estos valores calibrados se cumple la condición de que $\theta > n$. En efecto, $\theta = 1/\beta - 1 = 0,0309$, que es mayor que el valor calibrado para la tasa de crecimiento de la población de 0,02.

La tabla 10.2 muestra los valores de estado estacionario para las variables del modelo, usando las expresiones obtenidas anteriormente. En efecto, si utilizamos el valor calibrado de los parámetros los sustituimos en la expresión para el stock de capital per cápita, resulta:

$$\overline{k} = \left(\frac{1 - \beta + \beta\delta}{\alpha A \beta} \right)^{\frac{1}{\alpha - 1}} = \left(\frac{1 - 0,97 + 0,97 \times 0,06}{0,35 \times 1 \times 0,97} \right)^{\frac{1}{-0,65}} = 7,954$$

A continuación, podemos calcular el nivel de producción en estado estacionario dado que:

$$\overline{y} = A\overline{k}^{\alpha} = 1 \times 7,954^{0,35} = 2,066$$

Por su parte, el tipo de interés vendría dado por:

$$\overline{R} = \alpha A \overline{k}^{\alpha - 1} = 0,35 \times 1 \times 7,954^{-0,65} = 0,0909$$

El consumo en estado estacionario vendría dado por:

$$\overline{c} = A\overline{k}^{\alpha} - (n + \delta)\overline{k} = 2,066 - (0,02 + 0,06) \times 7,954 = 1,430$$

por lo que la inversión en estado estacionario sería:

$$\bar{i} = \bar{y} - \bar{c} = A\bar{k}^\alpha - A\bar{k}^\alpha - (n+\delta)\bar{k} = (n+\delta)\bar{k} = (0,02 + 0,06) \times 7,954 = 0,636$$

Tabla 10.2: Valor de las variables en estado estacionario

Variable	Definición	Valor
$\bar{y}$	Producción per cápita	2,066
$\bar{c}$	Consumo per cápita	1,430
$\bar{i}$	Inversión per cápita	0,636
$\bar{k}$	Stock de capital per cápita	7,954
$\bar{R}$	Tipo de interés	0,091

10.4   Linearización del modelo

A continuación, vamos a proceder a la log-linearización del modelo, una tarea que puede resultar tediosa, pero necesaria para poder proceder a su resolución numérica. Recordemos que las reglas básicas para la log-linearización que estamos aplicando son:

1. Cada una de las variables pueden definirse como:

$$x_t \approx \bar{x}_t \exp(\hat{x}_t) \approx \bar{x}_t(1 + \hat{x}_t) \tag{10.56}$$

2. Cuando dos variables estén multiplicando, entonces:

$$x_t z_t \approx \bar{x}_t(1 + \hat{x}_t)\bar{z}_t(1 + \hat{z}_t) \approx \bar{x}_t\bar{z}_t(1 + \hat{x}_t + \hat{z}_t) \tag{10.57}$$

esto, es, suponemos que el producto de dos desviaciones con respecto a sus estados estacionarios, $\hat{x}_t\hat{z}_t$, es un número muy pequeño y aproximadamente igual a cero.

3. La tercera regla hace referente a las potencias, tal que:

$$x_t^a \approx \bar{x}_t^a(1 + \hat{x}_t)^a \approx \bar{x}_t^a(1 + a\hat{x}_t) \tag{10.58}$$

Log-linearización de la ecuación del nivel de producción

En primer lugar, vamos a proceder a log-linearizar la función de producción en términos per cápita. Para simplificar nuestro análisis vamos a suponer que A_t es una variable exógena y por tanto una constante, por lo que vamos a obviar el subíndice de tiempo. La ecuación correspondiente al nivel de producción viene dada por:

$$y_t = Ak_t^\alpha \tag{10.59}$$

Aplicando las reglas de log-linearización resulta:

$$\overline{y}(1 + \widehat{y}_t) = A\overline{k}^{\alpha}(1 + \widehat{\alpha k}_t) \tag{10.60}$$

o equivalentemente:

$$\overline{y} + \overline{y}\widehat{y}_t = A\overline{k}^{\alpha} + \alpha A\overline{k}^{\alpha}\widehat{k}_t \tag{10.61}$$

En estado estacionario tendríamos que $\overline{y} = A\overline{k}^{\alpha}$, por lo que resulta:

$$\overline{y}\widehat{y}_t = \alpha A\overline{k}^{\alpha}\widehat{k}_t \tag{10.62}$$

y operando, utilizando de nuevo la definición de estado estacionario, llegamos finalmente a:

$$\widehat{y}_t = \alpha\widehat{k}_t \tag{10.63}$$

donde $\widehat{y}_t = \ln Y_t - \ln \overline{Y}$.

Log-linearización de la ecuación dinámica del stock de capital per cápita

A continuación, procedemos a log-linearizar la ecuación dinámica para el stock de capital per cápita:

$$c_t + k_{t+1}(1 + n) = (1 - \delta)k_t + y_t \tag{10.64}$$

Aplicando las reglas de log-linearización resulta:

$$\overline{c}(1 + \widehat{c}_t) + \overline{k}(1 + n)(1 + \widehat{k}_{t+1}) = (1 - \delta)\overline{k}(1 + \widehat{k}_t) + \overline{y}(1 + \widehat{y}_t) \tag{10.65}$$

Utilizando la definición de estado estacionario:

$$\overline{c} + \overline{k}(1 + n) = (1 - \delta)\overline{k} + \overline{y} \tag{10.66}$$

y operando resulta:

$$\overline{c}\widehat{c}_t + \overline{k}(1 + n)\widehat{k}_{t+1} = (1 - \delta)\overline{k}\widehat{k}_t + \overline{y}\widehat{y}_t \tag{10.67}$$

Reordenando términos:

$$\frac{\overline{c}}{\overline{k}}\widehat{c}_t + (1 + n)\widehat{k}_{t+1} = (1 - \delta)\widehat{k}_t + \frac{\overline{y}}{\overline{k}}\widehat{y}_t \tag{10.68}$$

Utilizando la definición de estado estacionario, resulta que:

$$\frac{\overline{c}}{\overline{k}} = \frac{A\left(\frac{1-\beta+\beta\delta}{\alpha A\beta}\right)^{\frac{\alpha}{\alpha-1}} - (n + \delta)\left(\frac{1-\beta+\beta\delta}{\alpha A\beta}\right)^{\frac{1}{\alpha-1}}}{\left(\frac{1-\beta+\beta\delta}{\alpha A\beta}\right)^{\frac{1}{\alpha-1}}} \tag{10.69}$$

y

$$\frac{\overline{y}}{\overline{k}} = \left(\frac{1-\beta+\beta\delta}{\alpha\beta}\right) \tag{10.70}$$

Sustituyendo los valores de estado estacionario obtenemos:

$$\left[\frac{1-\beta+\beta\delta}{\alpha\beta} - (n+\delta)\right]\widehat{c}_t + (1+n)\widehat{k}_{t+1} = (1-\delta)\widehat{k}_t + \left(\frac{1-\beta+\beta\delta}{\beta}\right)\widehat{k}_t \tag{10.71}$$

Operando:

$$\left[\frac{1-\beta+\beta\delta}{\alpha\beta} - (n+\delta)\right]\widehat{c}_t + (1+n)\widehat{k}_{t+1} = \frac{1}{\beta}\widehat{k}_t \tag{10.72}$$

Operando de nuevo:

$$(1+n)\widehat{k}_{t+1} = -\left[\frac{1-\beta+\beta\delta}{\alpha\beta} - (n+\delta)\right]\widehat{c}_t + \frac{1}{\beta}\widehat{k}_t \tag{10.73}$$

o equivalentemente

$$\widehat{k}_{t+1} = -\left[\frac{1-\beta+\beta\delta}{\alpha\beta(1+n)} - \frac{(\delta+n)}{(1+n)}\right]\widehat{c}_t + \frac{1}{\beta(1+n)}\widehat{k}_t \tag{10.74}$$

Sumando y restando $\widehat{k}_t$ a dicha expresión, obtenemos:

$$\widehat{k}_{t+1} - \widehat{k}_t + \widehat{k}_t = -\left[\frac{1-\beta+\beta\delta-\alpha\beta(\delta+n)}{\alpha\beta(1+n)}\right]\widehat{c}_t + \frac{1}{\beta(1+n)}\widehat{k}_t \tag{10.75}$$

y definiendo $\Delta\widehat{k}_t = \widehat{k}_{t+1} - \widehat{k}_t$, llegamos finalmente a la ecuación dinámica log-linearizada para el stock de capital per cápita:

$$\Delta\widehat{k}_t = -\left[\frac{1-\beta+\beta\delta-\alpha\beta(\delta+n)}{\alpha\beta(1+n)}\right]\widehat{c}_t + \left[\frac{1-\beta(1+n)}{\beta(1+n)}\right]\widehat{k}_t \tag{10.76}$$

Nótese que si suponemos que la población es constante ($n = 0$), esta ecuación sería la misma que la obtenida en el modelo básico de equilibrio general dinámico resuelto en el capítulo 8.

Log-linearización de la ecuación dinámica del consumo per cápita

Seguidamente, procedemos a log-linearizar la ecuación dinámica para el consumo per cápita, cuya expresión viene dada por:

$$c_{t+1} = \beta(\alpha A k_{t+1}^{\alpha-1} + 1 - \delta)c_t \tag{10.77}$$

Aplicando las anteriores reglas resulta que:

$$\overline{c}(1 + \widehat{c}_{t+1}) = \beta(1 - \delta)\overline{c}(1 + \widehat{c}_t) + \beta\alpha A\overline{k}^{\alpha-1}\overline{c}(1 + (\alpha - 1)\widehat{k}_{t+1} + \widehat{c}_t) \qquad (10.78)$$

Operando obtenemos:

$$\begin{aligned}
\overline{c} + \overline{c}\widehat{c}_{t+1} &= \beta(1 - \delta)\overline{c} + \beta(1 - \delta)\overline{c}\widehat{c}_t + \beta\alpha A\overline{k}^{\alpha-1}\overline{c} \\
&\quad + \beta\alpha A\overline{k}^{\alpha-1}\overline{c}(\alpha - 1)\widehat{k}_t + \beta\alpha A\overline{k}^{\alpha-1}\overline{c}\widehat{c}_t
\end{aligned} \qquad (10.79)$$

Utilizando la definición de dicha ecuación en estado estacionario,

$$\overline{c} = \beta(1 - \delta)\overline{c} + \beta\alpha A\overline{k}^{\alpha-1}\overline{c} \qquad (10.80)$$

y operando, resulta:

$$\overline{c}\widehat{c}_{t+1} = \beta(1 - \delta)\overline{c}\widehat{c}_t + \beta\alpha A\overline{k}^{\alpha-1}\overline{c}((\alpha - 1)\widehat{k}_{t+1} + \widehat{c}_t) \qquad (10.81)$$

o equivalentemente

$$\widehat{c}_{t+1} = \beta(1 - \delta)\widehat{c}_t + \beta\alpha A\overline{k}^{\alpha-1}((\alpha - 1)\widehat{k}_{t+1} + \widehat{c}_t) \qquad (10.82)$$

y sustituyendo el valor de estado estacionario para el stock de capital per cápita resulta:

$$\widehat{c}_{t+1} = \beta(1 - \delta)\widehat{c}_t + (1 - \beta + \beta\delta)\left((\alpha - 1)\widehat{k}_{t+1} + \widehat{c}_t\right) \qquad (10.83)$$

y operando

$$\widehat{c}_{t+1} = \widehat{c}_t + (1 - \beta + \beta\delta)(\alpha - 1)\widehat{k}_{t+1} \qquad (10.84)$$

A partir de la expresión (10.74), obtenemos que

$$\widehat{k}_{t+1} = -\left[\frac{1 - \beta + \beta\delta - \alpha\beta(\delta + n)}{\alpha\beta(1 + n)}\right]\widehat{c}_t + \frac{1}{\beta(1 + n)}\widehat{k}_t \qquad (10.85)$$

y sustituyendo resulta

$$\widehat{c}_{t+1} = \widehat{c}_t + (1 - \beta + \beta\delta)(\alpha-1)\left(\frac{1}{\beta(1+n)}\widehat{k}_t - \left[\frac{1 - \beta + \beta\delta - \alpha\beta(\delta + n)}{\alpha\beta(1 + n)}\right]\widehat{c}_t\right) \qquad (10.86)$$

Definiendo

$$\Omega = 1 - \beta + \beta\delta$$

y

$$\Gamma = 1 - \beta + \beta\delta - \alpha\beta(\delta + n)$$

resultando que:

$$\Delta\widehat{c}_t = \frac{(\alpha-1)\Omega}{\beta(1+n)}\widehat{k}_t - \frac{(\alpha-1)\Omega\Gamma}{\alpha\beta(1+n)}\widehat{c}_t \tag{10.87}$$

Esta expresión nos dice que las variaciones en el consumo per cápita (en términos de sus desviaciones respecto a su estado estacionario) dependen negativamente (α es menor que la unidad y β es menor que la unidad), de las desviaciones del stock de capital per cápita respecto a su valor de estado estacionario y positivamente de las desviaciones del consumo per cápita respecto a su estado estacionario. Es decir, si el stock de capital per cápita se encuentra por debajo de su valor de estado estacionario ($\widehat{k}_t$ es un número negativo), entonces la variación del consumo per cápita tiene que ser positiva. Nótese que si suponemos que la población es constante ($n = 0$), esta expresión es exactamente igual que la que obtuvimos en el capítulo 8 para la aproximación lineal a la ecuación dinámica del consumo en el modelo básico de equilibrio general.

Log-linearización de la ecuación de inversión

Finalmente, la ecuación log-lineal para la inversión viene dada por:

$$i_t = y_t - c_t$$

por lo que aplicando las reglas de log-linearización resulta:

$$\overline{i}_t(1+\widehat{i}_t) = \overline{y}_t(1+\widehat{y}_t) - \overline{c}_t(1+\widehat{c}_t) \tag{10.88}$$

o equivalentemente

$$\overline{i}_t + \overline{i}_t\widehat{i}_t = \overline{y}_t + \overline{y}_t\widehat{y}_t - \overline{c}_t - \overline{c}_t\widehat{c}_t \tag{10.89}$$

En estado estacionario resulta que:

$$\overline{i}_t = \overline{y}_t - \overline{c}_t \tag{10.90}$$

por lo que la expresión anterior podemos simplificarla a:

$$\overline{i}_t\widehat{i}_t = \overline{y}_t\widehat{y}_t - \overline{c}_t\widehat{c}_t \tag{10.91}$$

y despejando las desviaciones de la inversión respecto a su valor de estado estacionario resulta:

$$\widehat{i}_t = \frac{\overline{y}_t}{\overline{i}_t}\widehat{y}_t - \frac{\overline{c}_t}{\overline{i}_t}\widehat{c}_t \tag{10.92}$$

Utilizando las definiciones de estado estacionario resulta que:

$$\frac{\overline{y}_t}{\overline{i}_t} = \frac{1-\beta+\beta\delta}{\alpha\beta(n+\delta)} \tag{10.93}$$

y

$$\frac{\overline{c}_t}{\overline{i}_t} = \frac{1 - \beta + \beta\delta - \alpha\beta\delta}{\alpha\beta(n + \delta)} \tag{10.94}$$

Sustituyendo llegamos a que:

$$\widehat{i}_t = \frac{1 - \beta + \beta\delta}{\alpha\beta(n + \delta)}\widehat{y}_t - \frac{1 - \beta + \beta\delta - \alpha\beta(n + \delta)}{\alpha\beta(n + \delta)}\widehat{c}_t \tag{10.95}$$

Sistema log-linearizado discreto

Por tanto, el modelo de Ramsey puede definirse a través del siguiente sistema dinámico discreto:

$$\begin{bmatrix} \Delta\widehat{c}_t \\ \Delta\widehat{k}_t \end{bmatrix} = \begin{bmatrix} -\frac{(\alpha-1)\Omega\Gamma}{\alpha\beta(1+n)} & \frac{(\alpha-1)\Omega}{\beta(1+n)} \\ -\frac{\Gamma}{\alpha\beta(1+n)} & \frac{1-\beta(1+n)}{\beta(1+n)} \end{bmatrix} \begin{bmatrix} \widehat{c}_t \\ \widehat{k}_t \end{bmatrix} \tag{10.96}$$

En el modelo de Ramsey que estamos resolviendo tenemos cuatro variables macroeconómicas fundamentales: consumo, inversión, stock de capital y producción. Del sistema dinámico anterior sacamos todas las trayectorias asociadas al consumo y al stock de capital. Una vez obtenidos estos valores, de la función de producción, obtenemos la producción y de la restricción de factibilidad de la economía obtenemos la inversión.

Sustituyendo los valores calibrados para los parámetros, obtenemos que:

$$\Omega = 1 - 0,97 + 0,97 \times 0,06 = 0,0882$$
$$\Gamma = 1 - 0,97 + 0,97 \times 0,06 - 0,35 \times 0,97 \times 0,08 = 0,061$$

por lo que el modelo de Ramsey vendría dado por el siguiente sistema de dos ecuaciones en diferencias:

$$\begin{bmatrix} \Delta\widehat{c}_t \\ \Delta\widehat{k}_t \end{bmatrix} = \begin{bmatrix} 0,01 & -0,0579 \\ -0,176 & 0,0107 \end{bmatrix} \begin{bmatrix} \widehat{c}_t \\ \widehat{k}_t \end{bmatrix}$$

A partir de este sistema podemos simular los valores futuros tanto del consumo como del stock de capital. Así, conociendo los valores de estas variables hoy (sus desviaciones respecto a su estado estacionario), podemos calcular la variación que van a experimentar estas variables en dicho periodo, lo que a su vez nos da su valor en el siguiente periodo, dado que $\Delta\widehat{c}_t = \widehat{c}_{t+1} - \widehat{c}_t$, por lo que resulta que $\widehat{c}_{t+1} = \Delta\widehat{c}_t + \widehat{c}_t$. Para el stock de capital sería equivalente. Así, este modelo nos dice, por ejemplo, que si la deviación del consumo con respecto a su valor de estado estacionario hoy es de un 5% ($\widehat{c}_t = 0,05$), y la desviación del stock de capital es de un 10% ($\widehat{k}_t = 0,10$), entonces resulta que $\widehat{c}_{t+1} = \Delta\widehat{c}_t + \widehat{c}_t = 0,01 \times 0,05 - 0,057 \times 0,10 + 0,05 = 0,045$, mientras que $\widehat{k}_{t+1} = \Delta\widehat{k}_t + \widehat{k}_t = -0,176 \times 0,05 + 0,0107 \times 0,10 + 0,10 = 0,092$.

10.4.1 Análisis de estabilidad

A continuación, podemos realizar el análisis de estabilidad para calcular el valor de los valores propios asociados a este modelo. Este modelo va a tener una solución de punto de silla, lo que implica que una de las raíces va a ser positiva y la otra va a ser negativa. Para calcular el valor de los valores propios asociados a este modelo resolvemos

$$Det \begin{bmatrix} -\frac{(\alpha-1)\Omega\Gamma}{\alpha\beta(1+n)} - \lambda & \frac{(\alpha-1)\Omega}{\beta(1+n)} \\ -\frac{\Gamma}{\alpha\beta(1+n)} & \frac{1-\beta(1+n)}{\beta(1+n)} - \lambda \end{bmatrix} = 0 \tag{10.97}$$

dando lugar a la siguiente ecuación de segundo grado:

$$\lambda^2 + \left[\frac{(\alpha-1)\Omega\Gamma}{\alpha\beta(1+n)} - \frac{1-\beta(1+n)}{\beta(1+n)}\right]\lambda + \tag{10.98}$$

$$\frac{(\alpha-1)\Omega\Gamma}{\alpha\beta(1+n)\beta(1+n)} - \left(\frac{1-\beta(1+n)}{\beta(1+n)}\right)\frac{(\alpha-1)\Omega\Gamma}{\alpha\beta(1+n)} = 0 \tag{10.99}$$

o equivalentemente

$$\lambda^2 + \frac{(\alpha-1)\Omega\Gamma - \alpha + \alpha\beta(1+n)}{\alpha\beta(1+n)}\lambda + \frac{(\alpha-1)\Omega\Gamma}{\alpha\beta(1+n)} = 0 \tag{10.100}$$

Calculando sus raíces resulta:

$$\lambda_{1,2} = \frac{-\left[\frac{(\alpha-1)\Omega\Gamma-\alpha+\alpha\beta(1+n)}{\alpha\beta(1+n)}\right] \pm \sqrt{\left(\frac{(\alpha-1)\Omega\Gamma-\alpha+\alpha\beta(1+n)}{\alpha\beta(1+n)}\right)^2 - 4\frac{(\alpha-1)\Omega\Gamma}{\alpha\beta(1+n)}}}{2} \tag{10.101}$$

Utilizando los valores calibrados de los parámetros resulta:

$$\lambda_1 = \frac{0,021 - \sqrt{0,021^2 + 0,04}}{2} = -0,091$$

$$\lambda_2 = \frac{0,021 + \sqrt{0,021^2 + 0,04}}{2} = 0,111$$

por lo que el módulo de los valores propios más la unidad sería 0,91 y 1,11, respectivamente, por lo que el modelo tiene como solución un punto de silla.

10.4.2 La senda estable

Tal y como hemos calculado en el apartado anterior, las trayectorias de las variables vienen determinadas por la existencia de un punto de silla. Eso quiere decir que existe una única senda estable que converge al estado estacionario. Así, cuando se produce una perturbación, la economía de ajusta de forma instantánea hasta alcanzar dicha senda estable. La variable "saltarina" va a ser el consumo, cuyo valor se va a ajustar a un valor compatible con la nueva senda estable, a lo largo de la cual se va a ir desplazando la economía hasta alcanzar el nuevo estado estacionario. Esta senda estable va a estar asociada a la raíz estable, que es aquella cuyo módulo más uno sea inferior a la unidad. En el caso del modelo que estamos resolviendo esto implica que tendríamos el siguiente sistema representativo de la senda estable:

$$\begin{bmatrix} \Delta \widehat{c}_t \\ \Delta \widehat{k}_t \end{bmatrix} = \lambda_1 \begin{bmatrix} \widehat{c}_t \\ \widehat{k}_t \end{bmatrix} = -0,091 \begin{bmatrix} \widehat{c}_t \\ \widehat{k}_t \end{bmatrix}$$

Así, usando los mismo valores que en el ejemplo anterior, si suponemos que la desviación del consumo respecto a su valor de estado estacionario es del 5% y el del stock de capital del 10%, entonces tendríamos que las desviaciones en el siguiente periodo serían de 0,05-0,091×0, 05=0,044 y 0,10-0,091×0, 10=0,092, respectivamente. Tal y como podemos comprobar estos valores son los mismos que los calculados anteriormente, por lo que esta trayectoria verifica el sistema.

10.4.3 Reajuste instantáneo en el consumo

Tal y como hemos visto en ejercicios anteriores, cuando las trayectorias de las variables del sistema están determinadas por una solución de punto de silla, entonces se hace necesario recurrir a otra ecuación adicional para poder resolver el modelo. Esta ecuación adicional es a la que denominamos senda estable. La senda estable nos indicaría la trayectoria que nos lleva directamente al estado estacionario, siendo una trayectoria a la que se ajusta instantáneamente la variable flexible que está adelantada y su valor se determina en términos esperados. En el caso del modelo de Ramsey, tenemos dos variables: el consumo per cápita y el stock de capital per cápita. Mientras que el consumo es una variable flexible, que se puede ajustar de forma instantánea ante un nuevo entorno económico, el stock de capital es una variable rígida, ya que implica el cambio en una variable física que no puede realizarse de forma instantánea, sino que necesita un tiempo para su ajuste. Para calcular el reajuste que tiene que producirse en el consumo per cápita partimos de la ecuación dinámica del mismo

$$\Delta \widehat{c}_t = \frac{(\alpha - 1)\Omega}{\beta(1 + n)}\widehat{k}_t - \frac{(\alpha - 1)\Omega\Gamma}{\alpha\beta(1 + n)}\widehat{c}_t \qquad (10.102)$$

Por otra parte, la senda estable vendría definida por la siguiente trayectoria,

$$\Delta \widehat{c}_t = \lambda_1 \widehat{c}_t \qquad (10.103)$$

Igualando ambas expresiones resulta:

$$\frac{(\alpha - 1)\Omega}{\beta(1 + n)}\widehat{k}_t - \frac{(\alpha - 1)\Omega\Gamma}{\alpha\beta(1 + n)}\widehat{c}_t = \lambda_1 \widehat{c}_t \qquad (10.104)$$

Despejando obtenemos que el nuevo valor de las desviaciones del consumo en el momento en el que se produce la perturbación viene dado por:

$$\widehat{c}_t = \frac{\alpha(\alpha-1)\Omega}{(\alpha-1)\Omega\Gamma + \alpha\beta(1+n)\lambda_1}\widehat{k}_t \qquad (10.105)$$

valor que coincide con el reajuste que tiene que producirse en esta variable, dado que la desviación respecto al estado estacionario es cero antes de que se produzca la perturbación.

10.5   Resolución numérica

La Figura 10.1 muestra la hoja de Excel correspondiente al modelo planteado, denominada "IMC-10.xls". Resolviendo numéricamente el sistema dinámico lineal anterior podemos obtener cuáles son las trayectorias óptimas del consumo, inversión, stock de capital y de la producción, ante cualquier perturbación, por lo que podemos predecir el comportamiento futuro de la economía simplemente simulando numéricamente el sistema dinámico discreto en términos del cual se define este modelo. En el Apéndice P se muestra el código equivalente en DYNARE.

La estructura de esta hoja de cálculo es la siguiente. En las celdas "B4" a "B8" aparecen los valores calibrados de los parámetros que definen el estado estacionario inicial: la tasa de descuento intertemporal, "Beta_0", el parámetro tecnológico del stock de capital, "Alpha_0" y la tasa de depreciación física del capital, "Delta_0". También calculamos el valor de las combinaciones de parámetros que nos van a ser útiles para simplificar las expresiones en las celdas "B7" y B8", que hemos denominado "OMEGA_0" y "GAMMA_0". En la columna "C", aparecen estos mismos parámetros, con el objeto de poder realizar simulaciones directas de cambios en su valor (análisis de sensibilidad). Inicialmente estos valores son los mismos en el estado inicial que en el final. A continuación, se determina el valor de las variables exógenas, en las celdas "B11", para la productividad total de los factores y la celda "B12" para la tasa de crecimiento de la población. El nombre asignado a estas celdas es "PTF_0" y "n_0", respectivamente. Al igual que en el caso de los parámetros en la columna "B", se introducen los valores del estado estacionario inicial y en la columna "C" los nuevos valores en el caso en que se quiera realizar un análisis de perturbaciones. A continuación, en las celdas "B15" a "B18", tenemos los valores de estado estacionario inicial para el stock de capital, producción, consumo e inversión. Si situamos el cursos en la celda "B15", la expresión que encontramos es:

```
=(OMEGA_0/(Alpha_0*PTF_0*Beta_0))^(1/(Alpha_0-1))
```

	A	B	C		E	F	G	H	I	J	K	L	M	N	O	P	Q	R	S
1	EJERCICIO 10: El modelo de Ramsey																		
2					Tiempo	C	I	Y	K	c	i	y	k	$\hat{c}$	$\hat{i}$	$\hat{y}$	$\hat{k}$	$\Delta\hat{c}$	$\Delta\hat{k}$
3	*Parámetros*	Inicial	Final		0	1,430	0,636	2,066	7,954	0,358	-0,452	0,726	2,074	0,000	0,000	0,000	0,000	0,000	0,000
4	Beta	0,97	0,98		1	1,419	0,647	2,066	7,954	0,350	-0,435	0,726	2,074	-0,009	0,003	-0,006	-0,016	0,001	0,001
5	Alpha	0,35	0,35		2	1,420	0,647	2,067	7,966	0,351	-0,435	0,726	2,075	-0,008	0,003	-0,005	-0,014	0,001	0,001
6	Delta	0,06	0,06		3	1,421	0,647	2,068	7,976	0,352	-0,435	0,727	2,076	-0,007	0,003	-0,005	-0,013	0,001	0,001
7	OMEGA	0,088	0,088		4	1,422	0,647	2,069	7,986	0,352	-0,435	0,727	2,078	-0,006	0,002	-0,004	-0,012	0,001	0,001
8	GAMMA	0,061	0,061		5	1,423	0,647	2,070	7,995	0,353	-0,435	0,728	2,079	-0,006	0,002	-0,004	-0,011	0,001	0,001
9					6	1,424	0,647	2,071	8,003	0,353	-0,436	0,728	2,080	-0,005	0,002	-0,003	-0,010	0,000	0,001
10	*Variables exógenas*	Inicial	Final		7	1,425	0,647	2,071	8,010	0,354	-0,436	0,728	2,081	-0,005	0,002	-0,003	-0,009	0,000	0,001
11	A	1	1		8	1,425	0,647	2,072	8,017	0,354	-0,436	0,729	2,082	-0,004	0,002	-0,003	-0,008	0,000	0,001
12	n	0,02	0,02		9	1,426	0,647	2,073	8,023	0,355	-0,436	0,729	2,082	-0,004	0,001	-0,002	-0,007	0,000	0,001
13					10	1,426	0,647	2,073	8,028	0,355	-0,436	0,729	2,083	-0,004	0,001	-0,002	-0,006	0,000	0,001
14	*Estado Estacionario*	Inicial	Final		11	1,427	0,647	2,074	8,033	0,355	-0,436	0,729	2,084	-0,003	0,001	-0,002	-0,006	0,000	0,001
15	Stock de capital	7,954	8,080		12	1,427	0,647	2,074	8,038	0,356	-0,436	0,729	2,084	-0,003	0,001	-0,002	-0,005	0,000	0,000
16	Producción	2,066	2,078		13	1,428	0,647	2,074	8,042	0,356	-0,436	0,730	2,085	-0,003	0,001	-0,002	-0,005	0,000	0,000
17	Consumo	1,430	1,431		14	1,428	0,647	2,075	8,045	0,356	-0,436	0,730	2,085	-0,002	0,001	-0,002	-0,004	0,000	0,000
18	Inversión	0,636	0,646		15	1,428	0,647	2,075	8,049	0,356	-0,436	0,730	2,086	-0,002	0,001	-0,001	-0,004	0,000	0,000
19					16	1,429	0,647	2,075	8,052	0,357	-0,436	0,730	2,086	-0,002	0,001	-0,001	-0,004	0,000	0,000
20	*Valores propios*	Inicial	Final		17	1,429	0,647	2,075	8,054	0,357	-0,436	0,730	2,086	-0,002	0,001	-0,001	-0,003	0,000	0,000
21	λ_1	-0,091	-0,095		18	1,429	0,647	2,076	8,057	0,357	-0,436	0,730	2,087	-0,002	0,001	-0,001	-0,003	0,000	0,000
22	λ_2	0,111	0,105		19	1,429	0,647	2,076	8,059	0,357	-0,436	0,730	2,087	-0,001	0,001	-0,001	-0,003	0,000	0,000
23					20	1,430	0,647	2,076	8,061	0,357	-0,436	0,730	2,087	-0,001	0,000	-0,001	-0,002	0,000	0,000
24	*Condición Estabilidad*				21	1,430	0,647	2,076	8,063	0,357	-0,436	0,731	2,087	-0,001	0,000	-0,001	-0,002	0,000	0,000
25	Módulo (1+λ1)	0,91			22	1,430	0,647	2,076	8,065	0,358	-0,436	0,731	2,087	-0,001	0,000	-0,001	-0,002	0,000	0,000
26	Módulo (1+λ2)	1,16			23	1,430	0,647	2,076	8,066	0,358	-0,436	0,731	2,088	-0,001	0,000	-0,001	-0,002	0,000	0,000

Figura 10.1: Estructura de la hoja de cálculo IMC-10.xls: Modelo de Ramsey.

expresión que se corresponde con el valor de estado estacionario para el stock de capital, dada por (10.51). La celda "B16" contiene el valor de estado estacionario del nivel de producción, a través de la expresión:

```
=PTF_0*kss_0^Alpha_0
```

que simplemente es la función de producción agregada de la economía. Si situamos el cursor en la celda "B17" obtenemos el valor de estado estacionario para el consumo, que lo calculamos usando la siguiente expresión:

```
=yss_0-(n_0+Delta_0)*kss_0
```

Finalmente, la celda "B18" contiene el valor de estado estacionario de la inversión, que simplemente lo calculamos como la diferencia entre la producción y el consumo. En las celdas "C15" a "C18" obtenemos los valores de estado estacionario para estas variables en la situación final, cuyas expresiones con equivalentes a las anteriores pero referenciadas a los valores de los parámetros en el momento final.

Los valores propios asociados a este sistema están calculados en las celdas "B21" y "B22". Si situamos el cursor en la celda "B21", la expresión que aparece es:

```
=(-(((Alpha_0-1)*OMEGA_0*GAMMA_0-Alpha_0+Alpha_0*Beta_0*(1+n_0))
                /(Alpha_0*Beta_0*(1+n_0)))
        -RAIZ((((Alpha_0-1)*OMEGA_0*GAMMA_0-Alpha_0
      +Alpha_0*Beta_0*(1+n_0))/(Alpha_0*Beta_0*(1+n_0)))^2
    -4*(Alpha_0-1)*OMEGA_0*GAMMA_0/(Alpha_0*Beta_0*(1+n_0)))))/2
```

que se corresponde con la raíz negativa de la expresión (10.101). Una expresión equivalente, pero para la raíz positiva, la encontramos en la celda "B22". Estos valores propios se corresponden con los parámetros que definen el estado estacionario inicial. Las celdas "C21" y "C22" calculan los valores propios correspondientes a los parámetros que determinan el estado estacionario final. Finalmente, las celdas "B25" y "B26" muestran el módulo de cada valor propio más la unidad, con objeto de determinar la estabilidad del sistema.

Las variables del modelo aparecen calculadas en las columnas "E" a "S". En la columna "E" se muestra el índice de tiempo. En las columnas "F" a "I", se calcula el valor de las variables en niveles. Los valores de estas variables en el periodo 0 se corresponden con el estado estacionario inicial. En la columna "F" tenemos calculado el consumo para cada periodo. Si situamos el cursor en la celda "F3", la expresión que aparece es "=css_0", que es el consumo en el estado estacionario inicial. La expresión que aparece en la celda "F4"·es

```
=EXP(N4+LN(css_1))
```

Las columnas "J" a "M" simplemente calculan el logaritmo de las variables, mientras que las columnas "N" a "Q" calculan la desviación de cada variable con respecto a su valor de estado estacionario. Las celdas clave para resolver numéricamente el modelo son las "N4" y la "Q4". Si situamos el cursor en la celda "N4", la expresión que aparece es

```
=(Alpha_1*(Alpha_1-1)*OMEGA_1/((Alpha_1-1)*OMEGA_1*GAMMA_1
          +Alpha_1*Beta_1*(1+n_1)*Lambda1_1))*Q4
```

que se corresponde con la expresión (10.105) y que calcula el salto que tiene que producirse el consumo per cápita para alcanzar la senda estable. El resto de celdas de esta columna simplemente se calculan como el valor del consumo en el periodo anterior más el cambio en dicho periodo. Así, por ejemplo, la expresión de la celda "N5" es "=N4+R4". Por su parte la celda "Q4", introduce la desviación que se produce en el stock de capital per cápita respecto a su nuevo valor de estado estacionario, por lo que la expresión correspondiente a esta celda es

```
=LN(kss_0)-LN(kss_1)
```

Por último, en las columnas "R" y "S", se calculan las variaciones en las variables. La expresión introducida en la celda "R3" es

```
=-((Alpha_0-1)*OMEGA_0*GAMMA_0/(Alpha_0*Beta_0*(1+n_0)))*N3
   +((Alpha_0-1)*OMEGA_0/(Beta_0*(1+n_0)))*Q3
```

expresión que se corresponde con la ecuación dinámica del consumo per cápita (10.87). Esta misma expresión aparece en las siguientes celdas, pero referida a los valores de los parámetros y variables exógenas en el nuevo estado estacionario. La expresión introducida en la celda "S3" es

```
=-GAMMA_0/(Alpha_0*Beta_0*(1+n_0))*N3
  +((1-Beta_0*(1+n_0))/(Beta_0*(1+n_0)))*Q3
```

expresión que se corresponde con la ecuación dinámica del stock de capital per cápita dada por (10.76).

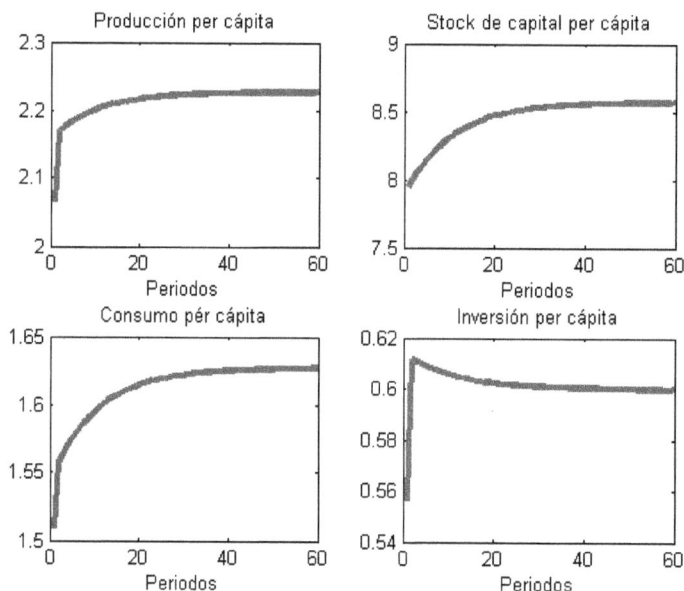

Figura 10.2: Efectos de un aumento en la Productividad Total de los Factores.

10.6   Análisis de perturbaciones: Cambio en la tasa de crecimiento de la población

Una vez obtenida la solución numérica del modelo, a partir del sistema dinámico discreto obtenido anteriormente podemos realizar diferentes ejercicios de simulación de la economía. Así, podemos cambiar el valor de las variables exógenas y observar cómo responden las distintas variables del modelo ante dicho cambio. En el capítulo 8 estudiamos el efecto de un shock tecnológico que suponía un aumento en la PTF. En este epígrafe vamos a repetir dicho análisis en el contexto del modelo de Ramsey. Para ello, únicamente tenemos que proceder a cambiar el valor de la celda "C11" en la hoja de cálculo "IMC-10.xls". En concreto, vamos a suponer que se produce una disminución en la tasa de crecimiento de la población, y su valor pasa de 1 a 1,05. Simplemente cambiando este valor, obtenemos automáticamente en la hoja de cálculo el nuevo estado estacionario así como la dinámica de transición al mismo para las diferentes variables del modelo.

La Figura 10.2 muestra la senda de ajuste para las variables del modelo ante esta perturbación. Dado que este aumento en la PTF tiene un carácter permanente, el estado estacionario para las diferentes variables del modelo es mayor al inicial. El aumento en la PTF provoca un aumento instantáneo en el nivel de producción per cápita, dada la mayor productividad agregada de la economía. Como consecuencia de este aumento en la producción, tanto el consumo como la inversión también aumentan de forma instantánea. Esto significa que una parte de la nueva renta generada se dedica al consumo y otra parte a la inversión. Este aumento en la inversión provoca que se acumule mayor capital, lo que a su vez genera un efecto positivo adicional sobre la producción. Así, el aumento en la productividad agregada inicial lleva a un proceso de acumulación de capital hasta alcanzar el nuevo estado estacionario, lo que a su vez genera mayores niveles de producción. En este proceso de ajuste la inversión disminuye ligeramente hasta alcanzar su nuevo estado estacionario, mientras que el consumo muestra una senda creciente durante la transición al nuevo estado estacionario.

10.7   Análisis de sensibilidad: Cambio en la tasa de descuento intertemporal

Finalmente, vamos a utilizar el modelo de Ramsey para estudiar los efectos de un cambio en uno de los parámetros. En particular, vamos a analizar los efectos de un cambio en la tasa de descuento intertemporal. Para ello simplemente tenemos que cambiar el valor de la celda "C4". Así, por ejemplo, en lugar de suponer que el factor de descuento es de 0,97, vamos a suponer que aumenta a 0,98. El factor de descuento

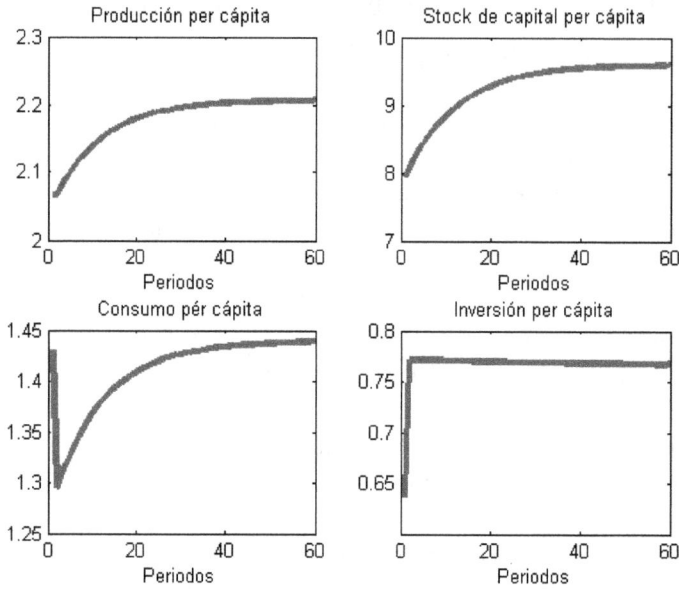

Figura 10.3: Efectos de un aumento en la tasa de descuento intertemporal.

es un parámetro de preferencias, que refleja el sacrificio que está dispuesto a realizar el agente en términos de consumo presente respecto al consumo futuro. Así, este parámetro, que refleja básicamente el grado de paciencia de los agentes, condiciona de forma importante la tasa de ahorro de una economía. De hecho, la perturbación que estamos planteando, consistente en un aumento de esta tasa de descuento, puede interpretarse como un aumento de los deseos de ahorrar, ya que el aumento en este factor hace que esté dispuesto a sacrificar una mayor proporción de consumo hoy para obtener un mayor nivel de consumo futuro (los agentes se hacen más pacientes).

La Figura 10.3 muestra la transición de ajuste hacia el nuevo estado estacionario. Tal y como podemos observar, el aumento en el factor de descuento produce una disminución instantánea en el consumo per cápita. Esto es debido a que hay una sustitución entre consumo y ahorro hoy al cambiar las preferencias intertemporales. Como consecuencia de esta disminución en el consumo se produce un aumento en la inversión, lo que da lugar a un proceso de acumulación de capital. El stock de capital per cápita va a ir aumentando hasta alcanzar el nuevo estado estacionario. A medida que aumenta el stock de capital también lo hace el nivel de producción, por lo que el consumo comienza a recuperarse. El efecto en el largo plazo es un aumento tanto en el stock de capital como en el consumo. Estos efectos muestran que un aumento en la tasa de ahorro lleva a un estado estacionario donde el valor de las variables es mayor. Este efecto siempre se va a producir debido a que en el modelo de Ramsey la economía siempre está situada por debajo de la regla de oro y, por tanto, aumentos en la tasa de ahorro tienen efectos positivos sobre el estado estacionario.

Ejercicios

1. Suponga que se produce una disminución en la tasa de crecimiento de la población hasta el 0,01. Utilizando la hoja de cálculo "**IMC-10.xls**" estudie cuáles son los efectos de esta perturbación (únicamente tendría que cambiar el valor de la celda "C12"). Por qué el ajuste en el caso de esta perturbación es instantáneo. Qué consecuencias tiene sobre el nivel de consumo per cápita y el stock de capital per cápita.

2. Suponga que se produce un aumento en el valor del parámetro α, lo cual significaría que aumenta la proporción de las rentas del capital sobre la renta total (disminuyendo por tanto la proporción de las rentas del trabajo). Suponga que el nuevo valor de 0,4. Qué efectos tiene este nuevo valor de este parámetro sobre el estado estacionario de la economía y la dinámica hacia el mismo.

3. A partir de la calibración del modelo de Ramsey realizada en la hoja de cálculo "**IMC-10.xls**", determine cuál es la tasa de ahorro de estado estacionario. Compare esta tasa de ahorro con el parámetro tecnológico que determina la elasticidad del nivel de producción respecto al stock de capital. Qué conclusiones se extraen respecto a la regla de oro.

4. Suponga que se produce un desastre natural que destruye el 20% del stock de capital de la economía, sin afectar a la población. Qué efectos tiene dicha perturbación tanto sobre el estado estacionario como sobre la dinámica de ajuste hacia el mismo.

5. Repita el ejercicio anterior, pero ahora suponiendo que el desastre disminuye en un 20% la población sin afectar al stock de capital. Cómo son ahora los efectos de esta perturbación sobre la economía en relación a los obtenidos anteriormente.

Apéndices

Apéndice A

Algunos conceptos matemáticos

En la resolución numérica de los modelos que vamos a estudiar a lo largo de este manual, utilizamos una serie de técnicas y herramientas matemáticas que resultan necesarias tanto para trabajar con sistemas de ecuaciones en diferencias, como para la resolución de problemas de optimización dinámica. Por este motivo, en este apéndice incluimos un repaso sobre el conjunto de los números complejos, así como algunos conceptos en el ámbito del álgebra lineal y de la resolución de ecuaciones en diferencias que han sido utilizados a lo largo del presente manual. También se incluye una serie de conceptos fundamentales en relación a la resolución de problemas de optimización con restricciones.

A.1 El conjunto de los números complejos

El conjunto de los números complejos, denotado por $\mathbb{C}$, viene dado por

$$\mathbb{C} = \{z = \alpha + \beta i : \alpha, \beta \in \mathbb{R}\}$$

donde i es la unidad imaginaria, tal que,

$$i^2 = -1 \text{ (o bien } i = \sqrt{-1})$$

Dado un número complejo, z, donde $z = \alpha + \beta i$, al número real α se le denomina parte real de z y al número real β la parte imaginaria de z. Los números complejos son una extensión del conjunto de los números reales, $\mathbb{R}$, ya que cualquier número real se puede considerar que es un número complejo con parte imaginaria nula, es decir, con $\beta = 0$. Por tanto, $\mathbb{R} \subset \mathbb{C}$. A partir del conjunto de números complejos, cualquier ecuación algebraica tiene solucion. En concreto, las soluciones de la ecuación cuadrática, $ax^2 + bx + c$, en el caso de que $b^2 - 4ac < 0$, no serían reales, y vendrías dadas por:

$$x = \frac{-b \pm i\sqrt{-(b^2 - 4ac)}}{2a} = \frac{-b}{2a} \pm \frac{\sqrt{-(b^2 - 4ac)}}{2a}i$$

que se denominan complejos conjugados, puesto que tienen la misma parte real y opuestas partes imaginarias. Dado el número complejo $z = \alpha + \beta i$, podemos expresarlo también como:

$$z = \rho\left(\cos\theta + i \, sen \, \theta\right) \tag{A.1}$$

lo que se conoce como representación polar del número complejo, donde $\rho = \sqrt{\alpha^2 + \beta^2}$ y se denomina módulo de z y $\theta = arctg(\alpha/\beta)$ y se denomina argumento de z. A partir de esta representación polar, la potencia k de z, viene dada por

$$z^k = \rho^k\left(\cos\theta k + i \, sen \, \theta k\right) \tag{A.2}$$

para todo $k = 1, 2, 3....$

A.2 Matrices

Definición 1 *Diremos que un número λ es un valor propio de una matriz cuadrada A $(n \times n)$, si existe un vector no nulo v tal que*

$$Av = \lambda v \tag{A.3}$$

Al vector v se le conoce como vector propio de A asociado al valor propio λ.

La ecuación (A.3) es equivalente a que el sistema homogéneo $(A - \lambda I)v = 0$ posea una solución no nula. Para ello, una condición necesaria y suficiente es que el determinante de la matriz de coeficientes sea nulo, es decir, $|A - \lambda I| = 0$. Por tanto, para determinar los valores propios de una matriz hay que resolver la ecuación $|A - \lambda I| = 0$ que se denomina ecuación característica de la matriz A. Posteriormente, para cada valor propio diferente λ_r, resolviendo el sistema homogéneo $(A - \lambda_r I)v = 0$, se obtiene el conjunto de vectores propios asociados a λ_r.

Propiedades:

1. La suma de los valores propios de A es igual a su traza (suma de los elementos de su diagonal principal).

2. El producto de los valores propios de A es igual a su determinante.

3. Los valores propios de una matriz diagonal son iguales a los elementos de la diagonal principal.

4. Si λ es un valor propio de A, entonces λ^k es un valor propio de A^k, para todo $n \in \mathbb{N}$, con los mismos vectores propios asociados.

5. $\lambda = 0$ es valor propio de $A \iff |A| = 0 \iff A$ no es invertible (A es una matriz singular).

6. Los vectores propios asociados a valores propios diferentes son linealmente independientes.

Definición 2 *Una matriz A $(n \times n)$ es diagonalizable si existe una matriz P $(n \times n)$ invertible y una matriz diagonal D $(n \times n)$ tal que $D = P^{-1}AP$.*

Teorema 3 *Una matriz A $(n \times n)$ es diagonalizable si y sólo si A tiene n vectores propios linealmente independientes (base de $\mathbb{R}^n$). En tal caso,*

$$P^{-1}AP = D = \begin{pmatrix} \lambda_1 & 0 & ... & 0 \\ 0 & \lambda_2 & ... & 0 \\ ... & ... & ... & ... \\ 0 & 0 & ... & \lambda_n \end{pmatrix}$$

donde P es la matriz cuyas columnas son los vectores propios $v_1, v_2, ..., v_n$ y $\lambda_1, \lambda_2, ..., \lambda_n$ son los valores propios de A y forman la diagonal principal de la matriz D. También podemos definir la matriz A como $A = PDP^{-1}$.

Hay que tener en cuenta que si la matriz A $(n \times n)$ tiene n valores propios distintos, entonces existirá un conjunto de n vectores propios linealmente independientes, y, en consecuencia, la matriz será diagonalizable. Además, si la matriz A $(n \times n)$ es diagonalizable, entonces se pueden calcular sus potencias de manera fácil, ya que,

$$A^k = PD^kP^{-1} \tag{A.4}$$

donde D^k es una matriz diagonal, cuyos elementos de la diagonal principal son las potencias k-ésimas ($k = 1, 2, 3...$) de los elementos de la matriz diagonal D (los valores propios de A).

Proposición 4 *Si λ es un valor propio de una matriz $A(n \times n)$, entonces $\lambda + 1$ es un valor propio de la matriz $A + I$ con el mismo conjunto de vectores propios asociados, donde I $(n \times n)$ es la matriz identidad.*

Demostración 5 *Si λ es un valor propio de la matriz $A(n \times n)$, entonces existe un vector no nulo tal que*

$$\lambda v = Av$$

Por otra parte,

$$(\lambda + 1)v = \lambda v + v = Av + v = (A + I)v$$

con lo cual $\lambda + 1$ es un valor propio de $A + I$ con el mismo conjunto de vectores propios asociados.

En base a esta proposición, si una matriz $A(n\times n)$ es diagonalizable, también lo será la matriz $A + I$, y tendremos

$$(A + I)^k = P(D + I)^k P^{-1} \tag{A.5}$$

donde $(D + I)^k$ es una matriz diagonal, cuyos elementos de la diagonal principal son las potencias k-ésimas ($k = 1, 2, 3....$) de los elementos de la matriz diagonal $D + I$ (los valores propios de $A + I$) y P es la matriz cuyas columnas son los vectores propios $v_1, v_2, ..., v_n$, correspondientes.

En el caso de que la matriz A no sea diagonalizable, se puede descomponer utilizando la forma canónica de Jordan, que generaliza el proceso de digonialización, tal que:

$$J = P^{-1}AP \qquad \text{o} \qquad A = PJP^{-1}$$

donde J es la matriz diagonal por bloques (para más detalle consultar *Análisis Dinámico para Economistas*, Caballero R., Gómez, T., Gonzalez, M., Miguel, F., Muñoz, M.M., Rey, L. y Ruiz, F.).

A.3   Resolución de sistemas de ecuaciones en diferencias

Si consideramos el tiempo como una variable discreta que puede tomar valores $t = 0, 1, 2...$, entonces una función que depende de esta variable $X : \mathbb{N} \longrightarrow \mathbb{R}^n$ es una sucesión de vectores $X(0), X(1), X(2), ...$

Definición 6 *Un sistema de ecuaciones en diferencias de primer orden es una expresión de la forma*

$$\Delta X(t) = f(X(t), t) \tag{A.6}$$

o bien si tenemos en cuenta que $\Delta X_{t+1} = X_{t+1} - X_t$, se podría expresar como

$$X_{t+1} = g(X_t, t) \tag{A.7}$$

que se conoce como forma normal del sistema de ecuaciones en diferencias.

Si la variable t no aparece explícitamente, se dice que el sistema es autónomo.

Un sistema de ecuaciones en diferencias de primer orden con n ecuaciones y n incógnitas se dice que es lineal cuando se puede escribir como:

$$\Delta X_{t+1} = A_t X_t + b_t \tag{A.8}$$

donde

$$X_t = \begin{bmatrix} x_{1,t} \\ x_{2,t} \\ ... \\ x_{n,t} \end{bmatrix}$$

es el vector de incógnitas,

$$A_t = \begin{bmatrix} a_{11,t} & a_{11,t} & ... & a_{1n,t} \\ a_{21,t} & a_{22,t} & ... & a_{2n,t} \\ ... & ... & ... & ... \\ a_{n1,t} & a_{n2,t} & ... & a_{nn,t} \end{bmatrix}$$

la matriz de coeficientes, y

$$b_t = \begin{bmatrix} b_{1,t} \\ b_{2,t} \\ ... \\ b_{n,t} \end{bmatrix}$$

el vector de términos independientes, equivalente a las variables exógenas multiplicadas por sus respectivos coeficientes.

Si la matriz de coeficientes es invariante con el tiempo, $A_t = A$ (para todo t), entonces el sistema dinámico (A.8) será,

$$\Delta X_{t+1} = A X_t + b_t \tag{A.9}$$

o bien, si tenemos en cuenta que $\Delta X_{t+1} = X_{t+1} - X_t$, la forma normal del sistema (A.9) sería,

$$X_{t+1} = \hat{A} X_t + b_t \tag{A.10}$$

donde $\hat{A} = A + I$, con I la matriz identidad ($n \times n$).

Partiendo de unas condiciones iniciales, X_0, el sistema de ecuaciones en diferencias lineal tiene una solución única. Para determinarla, damos valores a t, $t = 0, 1, 2....$en (A.10) y tendremos

$$\begin{aligned} X_1 &= \hat{A} X_0 + b_0 = (A + I)X_0 + b_0 \\ X_2 &= \hat{A} X_1 + b_1 = \hat{A}^2 X_0 + \hat{A} b_0 + b_1 = (A + I)^2 X_0 + (A + I)b_0 + b_1 \\ &\;\;\vdots \end{aligned}$$

En general,

$$X_t = \hat{A}X_{t-1} + b_{t-1} = \hat{A}^t X_0 + \sum_{i=0}^{t-1} \hat{A}^{t-i-1} b_i = \qquad (A.11)$$

$$(A+I)^t X_0 + \sum_{i=0}^{t-1} (A+I)^{t-i-1} b_i$$

Por tanto, el problema de determinar la solución del sistema está relacionado con el problema de determinar las potencias sucesivas de una matriz. Si la matriz de coeficientes del sistema (A o bien, $\hat{A}$ si el sistema está en forma normal) es diagonalizable, tales potencias se pueden calcular fácilmente a partir de la expresión (A.4) o (A.5).

Consideremos que el vector de términos independientes es constante, de manera que el sistema lineal se puede escribir,

$$\Delta X_{t+1} = A X_t + b \qquad (A.12)$$

o bien, en forma normal,

$$X_{t+1} = \hat{A} X_t + b \qquad (A.13)$$

Definición 7 *Dado el sistema (A.12), diremos que el vector de estado $\overline{X}$ es un estado estacionario o solución de equilibrio siempre que el sistema comience en dicho estado y permanezca en él indefinidamente, es decir, $\overline{X}$ es un estado estacionario del sistema si es una solución constante de éste. Por tanto, se ha de verificar, si la matriz A es invertible que*

$$0 = A\overline{X} + b \Longrightarrow \overline{X} = -(A)^{-1} b \qquad (A.14)$$

o bien, si partimos del sistema en forma normal (A.13) y la matriz $(I - \hat{A})$ es invertible

$$\overline{X} = A\overline{X} + b \Longrightarrow \overline{X} = (I - \hat{A})^{-1} b \qquad (A.15)$$

Definición 8 *El estado estacionario $\overline{X}$ diremos que es estable si, cualquier solución del sistema que parte de condiciones iniciales próximas, permanece próxima a dicho estado estacionario.*

Definición 9 *El estado estacionario $\overline{X}$ diremos que es asintóticamente estable si, cualquier solución del sistema con condiciones iniciales próximas, tiende a dicho estado estacionario con el paso del tiempo.*

De estas definiciones se desprende que si un estado estacionario es asintóticamente estable es estable. Sin embargo, si es estable no tiene por qué ser asintóticamente estable. Decimos en este último caso que el estado estacionario es marginalmente estable. Si un estado estacionario no es estable, ni asintóticamente estable, decimos que es inestable.

Partiendo del sistema en forma normal (A.12) y aplicando la expresión (A.11) obtenemos que la solución con condición inicial $X(0)$ viene dada por

$$X_t = \hat{A}^t X_0 + (I + \hat{A} + \hat{A}^2 + ... + \hat{A}^{t-1})b$$

Ahora bien,

$$(I + \hat{A} + \hat{A}^2 + ... + \hat{A}^{t-1})(I - \hat{A}) = (I - \hat{A}^t)$$

Con lo cual

$$X_t = \hat{A}^t X_0 + (I - \hat{A}^t)(I - \hat{A})^{-1}b$$

y teniendo en cuenta (A.15)

$$X_t = \hat{A}^t (X_0 - \overline{X}) + \overline{X} \tag{A.16}$$

De (A.16) se observa que si la matriz $\hat{A}$ tiende a la matriz nula, cuando t tiende a infinito, la trayectoria X_t tiende hacia el estado estacionario, lo que nos garantiza que dicho estado es asintóticamente estable. Supongamos que la matriz $\hat{A}$ es diagonalizable, entonces se verifica, como hemos visto en la sección anterior (A.4), tal que,

$$\hat{A}^t = P \begin{bmatrix} \widehat{\lambda}_1^t & 0 & ... & 0 \\ 0 & \widehat{\lambda}_2^t & ... & 0 \\ ... & ... & ... & ... \\ 0 & 0 & ... & \widehat{\lambda}_n^t \end{bmatrix} P^{-1}$$

donde $\widehat{\lambda}_i^t$ $(i = 1, 2, ...n)$ son los valores propios de la matriz $\hat{A}$. En base a lo anterior, la expresión (A.16) puede escribirse como

$$X_t = P \begin{bmatrix} \widehat{\lambda}_1^t & 0 & ... & 0 \\ 0 & \widehat{\lambda}_2^t & ... & 0 \\ ... & ... & ... & ... \\ 0 & 0 & ... & \widehat{\lambda}_n^t \end{bmatrix} P^{-1}(X_0 - \overline{X}) + \overline{X}$$

y denotando

$$P^{-1}(X_0 - \overline{X}) = \begin{bmatrix} c_1 \\ c_2 \\ ... \\ c_n \end{bmatrix}$$

tendremos que (A.16) es equivalente a:

$$X_t = c_1 v_1 \widehat{\lambda}_1^t + c_2 v_2 \widehat{\lambda}_2^t + \dots + c_n v_n \widehat{\lambda}_n^t + \overline{X}$$

En consencuencia, la estabilidad asintótica es equivalente a que los elementos de la matriz $\hat{A}^t$ tiendan a cero cuando t crece, lo cual es equivalente a que $\left|\widehat{\lambda}_i^t\right| < 1$, $(i = 1, 2, ..., n)$, es decir, una condición necesaria y suficiente para la estabilidad asintótica es que todos los valores propios de la matriz de coeficientes del sistema normal tengan módulo (valor absoluto en el caso de números reales) menor que 1. En el caso en el que al menos un valor propio tenga un módulo mayor que 1, la matriz $\hat{A}^t$ crece con el tiempo, y el estado de equilibrio es inestable.

Ahora bien, teniendo en cuenta que $\hat{A} = A + I$ sabemos, que los valores propios de $\hat{A}$ $(\widehat{\lambda}_i)$ y los de $A(\lambda_i)$ guardan la relación $\widehat{\lambda}_i = \lambda_i + 1$ (véase Proposición 4) y, por tanto, podemos decir que la condición necesaria y suficiente para que el equilibrio estacionario (A.14) presente estabilidad asintótica es que todos los valores propios de la matriz de coeficientes A verifiquen $|\lambda_i + 1| < 1$, $(i = 1, 2, ...n)$.

Para analizar con profundidad los distintos casos que se pueden presentar, vamos a suponer que $n = 2$, es decir, el sistema dinámico discreto estaría formado por dos ecuaciones en diferencias y dos variables endógenas. En concreto, el sistema sería

$$\begin{bmatrix} \Delta X_{1,t} \\ \Delta X_{2,t} \end{bmatrix} = \begin{bmatrix} a_{11} & a_{12} \\ a_{21} & a_{22} \end{bmatrix} \begin{bmatrix} X_{1,t} \\ X_{1,t} \end{bmatrix} + \begin{bmatrix} b_1 \\ b_2 \end{bmatrix}$$

siendo la matriz de coeficientes

$$A = \begin{bmatrix} a_{11} & a_{12} \\ a_{21} & a_{22} \end{bmatrix}$$

Si el determinante de A es distinto de cero, el único equilibrio estacionario viene dado por:

$$\overline{X} = \begin{bmatrix} \overline{X}_1 \\ \overline{X}_2 \end{bmatrix} = -A^{-1} \begin{bmatrix} b_1 \\ b_2 \end{bmatrix}$$

y la solución general del sistema, dadas unas condiciones iniciales $X(0)$, se puede expresar como

$$X_t = (A + I)^t (X_0 - \overline{X}) + \overline{X} \tag{A.17}$$

Como hemos visto previamente, la estabilidad del estado estacionario depende de los valores propios de la matriz de coeficientes del sistema, los cuales serán solución de la ecuación de segundo grado

$$|A - \lambda I| = \left| \begin{bmatrix} a_{11} & a_{12} \\ a_{21} & a_{22} \end{bmatrix} - \begin{bmatrix} \lambda & 0 \\ 0 & \lambda \end{bmatrix} \right| =$$

$$\lambda^2 - (a_{11} + a_{22})\lambda + (a_{11}a_{22} - a_{12}a_{21}) = 0$$

o equivalentemente

$$\lambda^2 - tr(A)\lambda + |A| = 0$$

donde $tr(A)$ y $|A|$ denotan, respectivamente, la traza y el determinante de la matriz A.

Las raíces de esta ecuación son

$$\lambda_1, \lambda_2 = \frac{(a_{11} + a_{22}) \pm \sqrt{(a_{11} + a_{22})^2 - 4(a_{11}a_{22} - a_{12}a_{21})}}{2} \qquad (A.1)$$

Resolviendo, podemos obtener raíces reales distintas, reales iguales o complejas, dependiendo que el discriminante (D) sea positivo, nulo o negativo (véase Cuadro A.1), con

$$D = (a_{11} + a_{22})^2 - 4(a_{11}a_{22} - a_{12}a_{21}) = [tr(A)]^2 - 4|A|$$

Cuadro A.1: Soluciones posibles de la estabilidad del sistema

Casos	Raíces (valores propios)
I. $D>0$	Reales y distintas: λ_1, λ_2
II. $D=0$	Reales e iguales: $\lambda_1, \lambda_2 = \lambda$
III. $D<0$	Complejas: $\alpha \pm \beta i$

- **Caso I.** Si $D > 0$, entonces los valores propios λ_1, λ_2 son reales y distintos. Luego $\lambda_1 + 1$ y $\lambda_2 + 1$ también serán reales y distintos y, en consecuencia la matriz $A + I$ es diagonalizable. En tal caso, la solución general (A.17) se puede expresar como:

$$\begin{bmatrix} X_{1,t} \\ X_{2,t} \end{bmatrix} = P \begin{bmatrix} (\lambda_1 + 1)^t & 0 \\ 0 & (\lambda_2 + 1)^t \end{bmatrix} P^{-1} \begin{bmatrix} X_{1,0} - \overline{X}_1 \\ X_{2,0} - \overline{X}_2 \end{bmatrix} + \begin{bmatrix} \overline{X}_1 \\ \overline{X}_2 \end{bmatrix}$$

Además, podemos distinguir las siguientes situaciones:

a) Si se verifica que $|\lambda_1 + 1| < 1$ y $|\lambda_2 + 1| < 1$ entonces $(\lambda_1 + 1)^t$ y $(\lambda_2 + 1)^t$ tienden a cero cuando t tiende a infinito y, por tanto $X(t)$ tiende al estado estacionario $\overline{X}$, para cualquier condición inicial $X(0)$ y hay estabilidad asintótica. La figura que se genera se conoce como *nodo estable*.

b) Si $|\lambda_1 + 1| > 1$ y $|\lambda_2 + 1| > 1$ entonces $(\lambda_1 + 1)^t$ y $(\lambda_2 + 1)^t$ tienden a infinito cuando t lo hace y, por tanto $X(t)$ se aleja del estado estacionario $\overline{X}$ y hay inestabilidad. La figura que se genera se conoce como *nodo inestable*.

c) Si $|\lambda_1 + 1| < 1$ y $|\lambda_2 + 1| > 1$ entonces $(\lambda_1 + 1)^t$ tiende a cero cuando t tiende a infinito, mientras que $(\lambda_2 + 1)^t$ tiende a infinito. En consecuencia $X(t)$ se aleja del estado estacionario $\overline{X}$, para cualquier condición inicial $X(0)$ salvo aquella trayectoria que verifique $X_{2,0} = \overline{X}_2$ y $X_{1,0} \neq \overline{X}_1$ que será combinación lineal de

$(\lambda_1 + 1)^t$ y, por tanto, esta trayectoria tiende hacia el estado estacionario. La figura que se genera se conoce como *punto de silla*.

d) Un caso similar al del apartado **c)** se tiene si $|\lambda_1 + 1| > 1$ y $|\lambda_2 + 1| < 1$.

e) Si $|\lambda_1 + 1| = 1$ y $|\lambda_2 + 1| < 1$ entonces $X(t)$ ni se aleja ni se acerca al estado estacionario ya que $(\lambda_1 + 1)^t$ se mantiene u oscila entre -1 y 1, mientras que $(\lambda_2 + 1)^t$ tiende a cero, y diremos que el estado estacionario es marginalmente estable. No obstante, hay una trayectoria que tiende al estado estacionario, que sería aquella que parte de unas condiciones iniciales que anulen el comportamiento de $(\lambda_1 + 1)^t$. Por otro lado, si $|\lambda_1 + 1| = 1$ y $|\lambda_2 + 1| > 1$ entonces $(\lambda_2 + 1)^t$ tiende a infinito cuando t lo hace y el estado estacionario es inestable.

- **Caso II**. Si $D = 0$, entonces $\lambda_1 = \lambda_2 = \lambda$ y, por tanto $(\lambda_1 + 1) = (\lambda_2 + 1) = (\lambda + 1)$, por lo que tendríamos raíces reales e iguales. Distinguiremos dos situaciones, dependiendo de si la matriz de partida es diagonal o no.

a) Si la matriz de partida es diagonal, entonces el sistema viene dado por

$$\begin{bmatrix} \Delta X_{1,t} \\ \Delta X_{1,t} \end{bmatrix} = \begin{bmatrix} a_{11} & 0 \\ 0 & a_{22} \end{bmatrix} \begin{bmatrix} X_{1,t} \\ X_{1,t} \end{bmatrix} + \begin{bmatrix} b_1 \\ b_2 \end{bmatrix}$$

y se ha de cumplir que $\lambda = a_{11} = a_{22}$. En consecuencia, la solución (A.17) vendrá dada por

$$\begin{bmatrix} X_{1,t} \\ X_{1,t} \end{bmatrix} = \begin{bmatrix} (\lambda + 1)^t & 0 \\ 0 & (\lambda + 1)^t \end{bmatrix} \begin{bmatrix} X_{1,0} - \overline{X}_1 \\ X_{2,0} - \overline{X}_2 \end{bmatrix} + \begin{bmatrix} \overline{X}_1 \\ \overline{X}_2 \end{bmatrix}$$

Por tanto, si $|\lambda + 1| < 1$, la trayectoria solución tiende al estado estacionario y éste es asintóticamente estable, mientas que si $|\lambda + 1| > 1$ la trayectoria solución se aleja del estado estacionario y éste es inestable. Ahora bien, si $|\lambda + 1| = 1$ el estado estacionario es estable, ya que las trayectorias solución que comiencen cerca de él permanecerán próximas a él.

b) Si la matriz de partida no es diagonal, entonces no será diagonalizable, pero sí que se puede encontrar una matriz cuasidiagonal, denominada forma canónica de Jordan, de manera que la solución (A.17) se puede expresar como

$$\begin{bmatrix} X_{1,t} \\ X_{1,t} \end{bmatrix} = Q \begin{bmatrix} (\lambda + 1)^t & t(\lambda + 1)^t \\ 0 & (\lambda + 1)^t \end{bmatrix} Q^{-1} \begin{bmatrix} X_{1,0} - \overline{X}_1 \\ X_{2,0} - \overline{X}_2 \end{bmatrix} + \begin{bmatrix} \overline{X}_1 \\ \overline{X}_2 \end{bmatrix}$$

Por tanto, si $|\lambda + 1| < 1$ la trayectoria solución tiende al estado estacionario y éste es asintóticamente estable, mientas que si $|\lambda + 1| \geq 1$ la trayectoria solución se aleja del estado estacionario y éste es inestable.

- **Caso III.** Si $D < 0$, entonces los valores propios son complejos conjugados, esto es $\lambda = \alpha \pm \beta i$. La matriz del sistema es diagonalizable, y la trayectoria solución (A.17),

$$\begin{bmatrix} X_{1,t} \\ X_{2,t} \end{bmatrix} = P \begin{bmatrix} (\lambda + 1)^t & 0 \\ 0 & (\lambda + 1)^t \end{bmatrix} P^{-1} \begin{bmatrix} X_{1,0} - \overline{X}_1 \\ X_{2,0} - \overline{X}_2 \end{bmatrix} + \begin{bmatrix} \overline{X}_1 \\ \overline{X}_2 \end{bmatrix}$$

con lo cual dependerá del comportamiento de $\lambda + 1 = (\alpha + 1) \pm \beta i$ y teniendo en cuenta (A.2)

$$\begin{bmatrix} X_{1,t} \\ X_{2,t} \end{bmatrix} = P \begin{bmatrix} \rho^t \left(\cos \theta t + i \, sen \, \theta t \right) & 0 \\ 0 & \rho^t \left(\cos \theta t - i \, sen \, \theta t \right) \end{bmatrix} P^{-1}$$
$$\begin{bmatrix} X_{1,0} - \overline{X}_1 \\ X_{2,0} - \overline{X}_2 \end{bmatrix} + \begin{bmatrix} \overline{X}_1 \\ \overline{X}_2 \end{bmatrix}$$

donde $\rho = \sqrt{(\alpha + 1)^2 + \beta^2}$ es el módulo del número complejo $\lambda + 1$ y θ su argumento. Tendremos distintas situaciones dependiendo del valor del módulo, ya que los términos $(\cos \theta t \pm i \, sen \, \theta t)$ están acotados.

a) Si $\rho < 1$, entonces ρ^t tiende a cero cuando t tiende a infinito y la trayectoria solución $X(t)$ tiende hacia el estado estacionario, para cualquier condición inicial $X(0)$, hay estabilidad asintótica. La figura que se genera se denomina *foco estable*.

b) Si $\rho > 1$, entonces ρ^t tiende hacia infinito cuando t lo hace y la trayectoria solución $X(t)$ se aleja del estado estacionario, para cualquier condición inicial $X(0)$. El estado estacionario es inestable. La figura resultante se denomina *foco inestable*.

c) Si $\rho = 1$, el estado estacionario es marginalmente estable ya que si la trayectoria solución $X(t)$ comienza cerca de él permanecerá próxima a él. La figura que se genera se conoce como *centro*.

A.4 Optimización con restricciones

Los modelos macroeconómicos microfundamentados parten del comportamiento a nivel microeconómico de los distintos agentes considerados. Así, las variables macroeconómicas se derivan del comportamiento optimizador tanto de consumidores como de empresas. Estos agentes obtienen sus decisiones sobre las variables de control a partir de un problema de maximización dinámico sujeto a determinadas restricciones. En este apéndice presentamos algunos conceptos de importancia respecto a esta forma de modelización macroeconómica.

Definición 10 *Se dice que un conjunto $K \subset \mathbb{R}^n$ es convexo, si el segmento que une dos puntos cualesquiera del conjunto está contenido en él, es decir,*

$$(x_1, ..., x_n), (y_1, ..., y_n) \in K \Longrightarrow \mu \cdot (x_1, ..., x_n) + (1 - \mu) \cdot (y_1, ..., y_n) \in K$$

con $0 \leq \mu \leq 1$

Definición 11 *Una función $f : S \subset \mathbb{R}^n \to \mathbb{R}$ se dice que es convexa si para cualquier par de puntos $(x_1, ..., x_n), (y_1, ..., y_n) \in S$ y cualquier escalar μ con $0 \leq \mu \leq 1$ se cumple que*

$$f\left(\mu \cdot (x_1, ..., x_n) + (1 - \mu) \cdot (y_1, ..., y_n)\right) \qquad (A.19)$$

$$= \quad \mu f(x_1, ..., x_n) + (1 - \mu) f(y_1, ..., y_n) \qquad (A.2)$$

De manera similar, una función es cóncava si se cumple la relación (A.19) con la desigualdad inversa, es decir, f es cóncava si $(-f)$ es convexa. Nótese que toda función lineal es cóncava y convexa a la vez.

Podemos caracterizar la convexidad/concavidad de una función f a través del uso de sus segundas derivadas de la función. Denominaremos *matriz hessiana* de una función (Hf) a aquella matriz que contiene las segundas derivadas de la función, de manera que el elemento i, j de Hf es $\delta^2 f / \delta x_i \delta x_j$. Además, si las derivadas parciales son continuas, dicha matriz es simétrica.

Una función f es convexa (cóncava) si su matriz hessiana Hf es semidefinida positiva (negativa) y estrictamente convexa (cóncava) si es definida positiva (negativa). Estos conceptos tienen un papel importante en la optimización con restricciones puesto que nos permitirán establecer condiciones suficientes globales.

La formulación general de un problema de optimización con restricciones es la siguiente

$$Max \ F(x_1, ..., x_n) \qquad (A.20)$$

sujeta a:

$$g_1(x_1, ..., x_n) = b_1 \qquad h_1(x_1, ..., x_n) \leq d_1$$
$$g_2(x_1, ..., x_n) = b_2 \qquad h_2(x_1, ..., x_n) \leq d_2$$
$$\vdots \qquad\qquad\qquad \vdots$$
$$g_m(x_1, ..., x_n) = b_m \qquad h_p(x_1, ..., x_n) \leq d_p$$

donde $m \leq n$ y las funciones $F, g_j \ (j = 1, 2, ..., m), h_i \ (i = 1, 2, ..., p)$ son funciones reales continuas y se supone que tienen segundas derivadas parciales continuas. Hemos de tener en cuenta que si el problema fuera $Min \ F$ sería equivalente a $Max \ (-F)$.

Se denomina *solución admisible* a aquella que verifica todas las restricciones del problema. Se denomina *solución óptima* a aquella solución admisible en la que se alcanza el máximo valor de la función F.

Una restricción de desigualdad $h_i(x_1, ..., x_n) \leq d_i$ se dice que es activa en un punto admisible $(\overline{x}_1, ..., \overline{x}_n)$ si la verifica como igualdad, es decir, $h_i(\overline{x}_1, ..., \overline{x}_n) = d_i$, y la restricción es inactiva en el punto si $h_i(\overline{x}_1, ..., \overline{x}_n) < d_i$. Lógicamente, cualquier restricción de igualdad es activa en cualquier punto admisible. Hay que tener en cuenta que si una restricción es inactiva en un punto siempre va a existir un entorno del punto donde dicha restricción se verifique, mientras que ello no siempre es así cuando la restricción es activa. Por ello, las restricciones que son inactivas en un punto no ejercen influencia en las proximidades del punto, y al analizar las propiedades de un máximo local podemos centrar nuestra atención en las restricciones que son activas en él. En consecuencia, si se supiera de antemano qué restricciones son activas en la solución de (A.20), dicha solución sería un punto máximo local del problema definido, ignorando las restricciones inactivas y tratando todas las restricciones activas como restricciones de igualdad. Por tanto, se podría abordar el problema como si sólo tuviera restricciones de igualdad.

En consecuencia, nos centraremos en un problema que tiene sólo restricciones de igualdad, cuya formulación general es:

$$Max \ F(x_1, ..., x_n) \tag{A.12}$$

sujeto a:

$$g_1(x_1, ..., x_n) = b_1$$

$$\vdots$$

$$g_m(x_1, ..., x_n) = b_m$$

Para resolver (A.12) definimos la función de Lagrange asociada:

$$\begin{aligned}
\mathcal{L}(x_1, ..., x_n; \lambda_1, ..., \lambda_m) &= F(x_1, ..., x_n) - \lambda_1 \left(g_1(x_1, ..., x_n) - b_1\right) \\
&\quad - ... - \lambda_m \left(g_m(x_1, ..., x_n) - b_m\right)
\end{aligned} \tag{A.3}$$

donde $\lambda_1, ..., \lambda_m$ son variables adicionales (una por cada restricción), conocidas como multiplicadores de Lagrange.

A partir de (A.3) se tratan de determinar $x_1, ..., x_n$ y $\lambda_1, ..., \lambda_m$ que verifiquen las siguientes $n+m$ condiciones (conocidas como condiciones necesarias de primer orden):

$$\frac{\delta \mathcal{L}}{\delta x_1} = \frac{\delta F}{\delta x_1} - \lambda_1 \frac{\delta g_1}{\delta x_1} - ... - \lambda_m \frac{\delta g_m}{\delta x_1} = 0$$

$$\vdots$$

$$\frac{\delta \mathcal{L}}{\delta x_n} = \frac{\delta F}{\delta x_n} - \lambda_1 \frac{\delta g_1}{\delta x_n} - ... - \lambda_m \frac{\delta g_m}{\delta x_n} = 0$$

$$\frac{\delta \mathcal{L}}{\delta \lambda_1} = -(g_1(x_1, ..., x_n) - b_1) = 0$$

$$\vdots$$

$$\frac{\delta \mathcal{L}}{\delta \lambda_m} = -(g_m(x_1, ..., x_n) - b_m) = 0$$

Si las funciones g_j $(j = 1, 2, ..., m)$ son lineales y la función F es cóncava, entonces todos los puntos que verifiquen las condiciones necesarias son solución del problema (A.12). Si estas condiciones no se cumplen, hemos de aplicar la siguiente condición suficiente local.

Los puntos que cumplen las condiciones necesarias son solución del problema (A.12) si los últimos $n - m$ menores principales de la siguiente matriz alternan el signo, siendo el signo del primero $(-1)^{m+1}$

$$\begin{bmatrix} 0 & Jg \\ Jg & H_{x,y}L \end{bmatrix} = \begin{bmatrix} 0 & 0 & \cdots & 0 & \frac{\delta g_1}{\delta x_1} & \frac{\delta g_1}{\delta x_2} & \cdots & \frac{\delta g_1}{\delta x_n} \\ \vdots & \vdots & \ddots & \vdots & \vdots & \vdots & \ddots & \vdots \\ 0 & 0 & \cdots & 0 & \frac{\delta g_m}{\delta x_1} & \frac{\delta g_m}{\delta x_2} & \cdots & \frac{\delta g_m}{\delta x_n} \\ \frac{\delta g_1}{\delta x_1} & \frac{\delta g_1}{\delta x_2} & \cdots & \frac{\delta g_1}{\delta x_n} & \frac{\delta^2 L}{\delta x_1^2} & \frac{\delta^2 L}{\delta x_1 \delta x_2} & \cdots & \frac{\delta^2 L}{\delta x_1 \delta x_n} \\ \vdots & \vdots & \ddots & \vdots & \vdots & \vdots & \ddots & \vdots \\ \frac{\delta g_m}{\delta x_1} & \frac{\delta g_m}{\delta x_2} & \cdots & \frac{\delta g_m}{\delta x_n} & \frac{\delta^2 L}{\delta x_n \delta x_1} & \frac{\delta^2 L}{\delta x_n \delta x_2} & \cdots & \frac{\delta^2 L}{\delta x_n^2} \end{bmatrix}$$

Apéndice B

Un ejemplo de sistema dinámico en MATLAB

Los sistemas dinámicos en tiempo discreto que hemos resuelto numéricamente en una hoja de cálculo también pueden ser computados usando cualquier otro programa que permita el cálculo numérico, e incluso pueden ser resueltos a mano, usando papel y lápiz, si bien esto es una tarea más tediosa. En la práctica, disponemos de una gran variedad de programas informáticos, aplicaciones y lenguajes de programación que pueden realizar cálculos numéricos de forma sencilla. Dados unos valores para los parámetros y para las variables exógenas, es posible simular numéricamente las variables endógenas, usando el sistema dinámico discreto correspondiente. A continuación presentamos como sería un programa simple en MATLAB, para resolver el modelo presentado en el capítulo 1. MATLAB (MATtrix LABoratory) es un programa muy utilizado en economía y dispone de una gran cantidad de "toolboxes" de econometría y de macroeconomía computacional que lo hacen una herramienta muy útil para el análisis macroeconómico. Programar los modelos simples que estamos resolviendo aquí en MATLAB es una tarea relativamente sencilla dado que prácticamente solo tenemos que replicar los diferentes componentes y ecuaciones que hemos utilizado en el diseño de la hoja de cálculo correspondiente. La diferencia más importante entre ambos es que mientras en la hoja de cálculo copiamos una expresión en diferentes celdas y el valor de la misma aparece en cada celda, en MATLAB tenemos que realizar este procedimiento a través de un bucle.

El código mostrado a continuación calcula numéricamente las ecuaciones del modelo que hemos utilizado en el capítulo 1, el estado estacionario, así como los valores propios asociados al mismo. También realiza una representación del diagrama de fases correspondiente, así como de la trayectoria hacia el estado estacionario partiendo de una situación de desequilibrio inicial. Para simular una perturbación, simplemente tenemos que cambiar el valor de la variable exógena correspondiente.

```
% ************************************************
% Introducción a la Macroeconomía Computacional
% A. Bongers, T. Gómez y J. L. Torres (2018)
% Un ejemplo de sistema dinámico en MATLAB
% El modelo de carrera de armamentos de Richardson
% Fichero mc1.m
% ************************************************
clear all
% Periodos
T = 30;
% Parámetros del modelo
Alpha = 0.50;
Beta  = 0.25;
Gamma = 0.25;
Delta = 0.50;
Theta = 1.00;
Ita   = 1.00;
% Valor de las variables exógenas
z1 = 1;
z2 = 1;
% Matrices
A=[-Alpha Beta; Gamma -Delta];
B=[Theta 0; 0 Ita];
z=[z1; z2];
%Estado Estacionario
EE = -A^(-1)*B*z;
x1(1) = EE(1);
x2(1) = EE(2);
dx1(1) = 0;
dx2(1) = 0;
% Valores propios
v=eig(A);
Lambda1=v(1);
Lambda2=v(2);
% Perturbación
%z1 = 2;
%Alpha = 0.7;
% Dinámica
```

```
for i=1:T-1;
 x1(i+1)  = x1(i)+dx1(i);
 x2(i+1)  = x2(i)+dx2(i);
 dx1(i+1) = -Alpha*x1(i+1)+Beta*x2(i+1)+Theta*z1;
 dx2(i+1) = Gamma*x1(i+1)-Delta*x2(i+1)+Ita*z2;
end;
% Gráficos
j=1:T;
subplot(1,2,1)
plot(j,x1,'Color',[0.25 0.25 0.25],'linewidth',3.5)
title('Variable x1')
xlabel('Periodos')
subplot(1,2,2)
plot(j,x2,'Color',[0.25 0.25 0.25],'linewidth',3.5)
title('Variable x2')
xlabel('Periodos')
% Diagrama de fases
syms x1 x2;
[x1 x2]=meshgrid(0:1:10, 0:1:10);
dx1    =    -Alpha*x1+Beta*x2+Theta*z1;
dx2    =    Gamma*x1-Delta*x2+Ita*z2;
figure;
quiver(x1,x2,dx1,dx2);
title('Diagrama de Fases:  Modelo de Richardson')
xlabel('Variable x1')
ylabel('Variable x2')
hold on
grid on
plot(EE(1),EE(2),'o','Color',[0 0 0])
% Trayectoria
figure
quiver(x1,x2,dx1,dx2);
title('Modelo de Richardson:  Trayectoria al Estado Estacionario')
xlabel('Variable x1')
ylabel('Variable x2')
hold on
%grid on
y=[10; 8];
n=20;
d=@(x1,x2) [-Alpha*x1+Beta*x2+Theta*z1; Gamma*x1-Delta*x2+Ita*z2];
```

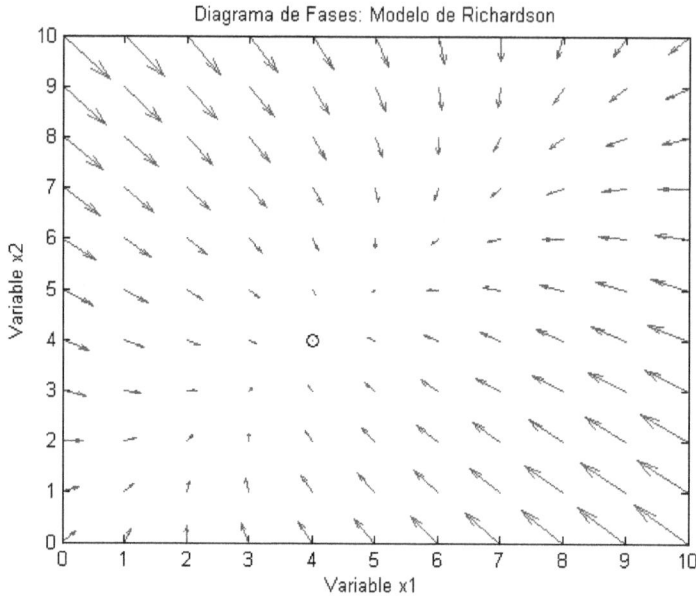

Figura B.1: Diagrama de fases del modelo de carrera de armamento de Richardson.

```
for i=1:n
 yprima = y+d(y(1),y(2));
 plot([y(1),yprima(1)],[y(2),yprima(2)],'o-','Color',[0 0 0])
 y=yprima;
end
```

La Figura B.1 muestra la representación del diagrama de fases correspondiente a este modelo. MATLAB cuenta con un comando, "quiver", para la representación gráfica de diagramas de fases. Este comando permite realizar una representación gráfica mediante flechas de la velocidad y dirección de ajuste de las variables. Las flechas indican la dirección en la que se mueven ambas variables Como podemos observar en el gráfico, todas las flechas nos conducen al estado estacionario, que se sitúa en el punto (4,4), con los valores iniciales de las variables exógenas y los parámetros. Dada la calibración de los parámetros que estamos usando, el sistema muestra estabilidad global, por lo que cualquier valor inicial para las variables endógenas diferente al estado estacionario, está asociado a una trayectoria que conduce a dicho estado estacionario. El tamaño de cada flecha nos indica el cambio que se produce en las variables periodo a periodo.

La Figura B.2 muestra cómo sería la trayectoria hacia el estado estacionario si el

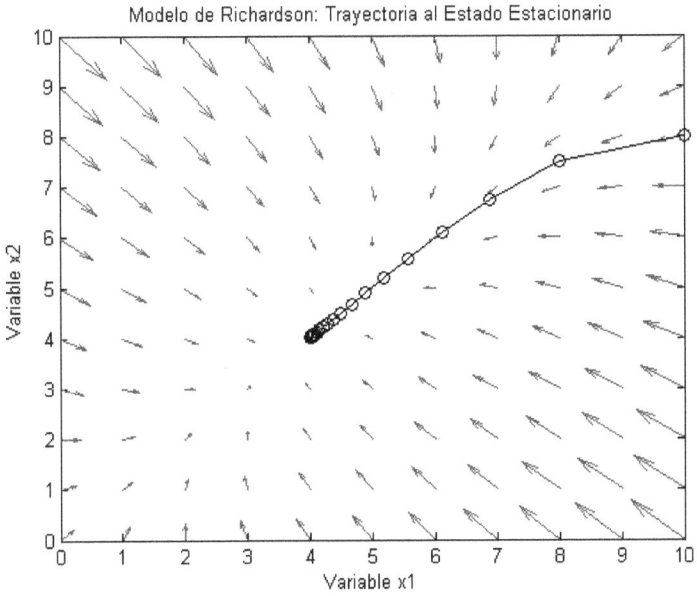

Figura B.2: Modelo de carrera de armamento de Richardson: Ejemplo de trayectoria hacia el estado estacionario.

valor inicial de las variables endógenas se encuentra fuera del mismo. En particular, en este gráfico hemos representado una situación inicial en el punto $(x_1 = 10, x_2 = 8)$. Como podemos observar, dados los valores de los parámetros, la trayectoria que siguen las variables nos lleva directamente hacia el estado estacionario. Los puntos en la trayectoria de ajuste muestra la evolución en los valores de las variables. Al principio los cambios son muy grandes, disminuyendo estos conforme nos acercamos al estado estacionario.

Apéndice C

El modelo de carrera de armamentos en DYNARE

En este apéndice presentamos el modelo de carrera de armamentos de Richardson en DYNARE. Una de las herramientas más utilizadas en el análisis macroeconómico actual, principalmente cuando se trabaja con modelos macroeconómicos microfundamentados, es el pre-procesador DYNARE (*DYNAmic Rational Expectations*). DYNARE es una herramienta, que puede ser utilizada tanto con MATLAB como con Octave, diseñada fundamentalmente para la resolución, simulación y estimación de modelos macroeconómicos microfundamentados o no, en los cuales los agentes realizan predicciones sobre las variables futuras usando expectativas racionales, si bien también es posible incorporar otros esquemas de expectativas alternativos. El lenguaje que utiliza es muy sencillo, siendo solamente necesario aprender un reducido número de comandos para resolver y simular un modelo, si bien también cuenta con un elevado número de opciones que permiten realizar análisis más complejos.

Si bien DYNARE está diseñado para la resolución numérica de modelos macroeconómicos, la estructura de estos es similar al modelo de Richardson. En particular, vamos a resolver este modelo suponiendo que los valores de los parámetros son tales que la solución presenta un punto de silla. Esto hace que solo exista un pequeño conjunto de trayectorias que nos llevan al estado estacionario. Además, cuando se produce una perturbación, una de las variables tiene que ajustarse hasta alcanzar la senda estable, trayectoria que va a llevar al sistema hacia el nuevo estado estacionario. Para ello tiene que producirse un reajuste instantáneo en el valor de una de las variables endógenas hasta alcanzar la senda estable. DYNARE calcula de forma automática tanto la senda estable como el ajuste instantáneo que tiene que producirse en la variable ante una perturbación. El código que presentamos aquí reproduce el ejercicio realizado en el capítulo 1, bajo una calibración que da lugar a un punto de silla. La definición de los cambios en las variables las hemos definido de la misma forma que en la hoja de cálculo, tal que

$$\Delta x_{1,t} = x_{1,t+1} - x_{1,t}$$
$$\Delta x_{2,t} = x_{2,t} - x_{2,t-1}$$

con el objetivo de indicar que es la variable $x_{1,t}$ la que va a experimentar el reajuste instantáneo hacia la senda estable. Con esto le estamos indicando a DYNARE que esta sería la variable adelantada o variable "saltarina". De este nodo hacemos que el ejercicio sea equivalente al realizado en la hoja de cálculo "**IMC-1-2.xls**".

```
% ************************************************
% Introducción a la Macroeconomía Computacional
% A. Bongers, T. Gómez y J. L. Torres (2018)
% Un ejemplo de sistema dinámico en DYNARE
% El modelo de carrera de armamento de Richardson
% Fichero:  mc1d.mod
% ************************************************
// Variables endógenas
var x1 x2 dx1 dx2;
// Variables exógenas
varexo z1, z2;
// Parámetros
parameters Alpha, Beta, Gamma, Delta, Theta, Ita;
Alpha = 0.25;
Beta  = 0.5;
Gamma = 0.5;
Delta = 0.25;
Theta = 1.0;
Ita   = 1.0;
// Ecuaciones del modelo
model;
  x1(+1) = x1+dx1;
  x2     = x2(-1)+dx2(-1);
  dx1    = -Alpha*x1+Beta*x2+Theta*z1;
  dx2    = Gamma*x1-Delta*x2+Ita*z2;
end;
// Valores iniciales
initval;
  x1  = 4;
```

```
 x2  = 4;
 dx1 = 0;
 dx2 = 0;
 z1  = -1;
 z2  = -1;
end;
// Cálculo del estado estacionario inicial
steady;
check;
// Valores finales
endval;
 x1  = 4;
 x2  = 4;
 dx1 = 0;
 dx2 = 0;
 z1  = -0.5;
 z2  = -1;
end;
// Cálculo del estado estacionario final
steady;
// Análisis de perturbaciones
shocks;
 var z1;
 periods 0;
 values 0;
end;
// Simulación determinista
simul(periods=30);
// Gráficos
T=30;
j=1:T;
figure;
subplot(1,2,1)
plot(j,x1(1:T),'Color',[0.5 0.5 0.5],'linewidth',2.5)
title('Stock armamento país 1')
xlabel('Periodos')
subplot(1,2,2)
plot(j,x2(1:T),'Color',[0.5 0.5 0.5],'linewidth',2.5)
title('Stock armamento país 2')
xlabel('Periodos')
```

Apéndice D

El modelo IS-LM dinámico en MATLAB

A continuación presentamos como sería un programa simple en MATLAB para resolver el modelo IS-LM dinámico presentado en el capítulo 2. Al ser un modelo que presenta estabilidad global todas las trayectorias son convergentes al estado estacionario cuando se produce una perturbación. El programa calcula también el diagrama de fases correspondiente, así como la trayectoria que sigue la economía cuando se produce una perturbación monetaria hacia en nuevo estado estacionario. La calibración de los parámetros que utilizamos da lugar a raíces imaginarias.

```
% *********************************************
% Introducción a la Macroeconomía Computacional
% A. Bongers, T. Gómez y J. L. Torres (2018)
% Modelo IS-LM dinámico en MATLAB
% Fichero: mc2.m
% *********************************************
clear all
% Periodos
T = 30;
% Variables exógenas
Beta0 = 2100;
m0     = 100;
ypot0 = 2000;
% Parámetros
Theta = 0.5;
Psi   = 0.01;
Beta1 = 50;
```

```
Mi   = 0.01;
Ni   = 0.2;
%Matrices
A=[0 Mi;-Ni*Beta1/Theta Ni*(Beta1*Mi-Beta1*Psi/Theta-1)];
B=[0 0 -Mi; Ni Ni*Beta1/Theta -Ni*Beta1*Mi];
Z=[Beta0 m0 ypot0];
%Estado Estacionario
pbar = (Theta*Beta0)/Beta1+m0-(Psi+Theta/Beta1)*ypot0;
ybar    = ypot0;
dp(1) = 0;
dy(1) = 0;
p(1)  = pbar;
y(1)  = ybar;
i(1)  = -(1/Theta)*(m0-p(1)-Psi*y(1));
yd(1) = Beta0-Beta1*(i(1)-dp(1));
% Valores propios
v=eig(A);
Lambda1=v(1);
Lambda2=v(2);
% Perturbación
m1= 101;
% Dinámica
for j=1:T;
 y(j+1)  = y(j)+dy(j);
 p(j+1)  = p(j)+dp(j);
 dp(j+1) = Mi*(y(j+1)-ybar);
 i(j+1)  = -(1/Theta)*(m1-p(j+1)-Psi*y(j+1));
 yd(j+1) = Beta0-Beta1*(i(j+1)-dp(j+1));
 dy(j+1) = Ni*(yd(j+1)-y(j+1));
end;
% Gráficos
j=1:T+1;
subplot(2,2,1)
plot(j,y,'Color',[0.25 0.25 0.25],'linewidth',3.5)
xlabel('Periodos')
title('Producción')
subplot(2,2,2)
plot(j,yd,'Color',[0.25 0.25 0.25],'linewidth',3.5)
xlabel('Periodos')
title('Demanda Agregada')
```

```
subplot(2,2,3)
plot(j,p,'Color',[0.25 0.25 0.25],'linewidth',3.5)
xlabel('Periodos')
title('Precios')
subplot(2,2,4)
plot(j,i,'Color',[0.25 0.25 0.25],'linewidth',3.5)
xlabel('Periodos')
title('Tipo de interés nominal')
% Diagrama de fases
syms p y;
ymin=1980;
ymax=2040;
pmin=80;
pmax=84;
[y p]=meshgrid(ymin:(ymax-ymin)/20:ymax,pmin:(pmax-pmin)/20:pmax);
dp=Mi*(y-ypot0);
dy=Ni*(Beta0-Beta1*(-(1/Theta)*(m0-p-Psi*y)-Mi*(y-ypot0))-y);
figure;
quiver(y,p,dy,dp);
title('Diagrama de Fases:  Modelo IS-LM dinámico')
xlabel('Nivel de producción')
ylabel('Precios')
hold on
plot(ybar,pbar,'o','Color',[0 0 0])
% Trayectoria hacia el estado estacionario
dp=Mi*(y-ypot0);
dy=Ni*(Beta0-Beta1*(-(1/Theta)*(m1-p-Psi*y)-Mi*(y-ypot0))-y);
figure
quiver(y,p,dy,dp);
title('Modelo IS-LM dinámico:  Trayectoria al nuevo Estado Estacionario')
xlabel('Nivel de producción')
ylabel('Precios')
hold on
m=[ybar; pbar];
n=100;
d=@(y,p) [Ni*(Beta0-Beta1*(-(1/Theta)*(m1-p-Psi*y))-Mi*(y-ypot0)-y);
Mi*(y-ypot0)];
  for i=1:n
   mprima = m+d(m(1),m(2));
   plot([m(1),mprima(1)],[m(2),mprima(2)],'o-','Color',[0 0 0])
```

```
    m=mprima;
end
```

La Figura C.1 muestra el diagrama de fases correspondiente al modelos IS-LM dinámico, construida usando el comando "quiver" en MATLAB. El circulo señala el punto de estado estacionario, mientras que las flechas indican el movimiento de cada variable fuera del estado estacionario. Tal y como podemos comprobar, independientemente de la posición inicial en la que nos encontremos, la dirección en las que se mueven ambas variables apunta al estado estacionario, dado que este modelo presenta estabilidad global. Así, si estamos en una posición arriba y a la izquierda del estado estacionario, el nivel de producción disminuiría, pero también lo haría el nivel de precios, hasta alcanzar una posición por debajo del estado estacionario, en el cual las flechas apuntan hacia la derecha, indicando que en eesta situación el nivel de producción aumentaría. El diagrama de fases resultante muestra unas flechas que son muy horizontales. Esto es debido a que dada la calibración de este modelo, los precios son muy rígidos, por lo que éstos se mueven muy lentamente.

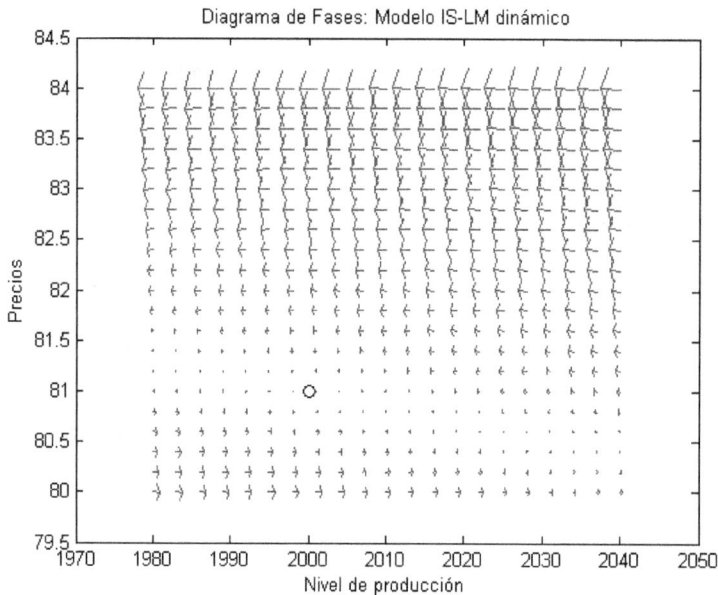

Figura D.1: Diagrama de fases del modelo IS-LM dinámico.

Para apreciar de forma más clara cómo son los movimientos de las variables en el diagrama de fases de este modelo, la Figura C.2 muestra la trayectoria de la economía ante un aumento en la cantidad de dinero. El estado estacionario inicial se encuentra en el punto ($\overline{p}_0 = 81, \overline{y}_0 = 2000$). Dado el aumento en la cantidad de dinero, el nuevo estado estacionario de la economía pasa a situarse en el punto ($\overline{p}_0 = 82, \overline{y}_0 = 2000$), tal y como se puede comprobar analizando esta perturbación en la hoja de cálculo correspondiente. Dada la existencia de raíces complejas para los valores de los parámetros seleccionados, la trayectoria de transición del estado estacionario inicial al final es asintótica, dado lugar a una serie de fluctuaciones cíclicas en las cuales tanto el nivel de producción como los precios fluctúan alrededor de su nuevo valor de estado estacionario. Como podemos comprobar en esta figura, inicialmente se produce un aumento en el nivel de producción, aumentando también de forma progresiva el nivel de precios, hasta alcanzar un punto donde mientras que los precios continúan aumentando, el nivel de producción disminuye, moviéndonos hacia arriba y hacia la izquierda. Este movimiento se produce hasta que los precios comiencen a disminuir de nuevo, moviéndonos en este caso hacia abajo y hacia la izquierda. Posteriormente, la producción comienza a aumentar de nuevo, mientras los precios siguen disminuyendo, por lo que la dirección sería hacia la derecha y hacia abajo. A partir de este momento, se repiten de nuevo las trayectorias de las variables, pero con unos valores más cercanos al nuevo estado estacionario. Estas trayectorias siguen repitiéndose hasta que alcancemos el nuevo estado estacionario.

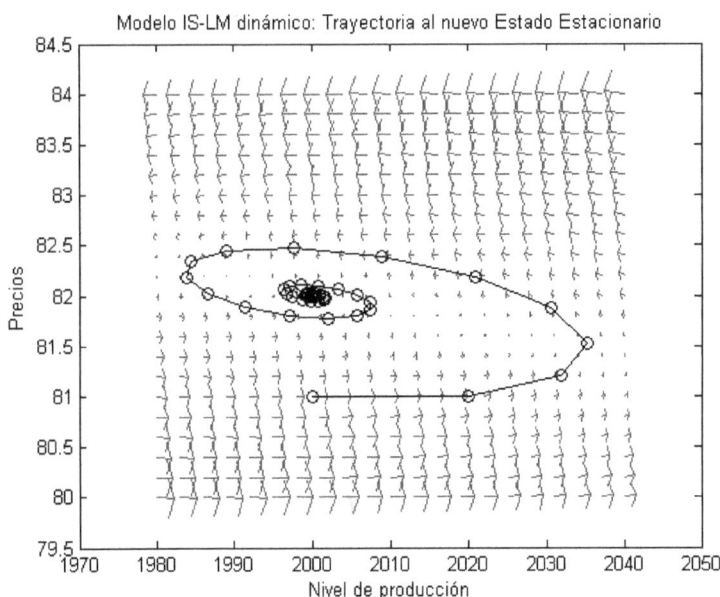

Figura D.2: Trayectoria de transición ante un aumento en la cantidad de dinero.

Apéndice E

El modelo IS-LM dinámico en DYNARE

A continuación presentamos como sería el código en Dynare para resolver el modelo IS-LM dinámico presentado en el capítulo 2:

```
% ********************************************
% Introducción a la Macroeconomía Computacional
% A. Bongers, T. Gómez y J. L. Torres (2018)
% Modelo IS-LM dinámico en DYNARE
% Fichero: mc2d.mod
% ********************************************
// Variables endógenas
var p y yd i dy dp;
// Variables exógenas
varexo m, beta0, ybar0;
// Parámetros
parameters psi, theta, beta1, mi, ni;
theta = 0.5;
psi   = 0.05;
beta1 = 50;
mi    = 0.01;
ni    = 0.2;
// Ecuaciones del modelo
model;
m-p=psi*y-theta*i;
yd=beta0-beta1*(i-dp);
dp=mi*(y-ybar0);
```

```
dy=ni*(yd-y);
dp(-1)=p-p(-1);
dy(-1)=y-y(-1);
end;
// Valores iniciales
initval;
y  = ybar0;
yd = y;
p  = 1;
i  = 1;
dy = 0;
dp = 0;
m  = 100;
beta0 = 2100;
ybar0 = 2000;
end;
// Cálculo del estado estacionario
steady;
check;
// Valores finales
endval;
y  = ybar0;
yd = y;
p  = 1;
i  = 1;
dy = 0;
dp = 0;
m  = 101;
beta0 = 2100;
ybar0 = 2000;
end;
steady;
shocks;
 var m;
 periods 0;
 values 0;
end;
simul(periods=30);
// Gráficos
T=31;
```

```
j=1:T;
subplot(2,2,1)
plot(j,y,'Color',[0.25 0.25 0.25],'linewidth',3.5)
xlabel('Periodos')
title('Producción')
subplot(2,2,2)
plot(j,yd,'Color',[0.25 0.25 0.25],'linewidth',3.5)
xlabel('Periodos')
title('Demanda Agregada')
subplot(2,2,3)
plot(j,p,'Color',[0.25 0.25 0.25],'linewidth',3.5)
xlabel('Periodos')
title('Precios')
subplot(2,2,4)
plot(j,i,'Color',[0.25 0.25 0.25],'linewidth',3.5)
xlabel('Periodos')
title('Tipo de interés nominal')
```

Apéndice F

El modelo de sobrerreacción del tipo de cambio en DYNARE

A continuación, presentamos cómo sería el modelo de sobrereacción del tipo de cambio nominal de Dornbusch para ser resuelto a través de DYNARE. Tal y como podemos observar, solo necesitamos las ecuaciones del modelo para su resolución, sin la necesidad de indicar el reajuste instantáneo del tipo de cambio nominal ante una perturbación. Esto es así porque DYNARE permite resolver las expectativas racionales que suponemos determinan el comportamiento del tipo de cambio nominal. Para que el modelo sea equivalente al resuelto en la hoja de cálculo "IMC-3.xls", hemos supuesto de que solo existe una variable adelantada (el tipo de cambio nominal).

```
% *********************************************************
% Introducción a la Macroeconomía Computacional
% A. Bongers, T. Gómez y J. L. Torres (2018)
% Modelo de desbordamiento del tiempo de cambio en DYNARE
% Fichero:  mc3d.mod
% *********************************************************
// Variables endógenas
var p s yd i dp ds;
// Variables exógenas
varexo m, beta0, ypot, pstar, istar;
// Parámetros
parameters psi, theta, beta1, beta2, mi;
// Calibración
theta = 0.5;
psi   = 0.05;
beta1 = 20;
```

```
beta2 = 0.1;
mi    = 0.001;
// Ecuaciones del modelo
model;
 m-p     = psi*ypot-theta*i;
 yd      = beta0+beta1*(s-p+pstar)-beta2*i;
 dp      = mi*(yd-ypot);
 ds      = i-istar;
 dp(-1) = p-p(-1);
 ds      = s(+1)-s;
end;
// Valores iniciales
initval;
 yd = ypot0;
 p  = 1;
 s  = 10;
 i  = 3;
 dp = 0;
 ds = 0;
 m  = 100;
 beta0 = 500;
 ypot  = 2000;
 pstar = 0;
 istar = 3;
end;
// Estado estacionario inicial
steady;
check;
// Valores finales
endval;
 yd = ypot0;
 p  = 1;
 s  = 10;
 i = 3;
 dp = 0;
 ds = 0;
 m  = 101;
 beta0 = 500;
 ypot  = 2000;
 pstar = 0;
```

```
 istar = 3;
end;
// Estado estacionario final
steady;
// Perturbación
shocks;
 var m;
 periods 0;
 values 0;
end;
// Simulación determinista
simul(periods=30);
// Gráficos
T=15;
j=1:T;
subplot(2,2,1)
plot(j,s(1:T),'Color',[0.25 0.25 0.25],'linewidth',3.5)
xlabel('Periodos')
title('Tipo de cambio nominal')
subplot(2,2,2)
plot(j,yd(1:T),'Color',[0.25 0.25 0.25],'linewidth',3.5)
xlabel('Periodos')
title('Demanda Agregada')
subplot(2,2,3)
plot(j,p(1:T),'Color',[0.25 0.25 0.25],'linewidth',3.5)
xlabel('Periodos')
title('Precios')
subplot(2,2,4)
plot(j,i(1:T),'Color',[0.25 0.25 0.25],'linewidth',3.5)
xlabel('Periodos')
title('Tipo de interés nominal')
```

Apéndice G

La decisión consumo-ahorro en MATLAB

Para resolver el problema básico del consumidor en MATLAB, vamos a hacer uso de la función "fsolve". La función "fsolve" de MatLab resuelve sistemas de ecuaciones empleando diferentes algoritmos. Para ello tenemos que escribir dos programas. Un programa principal (o fichero *script*) en el cual se hace una llamada a la función "fsolve" sobre un sistema de ecuaciones y un programa auxiliar (un fichero *function*), en el que se especifica el sistema de ecuaciones a resolver por parte de los algoritmos inluidos en la función "fsolve". El modo de proceder es similar al empleado en la hoja de cálculo. Primero definimos los parámetros y las variables exógenas y especificamos el sistema de ecuaciones a resolver. Después hacemos una llamada al algoritmo de resolución, que en el caso de Excel es la herramienta "Solver", que hace las veces de la función "fsolve" en MATLAB. El código que mostramos a continuación se corresponde con el fichero "mc4.m", que sería el programa principal, mientras que el fichero función es el "cpomc4.m".

```
% **********************************************
% Introducción a la Macroeconomía Computacional
% A. Bongers, T. Gómez y J. L. Torres (2018)
% La decisión consumo-ahorro
% Función de utilidad logarítmica:  U=ln(C)
% Fichero: mc4.m.  Fichero función:  cpomc4.m
% **********************************************
clear all
% Parámetros del modelo
T = 30;     % Tiempo de vida del individuo
beta = 0.97; % Factor de descuento intertemporal
```

```
% Variables exógenas
R = 0.02; % Tipo de interes real
for t=1:T;
 W(t) = 10;      % Renta salarial
end
%for t=21:T;
% W(t) = 0;
%end
par    =    [T beta R W];
save par par;
% Valores iniciales
x0    =    10*ones(size(1:T))';
% Algoritmo de búsqueda de ceros
sol   =    fsolve('cpomc4',x0);
% Solución
for t=1:T
 C(t)     =    sol(t);
end
for t=2:T;
    B(1) =    W(1)-C(1);
    B(t) =    (1+R)*B(t-1)+W(t)-C(t);
end
for t=1:T
    U(t)     =    beta^t*log(C(t));
end
% Gráficos
subplot(2,2,1)
plot(C,'Color',[0.25 0.25 0.25],'linewidth',3.5)
title('Consumo')
subplot(2,2,2)
plot(B,'Color',[0.25 0.25 0.25],'linewidth',3.5)
title('Ahorro')
subplot(2,2,3)
plot(W,'Color',[0.25 0.25 0.25],'linewidth',3.5)
title('Renta')
subplot(2,2,4)
plot(U,'Color',[0.25 0.25 0.25],'linewidth',3.5)
title('Utilidad descontada')
```

```
% ***********************************************
% Introducción a la Macroeconomia Computacional
% A. Bongers, T. Gómez y J. L. Torres (2018)
% La decisión consumo-ahorro
% Función de utilidad logarítmica:  U=ln(C)
% Fichero: cpomc4.m.  Fichero función de mc4.m
% ***********************************************
function f=cpomc4(x0, par)
% Carga de parámetros
load par
T = par(1);
beta = par(2);
R = par(3);
for i=1:T;
W(i) = par(3+i);
end;
% Asignacion de variables
for t=1:T
 C(t) = x0(t);
end
% Cálculo del ahorro
for t=2:T;
B(1) = W(1)-C(1);
B(t) = (1+R)*B(t-1)+W(t)-C(t);
end
% Condición terminal
 C(T+1) = C(T);
% Senda óptima de consumo
f(1) = C(2)-beta*(1+R)*C(1);
for t=2:T-1
 f(t) = C(t+1)-beta*(1+R)*C(t);
end
f(T) = C(T)-(1+R)*B(T-1);
f=f';
```

Apéndice H

El algoritmo tipo Newton

Uno de los algoritmos existentes y más utilizados para resolver un sistema de ecuaciones es un algoritmo denominado método de Newton (o método de Newton-Raphson o Newton-Fourier). Este método fue desarrollado por Isaac Newton (1642-1727), inventor entre otras cosas de la gatera, en el año 1671 y por Joseph Raphson (1648-1715) en el año 1690, si bien las bases de este método de resolución de sistemas de ecuaciones ya fueron desarrolladas anteriormente por los matemáticos persas Sharaf al-Din al-Tusi (1135-1213) y Ghiyath al-Din Jamshid Kashani (1380-1429), y aproximaciones al mismo ya habían sido realizadas por Herón de Alejandría (10-70) y por matemáticos hindúes en torno al año 300.

La idea básica es aplicar un algoritmo iterativo para, dada una ecuación o un sistema de ecuaciones, ir encontrando valores para las incógnitas de las mismas tal que su valor sea cero y, por tanto, el valor de las incógnitas sean solución a la misma. Supongamos que tenemos un sistema compuesto por n ecuaciones con n incógnitas: $F : R^n \longrightarrow R^n$. El problema a resolver consistiría en encontrar un vector $\hat{x} = (\hat{x}_1, ..., \hat{x}_n)$ de R^n tal que su imagen por $F : R^n \longrightarrow R^n$ sea $F(\hat{x}) = 0$. Para ello necesitamos partir de una propuesta de solución inicial, x_0. A esto se le llama la "semilla" o la solución propuesta (equivalente a los valores que tenemos que introducir en Excel en las celdas en las que se obtiene la solución al problema a resolver cuando utilizamos la herramienta "Solver"). Para la selección de esta solución tentativa tenemos que usar toda la información que tengamos sobre F, ya que la eficiencia y capacidad de obtener una solución del algoritmo depende de si estos valores iniciales son cercanos o muy lejanos a la solución final. El objetivo que se persigue es encontrar una solución, x, tal que $F(x)$ sea igual a cero. Para ello partimos de desarrollar la serie de Taylor de la función para un determinado valor inicial x_n:

$$F(x) = F(x_n) + F'(x_n)(x - x_n) + \frac{F''(x_n)}{2!}(x - x_n)^2 + ...$$

El procedimiento es iterativo y consiste en ir calculando la anterior expresión para las distintas aproximaciones resultantes. Esta expresión la evaluaríamos para diferentes valores tal que:

$$F(x_{n+1}) = F(x_n) + F'(x_n)(x_{n+1} - x_n) + \frac{F''(x_n)}{2!}(x_{n+1} - x_n)^2 + \dots$$

La solución vendría dada por el valor que hace que la expansión de Taylor sea igual a cero:

$$F(x_n) + F'(x_n)(x_{n+1} - x_n) + \frac{F''(x_n)}{2!}(x_{n+1} - x_n)^2 + \dots = 0$$

Si truncamos la expansión de Taylor a partir del segundo término, (es decir, estaríamos realizando una aproximación lineal) obtenemos que:

$$F(x_n) + F'(x_n)(x_{n+1} - x_n) \simeq 0$$

Conforme nos acerquemos a la solución, los valores de mayor orden de la expansión de Taylor tieneden a cero. Despejando la solución obtenida, x_{n+1}, resulta:

$$x_{n+1} = x_n - \frac{F(x_n)}{F'(x_n)}$$

que es la expresión a la que se denomina la fórmula de Newton-Raphson.

El funcionamiento del algoritmo correspondiente sería el siguiente. Comenzamos por un valor inicial de x_0, que sería nuestra propuesta de solución (y que obviamente es difícil que sea la solución excepto en casos muy simples). El resultado que obtendríamos (una nueva posible solución) de aplicar el algoritmo de Newton-Rapshon sería.

$$x_1 = x_0 - \frac{F(x_0)}{F'(x_0)}$$

Si $F(x_1) = 0$ el proceso finaliza, ya que el valor x_1 sería la solución. Por el contrario si $F(x_1)$ es diferente de cero (en una cuantía que tenemos que determinar) entonces procedemos a una segunda iteración calculando:

$$x_2 = x_1 - \frac{F(x_1)}{F'(x_1)}$$

De nuevo, si $F(x_2)$ es diferente de cero entonces procedemos a una tercera iteración calculando:

$$x_3 = x_2 - \frac{F(x_2)}{F'(x_2)}$$

y así, hasta que encontremos una solución tal que el valor de la función sea cero. No obstante, encontrar el cero absoluto (la solución exacta) para un conjunto de ecuaciones relativamente complejo nos podría llevar mucho tiempo (un nivel muy elevado de iteraciones), por debemos de introducir un criterio de tolerancia en términos de un valor que consideremos muy cercano a cero, que se correspondería con el error mínimo que consideramos aceptable para dar por válida una solución. A esto es a lo que se denomina el criterio de tolerancia. Este criterio determina en cuanto se puede desviar la solución del cero absoluto. En cada iteración podemos calcular el error que cometemos, que en términos absolutos lo definimos como

$$\varepsilon = |F(x_{t+1})|$$

Si ε es mayor que un valor muy pequeño fijado a priori (la tolerancia), entonces el algoritmo procede a realizar una nueva iteración. En el caso en el que el error relativo absoluto sea inferior al criterio de tolerancia, el algoritmo finaliza, dando la última iteración como la solución válida. A continuación vamos a presentar varios ejemplos simples para ilustrar el funcionamiento de este algoritmo.

Ejemplo 1: En el caso en que la ecuación que queramos resolver sea lineal, el algoritmo de Newton-Rapson encuentra la solución de forma directa, ya que el error que comete en la primera iteración es cero. Supongamos que queremos encontrar el cero para la siguiente función lineal:

$$F(x) = x - 2$$

Obviamente la solución a la anterior función es $x = 2$. Pero imaginemos que no lo sabemos y creemos que su valor debe ser 5, ($x_0 = 5$). Si aplicamos el algoritmo de Newton-Rapshon entonces tendríamos que:

$$x_1 = x_0 - \frac{F(x_0)}{F'(x_0)} = 5 - 3 = 2$$

Evaluando la función para dicha solución resulta:

$$F(x_0) = x_0 - 2 = 2 - 2 = 0$$

por lo que ya hemos encontrado la solución a dicha ecuación.

Ejemplo 2: Imaginemos que queremos resolver la raíz cuadrada de un número y, y obtener dicho valor, que denominados x, pero no sabemos resolver raíces cuadradas por el procedimiento estándar (o lo hemos olvidado porque lo aprendimos hace muchos años y no recordamos cómo se hacía). No hay problema, porque podemos hacerlo utilizando el algoritmo de Newton-Raphson. Esto es lo que se conoce como el método de Babilonia o método de Herón. Dado que $x = \sqrt{y}$, también podemos escribirlo como $x^2 = y$. Esto significa que podemos resolver y encontrar el cero para la siguiente función:

$$F(x) = x^2 - y$$

Aplicando el algoritmo de Newton-Raphson obtenemos que:

$$x_{i+1} = x_i - \frac{x_i^2 - y}{2x_i} = \frac{2x_i^2 - x_i^2 + y}{2x_i} = \frac{1}{2}\left(x_i + \frac{y}{x_i}\right)$$

Supongamos que $y = 21$. Sabemos que $4 \times 4 = 16$, y que $5 \times 5 = 25$, por lo que la solución tiene que estar entre 4 y 5. Por tanto, la semilla (el valor inicial) que utilizaríamos estaría entre estos dos valores. Vamos a probar con $x_0 = 4,5$. Si introducimos ente valor en la expresión anterior obtenemos:

$$x_1 = \frac{1}{2}\left(x_0 + \frac{y}{x_0}\right) = 0,5 \times \left(4,5 + \frac{21}{4,5}\right) =$$

Extender el procedimiento a un sistema de ecuaciones es sencillo. Así, en el caso en que tengamos un sistema con n ecuaciones, la aproximación de la función a través de la primera expansión de Taylor a la función F:

$$F(\mathbf{x}) \approx F(\overline{\mathbf{x}}) + J(\overline{\mathbf{x}})(\mathbf{x} - \overline{\mathbf{x}})$$

donde $J(\overline{\mathbf{x}})$ es la matriz jacobiana de F evaluada en $\overline{\mathbf{x}}$:

$$J(\overline{x}) = \begin{bmatrix} F_{11}(\overline{\mathbf{x}}) & F_{12}(\overline{\mathbf{x}}) & ... & F_{1n}(\overline{\mathbf{x}}) \\ F_{21}(\overline{\mathbf{x}}) & F_{22}(\overline{\mathbf{x}}) & ... & F_{2n}(\overline{\mathbf{x}}) \\ ... & ... & ... & ... \\ F_{n1}(\overline{\mathbf{x}}) & F_{n1}(\overline{\mathbf{x}}) & ... & F_{nn}(\overline{\mathbf{x}}) \end{bmatrix}$$

donde $F_{ij}(\overline{\mathbf{x}}) = \frac{\partial F_i(\overline{\mathbf{x}})}{\partial x_j}$. Aplicando el Teorema de Taylor que nos dice que conforme $\overline{\mathbf{x}}$ se acerca al valor $\mathbf{x}$, los términos de orden mayor tienden a cero. Dado que estamos buscando un vector de ceros para el sistema $F(\mathbf{x})$, la expresión anterior podemos evaluarla en $\hat{\mathbf{x}}$ y escribirla como:

$$\hat{\mathbf{x}} \approx \overline{\mathbf{x}} - J(\overline{\mathbf{x}})^{-1}F(\overline{\mathbf{x}})$$

El algoritmo sería similar al descrito anteriormente.

Ejemplo 3: Encontrar los ceros del siguiente sistema de ecuaciones:

$$\begin{aligned} F_1(x, z) &= x - 3z + 1 \\ F_2(x, z) &= 2x + z - 5 \end{aligned}$$

El Jacobiano correspondiente a este sistema de ecuaciones es:

$$J(x,z) = \begin{bmatrix} \frac{\partial F_1(x,z)}{\partial x} & \frac{\partial F_1(x,z)}{\partial z} \\ \frac{\partial F_2(x,z)}{\partial x} & \frac{\partial F_2(x,z)}{\partial z} \end{bmatrix} = \begin{bmatrix} 1 & -3 \\ 2 & 1 \end{bmatrix}$$

Vamos a proponer como semilla, que $x = 1$ y $z = 2$, que obviamente no es la solución al anterior sistema. Si introducimos dicha semilla en el sistema de ecuaciones obtenemos que:

$$\begin{aligned} F_1(1,2) &= 1 - 3 \times 2 + 1 = -4 \\ F_2(1,2) &= 2 \times 1 + 2 - 5 = -1 \end{aligned}$$

valores que resultan diferentes de cero, por lo que la semilla propuesta no es la solución. Si aplicamos el algoritmo de Newton-Raphson (expresión **??**), obtenemos que:

$$\begin{bmatrix} x_1 \\ z_1 \end{bmatrix} = \begin{bmatrix} 1 \\ 2 \end{bmatrix} - \begin{bmatrix} 1 & -3 \\ 2 & 1 \end{bmatrix}^{-1} \begin{bmatrix} -4 \\ -1 \end{bmatrix} = \begin{bmatrix} 2 \\ 1 \end{bmatrix}$$

Si introducimos esta nueva solución en el sistema de ecuaciones obtenemos:

$$\begin{aligned} F_1(2;1) &= 2 - 3 \times 1 + 1 = 0 \\ F_2(2;1) &= 2 \times 2 + 1 - 5 = 0 \end{aligned}$$

siendo la solución de ambas ecuaciones igual a cero, por lo que ya hemos encontrado la solución al anterior sistema ($\overline{x} = 2$, $\overline{z} = 1$).

Apéndice I

La decisión consumo-ahorro y consumo-ocio en MATLAB

A continuación presentamos el código en MATLAB para resolver el problema del consumidor con ocio.

```
%*******************************************************
% Introducción a la Macroeconomía Computacional
% A. Bongers, T. Gómez y J. L. Torres (2018)
% Decisión consumo-ahorro y consumo-ocio
% Función de utilidad: U=gamma*ln(C)+(1-gamma)*ln(1-L)
% Fichero: mc5.m. Fichero función: cpomc5.m
%*******************************************************
clear all
% Parámetros del modelo
T = 30; % Tiempo de vida del individuo
beta = 0.99;    % Factor de descuento intertemporal
gamma = 0.40; % Peso del consumo en la utilidad
% Variables exógenas
R = 0.02;    % Tipo de interes real
for t=1:T;
 W(t) = 30; % Renta salarial
end
par    =    [T beta R gamma W];
save par par;
% Valores iniciales
x0    =    [10*ones(size(1:T)), 0.3*ones(size(1:T))]';
% Algoritmo de búsqueda de ceros
```

```matlab
sol     =       fsolve('cpomc5',x0);
% Solución
for t=1:T
     C(t)     = sol(t);
 L(t) = sol(t+T);
end
for t=2:T;
    B(1) =      W(1)*L(1)-C(1);
    B(t) =      (1+R)*B(t-1)+W(t)*L(t)-C(t);
end
% Gráficos
subplot(2,2,1)
plot(C,'Color',[0.25 0.25 0.25],'linewidth',3.5)
title('Consumo')
xlabel('Periodos')
subplot(2,2,2)
plot(B,'Color',[0.25 0.25 0.25],'linewidth',3.5)
title('Ahorro (Stock de activos financieros)')
xlabel('Periodos')
subplot(2,2,3)
plot(W.*L,'Color',[0.25 0.25 0.25],'linewidth',3.5)
title('Renta salarial')
xlabel('Periodos')
subplot(2,2,4)
plot(L,'Color',[0.25 0.25 0.25],'linewidth',3.5)
title('Trabajo (Fracción de tiempo)')
xlabel('Periodos')

%*******************************************************
% Introducción a la Macroeconomía Computacional
% A. Bongers, T. Gómez y J. L. Torres (2018)
% Función de utilidad:   U=gamma*ln(C)+(1-gamma)*ln(1-L)
% Fichero: cpomc5.m.  Fichero función del script mc5.m
%*******************************************************
function f=cpomc5(x0,par)
% Carga de parámetros
load par
T = par(1);
beta = par(2);
R = par(3);
```

```
gamma = par(4);
for i=1:T;
W(i) = par(4+i);
end;
% Asignacion de variables
for t=1:T
 C(t) = x0(t);
 L(t) = x0(t+T);
end
% Cálculo del ahorro
for t=2:T-1;
B(1) = W(1)*L(1)-C(1);
B(t) = (1+R)*B(t-1)+W(t)*L(t)-C(t);
end
% Senda óptima de consumo
f(1) = C(2)-beta*(1+R)*C(1);
f(2) = W(1)-(C(1)/((1-L(1))))*(1-gamma)/gamma;
for t=2:T-1
 f(2*t-1) = C(t+1)-beta*(1+R)*C(t);
 f(2*t) = W(t)-(C(t)/((1-L(t))))*(1-gamma)/gamma;
end
f(2*T) = C(T)-W(T)*L(T)-(1+R)*B(T-1);
f(2*T+1) = W(T)-(C(T)/((1-L(T))))*(1-gamma)/gamma;
f=f';
```

Apéndice J

El problema del consumidor con impuestos en MATLAB

Introducir impuestos en el problema del consumidor resulta sencillo, ya que los tipos impositivos son variables exógenas y, por tanto, la estructura básica del problema no se ve alterada. A continuación presentamos un código simple en MATLAB para resolver el problema del consumidor con tres tipos de impuestos: impuestos sobre el consumo, sobre la renta salarial y sobre la rentabilidad de los activos financieros.

El fichero principal, denominado "mc6.m", es el siguiente:

```
%****************************************************************
% Introducción a la Macroeconomía Computacional
% A. Bongers, T. Gómez y J. L. Torres (2018)
% Impuestos distorsionadores
% Función de utilidad logarítmica:  U=gamma*ln(C)+(1-gamma)*log(1-L)
% Fichero:  mc6.m.  Fichero función:  cpomc6.m
%****************************************************************
clear all
% Parámetros del modelo
T = 30; % Tiempo de vida del individuo
beta = 0.97;     % Factor de descuento intertemporal
gamma = 0.40; % Peso del consumo en la utilidad
% Variables exógenas
R    = 0.05;     % Tipo de interes real
tauw = 0.35;
taur = 0.25;
tauc = 0.15;
for t=1:T;
```

```
   W(t) = 100; % Renta salarial
end
par   =   [T beta R gamma tauw taur tauc W];
save par par;
% Valores iniciales
x0   =   [10*ones(size(1:T)), 0.3*ones(size(1:T))]';
% Algoritmo de búsqueda de ceros
sol   =   fsolve('cpomc6', x0);
% Solución
for t=1:T
     C(t)   =   sol(t);
 L(t) = sol(t+T);
end
for t=2:T;
    B(1) = (1-tauw)*W(1)*L(1)-(1+tauc)*C(1);
 B(t) = (1+(1-taur)*R)*B(t-1)+(1-tauw)*W(t)*L(t)-(1+tauc)*C(t);
 % G(t) = tauc*C(t)+tauw*W(t)*L(t)+taur*R*B(t-1);
end
%Cambio en los tipos impositivos
tauw1 = 0.30;
taur1 = 0.25;
tauc1 = 0.15;
par   =   [T beta R gamma tauw1 taur1 tauc1 W];
save par par;
% Valores iniciales
x0   =   [10*ones(size(1:T)), 0.3*ones(size(1:T))]';
% Algoritmo de búsqueda de ceros
sol   =   fsolve('cpomc6', x0);
% Solución
for t=1:T
 C1(t)   =   sol(t);
 L1(t)   =   sol(t+T);
end
W1=W;
for t=2:T;
 B1(1) = (1-tauw1)*W(1)*L1(1)-(1+tauc1)*C1(1);
 B1(t) = (1+(1-taur1)*R)*B1(t-1)+(1-tauw1)*W(t)*L1(t)
        -(1+tauc1)*C1(t);
end
% Gráficos
```

```
i=1:T;
subplot(2,2,1)
plot(i,C,'--',i,C1,'Color',[0.25 0.25 0.25],'linewidth',3.5)
xlabel('Periodos')
title('Consumo')
subplot(2,2,2)
plot(i,B,'--',i,B1,'-','Color',[0.25 0.25 0.25],'linewidth',3.5)
xlabel('Periodos')
title('Ahorro (Stock de activos financieros)')
subplot(2,2,3)
plot(i,(1-tauw).*W.*L,'--',i,(1-tauw1).*W1.*L1,
          'Color',[0.25 0.25 0.25],'linewidth',3.5)
xlabel('Periodos')
title('Renta salarial (después de impuestos)')
subplot(2,2,4)
plot(i,L,'--',i,L1,'Color',[0.25 0.25 0.25],'linewidth',3.5)
xlabel('Periodos')
title('Trabajo (Fracción de tiempo)')
```

El fichero función asociado, denominado "cpo6.m" es el siguiente:

```
%***************************************************************
% Introducción a la Macroeconomía Computacional
% A. Bongers, T. Gómez y J. L. Torres (2018)
% Impuestos distorsionadores
% Función de utilidad logarítmica:  U=gamma*ln(C)+(1-gamma)*ln(1-L)
% Fichero: cpomc6.m. Fichero función del script:  mc6.m
%***************************************************************
function f=cpomc6(x0, par)
% Carga de parámetros
load par
T = par(1);
beta = par(2);
R = par(3);
gamma = par(4);
tauw = par(5);
taur = par(6);
tauc = par(7);
for i=1:T;
W(i) = par(7+i);
```

```
end;
% Asignacion de variables
for t=1:T
 C(t) = x0(t);
 L(t) = x0(t+T);
end
% Cálculo del ahorro
for t=2:T;
B(1) = (1-tauw)*W(1)*L(1)-(1+tauc)*C(1);
B(t) = (1+(1-taur)*R)*B(t-1)+(1-tauw)*W(t)*L(t)-(1+tauc)*C(t);
end
% Senda óptima de consumo
f(1) = (1+tauc)*C(2)-beta*(1+(1-taur)*R)*(1+tauc)*C(1);
f(2) = (1-tauw)*W(1)*(1-L(1))-((1+tauc)*C(1))*(1-gamma)/gamma;
for t=2:T-1
 f(2*t-1) = (1+tauc)*C(t+1)-beta*(1+(1-taur)*R)*(1+tauc)*C(t);
 f(2*t) = (1-tauw)*W(t)*(1-L(t))-((1+tauc)*C(t))*(1-gamma)/gamma;
end
f(2*T-1) = (1+tauc)*C(T)-(1+(1-taur)*R)*B(T-1)-(1-tauw)*W(T)*L(T);
f(2*T) = (1-tauw)*W(T)*(1-L(T))-((1+tauc)*C(T))*(1-gamma)/gamma;
f=f';
```

Apéndice K

El modelo de la Q de Tobin en DYNARE

El modelo de la Q de Tobin puede ser resuelto de una manera muy sencilla usando DYNARE. Tal y como hemos visto en apéndices anteriores, DYNARE es una herramienta muy fácil de usar, con un lenguaje muy sencillo, diseñada especialmente para resolver modelos de equilibrio general dinámicos. El modelo de la Q de Tobin aparece como una parte integrante del modelo de equilibrio general dinámico.

```
// *******************************************
// Introducción a la Macroeconomía Computacional
// A. Bongers, T. Gómez y J. L. Torres (2018)
// Modelo de la Q de Tobin en DYNARE
// Fichero:  mc7d.mod
// *******************************************
// Variables endógenas
var q k dq dk;
// Variables exógenas
varexo R, delta;
// Parámetros
parameters alpha, phi;
// Calibración
alpha = 0.35;
phi = 10;
// Definiendo el stock de capital como variable predeterminada
predetermined_variables k;
// Ecuaciones del modelo
model;
```

```
(1-delta)*q(+1)=(1+R)*q-alpha*k(+1)^(alpha-1)
        +phi/2*(((k(+2)-k(+1))/k(+1)))^2
        -phi*((k(+2)-k(+1))/k(+1))*(k(+2)-(1-delta)*k(+1))/k(+1);
k(+1)-k=(q-1)*k/phi;
dk=k(+1)-k;
dq=q(+1)-q;
end;
// Valores iniciales
initval;
q = 1;
k = 10;
dk = 0;
dq = 0;
R = 0.04;
delta = 0.06;
end;
// Estado Estacionario inicial
steady;
check;
// Valores finales
// Perturbación: Dismución en el tipo de interés
endval;
q = 1;
k = 10;
dk = 0;
dq = 0;
R = 0.03;
delta = 0.06;
end;
// Estado Estacionario final
steady;
check;
// Simulación determinista
simul(periods=200);
// Gráficos
T=50;
j=1:T;
subplot(1,2,1)
plot(j,q(1:T),'Color',[0.25 0.25 0.25],'linewidth',3.5)
title('Ratio q')
```

```
xlabel('Periodos')
subplot(1,2,2)
plot(j,k(1:T),'Color',[0.25 0.25 0.25],'linewidth',3.5)
title('Stock de capital')
xlabel('Periodos')
```

Apéndice L

El modelo de equilibrio general dinámico en MATLAB

En este apéndice presentamos el código para resolver el modelo de equilibrio general dinámico en MATLAB y simular una perturbación transitoria de productividad, que sería el equivalente al ejercicio planteado en la hoja de cálculo **"IMC-8-1-xls"**.

```
%***********************************************
% Introducción a la Macroeconomía Computacional
% A. Bongers, T. Gómez y J. L. Torres (2018)
% Modelo basico de equilibrio general
% Función de utilidad logarítmica:  U=ln(C)
% Fichero:  mc8.m.  Función asociada cpomc8.m
%***********************************************
clear all
% Tiempo
T = 100;
% Definición de parámetros
Ass = 1.00;
Alpha = 0.35;
Delta = 0.06;
Rho = 1;
Beta = 0.96;
% Estado escionario
Kss = ((1-Beta+Delta*Beta)/(Ass*Alpha*Beta))^(1/(Alpha-1));
Yss = Ass*Kss^Alpha;
Iss = Delta*Kss;
Css = Yss-Iss;
```

```
% Pertubación
Epsilon=0.01;
A(1)=Ass^Rho+Epsilon;
 for i=2:T;
 A(i)=A(i-1)^Rho;
 end
par =[Ass Alpha Delta Rho Beta Kss T A];
save par par;
% Valores iniciales
x0 = [Kss*ones(size(1:T)) 0.20*Kss*ones(size(1:T))]';
% Algoritmo
sol = fsolve('cpomc8',x0);
% Solución
 for t=1:T;
 C(t) = sol(t);
 K(t) = sol(t+T);
 end
Y = A.*K.^Alpha;
K(T+1)=K(T);
I = K(2:T+1)-(1-Delta)*K(1:T);
T=60;
% Gráficos
subplot(2,2,1)
plot((C(1:T)-Css)/Css,'Color',[0.25 0.25 0.25],'linewidth',3.5)
xlabel('Periodos')
title('Consumo')
subplot(2,2,2)
plot((K(1:T)-Kss)/Kss,'Color',[0.25 0.25 0.25],'linewidth',3.5)
xlabel('Periodos')
title('Stock de capital')
subplot(2,2,3)
plot((Y(1:T)-Yss)/Yss,'Color',[0.25 0.25 0.25],'linewidth',3.5)
xlabel('Periodos')
title('Producción')
subplot(2,2,4)
plot((A(1:T)-Ass)/Ass,'Color',[0.25 0.25 0.25],'linewidth',3.5)
xlabel('Periodos')
title('Productividad Total de los Factores')
```

```
%*************************************************
% Introducción a la Macroeconomía Computacional
% A. Bongers, T. Gómez y J. L. Torres (2018)
% Modelo basico de equilibrio general
% Función de utilidad logarítmica:  U=ln(C)
% Fichero:  cpomc8.m.  Fichero función de mc8.m
%*************************************************
function f=cpomc8(z,par)
% Carga de parámetros
load par
Ass   = par(1);
Alpha = par(2);
Delta = par(3);
Rho   = par(4);
Beta  = par(5);
Kss   = par(6);
T     = par(7);
for i=1:T;
A(i) = par(7+i);
end;
% Asignación de variables
for t=1:T
C(t) = z(t);
K(t) = z(t+T);
end
C(T+1) = C(T);
K0=Kss;
% Ecuación a resolver
f(1) = C(2)-Beta*(Alpha*A(1)*K(1)^(Alpha-1)+(1-Delta))*C(1);
f(2) = C(1)+K(1)-(1-Delta)*K0-A(1)*K0^Alpha;
for t=2:T
f(2*t-1) = C(t+1)-Beta*(Alpha*A(t)*K(t)^(Alpha-1)+(1-Delta))*C(t);
f(2*t)   = C(t)+K(t)-(1-Delta)*K(t-1)-A(t)*K(t-1)^Alpha;
end
f=f';
```

Apéndice M

El modelo de equilibrio general dinámico en DYNARE

En este apéndice presentamos el código en DYNARE para resolver el modelo básico de equilibrio general desarrollado en el capítulo 8. Tal y como hemos comentado anteriormente, DYNARE es una herramienta especialmente diseñada para resolver este tipo de modelos, tanto en un entorno determinista como estocástico. En la práctica DYNARE resuelve una aproximación a sistema no-lineal inicial, si bien dicha aproximación no tiene porqué ser lineal, sino que podemos utilizar órdenes superiores en la expansión de Taylor para aproximar a las ecuaciones originales. La utilidad de la herramienta DYNARE es que permite obtener las ecuaciones dinámicas log-linearizadas de un modelo de equilibrio general dinámico sin necesidad de tener que calcularlas a mano, tal y como hemos tenido que hacer para construir la hoja de cálculo "**IMC-8.2.xls**".

```
// **********************************************
// Introducción a la Macroeconomía Computacional
// A. Bongers, T. Gómez y J. L. Torres (2018)
// Modelo de Equilibrio General Dinámico en DYNARE
// Fichero: mc8d.mod
// **********************************************
// Definición de variables endógenas
var Y, C, I, K, R, A;
// Definición de variables exógenas
varexo e;
// Definición de parámetros
parameters alpha, beta, delta, rho;
// Calibración
```

```
alpha = 0.35;
beta = 0.96;
delta = 0.06;
rho = 0.80;
// Definiendo el stock de capital como variable predeterminada
predetermined_variables K;
// Ecuaciones del modelo
model;
1 = beta*((C/C(+1))*(R(+1)+(1-delta)));
Y = A*K^alpha;
K(+1) = (1-delta)*K+I;
Y = C+I;
R = alpha*A*K^(alpha-1);
A = A(-1)^rho+e;
end;
// Valores iniciales
initval;
Y = 1;
C = 0.8;
K = 3.5;
I = 0.2;
R = alpha*Y/K;
A = 1;
e = 0;
end;
// Cálculo del estado estacionario
steady;
// Verificación cumplimiento de la condición BK
check;
ybar=oo_.steady_state(1);
cbar=oo_.steady_state(2);
ibar=oo_.steady_state(3);
kbar=oo_.steady_state(4);
Rbar=oo_.steady_state(5);
Abar=oo_.steady_state(6);
shocks;
var e;
stderr 0.01;
end;
stoch_simul(order=1);
```

```
% Gráficos
figure;
T=40;
j=1:T;
subplot(2,2,1)
plot(j,Y_e+ybar,'Color',[0.25 0.25 0.25],'linewidth',3.5)
xlabel('Periodos')
title('Producción')
subplot(2,2,2)
plot(j,K_e+kbar,'Color',[0.25 0.25 0.25],'linewidth',3.5)
xlabel('Periodos')
title('Stock de capital')
subplot(2,2,3)
plot(j,C_e+cbar,'Color',[0.25 0.25 0.25],'linewidth',3.5)
xlabel('Periodos')
title('Consumo')
subplot(2,2,4)
plot(j,I_e+ibar,'Color',[0.25 0.25 0.25],'linewidth',3.5)
xlabel('Periodos')
title('Inversión')
```

Apéndice N

Resolución del modelo de equilibrio general dinámico estocástico

En este apéndice vamos a resolver el modelo de equilibrio general dinámico que hemos visto en el capítulo 8, pero en su versión estocástica. En la práctica existe una gran variedad de métodos para resolver este tipo de modelos dinámicos con expectativas racionales, tanto para el caso en que el sistema a resolver sea lineal (una aproximación lineal al mismo) como no lineal. La idea de estos métodos es obtener las denominadas funciones de transicción y las funciones de política, que consisten en obtener un sistema recursivo en el cual todas las variables del modelo dependan de las variables de estado. Las variables de estado son variables predeterminadas, es decir, su valor ya fue determinado a través de las decisiones en el periodo anterior. Así, el stock de capital es una variable de estado, ya que el stock de capital hoy fue decidido a través de la inversión en el periodo anterior. Por tanto, en cada momento del tiempo conocemos el valor de la variable de estado. La solución al modelo vendría dada por un sistema recursivo para las variables de estado (denominadas funciones de transición), y por un sistema en el cual el resto de variables de control dependen del valor de las variables de estado (las funciones de política). En este apéndice vamos a presentar uno de estos métodos para la resolución de sistemas de ecuaciones lineales con expectativas racionales. Esto significa que tenemos que proceder previamente a linearizar el modelo de equilibrio general dinámico cuyas ecuaciones son no lineales. En particular, vamos a presentar el método de Blanchard y Khan.[1]

La solución de este tipo de modelos supone la obtención de un sistema recursivo

---

[1] Blanchard, O. y Khan, C. M. (1980). The solution of linear difference models under rational expectations. *Econometrica*, 48(5): 1305-1311.

en términos de las variables de estado. En términos generales esta solución puede representarse como

$$\mathbf{s}_t = V\mathbf{s}_{t-1} + W\varepsilon_t \tag{N.1}$$

$$\mathbf{v}_t = Z\mathbf{s}_t \tag{N.2}$$

donde $\mathbf{s}_t$ es el vector de las variables de estado (en nuestro caso el stock de capital), $\mathbf{v}_t$ es el vector del resto de variables endógenas del modelo, incluyendo la variable "saltarina" que es una variable *forward-looking* o variable adelantada (en nuestro caso el consumo), sobre la cual se aplican expectativas racionales, ε_t es un vector de variables exógenas que en este caso lo asociamos al componente aleatorio, y donde V, W y Z son matrices que están compuestas por los parámetros del modelo. El primer sistema definiría las funciones de transición y el segundo las funciones de política.

A continuación vamos a aplicar el método de Blanchard y Khan paso por paso. Partimos de las ecuaciones que definen el modelo en términos estocásticos, que son las siguientes:

$$E_t C_{t+1} = \beta \left[\alpha \frac{E_t Y_{t+1}}{K_{t+1}} + 1 - \delta \right] C_t \tag{N.3}$$

$$Y_t = A_t K_t^{\alpha} \tag{N.4}$$

$$K_{t+1} = (1-\delta)K_t + I_t \tag{N.5}$$

$$Y_t = C_t + I_t \tag{N.6}$$

$$\ln A_t = \rho \ln A_{t-1} + \varepsilon_t \tag{N.7}$$

donde suponemos que ε_t es una perturbación aleatoria.

A continuación, obtenemos una aproximación lineal al mismo. El modelo log-linearizado en términos de sus desviaciones respecto al estado estacionario sería el siguiente:

$$E_t \widehat{c}_{t+1} = (1 - \beta + \beta\delta)(E_t \widehat{y}_{t+1} - \widehat{k}_{t+1}) + \widehat{c}_t \tag{N.8}$$

$$\widehat{y}_t = \widehat{a}_t + \alpha \widehat{k}_t \tag{N.9}$$

$$\widehat{k}_{t+1} = (1-\delta)\widehat{k}_t + \widehat{i}_t \tag{N.10}$$

$$(1 - \beta + \beta\delta)\widehat{y}_t = (1 - \beta + (1-\alpha)\beta\delta)\widehat{c}_t + \alpha\beta\delta\widehat{i}_t \tag{N.11}$$

$$\widehat{a}_t = \rho\widehat{a}_{t-1} + \varepsilon_t \tag{N.12}$$

Dividimos las variables en dos grupos. El primer grupo estaría compuesto por la variable adelantada (el consumo) y la variable de estado (el stock de capital). El segundo grupo estaría compuesto por el resto de variables (el nivel de producción y la inversión).

$$\mathbf{x}_t = \begin{bmatrix} \widehat{c}_t \\ \widehat{k}_t \end{bmatrix} \qquad \mathbf{z}_t = \begin{bmatrix} \widehat{y}_t \\ \widehat{i}_t \end{bmatrix} \tag{N.13}$$

El modelo puede escribirse en términos de los siguientes sistemas de ecuaciones:

$$A\mathbf{z}_t = B\mathbf{x}_t + C\widehat{a}_t \tag{N.14}$$

$$D\mathbf{x}_{t+1} + F\mathbf{z}_{t+1} = G\mathbf{x}_t + H\mathbf{z}_t \tag{N.15}$$

El sistema de ecuaciones log-linearizado lo dividimos por tanto en dos grupos: aquellas ecuaciones que son estáticas y vienen definidas en el mismo momento del tiempo y aquellas ecuaciones que contienen variables futuras. El primer sistema de ecuaciones estaría compuesto por tanto por:

$$\widehat{y}_t = \widehat{a}_t + \alpha\widehat{k}_t \tag{N.16}$$

$$(1 - \beta + \beta\delta)\widehat{y}_t - \alpha\beta\delta\widehat{i}_t = (1 - \beta + (1 - \alpha)\beta\delta)\widehat{c}_t \tag{N.17}$$

mientras que el segundo sistema de ecuaciones estaría compuesto por:

$$E_t\widehat{c}_{t+1} - (1 - \beta + \beta\delta)(\widehat{y}_{t+1} - \widehat{k}_{t+1}) = \widehat{c}_t \tag{N.18}$$

$$\widehat{k}_{t+1} = (1 - \delta)\widehat{k}_t + \delta\widehat{i}_t \tag{N.19}$$

Para simplificar, vamos a definir los siguientes dos parámetros:

$$\Omega = 1 - \beta + \beta\delta$$

$$\Phi = 1 - \beta + (1 - \alpha)\beta\delta$$

Por tanto, los sistemas (N.14) y (N.15), utilizando cada conjunto de ecuaciones, los podemos escribir como:

$$\underbrace{\begin{bmatrix} 1 & 0 \\ \Omega & -\alpha\beta\delta \end{bmatrix}}_{A} \begin{bmatrix} \widehat{y}_t \\ \widehat{i}_t \end{bmatrix} = \underbrace{\begin{bmatrix} 0 & \alpha \\ \Phi & 0 \end{bmatrix}}_{B} \begin{bmatrix} \widehat{c}_t \\ \widehat{k}_t \end{bmatrix} + \underbrace{\begin{bmatrix} 1 \\ 0 \end{bmatrix}}_{C} \widehat{a}_t \tag{N.20}$$

$$\underbrace{\begin{bmatrix} 1 & \Omega \\ 0 & 1 \end{bmatrix}}_{D} \begin{bmatrix} E_t\widehat{c}_{t+1} \\ \widehat{k}_{t+1} \end{bmatrix} + \underbrace{\begin{bmatrix} -\Omega & 0 \\ 0 & 0 \end{bmatrix}}_{F} \begin{bmatrix} \widehat{y}_{t+1} \\ \widehat{i}_{t+1} \end{bmatrix} = \underbrace{\begin{bmatrix} 1 & 0 \\ 0 & 1-\delta \end{bmatrix}}_{G} \begin{bmatrix} \widehat{c}_t \\ \widehat{k}_t \end{bmatrix} + \underbrace{\begin{bmatrix} 0 & 0 \\ 0 & \delta \end{bmatrix}}_{H} \begin{bmatrix} \widehat{y}_t \\ \widehat{i}_t \end{bmatrix} \tag{N.21}$$

Despejando del primer sistema resulta:[2]

$$\begin{bmatrix} \widehat{y}_t \\ \widehat{i}_t \end{bmatrix} = A^{-1}B \begin{bmatrix} \widehat{c}_t \\ \widehat{k}_t \end{bmatrix} + A^{-1}C\widehat{a}_t \tag{N.22}$$

---

[2]Nótese que este procedimiento necesita la inversión de la matriz A. Sin embargo, puede suceder que la matriz A sea no invertible, con lo cual sería necesario aplicar otro procedimiento alternativo, como puede ser el de Klein, que utiliza la descomposición QZ. Klein, P. (2000). Using a generalized Schur form to solve a multivariate linear rational expectation model. *Journal of Economic Dynamics and Control*, 24(1): 405-423.

Escribiendo este sistema en $t + 1$, obtendríamos:

$$\begin{bmatrix} \widehat{y}_{t+1} \\ \widehat{i}_{t+1} \end{bmatrix} = A^{-1}B \begin{bmatrix} E_t\widehat{c}_{t+1} \\ \widehat{k}_{t+1} \end{bmatrix} + A^{-1}C\widehat{a}_{t+1} \qquad (N.23)$$

Sustituyendo estos dos sistemas en el sistema (N.21), resulta:

$$D\begin{bmatrix} E_t\widehat{c}_{t+1} \\ \widehat{k}_{t+1} \end{bmatrix} + FA^{-1}B\begin{bmatrix} E_t\widehat{c}_{t+1} \\ \widehat{k}_{t+1} \end{bmatrix} + FA^{-1}C\widehat{a}_{t+1} = G\begin{bmatrix} \widehat{c}_t \\ \widehat{k}_t \end{bmatrix} + HA^{-1}B\begin{bmatrix} \widehat{c}_t \\ \widehat{k}_t \end{bmatrix} + HA^{-1}C\widehat{a}_t$$
$$(N.24)$$

y agrupando términos resulta:

$$(D + FA^{-1}B)\begin{bmatrix} E_t\widehat{c}_{t+1} \\ \widehat{k}_{t+1} \end{bmatrix} + FA^{-1}C\widehat{a}_{t+1} = (G + HA^{-1}B)\begin{bmatrix} \widehat{c}_t \\ \widehat{k}_t \end{bmatrix} + HA^{-1}C\widehat{a}_t \qquad (N.25)$$

Dado que

$$\widehat{a}_t = \rho\widehat{a}_{t-1} + \varepsilon_t \qquad (N.26)$$

El valor esperado en $t + 1$ resulta:

$$E_t\widehat{a}_{t+1} = \rho\widehat{a}_t \qquad (N.27)$$

Sustituyendo resulta:

$$(D + FA^{-1}B)\begin{bmatrix} E_t\widehat{c}_{t+1} \\ \widehat{k}_{t+1} \end{bmatrix} + FA^{-1}C\rho\widehat{a}_t = (G + HA^{-1}B)\begin{bmatrix} \widehat{c}_t \\ \widehat{k}_t \end{bmatrix} + HA^{-1}C\widehat{a}_t \qquad (N.28)$$

y reagrupando, obtenemos:

$$(D + FA^{-1}B)\begin{bmatrix} E_t\widehat{c}_{t+1} \\ \widehat{k}_{t+1} \end{bmatrix} = (G + HA^{-1}B)\begin{bmatrix} \widehat{c}_t \\ \widehat{k}_t \end{bmatrix} + (HA^{-1}C - FA^{-1}C\rho)\widehat{a}_t \qquad (N.29)$$

Definiendo las matrices

$$\begin{aligned} J &= (D + FA^{-1}B)^{-1}(G + HA^{-1}B) \\ M &= (D + FA^{-1}B)^{-1}(HA^{-1}C - FA^{-1}C\rho) \end{aligned}$$

llegamos finalmente al siguiente sistema:

$$\begin{bmatrix} E_t\widehat{c}_{t+1} \\ \widehat{k}_{t+1} \end{bmatrix} = J\begin{bmatrix} \widehat{c}_t \\ \widehat{k}_t \end{bmatrix} + M\widehat{a}_t \qquad (N.30)$$

donde

$$J = \begin{bmatrix} 1 - \frac{(\alpha-1)\Omega\Phi}{\alpha\beta} & (\alpha-1)\Omega(1 - \delta + \frac{\Omega}{\beta}) \\ -\frac{\Phi}{\alpha\beta} & 1 - \delta + \frac{\Omega}{\beta} \end{bmatrix}$$

y operando resulta:

$$J = \begin{bmatrix} 1 - \frac{(\alpha-1)\Omega\Phi}{\alpha\beta} & \frac{(\alpha-1)\Omega}{\beta} \\ -\frac{\Phi}{\alpha\beta} & \frac{1}{\beta} \end{bmatrix}$$

matriz que es exactamente la misma que la matriz dada por la expresión (8.96), si escribimos dicho sistema en forma normal, es decir, si le sumamos la unidad a los elementos de la diagonal principal. Por su parte, la matriz M, vendría dada por:

$$M = \begin{bmatrix} \Omega\left(\rho + \frac{(\alpha-1)\Omega}{\alpha\beta}\right) \\ \frac{\Omega}{\alpha\beta} \end{bmatrix}$$

Dado los valores calibrados para los parámetros (Tabla 8.1), resulta que el valor de las matrices es:

$$A = \begin{bmatrix} 1 & 0 \\ 0,0976 & -0,0202 \end{bmatrix}, \qquad B = \begin{bmatrix} 0 & 0,35 \\ 0,07744 & 0 \end{bmatrix}$$

$$D = \begin{bmatrix} 1 & 0,0976 \\ 0 & 1 \end{bmatrix}, \qquad F = \begin{bmatrix} -0,0976 & 0 \\ 0 & 0 \end{bmatrix}$$

$$G = \begin{bmatrix} 1 & 0 \\ 0 & 0,94 \end{bmatrix}, \qquad H = \begin{bmatrix} 0 & 0 \\ 0 & 0,06 \end{bmatrix}$$

Por tanto, las matrices J y M serían:

$$J = \begin{bmatrix} 1,0146 & -0,066 \\ -0,2305 & 1,0417 \end{bmatrix}, \qquad M = \begin{bmatrix} 0,0597 \\ 0,2905 \end{bmatrix}$$

Tal y como podemos comprobar los valores de la matriz J son los mismos que aparecen en al expresión (8.97), si sumamos la unidad a los elementos de la diagonal principal.

A continuación expresamos la matriz J, en términos de dos matrices que nos dan los vectores propios y valores propios del sistema, usando la descomposición de Jordan:

$$J = O^{-1}NO$$

donde la matriz N serían los valores propios y la matriz O^{-1} estaría formada por los vectores propios,

$$N = \begin{bmatrix} \lambda_1 & 0 \\ 0 & \lambda_2 \end{bmatrix}, \qquad O = \begin{bmatrix} v_{11} & v_{12} \\ v_{21} & v_{22} \end{bmatrix}$$

Por tanto, tendríamos:

$$\begin{bmatrix} E_t\widehat{c}_{t+1} \\ \widehat{k}_{t+1} \end{bmatrix} = \begin{bmatrix} v_{11} & v_{12} \\ v_{21} & v_{22} \end{bmatrix}^{-1} \begin{bmatrix} \lambda_1 & 0 \\ 0 & \lambda_2 \end{bmatrix} \begin{bmatrix} v_{11} & v_{12} \\ v_{21} & v_{22} \end{bmatrix} \begin{bmatrix} \widehat{c}_t \\ \widehat{k}_t \end{bmatrix} + M\widehat{a}_t \qquad (N.31)$$

Para que la solución sea única se requiere que $|\lambda_1| < 1$ y $|\lambda_2| > 1$. Esto es lo que se conoce como la condición de rango, o la condición de Blanchard-Khan. Esta condición indica que existe una solución única si el número de valores propios fuera del círculo unitario es igual al número de variables no predeterminadas (variables saltarinas). En el modelo que estamos resolviendo solo tenemos una variable saltarina, el nivel de consumo, por lo que una de las raíces tiene que estar fuera del círculo unitario para que la solución sea única.

Aplicando la descomposición de Jordan a los valores del modelo resulta:

$$N = \begin{bmatrix} 0,9040 & 0 \\ 0 & 1,1523 \end{bmatrix}, \; O = \begin{bmatrix} 0,9282 & 0,4455 \\ -0,9282 & 0,5545 \end{bmatrix}, \; O^{-1} = \begin{bmatrix} 0,5974 & -0,4799 \\ 1 & 1 \end{bmatrix}$$

El anterior sistema podemos escribirlo como

$$\begin{bmatrix} v_{11} & v_{12} \\ v_{21} & v_{22} \end{bmatrix} \begin{bmatrix} E_t\widehat{c}_{t+1} \\ \widehat{k}_{t+1} \end{bmatrix} = \begin{bmatrix} \lambda_1 & 0 \\ 0 & \lambda_2 \end{bmatrix} \begin{bmatrix} v_{11} & v_{12} \\ v_{21} & v_{22} \end{bmatrix} \begin{bmatrix} \widehat{c}_t \\ \widehat{k}_t \end{bmatrix} + \begin{bmatrix} v_{11} & v_{12} \\ v_{21} & v_{22} \end{bmatrix} M\widehat{a}_t \qquad (N.32)$$

Operando (multiplicando las matrices), podemos definir:

$$v_{11}E_t\widehat{c}_{t+1} + v_{12}\widehat{k}_{t+1} = \lambda_1 v_{11}\widehat{c}_t + \lambda_1 v_{12}\widehat{k}_t + (v_{11}M_{11} + v_{12}M_{21})\,\widehat{a}_t \quad (N.33)$$

$$v_{21}E_t\widehat{c}_{t+1} + v_{22}\widehat{k}_{t+1} = \lambda_2 v_{21}\widehat{c}_t + \lambda_2 v_{22}\widehat{k}_t + (v_{21}M_{11} + v_{22}M_{21})\,\widehat{a}_t \quad (N.34)$$

Dado que $\lambda_2 > 1$, es decir, la raíz es explosiva, podemos resolver la segunda ecuación hacia adelante y obtener una solución única y estable, por lo que podemos escribirla como,

$$v_{21}\widehat{c}_t + v_{22}\widehat{k}_t = \frac{v_{21}}{\lambda_2}E_t\widehat{c}_{t+1} + \frac{v_{22}}{\lambda_2}\widehat{k}_{t+1} - \frac{(v_{21}M_{11} + v_{22}M_{21})}{\lambda_2}\widehat{a}_t \qquad (N.35)$$

En el periodo siguiente esta expresión sería:

$$v_{21}E_t\widehat{c}_{t+1} + v_{22}\widehat{k}_{t+1} = \frac{v_{21}}{\lambda_2}E_{t+1}\widehat{c}_{t+2} + \frac{v_{22}}{\lambda_2}\widehat{k}_{t+2} - \frac{(v_{21}M_{11} + v_{22}M_{21})}{\lambda_2}E_t\widehat{a}_{t+1} \quad (N.36)$$

Sustituyendo en la expresión anterior obtenemos:

$$v_{21}\widehat{c}_t + v_{22}\widehat{k}_t = \frac{v_{21}}{\lambda_2^2}E_t\widehat{c}_{t+2} + \frac{v_{22}}{\lambda_2^2}\widehat{k}_{t+2} - \frac{(v_{21}M_{11} + v_{22}M_{21})}{\lambda_2}\widehat{a}_t - \frac{(v_{21}M_{11} + v_{22}M_{21})}{\lambda_2}E_t\widehat{a}_{t+1}$$
$$(N.37)$$

y resolviendo hasta el infinito resulta:

$$v_{21}\widehat{c}_t + v_{22}\widehat{k}_t = -\frac{(v_{21}M_{11} + v_{22}M_{21})}{\lambda_2} \sum_{j=0}^{\infty} \left(\frac{1}{\lambda_2}\right)^j E_t\widehat{a}_{t+j} =$$

$$-\frac{(v_{21}M_{11} + v_{22}M_{21})}{\lambda_2} \sum_{j=0}^{\infty} \left(\frac{\rho}{\lambda_2}\right)^j \widehat{a}_t = \frac{(v_{21}M_{11} + v_{22}M_{21})}{\rho - \lambda_2}\widehat{a}_t \qquad (N.38)$$

Resolviendo para $\widehat{c}_t$ resulta:

$$\widehat{c}_t = \frac{(v_{21}M_{11} + v_{22}M_{21})}{v_{21}(\rho - \lambda_2)}\widehat{a}_t - \frac{v_{22}}{v_{21}}\widehat{k}_t \qquad (N.39)$$

Por tanto, podemos escribir la siguiente solución para $\widehat{c}_t$,

$$\widehat{c}_t = S_1\widehat{k}_t + S_2\widehat{a}_t \qquad (N.40)$$

donde

$$S_1 = -\frac{v_{22}}{v_{21}}$$

$$S_2 = \frac{(v_{21}M_{11} + v_{22}M_{21})}{v_{21}(\rho - \lambda_2)}$$

Para el caso de $\widehat{k}_t$, la solución equivalente sería, introduciendo la solución anterior para $\widehat{c}_t$:

$$v_{11}(S_1\widehat{k}_{t+1} + S_2\widehat{a}_{t+1}) + v_{12}\widehat{k}_{t+1} = \lambda_1 v_{11}S_1\widehat{k}_t + \lambda_1 v_{11}S_2\widehat{a}_t \qquad (N.41)$$

$$+\lambda_1 v_{12}\widehat{k}_t + (v_{11}M_{11} + v_{12}M_{21})\widehat{a}_t \quad (N.42)$$

y operando:

$$(v_{11}S_1 + v_{12})\widehat{k}_{t+1} = \lambda_1(v_{11}S_1 + v_{12})\widehat{k}_t \qquad (N.43)$$

$$+(\lambda_1 v_{11}S_2 + v_{11}M_{11} + v_{12}M_{21} - v_{11}S_2\rho)\widehat{a}_t \quad (N.44)$$

resultando en:

$$\widehat{k}_{t+1} = \frac{\lambda_1(v_{11}S_1 + v_{12})}{(v_{11}S_1 + v_{12})}\widehat{k}_t + \frac{(\lambda_1 v_{11}S_2 + v_{11}M_{11} + v_{12}M_{21} - v_{11}S_2\rho)}{(v_{11}S_1 + v_{12})}\widehat{a}_t \qquad (N.45)$$

expresión que podemos escribir como

$$\widehat{k}_t = S_3\widehat{k}_t + S_4\widehat{a}_t \qquad (N.46)$$

donde

$$S_3 = \lambda_1$$

$$S_4 = \frac{(\lambda_1 v_{11} S_2 + v_{11} M_{11} + v_{12} M_{21} - v_{11} S_2 \rho)}{(v_{11} S_1 + v_{12})}$$

Finalmente, las funciones de política para el resto de variables, las obtenemos sustituyendo en el sistema inicial (N.22), resultando:

$$
\begin{aligned}
\begin{bmatrix} \widehat{y}_t \\ \widehat{i}_t \end{bmatrix} &= A^{-1} B \begin{bmatrix} \widehat{c}_t \\ \widehat{k}_t \end{bmatrix} + A^{-1} C \widehat{a}_t = \\
& A^{-1} B \begin{bmatrix} S_1 \widehat{k}_t + S_2 \widehat{a}_t \\ \widehat{k}_t \end{bmatrix} + A^{-1} C \widehat{a}_t = \\
& A^{-1} B \begin{bmatrix} S_1 \\ 1 \end{bmatrix} \widehat{k}_t + A^{-1}(B S_2 + C) \widehat{a}_t
\end{aligned}
\tag{N.47}
$$

Por tanto, las soluciones para $\widehat{y}_t$ e $\widehat{i}_t$ podemos escribirlas como

$$\begin{bmatrix} \widehat{y}_t \\ \widehat{i}_t \end{bmatrix} = S_5 \widehat{k}_t + S_6 \widehat{a}_t \tag{N.48}$$

donde

$$S_5 = A^{-1} B \begin{bmatrix} S_1 \\ 1 \end{bmatrix}$$

$$S_6 = A^{-1} B \begin{bmatrix} S_2 \\ 0 \end{bmatrix} + A^{-1} C$$

Utilizando los valores de las matrices obtenidas anteriormente, resulta que:

$$
\begin{aligned}
S_1 &= 0,5973 \\
S_2 &= 0,5118 \\
S_3 &= 0,904 \\
S_4 &= 0,2342 \\
S_5 &= \begin{bmatrix} 0,35 \\ -0,6001 \end{bmatrix} \\
S_6 &= \begin{bmatrix} 1 \\ 2,8753 \end{bmatrix}
\end{aligned}
$$

La solución al modelo puede definirse en términos de los dos siguientes sistemas:

$$\begin{bmatrix} \widehat{k}_{t+1} \\ \widehat{a}_{t+1} \end{bmatrix} = \begin{bmatrix} S_3 & S_4 \\ 0 & \rho \end{bmatrix} \begin{bmatrix} \widehat{k}_t \\ \widehat{a}_t \end{bmatrix} + \begin{bmatrix} 0 \\ 1 \end{bmatrix} \varepsilon_{t+1} \tag{N.49}$$

$$\begin{bmatrix} \widehat{c}_t \\ \widehat{y}_t \\ \widehat{i}_t \end{bmatrix} = \begin{bmatrix} S_1 & S_2 \\ S_5 & S_6 \end{bmatrix} \begin{bmatrix} \widehat{k}_t \\ \widehat{a}_t \end{bmatrix} \tag{N.50}$$

el primero con las funciones de transición y el segundo con las funciones de política. Las funciones de transición serían:

$$\widehat{k}_{t+1} = 0,904\widehat{k}_t + 0,2342\widehat{a}_t \tag{N.51}$$

$$\widehat{a}_{t+1} = 0,8\widehat{a}_t + \varepsilon_{t+1} \tag{N.52}$$

mientras que las funciones de política serían:

$$\widehat{c}_t = 0,5973\widehat{k}_t + 0,5118\widehat{a}_t \tag{N.53}$$

$$\widehat{y}_t = 0,35\widehat{k}_t + \widehat{a}_t \tag{N.54}$$

$$\widehat{i}_t = -0,6001\widehat{k}_t + 2,8753\widehat{a}_t \tag{N.55}$$

Apéndice O

El modelo de crecimiento neoclásico en MATLAB

A continuación, presentamos cómo sería un código simple para simular el modelo de crecimiento de Solow-Swan en MATLAB. Es este caso no se requiere ningún instrumento de optimización y simplemente tenemos que simular numéricamente la ecuación dinámica para el stock de capital per cápita.

```
% ********************************************
% Introducción a la Macroeconomía Computacional
% A. Bongers, T. Gómez y J. L. Torres (2018)
% Modelo neoclásico de crecimiento en MATLAB
% Fichero: mc9.m
% ********************************************
clear all
% Periodos
T = 100;
% Variables exógenas
A = 1.00;
s = 0.20;
% Parámetros
Alpha = 0.35;
Delta = 0.06;
n     = 0.02;
% Estado Estacionario inicial
kbar  =    ((n+Delta)/(s*A))^(1/(Alpha-1));
ybar  =     A*kbar^Alpha;
cbar  =    ybar-(n+Delta)*kbar;
```

```
ibar   =    (n+Delta)*kbar;
% Perturbación
s = 0.25;
%n = 0.01;
% Nuevo Estado Estacionario
kbar1  = ((n+Delta)/(s*A))^(1/(Alpha-1));
ybar1    =    A*kbar1^Alpha;
cbar1  = ybar1-(n+Delta)*kbar1;
ibar1  = (n+Delta)*kbar1;
% Dinámica
k(1)=kbar;
for i=1:T-1;
 k(i+1) = ((1-Delta)*k(i)+s*A*k(i)^Alpha)/(1+n);
end;
% Variables
y = A*k.^Alpha;
c = (1-s)*y;
% Tasa de crecimiento
gy(1) = 0;
for i=2:T;
 gy(i) = 100*(y(i)-y(i-1))/y(i-1);
end;
% Gráficos
j=1:T;
subplot(2,2,1)
plot(j,(y-ybar)./ybar,'Color',[0.25 0.25 0.25],'linewidth',3.5)
xlabel('Periodos')
title('Producción per cápita')
subplot(2,2,2)
plot(j,(k-kbar)/kbar,'Color',[0.25 0.25 0.25],'linewidth',3.5)
xlabel('Periodos')
title('Stock de capital per cápita')
subplot(2,2,3)
plot(j,(c-cbar)/cbar,'Color',[0.25 0.25 0.25],'linewidth',3.5)
xlabel('Periodos')
title('Consumo pér cápita')
subplot(2,2,4)
plot(j,gy,'Color',[0.25 0.25 0.25],'linewidth',3.5)
xlabel('Periodos')
title('Tasa de crecimiento de la producción per cápita')
```

Apéndice P

El modelo de Ramsey en DYNARE

En este apéndice mostramos como sería el modelo de Ramsey en DYNARE. El código simula un aumento permanente en la productividad total de los factores del 5%.

```
// *******************************************
// Introducción a la Macroeconomía Computacional
// A. Bongers, T. Gómez y J. L. Torres (2018)
// Modelo de Ramsey en DYNARE
// Fichero:  mc10d.mod
// *******************************************
// Definición de variables endógenas
var y, c, i, k, W, R;
// Definición de variables exógenas
varexo A;
// Definición de parámetros
parameters alpha, beta, delta, n;
// Valores de los parámetros
alpha = 0.35;
beta  = 0.97;
delta = 0.06;
n     = 0.01;
// Definiendo el stock de capital como variable predeterminada
predetermined_variables k;
// Ecuaciones del modelo
model;
1 = beta*((c/c(+1)) *(R(+1)+(1-delta)));
```

```
y = A*k^alpha;
k(+1) = (1-delta-n)*k+i;
y = c+i;
W = (1-alpha)*y;
R = alpha*A*k^(alpha-1);
end;
// Valores iniciales
initval;
y = 1;
c = 0.8;
k = 3.5;
i = 0.2;
W = (1-alpha)*y;
A = 1;
R = alpha*A*k^(alpha-1);
end;
// Cálculo del estado estacionario
steady;
ybar0=oo_.steady_state(1);
cbar0=oo_.steady_state(2);
ibar0=oo_.steady_state(3);
kbar0=oo_.steady_state(4);
Wbar0=oo_.steady_state(5);
Rbar0=oo_.steady_state(6);
// Verificación cumplimiento de la condición BK
check;
// Valores finales
endval;
y = 1;
c = 0.8;
k = 3.5;
i = 0.2;
W = (1-alpha)*y;
A = 1.05;
R = alpha*A*(k^(alpha-1));
end;
// Cálculo del estado estacionario
steady;
ybar1=oo_.steady_state(1);
cbar1=oo_.steady_state(2);
```

```
ibar1=oo_.steady_state(3);
kbar1=oo_.steady_state(4);
Wbar1=oo_.steady_state(5);
Rbar1=oo_.steady_state(6);
simul(periods=58);
% Gráficos
T=58;
j=1:T;
subplot(2,2,1)
plot(j,y,'Color',[0.25 0.25 0.25],'linewidth',3.5)
xlabel('Periodos')
title('Producción per cápita')
subplot(2,2,2)
plot(j,k,'Color',[0.25 0.25 0.25],'linewidth',3.5)
xlabel('Periodos')
title('Stock de capital per cápita')
subplot(2,2,3)
plot(j,c,'Color',[0.25 0.25 0.25],'linewidth',3.5)
xlabel('Periodos')
title('Consumo pér cápita')
subplot(2,2,4)
plot(j,i,'Color',[0.25 0.25 0.25],'linewidth',3.5)
xlabel('Periodos')
title('Inversión per cápita')
```

www.ingramcontent.com/pod-product-compliance
Lightning Source LLC
Chambersburg PA
CBHW080911220326
41598CB00034B/5545